AF354271

Heinrich Ludwig Fischer, Johann Georg Friedrich Jacobi

Das Buch vom Aberglauben, Missbrauch, und falschen Wahn

e-artnow 2018

Jodocus Temme
Alte deutsche Sagen, Grusel-Märchen & Horror-Legenden: Westphälische
Sagen und Geschichten, Die Volkssagen der Altmark & Die Volkssagen von
Pommern und … & Die Volkssagen von Pommern und Rügen

Gustav Schwab
Die bekanntesten Mythen der griechischen Antike

Wilhelm Gottlieb Soldan, Heinrich Institoris
Hexenwahn: Die Geschichte und Hintergründe der Hexenprozesse: Der
Hexenhammer, Vehmgerichte und Hexenprozesse in Deutschland

Baltasar Gracián
**Handorakel und Kunst der Weltklugheit (300 Weisheiten für jede Lebens-
lage)**

Edith Stein
Kreuzeswissenschaft - Studie über Johannes vom Kreuz

Heinrich Ludwig Fischer, Johann Georg Friedrich Jacobi

Das Buch vom Aberglauben, Missbrauch, und falschen Wahn

e-artnow, 2018
Kontakt info@e-artnow.org

ISBN 978-80-268-9005-8

Inhaltsverzeichnis

Vom Teufel

Ohnerachtet man jetzt beständig und fast immer die Worte: der Teufel! hohl ihn der Teufel! Teufelskerl! u.s.w. beybehält, so sieht man es doch für das Kennzeichen einer übeln Erziehung, oder für Mangel an guter Lebensart an, wenn man einen Teufel, oder, welches eben so viel ist, die Existenz mehrerer Teufeln glaubt. – Nur Blödsinnigen und Dummen will man diesen Glauben verzeihen oder guthalten.

Das Daseyn des Teufels läugnen, ist Unglaube; ihm diejenige Macht über die Geschöpfe zuschreiben, die man ihn so allgemein einräumt, ist Irrglaube: und der abgeschmackteste Aberglaube ist es, zu glauben, daß der Mensch mit ihm in Verbindung treten, daß er Sturmwinde, Hagel, Platzregen, Erdbeben und andere Veränderungen bewirken könne.

Aus der Bibel haben wir seinen Ursprung kennen gelernt. So wie alles von Gott gut erschaffen; so war auch der Teufel als ein Engel gut, und mit vortreflichen Eigenschaften erschaffen worden: da er aber mit dem glücklichen Zustande, in welchen Gott ihn gesetzt hatte, nicht zufrieden war, und sogar eine Anzahl Engel aufrührisch gegen Gott machte, um vielleicht sich über ihn zu erheben; so wurde er aus dem Himmel vertrieben, und an einen finstern, abgelegenen Ort verwiesen. Wenn man in Catechismen und andern Büchern die scheußlichsten Abbildungen von dem Teufel sieht: so möchte man glauben, die, welche ihn so abgebildet haben, hätten ihn selbst gesehen. Ueber dem Kopf ragen große Hörner hervor. Die Stirne ist unförmig gewölbt, die Nase unmäßig lang, und der Mund, in dem man die scharfen Zähne sieht, sinkt über dem langen, spitzigen Kinn, tief hinein. Der Gurt um den flatternden Rock ist eine gräßliche Schlange, die grimmig ihren Rachen aufsperrt. Unter demselben ragen Bocksfüße hervor; die Hände sind mit starken Klauen bewafnet, und der Schwanz, der hinten herunterhängt, endigt sich in einem spitzigen Pfeil. Ueberall sieht man seine Gestalt kohlschwarz. Neben ihm steht ein großer Zähneblöckender Hund, dem die geifernde Zunge aus dem Rachen hängt.

Bücher mit solchen Abbildungen gab, und giebt man noch Kindern in die Hände, um ihnen einen rechten Abscheu vor dem Teufel beizubringen, ohne zu bedenken, daß man dadurch unnatürliche und widersinnige Begrife in ihnen erzeugt, woraus in der Folge mancherlei Uebel entstehen, die oft auch durch die Zeit nicht wieder gut gemacht werden können. Daher ist es nicht zu verwundern, wenn jetzt noch als wunderbare Wahrheit erzählt wird, wie der Teufel roth gekleidet in das Wirthshaus gekommen sey, sich mit an den Tisch gesetzt, allerhand verführerische Reden geführt, und unter den Spielenden Uneinigkeit zu erregen gesucht habe, bis, da man ein herunter gefallenes Kartenblatt habe aufnehmen wollen, sein Pferdefuß sey gesehen worden; da er denn mit Zurücklassung eines hässlichen Gestanks verschwunden sey. O die Furcht vor dem Teufel ist allgemein und groß genug; man darf sie durch grauenvolle Abbildungen und Erzählungen nicht vermehren; sie ist größer, als sie bei Christen seyn sollte. Man schreibt dem Teufel Thaten zu, die nur die Allmacht verrichten kann; und alle die merkwürdigen Begebenheiten, welche die Vorsehung aus weisen Absichten über die Menschen verhängt: als ob er eine mit Gott getheilte Herrschaft über die Welt und die Menschen hätte! Man rede von Gottes Allmacht, von seinen Strafen, dass es bei ihm stehe, glücklich oder unglücklich zu machen; und man wird höchstens einen Seufzer hören, der übrigens keine Unruhe verursacht. Aber man fange vom Teufel an, rede von Bezauberungen durch ihn, und von seinen Verwüstungen; sage, er habe jenem den Hals umgedreht, jenen in die Luft geführt, und unter gräßlichem Geschrei zerrissen – und man wird es von ganzem Herzen glauben und erschrecken. Beweist dieß nicht, dass man den Teufel mehr fürchtet als Gott? Und wie viele Handlungen der Christen fliessen daraus? Der Teufel kann uns ohne Gottes Zulassung nicht schaden; denn er ist unter Gott: und ob er gleich darauf stets bedacht seyn mag; so kann er doch ohne Gott nie seine Absichten erreichen. Wenn man das erste Capitel des Buchs Hiob liest; so scheint es zwar; als ob da dem Satan die Macht zugeschrieben werde, Sturmwinde und Gewitter zu erregen; als ob er den Hiob mit bösen Schwären geschlagen habe. Allein man muß nur die Stellen, die davon reden, recht erklären. Die Entstehung des Donnerwetters, das Hiobs Schafe und Hirten tödtete, die Erregung des großen Windes, der sein Haus umwarf, wird wirklich nicht dem Satan, sondern Gott zugeschrieben; denn nur Gott kann so etwas Thun. Die Worte des siebenten Verses beziehen sich auf Gott, und müssen eigentlich so gegeben werden: *Da fuhr Satan aus, vom Angesicht des Herrn, und er, der Herr, schlug Hiob mit bösen Schwären.* Man muß hiebei bedenken, dass das Buch Hiob eine Art von Trauerspiel sey, in welchem, nach morgenländischem Sprachgebrauch, starke dichterische Vorstellungen vorkommen, die man nicht eigentlich und wörtlich erklären darf. Ein anderer Beweis für die Wirkung des Teufels, und seine Macht über die Menschen, könnten die Besessenen seyn, welche im neuem Testament erwähnt werden, von denen der Heiland und seine Apostel Teufel ausgetrieben haben. Allein dieser Beweis beruht auf einer falschen Erklärung der Schriftstellen, die von den Besessenen handeln. Wir finden, wenn von solchen Leute geredet wird, niemals das Wort *Teufel*; sondern *Tämon*, welches so viel als Geist bedeutet. Unter dem Wort Geist kann man aber nicht allemal ein lebendiges persönliches Wesen verstehen; sondern es bedeutet sehr oft nur die Eigenschaft einer Sache. So heißt z.B. der Geist der Zwietracht die Zwietracht selbst, der Geist der Versöhnlichkeit, die Versöhnlichkeit selbst. Zu den Zeiten Christi waren Juden und Heiden gewohnt, alles Böse, besonders aber solche Krankheiten, welche dem Körper heftig angrifen und herum warfen, *Tämonen* zuzuschreiben; kann man darunter nicht die Krankheit selbst verstehen? Nach Luc. 13 V. 11 und 12. hatte eine Frau, achtzehn Jahre lang, ein Gebrechen an sich, wodurch sie ganz contract geworden war. Nach der Einbildung und dem Redegebrauch der Juden, hieß es ein Geist der Krankheit, V. 11. Jeses aber nennt sie schlechthin eine Krankheit, indem er V 12. zu dieser elenden Person sagt: *Weib, sey los von deiner Krankheit.*

Das Geisteraustreiben, das durch Christum und seine Apostel geschah, zeigt also die wunderthätige Gesundmachung der Wahnwitzigen, Verrückten und Rasenden an; denn solche Kranke wurden damals Besessene oder eigentlich Begeisterte genennt. Wenn daher die Evangelisten erzählen, dass der Heiland einen Tämon ausgetrieben habe; so folgt daraus nicht, dass solche Leute vom Teufel wirklich besessen gewesen. Aber so, könnte man sagen, hätte der Heiland die falschen Begriffe, welche die Juden von diesen kranken Personen hatten, gebilligt. Auch das folgt nicht daraus. Ein weiser Mann, besonders wenn er Volkslehrer ist, richtet sich nach dem im gemeinen Leben eingeführten Sprachgebrauch, um verstanden zu werden, ohne die irrigen Meinungen zu billigen, die der Unwissende dabei hat. Der Naturlehrer braucht die Ausdrücke: Sternschnuppe, fliegender Drache, St. Veits Tanz x. ohnerachtet er wohl weiß, daß jenes Feuer nicht von den Sternen fällt, dieses kein Gespenst, und letzteres eine Krankheit seyn soll, die den Körper in außerordentliche Bewegung setzt. So konnte Christus und seine Apostel die Redensarten: einen Tämon haben, einen Tämon austreiben, – gebrauchen, ohne die falschen Begriffe der Juden zu billigen. Wem inzwischen diese Meinung, die aber, höchst wahrscheinlich, und durch die größten Gottesgelehrten bestätigt ist, nicht gefällt, der mag glauben, dass bei den Krankheiten der Besessenen, womit sie aus natürlichen Ursachen behaftet waren, der Teufel zugleich eine Wirkung auf ihre Seele gehabt; und daß Gott dieß aus weisen Ursachen zu den Zeiten Christi zugelassen habe. Dergleichen Stellen: Der Teufel geht umher wie ein brüllender Löwe ec. können unmöglich eigentlich verstanden werden; denn wer hat je den Teufel gesehen, oder ihn unter der Gestalt eines brüllenden Löwen erblickt? Oder wem hat er je verschlingen wollen? Der böse Geist, der von Zeit zu Zeit über den König Saul kam, und ihn beunruhigte, war eine starke Melancholie oder Schwermuth. Dieß erhellet theils aus dem Umstand, weil diese Krankheit durch Music gehoben werden konnte; theils, weil sie den Saul auf Gottes Zulassung befiel, und daher Geist Gottes, Geist vom Herrn genennt wird. Wer könnte dabei an einen Teufel denken? Gesetzt, der Teufel hätte ehedem eine gewisse Macht über die Menschen gehabt; so kann er sie doch jetzt nicht mehr haben, weil ihm durch Christum die Macht genommen ist. Es würde der Ehre Gottes zuwider seyn, wenn man glauben wollte, Gott gebe dem Teufel die Macht, Menschen zu erwürgen, sie ins Wasser zu stürzen, und in andres Unglück zu bringen; besonders da wir wissen, daß Gott ihn an einen entfernten finstern Ort verwiesen, und zum Gericht aufbewahrt; dass er sich daher aus demselben so wenig entfernen kann, als ein mit Ketten im Gefängniß Angeschlossener aus demselben. Die Christen wissen das, und fürchten sich so abergläubisch vor dem Schaden, den ihnen der Teufel etwa zufügen möchte. Sie bekreuzen die Ställe, um das Vieh vor ihm zu sichern, und sprechen den Seegen, um selbst vor ihm sicher zu seyn. Sie lesen den Anfang des Evangelii Johannis, den zu bannen, dessen Macht ihrer Meinung nach so groß ist, Kurz, wenn man nach den abergläubischen Verhalten vieler urtheilen sollte; so würde das Christenthum nicht sowohl ein Gottesdienst; sondern eine Furcht vor dem Teufel seyn. So wenig man nun das Daseyn des Teufels auf der Welt und unter den Menschen behaupten kann; so wenig und noch weniger darf man glauben, man könne durch ihn etwas thun. Es sind Einbildungen und Lügen, es ist Thorheit und Aberglaube, wenn man glaubt, es könne jemand mit dem Teufel in ein Bündniß treten. Dergleichen Menschen giebt es nirgends in der Welt, denen der böse Geist Vortheile verschaffe, denen er Nahrungsmittel, Geld und dergleichen zuführe, und die sich ihm dafür zu eigen ergeben hätten. Es sind große Lügen, wenn man erzählt, der Teufel habe einst jemand für die ihm geleisteten Dienste geholt, nachdem die bestimmte Zeit verflossen sey. Sollte Gott wohl zugeben, dass der Mensch mit diesem Geist in eine so genaue Verbindung trete? Sollte er es zugeben, daß dieser böse Geist eins seiner Geschöpfe so grausam behandle? Wenn man eine Beschreibung von dem Teufel fordert; so erhält man zur Antwort; Der Teufel ist ein Geist. – Ein Geist aber ist ein einfaches Ding, das kein Körper ist, und das daher nichts körperliches vornehmen, keinem dem Hals umdrehen, keinen zerreißen kann. Sollte der Teufel so etwas thun können; so müsste er vorher einen Körper angenommen haben. Ohne Gottes Zulassung kann das nicht geschehen; der gütige Gott aber, der seine Geschöpfe liebt, wird so etwas nicht zulassen. Von Zauberern und Hexen, die aber nirgends sind, glaubt man gewöhnlich, daß sie mit dem Teufel in Verbindung stünden, durch dessen Hülfe sie denn, unter Hersagung gewisser Formeln und Sprüche, unter Beobachtung gewisser Gebräuche, die aber gar nicht zureichend sind, etwas außerordentliches zu thun, solche Dinge ausrichten könnten, die über menschliche Kräfte giengen. Das sind Mährgen, und wenn die Schrift von Zauberern redet; so erklärt sie doch nirgends, was sie darunter verstehe. Die Egyptischen Zauberer, welche in dem zweiten Buch Mois erwähnt werden, waren listige Betrüger, die sich geheimer Künste rühmten, durch Ceremonien und Beschwörungen die Unwissenden zu hintergehen, und durch ihre Gaukeleien bei ihnen sich Ansehen zu verschaffen suchten. Sie versuchten, die Künste nachzumachen, welche Moses und Aaron thaten, und es gelang ihnen zuweilen, etwas ähnliches hervorzubringen; aber sie konnten es nicht immer. Die heutigen Zauberer sind entweder Betrüger, oder Betrogene, oder Verlästerte. Sie sehen entweder die Nichtigkeit ihrer Kunst ein, und behalten sie als ein Erwerbsmittel bei; oder sie glauben selbst, daß die Alfanzereien, die andere ihnen vormachten, besondere Wirkungen hätten; oder sie sind von schmähsüchtigen und abergläubischen Leuten für das ausgegeben, was sie wirklich nicht sind. Geschickte und gelehrte Männer, z.B. der Erfinder der Buchdruckerey, u.s.w. wurden ehedem von dem Neide oder der Dummheit beschuldigt, als ob sie mit dem Teufel in Verbindung stünden. Die Meinung, daß Menschen mit dem Teufel Bündnisse gemacht haben sollen, entstand in den Zeiten der Unwissenheit, wo man alles das, was man nicht sogleich einsehen und begreifen konnte, dem Teufel zuschrieb. Im Jahr 1631 starb ein gewisser Gelehrter; man fand bei ihm etwas, worinn man ein vielfüßiges haariges Thier sahe. Jeder hielt es für den Teufel, den der Verstorbene im Leben bei sich geführt habe, darum er auch so gelehrt gewesen sey. Man verwehrte seinem Leichnam die Erde zum Begräbniß, bis man überzeugt wurde, dass man durch ein gutes Vergrößerungsglas eine Spinne sahe. Weder die heilige Schrift, noch ein anderes glaubwürdigeres Buch sagt, dass der Mensch mit dem Teufel in ein Bündniß treten und durch ihn Wunder thun könne. Bei denen, die so etwas von sich selbst sagten, oder andern begreiflich zu machen suchten, wurde der Betrug gemeiniglich entdeckt; wo es nicht geschah, da kann man sehr wahrscheinlich vermuthen, daß er bei gehöriger Untersuchung an den Tag gekommen seyn würde. Es hat auch religiöse, im Guten eifrige Männer gegeben, die, weil sie von lebhafter Einbildungskraft waren, und sich von den Vorurtheilen noch nicht ganz los gemacht hatten, womit Kopf und Herz von Jugend auf ihnen angefüllt worden war; wirklich glaubten, daß der Teufel ihnen erscheine. Warlich, diese gute und heilige Leute waren keine Betrüger; aber sie sind ein Beweis, daß Erscheinungen, wenn auch die besten Menschen sie hätten; nichts beweisen, nichts wahrer machten. Man sollte vornämlich Kinder vor dergleichen

Meinungen zu bewahren suchen. Eltern, die ihren Kindern mit läppischen und fürchterlichen Erzählungen vom Teufel den Kopf anfüllen, handeln unverantwortlich; denn dadurch wird ihnen eine ungegründete und höchst schädliche Furcht eingeprägt, wovon sie in ihrem ganzen Leben gequält und gemartert werden, und wodurch sie sich abhalten lassen, zur Zeit der Noth ihrem Nächsten die schuldigen Pflichten zu leisten; denn sie fürchten die schröckliche Mitternachtstunde! Man hängt an dem, was man einmal von dem Teufel gehört und geglaubt hat, oft so fest, daß man den, der darin anders denkt, für gefährlich hält. Gleichwohl verliehrt man so wenig, wenn man die Meinungen von den Wirkungen und der Macht des Teufels fahren lässt; und ist auf der andern Seite so viel Unheil aus denselben entstanden, daß man sich über das sonderbare in den Menschen nicht genugsam verwundern kann. Wie oft entschuldigte ein Missethäter sich damit, daß der Teufel ihn verführt habe? Jener Bube, der, aus Verdruß darüber, daß er Schläge bekommen hatte, sich erhängte, aber noch gerettet wurde, war dreust genug, zu sagen, der Schwarze habe es gethan.

Es musste erst von dem Teufel geredet werden, weil man die Erscheinungen, Künste x. seinem Einfluß größtentheils zuschreibt. Die Einbildungskraft thut bei dem allen außerordentlich viel; also

Von der Einbildungskraft

Wenn man etwas gewiß glaubt, es zu gewisser Zeit, hie oder da, zu fühlen, zu sehen, zu hören x. vermuthet; so bemerkt unser Gefühl, unser Ohr oder Auge, etwas, das würklich nicht da ist. Das Vermögen hiezu, nennen wir Einbildungskraft. Ohne die Einbildungskraft aber, würden wir immer nur das gegenwärtige denken, und hundert Dinge sehen können, die wir in eben dem Augenblick wieder vergessen würden, da unser Auge sich von denselben weg wendete: Sie ist also eine große Wohlthat. Der Mensch stellt sich nicht nur Dinge vor, die er gesehen x. hat; sondern auch solche, von welchen er nie einen sinnlichen Eindruck bekam. Wer hat je den Teufel mit Hörnern, Klauen, Bocksfüßen x. gesehen? Dem ohnerachtet hat man ihn so abgebildet. Die Nerven sind überhaupt die Werkzeuge unserer Empfindungen: Sie sind sehr feine Röhren, haben in dem Gehirn ihren Ursprung, und erhalten aus demselben eine überaus dünne und flüssige Feuchtigkeit, die von dem Blut abgesondert wird, und die man Nervensaft nennt. Durch diesen Saft wirken die Nerven, und erzeugen in der Seele Vorstellungen. Sie sind von dem Mark im Gehirn, durch den Körper ausgebreitet, und reichen bis unter die Oberhaut. Wenn daher der Körper irgendwo einen Eindruck empfängt; so werden die daselbst liegenden Nerven gerührt, deren Bewegung sich sogleich bis ins Hirn fortpflanzt, und in der Seele eine Vorstellung erzeugt. Dieß nennen wir fühlen. Wir werden von dem Gefühl, so wie vom Gesicht und Gehör getäuscht. Es darf in der Seele nur ein gewisser, fester Gedanke liegen, daß etwas geschehen könne; so wird jeder kleine Anlaß solche Eindrücke auf unsere Nerven machen, als die Sache, woran wir so stark denken, gemacht haben würde, wenn sie da gewesen wäre. »Hier ist es nicht richtig, ein Bär lagert sich in den Weg.« Unser Fuß stößt an ein im Wege sitzendes Huhn, wir glauben des Bären zottigtes Haar zu fühlen; es steht auf, wir laufen, und glauben, ein Gespenst gefühlt und gesehen zu haben. Unter andern gehen aus dem Mark im Gehirn ein Paar Nerven ab, welche man Gesichts- oder Sehnerven nennt. Die von jeder Sache zurückfallenden Lichtstrahlen mahlen das Bild (dessen was wir anschauen) im Auge verkleinert ab, welches auf die Nerven fällt, die im Auge wie eine schleimigte Haut ausgebreitet sind, und macht in demselben den Eindruck, welcher in das Gehirn fortgepflanzt wird, und die Seele zu dem Begrif von der Gestalt, Farbe x. des Gegenstandes veranlaßt. Dies nennt man sehen.

Daß sich aber unserm Auge ein Bild darstellen kann, was wirklich nicht vorhanden ist, wird man aus folgendem abnehmen können. Bei jedem andern Gegenstande werden unsere Sehnerven auf eine andere Art erschüttert. Eine andere Erschütterung geschieht, wenn wir einen Thurm sehen; eine andere, wenn wir einen Baum; eine andere wenn wir einen Menschen sehen u.s.w. folglich hängen die Begriffe der Seele, von den Eindrücken ab, welche das Gehirn empfängt. Wenn man aber seine Gedanken auf einen Gegenstand anhaltend richtet; so können unsere Sehnerven fast durch allso so gerührt werden, als es geschehen würde, wenn das, woran wir so stark denken, wirklich da wäre. Das Bild dessen, was wir schon in den Gedanken hatten, tritt gleichsam aus der Seele heraus, und stellt sich unserm Auge dar; und es kann daher etwas gesehen werden, was doch nicht da ist, ohnerachtet der, der es gesehen zu haben glaubt, durch keine Gegenvorstellungen, sich darin wird irren lassen. Erscheinungen sind also möglich; aber sie sind nicht das, wofür sie gehalten werden, sie sind nichts wirkliches; es sind Täuschungen der Sinne und der Einbildungskraft; nicht aber Bilder, die außer dem Menschen wirklich vorhanden sind. Man hat einen Menschen gesehen, sein Bild stellt sich so deutlich dar, als ob er vor mir stünde. Gleichwohl ist das der Mensch nicht selbst. Wer ein Gespenst zu sehen glaubt, kann daher nicht glauben, daß die Figur außer ihm wirklich so vorhanden sey, als sie sich ihm zeiget: es ist blos das Bild, das seine Seele sich mahlt. Sind nun zu der Zeit, da dieß geschieht, keine lebhaftere Vorstellungen in der Seele; so beschäftigt sie sich hiemit allein, und die Vorstellung wird immer deutlicher; dahingegen die Erscheinung verschwindet, wenn man die Gedanken von derselben abzieht. Die Vorstellung der Seele erneuert sich bey gewissen Gegenständen immer wieder. Man findet in einer Speise etwas ekelhaftes; so oft man die Speise sieht, empfindet man denselben Ekel, ohne, daß man glauben kann, man werde dasselbe wieder darin finden. So oft Glaubeleicht im finstern einen Baum erblickt, so oft übermannt ihn die Furcht, weil er ein

Gespenst zu sehen glaubt. Auch das neue vermehrt die Einbildungskraft. Der eine Thorpfeiler ist weiß überstrichen; Ja, sagt Glaubeleicht, es war die weisse Frau.

In unserm Ohr, ist ein Fell ausgespannt, an dieses stoßt die in Bewegung gesetzte Luft, die Gehörnerven werden dadurch in Bewegung gesetzt, und so in der Seele Begriffe erzeugt. Dieß nennen wir hören. Aber wie oft wird etwas gehört, das jeder ruhige, kaltblütige – nicht gehört haben würde. Hier soll es nicht richtig seyn: Es knackt, fällt, winselt, heult, ruft bey Namen, steigt die Treppe auf und ab, schleppt Ketten, klopft an, und will die Thür aufmachen. Aber, weg mit dem Graus; ich will die Thür öfnen, und ohne Zittern bemerken, was da ist; und mich überzeugen, daß nichts da ist, nichts gehört werden kann! Je unordentlicher überhaupt die Verrichtungen des Körpers von statten gehen, je dicker das Blut ist; desto mehr Betrug des Gefühls, des Gesichts und Gehörs. Je reiner und ungestörter das Blut durch die Adern fließt, je furchtloser der Mann, je unbefleckter sein Gewissen ist; desto weniger wird er dem Betrug der Sinne unterliegen. Auch Beschäftigungen, Lebens- und Denkungsart tragen hiezu bei. Der Soldat im Lager hört schießen; der Furchtsame die Todtenuhr und Eule; der Geitzige Thüren aufbrechen; der Jäger das Wild; der Todtengräber Klocken läuten; der Habsüchtige das Geldmännchen rufen u.s.f.

Conrad liest in einem Buche, das von Gespenstern handelt, es habe ein Barbier längst nach seinem Tode, in einem alten Schlosse diejenigen barbiert, die darin eingekehrt wären. Er ist ganz allein, es rührt sich kein Lüftchen, er sieht nichts, als seine vier Wände, sein Licht und sein Buch. Indeß schlägt die Zugluft die Thür zu, und löscht das Licht aus. Anstatt es wieder anzuzünden läuft Conrad erschrocken nach dem Bette, ihm läufts kalt über die Haut, er springt ohne sich zu entkleiden hinein, und zieht es dicht über den Kopf her. Er schwitzt und glaubt in seiner Kammer Bewegungen zu hören, lüftet das Bette, und wagt hervorzusehen. Da steht der höfliche Barbier ganz weiß gekleidet, bereit, ihm den Bart zu scheeren. Conrad erstarrt; der Barbier kehrt sich daran nicht, und seift ihn mit kalter Hand ein, und da er nicht still halten will, kneipt dieser ihn in die Backe, und ermattet schläft Conrad ein. Des andern Tages sieht Conrad ganz blaß und verfallen aus, seine Augen sind trübe, und er ist wider die Gewonheit niederge-schlagen. Man fragt ihn um die Ursach, er erzählt, und die Geschichte wird stadtkundig. Der Besitzer des Hauses bleibt dabei nicht gleichgültig. Conrad zeigt den rothen Fleck auf der Backe als Beweis, und beschwört endlich die Sache vor Gericht. – Wird man aber deswegen weniger glauben, daß Conrad durch seine Einbildungskraft sey betrogen worden? Daß er weniger recht gesehen und gefühlt habe? Aus der Menge von Beweisen, welche angeführrt werden könnten, die Macht der Einbildungskraft zu beweisen, mögen diese genug seyn: Ein Engländer, der sich überzeugt hatte, daß wunderbare Erscheinungen mehrentheils auf Einbildung beruhen, reiste mit Freunden über Feld, und veranstaltete zur bessern Erreichung seiner Absicht, daß sie erst spät nach London zurück reisten. Mitten auf dem Wege hielt er auf einmal still, und sahe mit starrem Blick gen Himmel. Brüder, rief er, ich sehe ein schröckliches Luftzeichen! Die andern alle sahen starr nach dem Ort, wo jener das Luftzeichen zu sehen vorgab, und – sahen nichts. Jener fuhr fort, zu behaupten, daß er ein Zeichen sehe und fing an, es zu beschreiben. Nun wurde die Einbildungskraft rege! Einer nach dem andern fing allmählig an, zu sehen, was nicht da war, und Eigenschaften davon anzuführen. Endlich stimmten alle überein, und es war gewiß, sie hatten eine Erscheinung in der Luft gesehen. Sie ritten fort, und den andern Tag war die Hauptstadt von dem Gerücht voll, es lasse sich ein Luftzeichen sehen. Alle, welche mit auf der Reise gewesen waren, betheuerten es bei Ehre und Leben, daß sie es selbst gesehen hätten. Man war schon von Furcht und Schröcken voll, bis es nach und nach bekannt wurde, daß der zuerst das Zeichen zu sehen vorgab, nur eine Probe gemacht habe, wie stark die Einbildungskraft der Menschen sey, und wie leicht man Dinge glauben, sehen und betheuern könne, die nur darin ihr Daseyn hätten.

In Frankreich grub man gewisser Ursachen halber, einen vorlängst gestorbenen Mönch wie-der aus. Da man seinen Sarg geöfnet hatte, sagte einer der umstehenden Mönche, er empfinde einen recht lieblichen Geruch. Ihn betrog entweder seine Einbildungskraft, oder er wollte andere betrügen. Kaum hatte ers gesagt; so fingen auch die andern Mönche an, Lieblichkeit zu riechen; Ein Unbefangener aber, der auch dabeistand, empfand das Gegentheil nur allzusehr.

Zwei Personen stiegen zu einer Treppe hinauf. Der vorderste blieb stehen, und versicherte, daß er keinen Schritt weiter könne; denn er fühle vor sich eine Mauer. Der andere fühlte hin, und überzeugte sich, daß eine unsichtbare Mauer ihnen im Wege stehe, und sie zur Rückkehr nöthige.

Die Muttermähler sind ein Beweis von der Macht der Einbildungskraft. Man sieht Leute, die Beeren, Kirschen, Mäusefiguren x. an verschiedenen Theilen des Leibes haben, weil die Mutter während der Schwangerschaft über so etwas erschrak. Man hat Leute gesehen, die sich einbildeten erweichte Knochen, eine sehr große oder eine wächserne Nase, Hörner am Kopf, Füße von Stroh, Frösche x. im Leibe zu haben; die da glaubten, es würde eine Uiberschwemmung entstehen, wenn sie ihren Urin ließen, die durch Einbildung krank geworden und gestorben sind. – Sollte die Einbildungskraft nicht auch vermögend seyn, dem Menschen Gespenster dazustellen?

Von Gespenstern

Das beste Mittel, eine stumme Gesellschaft redend zu machen, ist, daß man sie auf Gespenster-geschichten bringt; jeder wird das seinige gewiß beitragen, jeder wird seine Geschichte recht fürchterlich erzählen, damit dem furchtsamen Zuhörer die Haare zu Berge stehen. Man darf darum nicht, aller Erfahrung zum Trotz die Wahrheit jeder Geschichte dieser Art ohne Ausnah-me verwerfen, weil man selbst noch nichts ähnliches gesehen, oder weil man es nicht begreifen kann; denn wir glauben viel, was wir selbst nicht gesehen haben, und sehen Dinge, ohne zu wissen, wie es damit zugeht, und durch was für Kraft sie bewirkt werden.

Wir sehen die Sonne, wie sie den Erdboden erwärmt; aber wir begreifen nicht, warum sie von ihrem eigenen Feuer nicht verzehrt wird. Wir sehen den Mangnet das Eisen an sich ziehen, und wissen nicht, durch was für Kraft es geschieht.

Unter funfzig Erzählungen von Gespenstern, hat kaum eine das Gepräge der Wahrheit; und wenn man diese eine untersuchen könnte oder wollte, so würde sie gewiß vieles von ihrer Glaub-würdigkeit verliehren; und die Menge der Gespenstergeschichten würde bald auf eine geringe Anzahl zurück kommen, oder sich vielleicht ganz verliehren, wenn diejenigen, denen zuweilen etwas erscheint, Dreustigkeit genug hätten, zu untersuchen, was das sey, wovor sie sich fürchten; wenn sie nicht, aus vorgefaßter Meinung, bei jedem Schein von Furcht übermannt, die Flucht ergriffen. Sie würden, wenn sie es genauer untersuchten, gewiß finden, daß es ein Gespenst der Furcht und der Einbildung war, oder daß es einen natürlichen Gegenstand zum Grunde hatte. Von den Sonntagskindern glaubte man ehedem einfältiger Weise, daß sie allein Gespenster se-hen könnten. Jetzt sagt man, nur die am 29 Februar (der doch nur alle 4 Jahr kommt) Gebornen, könnten sie sehen. Möchte man künftig nur von dem ersten Zehntel eines Jahrhunderts dieß glauben! Worin sollte auch wohl die Ursach davon liegen? Etwa in dem Auge, das doch alle Ge-genstände richtig sieht? Oder in der Stellung des Gespensts? Oder haben Gespenster die Macht, des einen Auge zu stärken, und den andern zu blenden? Es ist wirklich zu bewundern, wie man auf so handgreiflich falsche Erdichtungen, dergleichen die Gespenstergeschichten zu seyn pfle-gen, verfallen konnte, und wie sinnreich man bei Ausdenkung derselben gewesen ist. Wollte man alle Geschichtgen glauben, die man uns aus dem Gespensterreich erzählt; so müßte alles mit Geistern und Schröckbildern angefüllt seyn, wovon einige in Thürmen und Häusern, oder auf Kirchhöfen und Gerichtsstätten; oder in der Luft , in dem Wasser und unter der Erde anzu-treffen seyn würden. Die erste Art sind die häuslichen Ruhestöhrer, die des Nachts zwischen 11 und 12 Uhr mit dem Zinn in der Küche klappern, überall herumpoltern, und denen die ihnen zu nahe kommen, Ohreigen austheilen, worauf gewöhnlich aufgeschwollene Köpfe erfolgen. Wenn man alle Geschichten oder Lügen von der Art, aus alten und neuen Zeiten, besonders die aus dem Alterthum (denn in den neuern Zeiten, wo der menschliche Verstand anfängt, reiner und aufgeklärter zu denken, sind sie wenigstens nicht mehr so häufig) aufzeichen könnte; was für eine ungeheure Menge würde es seyn? In den Häusern erscheinen gewöhnlich die Personen, die ehemals darin lebten, welche noch etwas auf ihrem Herzen haben. Die alten Müttergen hören sie seufzen und winseln; denn sie haben bei Lebzeiten, entweder Geld verscharrt, welches sie bewahren, oder den Lebendigen zeigen wollen, oder es geschieht, ihren hinterlassenen Kindern und Freunden Unrecht, ihre Vermächtnisse sind verdreht, und ihr letzter Wille ist unvollzogen geblieben. Oft kneipen sie des Nachts, werfen aus dem Bette x. Der Furchtsame wagt es nicht, des Nachts auf eine Kirche oder Thurm, über einen Kirchhof oder Gerichtsstätte zu gehen: Eine Schaar von Geistern und Todtengerippen wird ihn umgeben, und er wird sich glücklich schät-zen, wenn er mit dem Leben davon kommt, und der Hals ihm nicht auf den Rücken gedreht wird. In alten Klöstern haben Mönche ihre Behausung; sie gehen als Geister noch in ihren langen Röcken, wie sie bei Lebzeiten giengen, mit einem Bund Schlüssel an der Seite, womit sie alle Thüren öfnen. Ein andermal erscheint der Geist, so wie er in den Sarg gelegt wurde und endlich läßt der Aberglaube sogar Thiere erscheinen! Giebt es Gespenster? Keine Frage ist öfter aufgeworfen, keine weniger beruhigend beantwortet. Die h. Schrift lehrt uns eigentlich von Gespenstern nichts; das ist ein beträchtlicher Einwurf gegen ihr Daseyn. Die Weltweisheit ist verlegen, und die Weisesten im Volk wollen nichts von ihnen wissen. Es giebt nur wenig Menschen, die sich von der Gespensterfurcht ganz frei gemacht haben; denn die Vorstellungen, welche man ihnen in der Jugend beigebracht hat, kleben ihnen noch zu sehr an, wenn sie sich gleich von der Nichtigkeit oder der Unmöglichkeit der Sache selbst überzeugt haben; Wie viele giebt es, die sich vor den Geistern nicht anders fürchten, als ob sie eine unumschänkte Gewalt über die Menschen hätten? Wenn die Nothwendigkeit einen Menschen nöthigt, über einen Ort zu gehen, wo Menschenschädel liegen; so fallen ihm tausend schröckliche Geschichten ein, die Furcht macht seinen Füßen Flügel, er hört dumpfe Stimmen, und scheußliche Gestalten fahren ihm vor dem Gesicht herum. Dieß betrift selbst solche, die bei andern Gelegenheiten, wo es Leben und Tod gilt, unerschrocken bleiben. Ist es nicht thörigt, vor Geistern sich zu fürchten, in deren Gesellschaft wir einst eintreten sollen, unter denen wir einst glücklich zu seyn hoffen? Ist es nicht noch thörigter, sich vor Geistern zu fürchten, von denen unsere Vernunft uns sagt, daß sie nirgends sind? Wie mancher anderer leugnet Gespenster, dem die Haare grauen, wenn er im finstern an einen berüchtigten Ort allein gehen soll? Unsere Seele ist unsterblich, wohl uns, daß wir das wissen! Sie wird ewig das bleiben, was sie ist: Ein Geist, ein Wesen, das denken kann, das sich seiner selbst und der Dinge außer ihm bewußt ist. Sie verliehrt bei der wichtigen Veränderung, die dann mit ihr vorgeht, wenn sie von dem Leibe getrennt wird, von ihren Eigenschaften nichts; sondern sie gewinnt. Sie wird nun durch die Schwäche des irdischen Körpers nicht mehr gehindert, sie sieht deutlicher als jemals, sie behält ihr Gedächtnis und ihre Kräfte nicht nur, sondern dieselben werden vergrößert. Ihr bleiben alle erworbene Geschicklichkeiten, die sie durch Erfahrung und Uebung erlangte. Sie behält Scharfsinnigkeit, und ihre edlen Neigungen verliehren nichts, ihre Tugend nichts von ihrem Glanz. Wir würden von dem Leben nach dem Tode fast nichts wissen, oder unsere Kenntnis davon würde die unvollkommenste seyn, wenn die h. Schrift uns darüber nichts entdeckt hätte; aber auch die Nachrichten, die wir darin finden, sind unvollkommen. Wirklich hat man aus einigen Schriftstellen der Gespenster Wirklichkeit beweisen wollen. Jesus erscheint seinen Jüngern auf dem Meer; sie sehen ihn und erschrecken, weil sie glauben, es sey ein Gespenst. Jesus giebt sich zu erkennen, spricht ihnen Muth ein; widerlegt aber ihre Gedanken nicht gerade zu. Aus diesem Stillschweigen will man schließen, Jesus habe die Meinung seiner Jünger gebilligt, sie müsse folglich gegründet seyn, weil der göttliche Lehrer auch nicht stillschweigend Irrthümer habe billigen können. Aber ohne hier jene Stelle weitläufig zu erklären, kann man antworten: Die Juden glaubten an Geistererscheinungen mehr als wir; sie hatten diese Meinungen vornämlich aus der babilonischen Gefangenschaft mitgebracht. Jesus fand es nicht für gut, vor jetzt die Jünger darüber besonders zu belehren; aber er gab sich ihnen zu erkennen, und widerlegte dadurch ihren Irrthum. Zu den Zeiten Christi geschahen wirkliche Erscheinungen, die Jünger sahen eine Erscheinung. Auch nach der Auferstehung hielten die Jünger Jesum für einen Geist, da er sich ihnen zeigte, und man sehe dort, wie er sich dabei benimmt. Es ist uns eine Wiedervereinigung der Seele mit dem Leib versichert. Wenn aber diese Wiedervereinigung erfolgen werde, das ist uns nirgends gesagt. Die, welche geistige Erscheinungen glauben, setzen voraus, daß die Seele, so bald sie sich von dem irdischen Körper trennt, mit einem andern umhüllet werde; da doch die Bibel sagt, daß erst bei der Auferstehung, die Leiber verklärt aus dem Grabe hervorgehen, und die Seele mit ihnen wieder vereinigt werden sollen. Sie lassen die Geister bald schwarz bald weiß, bald grau erschienen, geben ihnen bald diesen, bald einen andern Anzug, ohne zu erwägen oder zu bestimmen, woher sie diese Ueberkleidung etwa nehmen möchten? Die guten oder bösen Handlungen der Menschen in diesem Leben, stehen mit Belohnung oder Bestrafung in der Ewigkeit, in eben der Verbindung, wie Aussaat und Erndte. Aber das ist uns nirgends mit Gewißheit gesagt, wenn Belohnungen und Bestrafungen jenseit dieses Lebens anfangen sollen. Kommt die Seele gleich nach ihrer Trennung von dem Körper an den Ort ihrer Bestimmung, oder wird sie bis zu dem entscheidenden Tage zu der Wiedervereinigung mit dem verklärten Leib irgendwo aufbehalten? Diese und andere Fragen, die man hierüber thun könnte, werden so wie bisher, wahrscheinlich auch in der Zukunft unbeantwortet bleiben. Daß die Seele, so wie sie ist, als Geist und ohne einen Körper anzunehmen, nicht gesehen werden könne, und daß dieß ohne Gottes Zulassung nicht möglich seyn, das leugnen selbst auch die nicht, die Geistererscheinungen glauben, und die sie selbst gehabt haben wollen. Hier entstehen aber die Fragen: was für Nutzen würden Geistererscheinungen haben, wenn sie auch statt finden könnten? was für Entdeckungen zum Glück der Menschen haben sie denen gemacht, welchen sie bisher erschienen.

Man sieht den Erzählungen von Gespenstern und Erscheinungen bei dem ersten Anblick das Fabelhafte an: Zwei Personen von Stande lebten in der vertrautesten Freundschaft, waren beide ein Herz. Der eine gieng in den Krieg, wodurch beide Freunde zu einem Gespräch von der Beschaffenheit der andern Welt, und zu dem Versprechen veranlaßt wurden, daß der, welcher von ihnen am ersten sterben würde, dem andern Nachrichten daher bringen sollte. Jener reiste ab, und der Zurückgebliebene hatte in mehreren Monaten keine Nachricht von ihm, bis er eines Morgens früh, da er sich noch im Bette befand, den Vorhang desselben wegziehen und seinen Freund leibhaftig vor sich stehen sah. Er sprang aus dem Bett, ihn zu umarmen; jener aber zog sich zurück, und bedeutete ihn, daß es dazu jetzt nicht mehr Zeit sey; er wolle nur sein Versprechen erfüllen. Er sey nicht mehr unter den Lebendigen, denn er sey in einem Scharmützel geblieben; zugleich zeigte er den Ort, wo ihn die Kugel getroffen hatte, wo das Blut noch herabfloß – und verschwand. Alles bestätigte sich bald, Wenn man diese Geschichte, so wie sie da steht, liest und hört, ohne nur zweifeln zu wollen, ob sie so ganz wahr sey; so wird man sie als Beweis von der Möglichkeit der Wiedererscheinung nach dem Tode ansehen und anführen. Aber wer waren die beiden Vertrauten, wo lebten sie, und in welchen Kireg gieng der eine? Wo blieb er, ist es nicht wahrscheinlich, daß der Zurückgebliebene, durch einen lebhaften Traum, durch Einbildungskraft getäuscht wurde? – Was ist natürlicher, als daß ein Freund, der den andern im Kriege weiß, für sein Leben zittert, oft an ihn denkt, oft von ihm träumt, oft sich ihm vorstellt? Je zärtlicher die Freundschaft war, desto lebhafter werden alle Vorstellungen von ihm seyn; und wird nicht eine erhitzte Phantasie, selbst ein Bild darstellen können? Wird nicht endlich einmal der Erfolg wahr machen, was jener so oft, und auf so mannigaltige Art dachte? Und was kann leichter erfüllt werden, als eine Todesahnung von dem, der gegen den Feind zu Felde steht? Wozu soll endlich eine solche Abrede anders dienen, als zur Befriedigung der Neugier, welcher Gott besonders hierin so nahe Grenzen gesetzt hat? Wenn man eine Geschichte, dergleichen die gegenwärtige ist, glauben soll; so müssen glaubwürdige Zeugen die Wahrheit derselben bestätigen. Diese Zeugen fehlen hier ganz. Leute, die etwas als selbst gesehen erzählen, müssen, wenn wir ihnen glauben sollen, redliche und von Vorurtheilen freie Leute seyn. Sie müssen den Willen haben, etwas wahr zu erzählen, und beweisen können, daß sie zu der Zeit, da sie etwas sahen, sich ihrer wohl bewußt waren. Wenn man eine Erzählung hienach beurtheilt; so wird sie gewiß von iherer Glaubwürdigkeit verliehren; und wenn man sie darnach untersuchen könnte, würde man finden, daß dergleichen Erscheinungen nichts anders als Geburten einer zu lebhaften Einbildungskraft der Lebenden sind. Und Leser, was dünkt dich von einem Köprer, aus dessen Wunden man Blut fließen sieht; der gleichwohl beim Befühlen nur Wind seyn soll?

Ein andermal, erzählt man, sey der zuerst gestorbene, der Abrede gemäß erschienen, und habe auf Befragen des andern; wie es in jener Welt aussähe? Die bisher im Busen verborgene Hand herausgezogen, ihn mit heissen Funken besprüht, und gesagt; Bruder, da ist es heiß!

Es können zwar Menschen die Verabredung nehmen, sich aus dem Reich der Todten Nachricht zu bringen; ob dann aber die verabredete Erscheinung wirklich erfolgt, das ist eine andere Frage, die höchst unwahrscheinlich, und unglaublich, ja beinahe unmöglich ist. Wer könnte aber so verwegen seyn, mit einem andern zur Wiedererscheinung Abrede zu nehmen? Der Verstorbene kommt gewiß nicht wieder. Ob aber nicht Grauen, Angst und Schröckbilder, den zurückgebliebenen Lebenden verfolgen werden, wer könnte das unwahrscheinlich finden?

Otto verliehrt in einer Schlacht das Leben; sein Freund Ferber weiß die Gegend wo er fiel, und besucht sie oft, ob sich ihm vielleicht von dem Geliebten nie etwas zeigen wolle? Eine Kugel aus dem kleinen Gewehr hatte seinen Schädel in der Gegend des rechen Schlafs durchbohrt; auch das hatte er erfahren. Unverhoft nahm er einst einen sehr weissen Todtenkopf wahr, aus welchem Gras hervorwuchs. Er betrachtete ihn, und fand die Oefnung auf der Seite des rechten

Schlafs. Hat ein Zufall diese Oefnung verursacht, oder ist es wirklich der Kopf des Otto? – Ferber besah ihn lange, und glaubte endlich, den traurigen Ueberrest seines Freundes zu sehen; drückte ihn an die Brust, und dankte der Vorsehung, daß sie ihn so beglücke. Er bestimmt den Kopf, einst neben sich im Grabe ruhen zu lassen, und setzt ihn in sein Schlafgemach, zu steter Erinnerung seines Freundes. Nicht ohne Schauer verstrich die erste Nacht, und im Hause hatte man seit der Anwesenheit des Todtenkopfs keine Ruhe gehabt: ja man hatte ihn in einer zitternden Bewegung gesehen. Ferber kehrte von einer Reise zurück, fand seine Wohnung von einer Menge Menschen umgeben; die Magd in den letzten Zügen, und neben dem Bett den Geistlichen; denn, Otto, dein Todtenkopf hatte sich bewegt, war vom Tisch herunter und auf den Boden herumgerollt. Keiner hatte sich noch in die Stube gewagt; Ferber sah den Kopf auf dem Boden liegen, und hatte ihn kaum an seinen Ort gesetzt, als er wieder herunter und nach dem Bett zu rollte. Er faßt ihn abermals, bemerkt dann aber, daß in ihm sich etwas bewegt, und sieht, da er ihn ans Fenster bringt, zu seinem Erstaunen, den langen Schwanz eines Ratten. Er zieht ihn heraus, und das Rätsel war aufgelöst.

Ohne Zweifel wurde der Ratte durch einen Feind gejagt, und genöthigt, sich durch die enge Oefnung des Kopfs hindurch zu drängen und darin seine Sicherheit zu suchen. Die Rückkehr aus demselben war schwer, bis er mit Gewalt herausgezogen wurde. So etwas kann ein ganzes Städtchen in Bewegung setzen. Man rennt in Haufen dahin, wo der Polstergeist seyn soll, und geht veschämt nach Hause, wenn die Sache erklärt ist. Man könnte vielleicht Bücher mit Geschichten dieser Art füllen, die alle beweisen würden, daß die Erwartungen von Gespenstern immer getäuscht wurden; Aber wozu? würde man bei vorfallender Gelegenheit weniger neugierig, weniger abergläubisch seyn?

Der Furchtsame ist schon oft betrogen; aber er hört darum nicht auf, es fernerhin zu seyn. Es könnte doch wohl seyn, daß es wahr wär – alle Zeiten sind nicht gleich. – Werner hatte sich in G. zu lange aufgehalten; er konnte erst um Mitternacht nach Hause reiten. Er hatte ein sicheres Pferd; desto auffallender war es ihm, als es in einem hohlen Weg zurückwich, und aller Peitschenhiebe ohnerachtet, keinen Schritt weiter gehen wollte. Nun sage man mir weiter, daß es in dem fatalen hohlen Wege nicht unsicher sey; wo Pferde stutzen, da war es nie recht richtig. Der Mond war schon zurückgewichen, und das Licht der Sterne erleuchtete den hohlen Weg nicht ganz. Er stieg vom Pferd und führte es. Bald stieß er mit dem Fuß an etwas, er faßte Muth, that die Augen auf, und bekam etwas harigtes in die Hand, daß sich bewegte. Das Pferd wich zurück, und die Angst trieb ihn ihm nach. Sollte es doch wahr seyn, dachte er, daß die mitternächtliche Stunde für Reisende gefährlich ist? Noch einmal wagte er zurückzusehen, sahe etwas allmälich sich erheben, und die Ohren in die höhe strecken, und hörte zugleich einen bekannten Ton. Es war des Müllers Esel, der auf dem Felde zurückgeblieben war. W. erinnerte sich, daß die Mühle in der Nähe sey, und freuete sich über seine Entdeckung. – Dieß mag unter andern lehren, daß man sich hüten müsse, so wenig als möglich, bei Nachtzeit zu reisen, weil die Vorfälle so sonderbar seyn können, daß wenn sie sich gleich nachmals wie gewöhnlich, erklären, man wenigstens einen Schreck davon trägt. Ein in der Gegend unbekannter, furchtsam abergläubischer, wär in vollem Gallop zurückgeritten, und hätte den Vorfall für einen sichern Beweis gelten lassen, daß Gespenster die Nächte unsicher machten.

Die Umstände bei der Erzählung von Gespenstergeschichten werden oft so verwirrt, daß man Mühe hat, die Veranlassung dazu zu entdecken. Oft bleibt die Geschichte ganz unentwickelt, behält ihr Ansehen, geht von Mund zu Mund, erhält immer mehr Zusätze, und wird auf Kind und Kindeskind fortgepflanzt. Man wird daher nicht leicht diese Gespensterfurcht aus den Köpfen bringen, ohnerachtet die Zeugen ein altes abergläubisches Weib, eine einfältige Magd, ein dummer Knecht, und andere, die Gespenster zu sehen pflegen, so unzuverlässige Zeugen sind. Der größte Theil der Menschen hat weder Verstand, noch Aufmerksamkeit, noch Herz genug, die Vorfälle einzusehen, oder zu untersuchen. Was Wunder, wenn sie sich von Vorurtheilen und Aberglauben nie losmachen, nie hinter die Wahrheit kommen? – Ich ward, so erzählt Kern ein bekannter Arzt, zu einem todtkranken Prediger gerufen, und da die Gefahr groß vorgestellt wurde; so entschloß ich mich, noch spät dahin zu reiten. Der Mond schien helle, ich war der

Gegend kundig, reiste allein, und kam endlich in das mir wohlbekannte Holz. Kaum war ich hinein; so stutzte mein Pferd, und ich spornte es umsonst. Nun lenkte ich um, und ritt durch einen Nebenweg auf die ordentliche Strasse. Auf einmal stand es wieder. Ich machte die Pelzkappe vom Gesicht zurück; Himmel, was sah ich? Einen Todten, mit einem Blut und Beulen bedeckten Gesicht, in einem Sarge und unter einer Eiche. Nun fing meine Einbildungskraft an, zu wirken; ich sah, wie sich der Todte aufrichtete, wie er mich ansah, und Miene machte, aus dem Sarg zu steigen und mich anzufallen. Kaum behielt ich noch so viel Muth, daß ich dem Pferd den Zügel schiessen und es nach Hause zurennen ließ. Da ich in der Schenke eines Dorfs, wo ich durchreiten mußte, Licht sah; so gieng ich hinein, mich zu erholen. Der Wirth merkte meine Bestürzung, und sagte, ich hätte im Wald gewiß das Gespenst gesehen? und fieng an, greuliche Geschichten zu erzählen. Nun ritt ich zu Hause, und hörte schon am Morgen früh die abentheuerliche Geschichte, daß in voriger Nacht der Teufel, auf einem schwarzen Pferde reitend, einem Mann im Walde den Hals umgedrehet hätte, und daß er dann mit Zurücklassung eines häßlichen Gestanks verschwunden sey. Inzwischen kam ein neuer Bote, der mich zu den Patienten holte, wo ich auch bald anlangte; und wo ich eben die Geschichte noch fürchterlicher hörte. Der Teufel auf einem schwarzen Pferd, habe die im Wald unter die Eiche gesetzte Leiche holen wollen, und die Hüter verjagt: Weil sie sich aber mit Kreuzen gesegnet hätten, und der Schulmeister dabei gewesen wär; so wär er mit Zurücklassung eines gräulichen Gestanks unverrichteter Sache wieder verschwunden. Ich merkte nun wohl, daß man mich hier zum Teufel mache, und erzählte, daß ich auf einem schwarzen Pferd, in einem Pelz, das rauhe auswärts gekehrt, und in einer schwarzen Kappe vermummt, in den Wald geritten sey, und einen Todten im Sarg habe liegen sehen. Ganz recht, sagte der Schulmeister, ich bin bei denen gewesen, die die Leiche abholen sollten, welche auf der Grenze gefunden worden war. Herr Doctor, glauben sie mir, ich sah mich um, und da kamen mir die Zipfel an ihrer Reisekappe so vor, wie die Hörner, welche der Teufel haben soll.

Durch diese Geschichte bin ich in dem Unglauben noch mehr bestärkt worden, den ich bei den Gespenstergeschichten immer hegte, und glaube nun um so mehr, daß Erzählungen dieser Art auf ähnliche Weise entstanden sind.

Die meisten Menschen haben die Gespensterhistorien vom Hörensagen; sie wissen selbst nicht, was Gespenster sind, und lassen sich doch so ungern davon abbringen.

Wie oft ist der Betrug entdeckt worden, den Spasvögel, Verliebte, Listige, Betrüger u.s.w. als Gespenster spielten? Es war kein Zweifel, daß da der Unhold sein Wesen habe, und nachmals war alles ruhig. Ja, sagt der Abergläubische, es veraltert sich! Möchten die Thorheiten unter den Menschen sich auch veraltern! Aber sie behaupten ihre Rechte, und die Gespenster hören auf zu poltern? Hört folgende gräuliche Geschichte:

Der Freiherr von *Bretiole*, Obrister in Dänischen Diensten, erhielt vom König Befehl, sich nach Rendsburg zu begeben. Er mußte wegen eines entstandenen entsetzlichen Ungewitters und schlimmer Wege sich entschliessen, in einem Dorf einzukehren, wo er in dem elendsten Wirthshaus weder zu essen noch zu trinken haben konnte. Ist kein Edelmann im Dorf, fragt er? nein! auch kein Pfarrer? ja! Der Prediger nahm ihn willig auf, bewirthete und unterhielt ihn gut. Das Gespräch kam auf ein altes Schloß, das im Dorf lag, und in dem bösen Ruf stand, als wär es von mörderischen Geistern bewohnt. Jeder starrte es an, wenn er vorbei gehen mußte, und segnete sich: Nur *Bretiole*, der nie Gespenster geglaubt hatte, will noch selbigen Abend das Schloß und die Geister in demselben sehen. Alle Vorstellungen des Predigers helfen nichts. So viel beherzte Leute, sagte er, haben sich unterstanden, des Nachts da zu bleiben; aber man hat keinen wiedergesehen. O, sagte B., ich will diese Nacht mit meinem Bedienten auf diesem besessenen Schloß schlafen; er nähert sich demselben, trägt selbst die Laterne, da inzwischen sein Bedienter, und der Knecht des Geistlichen, Stroh und Betten herbeitragen. Als sie hineingekommen waren, sahen sie gleich an der ersten Thür, zur rechten Hand eine Treppe; sie stiegen hinauf, und fanden einen grossen Saal, auf welchem sie alte, zum Theil erloschene Gemählde; auf beiden Seiten des Saals aber Thüren zu Zimmern sahen. B. sah sich um, und blieb endlich in dem Zimmer zur Linken, das zunächst an der Treppe war, und setzte die Laterne neben seinem Lager hin. Zur Rechten und zur Linken legte er eine scharf geladene Pistole, und zog den Degen. Um elf Uhr enstand ein entsetzliches Gepolter; es war nicht anders, als marschirten Soldaten mit Pferden und Waffen die Treppe herauf. Man müßte Lust zu lästern haben, wenn man den Obersten Feigheit beschuldigen wollte; aber seine Haare fiengen allmälig an, sich in die Höhe zu richten, und die Knie zitterten. Immer näher kam der abscheuliche Lerm. Der Ritter faßte mit der einen Hand den Degen, mit der andern eine Pistole, und wollte so das polternde Ungeheuer erwarten. Aber er läßt bei Eröffnung der Thür beides aus den Händen fallen. Die Lichter erlöschen, das Gespenst läßt feurige Augen blitzen, brüllt wie ein Löwe, und rasselt mit feurigen Ketten. Ueber dem Schlafzimmer entsteht zu gleicher Zeit ein gräßliches Toben; es war nicht anders, als würden hundert Stückkugeln hin und hergewälzt, worunter ein klägliches Heulen sich hören ließ, als ob tausend Hunde und Katzen und Pferde unter einander schrieen und wieherten; es thut einen entsetzlichen Knall, als wenn eine Kanone los gieng. Endlich hört man ein Glockenspiel, und darauf mit durchdringender Stimme rufen: Victoria! Victoria! worauf bald eine grosse Stille erfolgt. Da liegt der Ritter wie todt; das Gespenst hatte ihn gekratzt und mit Ketten geschlagen, und entfernt sich dann, und steigt mit großem Gepolter die Treppe hinab. *Bretiole* ermannt sich, und denkt; Ist dieses Ungeheuer ein Geist, so kann ich es weder erschiessen noch erstechen. Ist es ein Mensch, so wird es seinen Leib vor Blei und Eisen verwahrt haben. – Ich will, wenn es noch einmal kommt, ein Herz fassen, und ihm nachschleichen. Nach Verlauf etwa einer Stunde rasselt es wieder mit grossem Geräusch die Treppe herauf, mißhandelt ihn und seinen Bedienten wie zuvor, und raset dann fort. B. ermunterte sich, wiederhohlte seinen Vorsatz, nahm den Degen in die eine und das Pistol in die andre Hand, und schlich leise nach. Der Bediente winselte jämmerlich hinterher, und glaubte, er würde seinen Herrn nie wieder sehen. Das Gespenst wandte sich zum Glück nicht um, bis es vor des Ritters Augen plötzlich verschand. Stockfinster war alles um ihn her, und er wagte nicht, einen Schritt weiter zu thun. Er hatte vor seinem Gespenst viele andere hergehen hören, die alle in dem finstern Gang verschwunden waren. Jetzt entschließt *Bretiole* sich, in demselben so lange fortzugehen, bis er ein Ende fände; aber kaum hatte er einige Schritte gethan, als er in eine Gruft hinunter fiel, und sein Pistol, an welchen der Hahn gespannt war, losgieng. Auf den Knall näherten sich ihm vier starke Kerle mit Lichtern. Verwegener Hund, brüllt der eine ihn an, was unterstehst du dich, hierher zu kommen? Sie packten ihn bey dem Arm und schleppten ihn in ein Zimmer, wo einige zwanzig Personen an einem Tisch sassen, die zum Theil von gutem Ansehen waren. Einer nach den andern sahe ihn mit starren Augen an: man schien über seine Gegenwart so bestürzt, als B. über die ihre war. Dann fuhr ihn einer an: Was für ein Frevel hat dich tollkühnen Hund bewogen, hieher zu kommen? Konntest du nicht denken, daß du deinen Vorwitz mit dem Leben würdest büßen müssen? Bereite dich zum Tode, du mußt sterben! Sterben, versetzte *Bretiole*, ich schwöre euch bei dem König, daß mein Tod euch theuer zu stehen kommen soll Fuhrt diesen trotzigen Hund weg, wir wollen sein Urtheil fällen, er muß sterben, schrie eins der Ungeheur. Die vier Kerls packten und schleppten ihn wie Henker in ein finsteres Loch. Nun war B. überzeugt, genug, daß er es nicht mit Gespenstern zu thun habe. Er wurde jetzt eines Scheins gewahr, welcher durch das runde Loch in der Thür, in das Gefängniß hinein fiel. Er legte sein Ohr dicht an, und vernahm, daß seine Richter über die Art, mit ihm zu verfahren, sehr uneins waren. Laßt ihn hinmorden schrie der eine! Nein, wir wollen ihn ausfragen, und denn richten. B. wurde vorgeführt und erzählte, wer er wär, die Ursach seiner Reise, die Veranlassung des Uebernachtens in diesem Schloß, u.s.w. Ich habe, setzt er hinzu, Königliche Ordre, an deren Beschleunigung mehr gelegen ist, als an meinem Leben. Sehen sie hier das Königliche Siegel. Sie kommen in grosse Gefahr, wenn sie mir das Leben nehmen. Der Geistliche dieses Orts weiß, wo ich geblieben bin: Der König wird das ganze Schloß umwühlen lassen. Ich bin ein Cavalier, und gebe ihnen mein Wort, daß ich dieses Geheimnis ewig bei mir vergraben will, wenn sie mir das Leben schenken. Die Richter sahen einander an, keiner wollte den Anfang machen. B. wurde wieder weggeführt. Die Richter stritten scharf, bis sie endlich übereinkamen, unter jenen Bedingungen ihm das Leben zu lassen. Man händigte ihm seine Ordre unbeschädigt ein, nahm einen Eid von ihm, und gab ihm höflich

Abschied. Zwei Bediente führten ihn durch eine verborgene Thür bis an die Treppe; Der Ritter eilte mit seinem Bedienten aus der Mördergrube und gelangte zur großen Freude des Predigers, der seinenwegen die ganze Nacht nicht hatte schlafen können, auf der Pfarrwohnung an.

Nach Verlauf eines Jahrs befand *Bretiole* sich auf seinem Landgut, und bewirthete eine Gesellschaft. Ein Reitknecht mit zwei auserlesenen kastanienbraunen Hengsten an der Hand, hielt vor dem Hof, und verlangte den Ritter zu sprechen. Er händigt ihm ohne Verzug einen Brief ein, läßt die zwei Pferde stehen, und fliegt wie ein Vogel davon. Der Ritter staunt bei der Eröfnung des Briefs eine goldne Münze an, die man nachmals zwanzig Ducaten am Werth fand. Er wurde darin seines Versprechens entledigt, und das Geheimnis hatte ein Ende. Es waren falsche Münzer, die dieses Schloß so unsicher gemacht hatten, und man hörte in demselben nichts wieder.

Es gehört nur Untersuchung dazu, um sich zu überzeugen, daß nicht Gespenster lermen. Zu A. glaubte man, in einem Grabe ein Schmatzen zu hören, Viele Neugierige, die sich davon überzeugen wollten, legten das Ohr an das Grab und sagten, die Leiche schmatze. Nachdem man die Sache genauer untersuchte, fand sichs, daß nicht weit von dem Grabe in einem Mauerloch, in der Kirche, junge Eulen waren, die diesen Schall verursachten.

Die Geschichte zeigt Beispiele, daß auch ein ungebildeter Religionseifer Spukereien veranstaltet hat. Ein protestantischer Prinz von bekannter Stärke, wurde manche Nacht von einem Gespenst beunruhigt, das Ketten schleppte, und zweckmäßig auf die Käzer schimpfte. Ueberdrüssig der strafenden Stimme, faßt der Prinz, stark wie Simson, das Gespenst, und fühlt bald, daß es dichte Beine und Knochen hat, eilt mit demselben zum Fenster und wirft es, ohne es zuvor zu catechisiren, alles Zappelns ohnerachtet, zwei Stock hoch in den Graben hinunter; und es erschien nicht mehr.

Eine gewisse Frau, der man die Hälfte des Hirnschädels hatte wegnehmen müssen, und die ihr Allmosen darin sammelte, wurde einst daselbst von jemand stark mit dem Finger angerührt: sie schrie und sagte; Man hätte sie tausend Lichter sehen lassen. – Das harte Hirnhäutlein war bei ihr aufgedeckt; ein gewisser Druck und eine dadurch verursachte Bewegung des Nervensafts, bewirkte in ihr die Vorstellung von Lichtern, wovon keins da war. Sollten nicht auch andere Bewegungen und Drücke (die wir aber nicht immer bemerken) auch andere Vorstellungen oder gar Schröckbilder erzeugen können? Hieraus lassen sich Erscheinungen erklären, an deren Glaubwürdigkeit man nicht zweifeln kann; die aber keine außer dem Menschen vorhandene Bilder, sondern Wirkungen der getäuschten Sinne und der Einbildungskraft sind.

Ein ehrwürdiger, gelehrter Greis, fragte, als er mit seinen Söhnen speiste; Wer das Mädchen wäre, das an der Seite seines Stuhls stände? aber keiner sah sie; Folglich müssen in den Gehirnfibern oder Sehnerven dieses alten Gelehrten, gewisse Bewegungen erfolgt seyn, die solche Eindrücke machten, welche mit dem Bilde eines Mädchen würden verbunden gewesen seyn. Das Bild, das dieser Greis sah, konnte unmöglich ein Körper seyn, der außer seiner Vorsellung wirklich da gewesen wär; denn sonst hätten seine Söhne das Mädchen auch sehen müssen, weil von jedem Körper Lichtstrahlen in die Augen fallen, wodurch die Empfindung des Sehens verursacht wird.

Hermann geht des Abends vor die Thür seines Hauses, um den gestirnten Himmel zu sehen. Indem er aus der Stube tritt, sieht er das Hausmädchen auf dem Stuhl sitzen, und spinnen. Ihm kommt das Mädchen an der Treppe entgegen und er biegt aus; er öffnet die Stubenthür, und sieht zu seinem Erstaunen das Mädchen noch auf dem Stuhl sitzen und spinnen. Er selbst hält diese Erscheinung für weiter nichts, als eine erneuerte Erschütterung, die demjenigen sinnlichen Eindruck in seinem Gehirn ähnlich gewesen, der darin verursacht war, als bei seinem Herausgehen aus der Stube, die Lichtstrahlen von dieser Person in seine Augen gefallen; welches um so glaubwürdiger sey, da er, um einige kleine Sterne wahrzunehmen, seine Sehnerven sehr angestrengt hatte. Erscheinungen sind also möglich, aber sie sind nicht wirklich vorhanden.

Vorwitz und Furcht; beide haben manchen in Schaden gebracht, von beiden muß man sich gleich weit entfernen. Geisterfurcht ist dem Menschen ganz eigen geworden. Angst und banges Entsetzen ergreift ihn, wenn der Augenblick da ist, wo er zeigen soll, was er vorher prahlte. Der vermeinte Muth verwandelt sich in Zaghaftigkeit, wenn er den Gedanken lebhaft denkt, daß jetzt der Geist kommen, und ihm den Hals auf den Rücken drehen x. könnte. In einer Spinnstube kam, wie gewöhnlich, das Gespräch auf Gespenster; eine rückte näher an die andre hin; Nur eine Magd wollte Muth haben. Wovor fürchtet ihr euch, sagt sie; nur die Lebendigen können uns was thun, die Todten nicht. Ich will, wenn ihr wetten wollt, jetzt hingehen und mich auf das neueste Grab setzen. Und damit ihr seht, daß ich da gewesen bin, will ich diese Spindel in den Grabhügel stecken; Morgen sollt ihr sie da sehen. Sie geht und findet leicht den Ort, wo sie über die Kirchhofmauer steigen kann, und dann den Hügel, in welchen sie die Spindel wirklich einsteckt. Sie will nun wieder weg; aber sie kann nicht, es war, als würde sie vest gehalten; als sähe sie Hände aus dem Grabe hervorkommen, die sie hinabziehen wollten. Sie reißt sich mit Gewalt los, flieht halbtod, fällt über alle Gräber, läuft an der Kirchhofmauer auf und ab, und kann den Ort nicht wieder finden, wo sie herüber gekommen war. Endlich findet sie ihn, und kommt erblaßt wieder. Indem sie die Spindel in die halberfrorne Erde mit Gewalt eindrückte, hatte sie unvermerkt durch den Schurz sich selbst mit angeheftet, und konnte daher nicht sobald wieder loskommen.

Ein anderer prahlte, unerschrocken in das Gewölbe der Kirche zu gehen, und zum Beweise, daß er da gewesen sey, einen Nagel in den Sarg zu schlagen. Er geht, bleibt lange aus, man befürchtet seinetwegen etwas, sucht und findet ihn todt in dem Gewölbe neben dem Sarge liegen. Er hatte sich selbst durch den Rock an den Sarg geheftet. Wozu dieser Vorwitz? Wer Muth hat, kann ihn dadurch nicht zeigen, daß er auf Geister losgeht, oder sich mit ihnen balgt. Schon oft wurde Vorwitz bestraft! Wer wollte sich durch schröckende Beispiele nicht warnen lassen?

Unzeitige Furcht vor Gespenstern hat manchem das Leben gekostet, manchem abgehalten, seinem nothleidenden Nebenmenschen zu Hülfe zu eilen. Die traurige Erfahrung lehrt es, daß Menschen, die noch nicht todt waren, begraben worden sind. Man fand zufällig die schröcklichen Anzeigen, wie sie sich dem Tode zu entringen oder ihrem Leben das baldigste Ende zu machen gesucht hatten. Oder man kam zu spät, da sie dem Tode schon hingemartert waren. Größtentheils war Furcht die Ursach, daß sie nicht gerettet wurden. In E. giengen Weibspersonen um Mitternacht aus der Spinnstube nach Hause, und hörten am Kirchhof, der in dem Städtchen selbst war, ein hohles Pochen. Sie verdoppeln ihre Schritte und des andern Tags breiten sie die vermeinte Spukhistorie in der Stadt aus, die auch zu den Ohren der betrübten Familie kommt. Man sah nach, aber ach, der vermeintliche Todte hatte sich die Finger zerkratzt, sich die Adern aufgebissen, aus Verzweiflung, oder sein Leben bald zu endigen. Da lag er in seinem Blut, und war nicht mehr.

Ein Bettler kommt im Winter Abends spät, halb erfroren, in einen Ort, und geht, da er das Schulhaus noch offen findet, hinein, um über Nacht darin zu bleiben. Des Morgens finden ihn die Kinder erstarrt, machen ein Geschrei und laufen davon. Er wird bei Seite gelegt und sofort des Abends begraben. In der darauf folgenden Nacht hört der Nachtwächter ein Pochen im Grabe des Bettlers und eine klägliche Stimme. Er meldet es dem Schulzen, findet aber kein Gehör, Der Nachtwächter hört dann wieder im Grabe ein dumpfes Geräusch, und seufzende Töne, und thut dem Schulzen abermals dringende Vorstellung. Der Schulze geht früh Morgens zu dem Oberamtmann, der an einem andern Ort wohnt, um Verhaltungsbefehle einzuholen, und da der Oberamtmann noch schläft, sagt er nichts, bis jener aufgestanden war. Man öfnet das Grab, Himmel, welch ein Anblick! Der Bettler war wieder aufgelebt, und nun wirklich gestorben. Alle standen erstarrt da; dem Schulzen giengs durch alle Adern, er erkannte, wiewohl zu spät, seinen dummen Aberglauben von Gespenstern, und wußte sich mit weiter nichts als mit einem: Das hätte ich nicht gedacht! zu entschuldigen.

So schröcklich sind die Folgen des Gespensteraberglaubens; so unfähig macht er den Menschen zu jeder guten Handlung wozu einige Entschlossenheit gehört. Sollte man sich davon nicht entfernen? Sollte man nicht jeden davor warnen, und besonders die jungen Herzen der Kinder davor zu bewahren suchen? Die Geschwätzigkeit der Kindermädchen, welche den Kleinen, um sie ruhig zu erhalten, mit dem Popanz und andern albern Dingen drohen, und sie damit zu Bette jagen, ist von größerm Nachtheil als man glaubt: denn da die Kinder, die die

Wahrheit oder Unwahrheit noch nicht unterscheiden können; alles was man ihnen vorsagt, auf Glauben annehmen; so halten sie auch das sonderbarste Geschwätz für wahr. Und da nichts schwerer ist, als Kindern das wieder auszureden, was sie einmal als wahr angenommen haben; so bleibt ihnen die Furcht vor Gespenstern auch bei zunehmenden Jahren, und werden von derselben unaufhörlich gequält. Wie unwillig würden Eltern werden, wenn sie sähen, daß man ihre Kinder am Leibe verstümmele? Wenn man aber ihren Geist verunstaltet; so bleiben sie ruhig und sehen es gern. Eltern sollten es als die erste Pflicht ansehen, jenen Unfug zu verhüten, und das Zutrauen, welches die Kleinen zu ihnen haben, dazu benutzen, ihnen Wahrheit und richtige Begriffe beizubringen.

Die Seele

ist ein Geist, und derjenige Theil des Menschen, der da denkt, überlegt und will. Wir erinnern uns des vergangenen, erkennen und empfinden das gegenwärtige; freuen uns, sind betrübt u.s.w. Alles geschieht durch die Seele, die nicht, wie der Leib aus Theilen besteht; sondern ein einfaches, unzertheilbares Wesen ist, und daher nicht gesehen werden kann. Die Theile des Körpers verändern sich, werden größer und wieder kleiner; die Seele bleibt immer dieselbe; nimmt aber bei Uebung und Anstrengung mit zunehmenden Jahren auch in der Fertigkeit zu denken und zu überlegen zu und wird vollkommner. Eine Empfindung von innerer Kraft überzeugt uns von dem Daseyn derselben, und sie hat wahrscheinlich in einem gewissen Theil des Gehirns ihren besondern Sitz; denn hier laufen alle Werkzeuge der Empfindungen; des Sehens, Riechens, Schmeckens, Hörens, Fühlens, zusammen, so daß sie da von dem, was um und neben dem Körper vorgeht, am geschwindesten benachrichtigt werden kann. Selbst das Denken sagt es uns, daß die Seele in dem Haupt wohne. So lange die Seele mit dem Leib verbunden bleibt; so lange lebt der Mensch: Wenn diese Verbindung aufgehoben wird; so stirbt er. Die Fähigkeiten der Seele hängen übrigens auch von der Beschaffenheit des Körpers ab. Ein Gesunder kann schärfer denken, als ein Kranker. Je mehr die Krankheit den Körper angreift und schwächt; desto weniger kann die Seele denken. Wenn der Körper z.B. durch eine hitzige Krankheit in Unordnung gebracht ist: so kann die Seele weniger vernünftig denken, oft erfolgt Raserei. Wenn der Mensch schläft; so ist er sich seiner nicht bewußt: denn die Seele kann auf den erschlafften Körper nicht gehörig wirken. Wenn die Wirkungen des Körpers ganz aufhören, und der Mensch in einer Ohnmacht sich befindet; so kann die Seele gar nicht denken, und der Körper liegt in gänzlicher Unempfindlichkeit. Ohne Einwirkung der Seele ist der Mensch keiner Empfindung, keines Schmerzes x. fähig. Der Körper kann nicht ohne Seele, die Seele nicht ohne Körper seyn. Aus dem ergiebt sich, daß man die Frage:

Kann ein Mensch sich selbst anderswo sehen?

nur mit *nein* beantworten kann. Es wär das ein unbegreifliches Wunder! Die Seele müßte aus dem Körper heraustreten, dann einen andern Körper annehmen, um sich dem zu zeigen, dem sie eigentlich zugehöre. Dieser müßte folglich indeß ohne Seele seyn; aber dennoch sehen und denken, und weder da die Seele von ihm geht, noch da sie sich wieder mit ihm vereinigt, einige Veränderung wahrnehmen. Wie wenig alles das möglich sey, ersieht man aus dem vorhergehenden Beyspiele, wenn sie auch von dem erzählt würden, der sich selbst gesehen haben will, können hier nichts beweisen. Wer weiß, was der sah, der die erste Erscheinung dieser Art hatte? Andre hörten sie kaum, als sie dergleichen auch für möglich hielten, und endlich selbst einen ähnlichen Zufall hatten. Man dürfte nur nichts davon wissen, daß jemand anderswo sich selbst sehen könne, und keiner würde es an sich erfahren. Die Einbildungskraft wirkt hiebei außerordentlich. Warum sollte Gott dergleichen zulassen? Jemand wovon zu benachrichtigen? Der Geist redet ja nicht! Den Sünder zu warnen? Der gute Gott thut das nicht! Jemand den Tod anzukündigen. Wozu diese Vorherverkündigung, da Gott es für gut befunden hat, dem Menschen die Zeit seines Todes durchaus zu verbergen? Aber der Tod ist doch wirklich erfolgt, wenn jemand sich selbst gesehen hat! Hat man nicht andere Beispiele, daß Menschen aus Einbildung, noch mehr vor Furcht und Schröcken gestorben sind? Der Abergläubische wird etwas, das aus dem obersten Theil des Hauses hervorragt, für sein Bild halten, wird sich entsetzen, die Augen niederschlagen, und es nicht wagen, sie noch einmal auf jenen Gegenstand hinzurichten. Der Gedanke an den Tod, wovon jene Erscheinung seiner Meinung nach, der Vorbote ist, wird ihn überall verfolgen; er wird krank werden, er wird, je nachdem sein Glaube ist – bald sterben.

Die Ahndungen

haben ein gewisses Ansehen erlangt. Man würde es für Schande halten, Gespenster zu glauben; Aber wenn von Ahndungen die Rede ist, da legt man die Hand auf den Mund, und – gesteht, daß sie möglich seyn möchten, und daß ja viele Erfahrungen ihre Wirklichkeit beweisen. Dieß ist allgemeine Sprache, die man fast überall hört. Man vereinigt die bei dem Gespenstergespräch getheilten Meinungen, bei den Ahndungen wieder. Es ahndet, wenn etwas, daß man aus sichern Gründen vermuthet, eintritt. So kann ein Sterbender sagen, es ahnde ihm, daß er sterben werde: Er schließt das aus dem Gefühl von Schwäche. Ahnden heißt aber auch, durch ausserordentliche Zeichen etwas unbekanntes erfahren. Man hört im Schlafen oder im Wachen (denn mancher träumt auch wachend) einen Fall, ein Gepolter, Geklirr, Schlag oder Stoß im Hause, oder Klopfen an der Thür; anstatt zu untersuchen, was davon die Ursach sey, bleibt man still sitzen und rührt sich nicht, oder schließt die Thür ab. A. nimmt den Rest seiner Herzhaftigkeit zusammen; sieht zu, ob etwas da ist; aber es ist nichts zu sehen und zu hören; anstatt nun vernünftig zu schließen; Ich habe geträumet oder es mir eingebildet; so schließt er unvernünftig so; Es muß ein Geist gewesen seyn. Die Katzen beissen sich, die Hunde heulen, die Eule schreit, die Todtenuhr schlagt; auf dem Boden hört man einen Fall; Nun, so mag sich der Patient, der in solchem Hause ist, nur geschwind zum Tode bereiten. Vergebens sagt ein Vernünftiger die Ursach, warum sich die Katzen beissen, die Hunde heulen, die Eulen schreien, daß ein Handwerksmann in der Nachbarschaft noch arbeitet, dessen geringste Schläge man bei nächtlicher Stille weit höre, und daß der Fall auf dem Boden sich schon erklärt habe: Seiner Meinung nach, waren es die Anzeigen des gewissen Todes. Wenn in einem Hause etwas gehört wird, das man für Ahndung hält; so glaubt man zuverlässig, es bedeute etwas ausserordentliches. Man denkt nun herum, was etwa geschehen oder jemanden aus der Familie begegnen könnte; und trifft es dann, daß ein Todesfall oder sonst etwas erfolgt; so ist der Schluß fertig; Es ahndete und es ist eingetroffen. Man sieht leicht, daß diese Gedankenfolge ausserordentlich unrichtig ist. Es kann mit einer Sache ganz natürlich zugehen, nur daß wir den Grund nicht entdecken können, und oft kommt es nur auf den Willen an, zu untersuchen, um den natürlichen Grund zu finden. Man prüft nicht streng genug, sondern nach vorhergefaßten Meinungen. Oft findet man den Grund von einer Sache nicht zu der Zeit, da man ihn suchte; sondern zufällig. Wenn man glauben wollte, es werde nach einem ungewöhnlichen Gepolter, Unglück oder Tod erfolgen; so könnte man eben so sicher behaupten, daß nach dem Regen eine Feuersbrunst entstehen werde, weil dies zuweilen der Fall war. Der, welcher aus einer Familie stirbt, ist oft zwanzig und dreißig oder mehrere Meilen von dem Ort entfernt, wo es poltert. Mit seinem Körper konnte er an einem so entfernten Ort unmöglich eine Bewegung hervorbringen; Die weggeschiedene Seele kann es noch weniger, weil sie keinen Körper hat. Wer könnte behaupten, daß die Seele nach ihrem Abschiede, aus dem Körper erst lange Reisen zu ihren Freunden thue, um sie zu erschrecken? Wollte man sagen, man wisse die Wirkungen der Geister nicht, so ist das nur eine leere Ausflucht. Treffen Ahndungen ein, so ists zufällig. Es ahndet in dem Kopfe des Abergläubischen oft, und es trift nichts ein; Darauf aber achtet er nicht; nur wenn etwas merkwürdiges geschieht, sollen Anzeigen vorhergegangen seyn. Aber wer weiß nicht, wie sehr jene Vorfälle herbei gezogen werden, und wie wenig Zusammenhang Erfolg und Anzeigen mit einander haben? Mancher hält jede Beängstigung, jede Furcht, die ihn anwandelt, für ein Zeichen eines bevorstehenden Unglücks, und denkt nicht an sein dickes Blut und seine Hypochondrie. Einen andern überfällt mitten im Genuß der Freude, und ohne daß er etwas unangenehmes gedacht hatte, Angst und Schrecken; er selbst weiß die Ursach davon nicht. Jener ist im Begrif, ein Vergnügen zu geniessen, und noch ehe er es kann, wandelt ihn eine Aengstlichkeit an; es ist als würde er von etwas zurück gezogen. Man mag wohl glauben, daß der Mensch dann weniger zum Vergnügen aufgelegt sey: daß er daher alles unangenehme, was ihm begegnet, für Unglück hält, wenn es auch noch so klein ist; daß er durch seine Unaufgelegtheit andern Gelegenheit gebe, ihn zu beleidigen; und daß er dann geneigt sey, zu glauben, es habe ihm das geahndet. Man kann aus dem Zusammenhang der Dinge, aus gewissen sich ereignenden Umständen gewissermassen wenigstens das Unglück vorhersehen, und wenn es dann eintrift, kann man nicht sagen, das es geahndet habe. Man schreibt sogar die Ahndungen den Einwirkungen der Engel zu, welche die Seele eines Freundes in den Stand setzen sollen, gewisse Wirkungen hervorzubringen. Außerdem aber daß diese Meinung ohne Grund und bloße Muthmaßung ist, so wird man dadurch in viele andere Schwierigkeiten verwickelt, die unauflöslich sind. Sie ist ein elender Behelf, den man darum wählte, weil man nicht anders wußte. Durch bloße Gedanken kann kein Anwesender, geschweige denn in der Entfernung jemand, in eines andern Seele Gedanken oder Vorstellungen hervorbringen. Man denke lange und lebhaft an einen entfernten Freund, und frage ihn dann, ob er Anzeigen oder Empfindungen davon gehabt habe? Gewiß nicht! Man sage nicht, daß es anders mit der Seele eines Sterbenden sey; denn die Seele ist und bleibt was und wie sie ist, sie mag in einem gesunden oder kranken Körper wohnen: Ihr Wirkungskreis ist in beiden Fällen einerlei. Wer also auf diese Art Ahndungen erklären wollte, der würde unmögliche Dinge behaupten. Diejenigen, welche Ahndungen den Engeln zuschreiben, irren ebenfalls. Ehemals bediente Gott sich der Engel wohl, aber nur in den wichtigsten Fällen, wobei es auf die Glückseligkeit wenigstens eines Theils des menschlichen Geschlechts ankam. Wie könnte man aber glauben, daß Gott auch in unwichtigen Sachen Engel gebrauchen werde? Die Todesstunde hat Gott, aus weisen Ursachen, dem Menschen verborgen; er würde also wider sich selbst handeln, wenn er sie ihm auf irgend eine Art durch Engel bekannt machen ließ. Und sollen Ahndungen von Engeln herkommen; warum geschehn sie nicht bei Tage; und nur in der Stille der Nacht?

Aber, wird man sagen, was soll man denn von den Geschichten urtheilen, die von glaubwürdigen Personen auf eine glaubwürdige Art erzählt werden? –

Man muß dabei nur nicht gleich an sympatisirende Freunde, Erscheinungen, Engelwirkungen x. denken, und nichts für Eingebungen halten; die von aussen in die Seele gebracht werden; sondern nur in gewissen Fällen, für Vorhersehungen, die in der menschlichen Seele, welche beständig wirksam ist, urtheilt und schließt, ihren Grund haben. Der Prof. *Baumgarten* sagte einst: Es sind noch acht Tage, denn sterbe ich; und es traf ein. Der Prof *Simonis* hatte vierzehn Tage vor seinem Ende folgenden Traum; Er fahre von *Heyersdorf*, wo er sich damals aufhielt, in Gesellschaft einiger Freunde nach *Raguhn*; wo er am Eingang von den dasigen Predigern, Cantor und Küster empfangen und in feierlicher Procession nach dem Kirchhof begleitet würde; Und alles wurde erfüllt. – Es kommt hier darauf an, ob der Traum die wirkliche Bedeutung des Todes gewesen; oder ob nicht der Traum den Tod der genannten Männer beschleunigt habe, den sie sich nun gewiß dachten? Denn auch grosse Männer sind von Einbildungskraft nicht frei, ja sie sind derselben oft mehr als andere unterworfen, weil ihre Seele stets mit solchen Dingen beschäftigt ist, durch welche sie von der Betrachtung dessen, was ausser ihnen ist, abgezogen werden. Beispiele von Ahndungen und deren Beleuchtung werden über das gesagte noch mehr Licht verbreiten. Der Krieg riß einen Officier aus den Armen seiner Geliebten. Sie hatte von Zeit zu Zeit Nachricht von ihm, und dieß machte die Trennung erträglich. Einst verfiel sie, nachdem sie einen angenehmen Brief durchlesen hatte, in eine Art von Schlummer, aus dem sie plötzlich erwachte und dann bestürzt ausrief: Er ist dahin! den Augenblick habe ich ihn sterben gesehen. Ach! jetzt ist er an der Wasserquelle unter Bäumen gestorben. Ein Officier in einem blauen Kleid bemühte sich, aber vergebens, ihm das Blut zu stillen, und ihn mit einem Trunk Wasser aus seinem Hut zu laben. Man suchte sie zu beruhigen; sie ermattete aber, und verfiel zum zweitenmal in einen tiefern Schlummer, und wurde durch dieselbe Erscheinung erschreckt. Vierzehn Tage verstrichen, dann kam der traurige Bote, und brachte die Bestätigung des Traums. Einst hörte sie in einer Kirche die Messe, erblickte nahe vor ihrem Stuhl einen Officier, that einen Schrei, und fiel in Ohnmacht. Nachdem sie wieder zu sich selber gekommen war, bat sie den Officier zu sich, der jenes schon halb vergessenen Vorfalls sich wieder erinnerte. Ich sahe ihn sterben sprach er, und erwies ihm Beistand. Ihren Namen sprach er noch mit dem letzten Hauch aus, und ich bemühte mich vergebens, nähere Nachricht von ihm zu erhalten.

Wenn man die ganze Erzählung annähme, ohne etwas zu vermuthen, so könnte sie freilich uns anstößlich das beweisen, was sie beweisen soll. Wenn das Frauenzimmer erfahren hätte, daß ein Treffen unvermeidlich oder schon geliefert, oder ihr Gemahl krank sey; so ließ alles sich aus der Einbildungskraft erklären: sie sieht aber eine nie gesehene Gegend, das ganze Aeussere, eines nie gesehenen Mannes und seine Gesichtszüge so genau und richtig! Wer ist der Zeuge, der die Wahrheit des ganzen Vorfalls bestätigt? hat er sich nach der Richtigkeit desselben genau erkundigen können und wollen? Wie hieß der Officier, der so menschenfreundlich handelte? Wie der Erblaßte? Wenn geschah die Begebenheit, und war damals Krieg? Sollte der Verstorbene keine Briefe bei sich gehabt haben, woraus man sein Herkommen hätte erkennen mögen; kannte ihn gar keiner? Frug der mitleidige Officier ihn nicht nach seinem Namen, da er doch den Namen seiner Gemahlin so oft nannte?

Das Ganze möchte also vielleicht darauf hinaus laufen: Ein Officier gieng zu Felde, ließ seine Gemahlin zurück, die oft von ihm träumte, und ihn einst sogar sterben sah. Es fiel ein Treffen vor, der Officier blieb, und der Traum wurde erfüllt. Freilich erzählt man Geschichten als Beispiele, daß Ahndungen gewiß eintreffen; aber wer mag sie untersuchen, ihr Entstehen finden, das Unwahre von dem Wahren absondern; und sie, so wie sie es wohl in den allermeisten Fällen verdienen, als Lügen darstellen?

Die Anzahl der Geschichten, da man den lächerlichen Grund von den Ahndungen fand, ist ohne Zweifel unendlich größer, als die, welche man nach hinlänglichem Untersuchen für außerordentlich halten könnte. *Morbine* schlummert ein, hört einen dumpfen Fall, und seufzet: Ach was wird das bedeuten? Am Morgen sah man aus Merkmalen auf der Haustreppe, daß die Katze den Rest des Hammelbratens aus der Küche geholt hatte. Ein andermal läutet es an der Hausglocke; sie sieht zu, und findet keinen. Es läutet zum zweiten und dritten mal; nun wagt sie es nicht mehr, darnach hinzusehen; Der Hausherr muß es selbst thun; auch der sieht nichts, und ruft darüber den Nachtwächter an, welcher die junge Katze wegjagt, die mit dem Klockendrath gespielt hatte.

Wer eine Ahndung gehabt zu haben glaubt, der betrübe sich darüber nicht, im Fall er nicht Herzhaftigkeit genug haben sollte, darüber die gehörige Untersuchung anzustellen; sondern glaube fest, daß alles natürlich zugieng, und daß ihm darum kein Uebel begegnen werde. Insbesondere aber bewahre man die Kinder vor dem schädlichen Ahndungsaberglauben, und rede ihnen die Meinungen davon aus, die ein Unverständiger ihnen beigebracht hat.

Manchen Menschen kommt es bisweilen im Schlaf des Nachts vor, als ob etwas schwer auf ihn falle, und ihn stark drücke, so daß er nicht reden oder schreien, sondern nur winseln kann; welchem Zufall man *Alpdrücken* nennt. Dieser Alp ist nichts anders als ein Krampf in den Füßen und auf der Brust, der besonders aus dem Magen, und von dickem Blut entsteht. Personen, die viel essen, wenig trinken, viel sitzen und sich wenig Bewegung machen, sind diesem Zufall am häufigsten unterworfen. Wenn der Magen schwach ist, und doch stark mit Speiden überladen wird; so wird er aufgebläht; dadurch bekommt das Zwergfell (eine innere Haut, welche die Hölung der Brust, von der Hölung des Unterleibes scheidet) einen Druck, wodurch denn der Kreislauf des Bluts und das Athemholen erschwert, die Sinne betäubt, die Stimme gedämpft wird; und in der Brust eine Beängstigung entsteht, daß der Mensch glaubt, er werde von einer schweren Last gedrückt. Man hat bemerkt, daß die, welche auf dem Rücken zu schlafen pflegen, von dem Alp am häufigsten gedrückt werden. Gewöhnlich finden sich die Personen, wenn der Anfall vorüber ist, in solcher Lage; und daß man darin die schwersten Träume hat, ist bekannt. Sie befinden sich dabei in einem Zustande, daß sie fest glauben, sie hätten gewacht, um so mehr, da sie die Schreckbilder, von denen sie ihrer Meinung nach beunruhigt wurden, beschreiben, und ihre Bewegungen so genau anzugeben wissen. »Da saß, sagt ein solcher, ein kleines schwarzes Männchen auf dem Stuhl. Auf einmal wurde es so groß, daß es bis an die Decke reichte, und auf einmal wurde es wieder klein, kam und legte sich lang über mich hin, und drückte mich bis zum ersticken. Dann verschwand es, und ich konnte um Hülfe rufen.« – Da lag ein Hund neben mir auf der Erde; er stand auf, schüttelte sich fürchterlich, und ward zu einem kleinen Männchen. Das kam wie mit einem Fuß auf meinem Bette heran u.s.w. Es würde fast vergebliche Mühe seyn, dergleichen Leute zu überreden, daß sie nur geträumt hätten; denn so lange noch das Uebel in ihrem Körper ist, dem der Zufall sein Entstehen dankt, werden sie nichts glauben, das ihrer Meinung entgegen ist. Bald denkt der Abergläubische, es sey ein Geist, der von einem andern Menschen, den es *Alp* oder *Mahre* nennt, ausfahre, und zu seinem Vergnügen andere drücke. Bald sollen die Hexen einen Geist oder den Teufel dazu beordern, bald es selbst verrichten. Man hat zur Schande des menschlichen Verstandes, Beispiele in der Geschichte, daß Menschen darum, weil man glaubte, sie könnten alpdrücken, vor Gericht gezogen, und weil sie nichts gestehen konnten, so lange gemartert worden sind, bis sie von Schmerzen betäubt, und aus Furcht von größerer Pein Dinge gestanden, wovon sie niemals etwas wirklich wußten.«

Der Vielesser esse in Zukunft weniger unverdauliche Speisen, und trinke mehr dünnes Getränk. Der Müssiggänger beschäftige seine Hände und Füße, und der Vielsitzende mache sich fleisiger Bewegung, und lege sich auf die rechte Seite zum Schlaf; so wird der Alp nicht wieder kommen. Oft mögen die Vorwürfe des verwundeten Gewissens; welches auch bei Schlafenden seine Macht behauptet, die Ursach dessen seyn, was man mit einem albernen Ausdruck *Alp* nennt.

Mit dem Alpdrücken hat es übrigens in so fern seine Richtigkeit, daß es wirklich einen Zufall giebt, den man so nennt; anders aber ist es vielleicht mit den

Nachtwanderern oder Mondsüchtigen

Man höre, was von ihnen erzählt wird: die Mondsüchtigen stehen des Nachts auf, und wiederholen oder verrichten alles, was sie bei Tage zu verrichten pflegen. Die mondsüchtige Bäuerin ist des Nachts im Hause geschäftig, schließt Türen auf und zu, und weiß am Morgen nicht, daß sie es wirklich gethan hat; es hat ihr nur geträumt. Der Verwalter von gleichem Uebel behaftet, sattelt das Pferd, setzt sich darauf und reitet im Felde herum. Die Nachtwanderer haben eine große Geschicklichkeit im Steigen; sie klettern an Wänden hinauf, und fallen nie. Sie singen, sagen Hauptstücke aus dem Catechismus her, machen Ausarbeitungen und Verse, die sie wachend bewundern.

Wenn man dieß und anderes dergleichen hört oder liest; so vergißt man darüber zu denken, und hört auf etwas zu glauben, was man nach allem Untersuchen unwahrscheinlich finden würde. Die Mondsüchtigen haben die Augen offen, und sehen z.B. keinen, der ihnen begegnet; vermeiden aber alle Gefahr glücklich, so daß sie sich an nichts auch nicht einmal stoßen. Zuweilen lesen sie sogar. Gehen nicht die Wirkungen des Körpers im Schlaf eben so von statten, als beim Wachen? Leistet uns nicht das Ohr auch des Nachts seine Dienste? und werden uns die Gegenstände nicht sichtbar, wenn die Decke aufgezogen wird, die im Schlaf unsre Augen überschloß? Die Mondsucht, welche man wahrscheinlich so genennt hat, weil man glaubt, sie würde durch des Mondes Einfluß bewirkt, müßte demnach eine Art eines starrenden Schlags seyn, wobei das Gehirn auf eine besondere Art gedrückt und jene sonderbare Erscheinungen hervorgebracht würden. Ein Mondsüchtiger steigt in den Brunnen; ein Zipfel vom Hemde wird naß, und berührt ihn, und er erwacht? Ein andrer legt sich in die Dachrinne; Es entsteht ein heftiges Gewitter und Regen, das Wasser läuft über ihn weg; und er fühlt nichts. Bei diesem wird eine Pistole losgeschossen; und er hört den Knall nicht; Dieser erwacht, wenn er bei Namen gerufen wird.

Diese Nachrichten von Mondsüchtigen sind widersprechend und machen die Sache in den Augen des Untersuchers etwas verdächtig. Ehe der Anfall kommt, soll es ihnen heiß vor der Stirn werden, und wenn er aufhört, sollen sie mit den Augen flinzen, und die Stirn runzeln, wornach sie eine besondere Müdigkeit verspühren; welches, wenn anders die Sache richtig, sehr erklärlich seyn würde. Das bewährteste Mittel, sie zu heilen, soll seyn, ihnen erst einen Schreck zu verursachen, und sie dann mit Ruthen bis aufs Blut zu streichen. Ich gestehe, daß bei so mancherley Zeugnissen, zu läugnen, und bei so unnatürlichen, ganz unerklärlichen und zum Theil widersprechenden Nachrichten zu glauben – gleich schwer ist.

Von den Träumen

Die Seele ist immer thätig; sie wirkt auch da noch fort, wenn der Körper wie ohnmächtig auf dem Lager liegt. Wenn wir einschlafen; so hören unsre Sinne auf zu wirken, oder verliehren doch den beträchtlichsten Theil ihrer Stärke. Den Augenblick, wo wir aus dem wachenden Zustand in den schlafenden übergehen, bemerken wir nicht; unsre Empfindungen und Vorstellungen werden nach und nach, und ohne daß wir im Stande sind es zu bemerken, immer schwächer, und gehen endlich in Träume über. Die Einbildungskraft ist bei jedem Traum geschäftig, und setzt entweder die Vorstellungen fort, womit wir uns den Tag über beschäftigt haben, oder bringt neue hervor. Ohnstreitig richten die Träume sich nach dem Temperament, der Denkungsart, und nach dem, womit der Mensch beschäftigt zu seyn pflegt. Der Melancholische wird im Traum blutige Bilder sehen; der Sanguinische auf bunten Wiesen schwärmen; der Cholerische Hälse brechen; der Phlegmatische ein recht weiches Canapee finden. Der Geizige wird von dem großen Loos in der Lotterie, von Geldheben, wenn er abergläubig ist; von einem Kasten voll Gold und Silber; der Hochmüthige von Ordensbändern, oder je nach dem der Stand ist – von einem Tressenkleide, silbernen Schnallen x. der Soldat von Gefahren, der Bergmann von haltigen Adern u.s.w. träumen; und der Hungrige ein Stück Brod sehen. Was wir den Tag über dachten und redeten, das bildet die Seele im Schlaf auf mannigfaltige Art aus, und macht dazu willkührliche Zusätze. In der Seele liegen tausend Dinge verborgen, deren wir uns nicht einmal bewußt sind. Die Seele, die im Schlaf von einem aufs andere, oft ohne Zusammenhang fort geht, führt sie wieder zurück, und wir träumen von etwas, davon wir die Veranlassung nicht entdecken können. Vor zehn Jahren sahen wir einen Mann, an dem uns etwas merkwürdig war. Seitdem dachten wir nicht wieder an ihn; aber das, was wir uns von ihm gemerkt hatten, ruhte in der Seele, und wir träumen einmal von ihm, ohne daß wir nur an ihn gedacht hatten. Die Seele kann auch im Traum Vorstellungen an einander ketten. Jener Mann hatte sehr langes Haar; heute sehen wir jemand, der es auch hat; und unsere Seele zeigt uns diesen und jenen im Traum. Wenn Schwäche, und Anlage zur Krankheit im Körper ist; so entstehen unregelmäßige Träume. ein gesunder träumt wenig, aber lebhaft und natürlich, und ist sich dessen bewußt, was er träumte. Die Seele wirkt im Traum oft desto freier, weil sie durch die Sinne: Gesicht, Geruch x. und durch äußere Gegenstände in ihren Betrachtungen nicht gestört wird. Wer sich den Tag durch müde gearbeitet hat, wird nur selten träumen, desto mehr und unordentlicher, der nichts that. Ein Unwissender und Abergläubischer wird im Traum durch den gehörnten Pferdefuß erschreckt werden; der Aufgeklärte nicht.

Schlaf und Träume sind unerkannte Wohlthaten Gottes. Jener erquickt den matten Leib, und giebt ihm neue Kraft. Diese stellen uns unsre geheimen Neigungen im Bilde vor, und entdecken uns die Anlage unsers Herzens. Der Aberglaube hat sie sich zu eigen gemacht, und herrscht durch sie. Es entsteht also die Frage: Können Träume etwas bedeuten? Sie bedeuten allerdings etwas; denn sie zeigen unsre wahre Denkungsart an, keineswegs aber das Zukünftige. Auf Gottes weiter Welt ist kein elenderes Geschöpf als ein Traumdeuter, der aus jedem seiner Träume, wenn er auch noch so abgeschmackt ist, etwas herausgrübeln will, und dazu jene betrügerischen Bücher zu Rathe zieht, die ihm die Zukunft aufdecken sollen. Ein solcher Sclave seiner Einbildungslraftr kann nicht ruhig oder fröhlich seyn, wenn diese es ihm verbietet. Ein böser, fürchterlicher Traum, wird man ihn daher beim Erwachen oft sagen hören; oder, das war einmal gut geträumt – was wird es bedeuten! Und je nach dem der Traum ist, je nach dem wird er den Kopf hängen, wenn andere um ihn her sich freuen; oder das gute begierig, wiewohl vergebens, erwarten, was ihm im Schlaf verkündigt wurde. Ist der Mensch, der ohne Ursach so oft traurig und so wenig freudig ist, nicht unweise? Wir müßten entweder außerordentliche Offenbahrungen Gottes bei den Träumen annehmen, oder sagen, daß die Seele beim schlafenden Zustande des Körpers geschickter sey, in die Zukunft zu sehen, wenn wir behaupten wollten, daß Träume was vorbedeutendes enthalten; beides aber können wir nicht annehmen. Vor Zeiten zwar machte Gott seinen Willen in Träumen und Gesichten seinem Volk bekannt; aber mit den Zeiten Christi und der Apostel hörte dieß auf. Wie könnte man jetzt

von den Träumen noch etwas ähnliches glauben, da Gott seinen Willen nun nicht mehr auf
außerordenliche Arten bekannt machen darf; weil alles, was geschieht, durch natürliche Mittel
geschehen kann. Mancher Mensch träumt alle Nächte hindurch; sollte es ihm etwas bedeuten,
so würde er täglich, neue und merkwürdige Begebenheiten erleben: aber wie mancher Träumer
lebt das ganze Jahr zwischen seinen vier Wänden, und ihm begegnet nichts merkwürdigeres, als
das heute etwa das Essen zu salzig ist, morgen gut schmeckt. – Sollten ihm darüber besondere
Offenbahrungen gegeben werden? alles was uns begegnet, soll uns zum besten dienen, wenn
wir brav leben: warum brauchen wir vorher zu wissen, was uns begegnen wird?

Wenn wir wachen: so können wir unsre Vernunft weit besser gebrauchen, als im Schlaf. Wir
sehen den Zusammenhang der Dinge deutlich, machen von dem Vergangenen und Gegenwärtigen auf das Zukünftige Schlüsse. Wenn wir einschlafen; so wird deutliches Bewußtseyn, so
werden diese Wirkungen der Vernunft gehemmt, und wir wissen unsern eigentlichen Zustand
nicht mehr; wie könnte nun die Seele in solch einem Zustand das Zukünftige vorhersehen, da
sie es nicht einmal beim wachen kann? Einbildung, und was ist ein Traum anders? kann doch
nie Wahrheit seyn. Wir können nie etwas träumen, was wir nicht schon empfunden und gedacht hätten; wie könnten denn Träume die Zukunft enthüllen? Sie sind nicht Vorbedeutungen
zukünftiger Begebenheiten; sondern Wiederholungen der vergangenen, wenn wir uns gleich
der Ursach nicht deutlich erinnern können. Lehret etwa die Erfahrung, daß Träume gewiß
zutreffen? O dann würde die Welt ein Schauplatz der abgschmacktesten Begebenheiten seyn;
denn fast jeder Traum widerspricht den Regeln der Ordnung, nach welcher die Dinge erfolgen.
Der Abergläubische vergißt tausend Träume, von denen keiner eintrifft; Trifft dann einmal der
eine zu; so bleibt sein Satz richtig: *Träume sind nicht zu verachten!* Er dreht und deutet ihn so
lange, bis er die Begebenheit darin findet, welche er für so wichtig hält, daß sie ihm in Traum
soll verkündigt worden seyn. Wo ist je ein Traum nach allen seinen kleinen Umständen eingetroffen; und wo würde man den natürlichen Grund dazu nicht im Vorhergehenden gefunden
haben, wenn man darüber gehörig gedacht hätte? Wenn etwas von einem Traum wahr wird; so
ist es nur das, was füglich in der Welt geschehen kann, ohne daß dabei die Ordnung der Dinge
gestöhrt wird. Treffen auch kleinere Nebenumstände ein; so liegt die Ursach darin, was wir
im Vorhergehenden dachten; welches, weil es mit Zuziehung der Vernunft geschah, wirklich
eintreffen kann. So wenig können wir sagen; Dieß hat so kommen müssen, weil wir es gleich
dachten; so wenig können wir sagen; Dieß ist geschehen, weil wir es geträumt haben. Man hat
sogar gewisse Regeln ausgedacht, nach welchen die Träume ausgelegt werden; und wer kennt
nicht die dicken betrügerischen Bücher, die dazu Anweisung geben? So soll z.B. der Traum oft
das Gegentheil von dem bedeuten, was er wirklich besagt. Wenn man im Traum eine Hochzeit
in seiner Familie sieht; so soll dieß den Tod, und wenn man jemand sterben sieht, sein langes Leben bedeuten. Freilich hat man Beispiele, daß Träume ausserordentlich zu nennen seyn würden,
wenn sie in aller Absicht die Probe bestünden? Maler hatte einen Bruder in B. der am hitzigen
Fieber tödtlich krank lag; er wußte nichts davon: aber zu eben der Zeit, da die Krankheit seines
Bruders am gefährlichsten war, träumt ihn, er gehe an einem ihm bekannten kleinen Fluß, der
wider alles Erwarten die ganze Gegend tief unter Wasser gesetzt hatte. Auf demselben sieht
er seinen Bruder in einem Kahn voller Ritzen in der augenscheinlichsten Lebensgefahr, der
sich aber mit allen Kräften zu retten, und das Ufer zu erreichen sucht. Kläglich ruft er den am
Ufer stehenden um Hülfe, dem es aber der hochangeschwollene Fluß unmöglich macht, dem
Bruder zu helfen. Endlich gelingt es doch dem, der in Gefahr war, das Ufer zu erreichen; aber
so entkräftet, daß ihm der Bruder kaum nach Hause führen kann. Kurz nachher meldet der in
B. seine überstandene Krankheit; und man ersieht aus dem Schreiben, daß er an eben dem Tage
in der größten Gefahr gewesen war, und der Arzt ihm das Leben abgesprochen, da dieser den
Traum von ihm hatte. Maler versichert, daß er nichts weniger als eine Krankheit des Bruders
vermuthet, und daß er vorher nicht von ihm geträumt habe. – Aber, was ist natürlicher, als
daß ein Bruder, der, wie es hier der Fall war, in dem väterlichen Hause und unter anderm Ge-
schwister lebt, an den entfernten öfters denkt; und daß in seiner Seele Eindrücke zurückbleiben,
wenn von dem Befinden des Entfernten x. gesprochen wird? Traum und Erfüllung trafen, wie

das so selten der Fall ist, hier einmal zusammen. Einem Engländer träumte, sein Gärtner grübe mitten in seinem hinter dem Hause gelegenen Garten ein tiefes Loch, um einen todten Körper zu begraben. Er erwachte darüber, und weckte auch seine Frau auf; versuchte auf ihr Zureden wieder einzuschlafen. Er wurde zum zweitenmal von demselben Traum aufgeweckt, wo er denn wirklich auf dem im Traum gesehenen Platz seinen Gärtner fand, der ein Loch machte, welches, wie er sagte, ein Gurkenbeet werden sollte. Er wollte wieder in sein Schlafzimmer gehen, als ihm eine Magd völlig angekleidet auf der Treppe begegnete, welche nach verschiedenen Fragen endlich gestand, daß der Gärtner ihr die Ehe versprochen und auch schon seit einiger Zeit, die Rechte eines Mannes genossen; und da sie die Folgen davon verspürt, endlich mit ihr verabredet habe, sie den Morgen früh zu Pferde nach einem nahgelegenen Ort zu führen, um sich mit ihr trauen zu lassen, und noch vor Tage, ehe jemand im Hause aufgestanden sey, wieder zurück zu kommen. Er befahl ihr, sich wieder zu Bette zu legen, und rettete sie dadurch von dem ewigen Lager im Gurkenbeet. Wenn diese Geschichte so wie sie hier erzählt ist, nach allen Umständen wahr wär; aber wer steht uns dafür? so würden Träume Begebenheiten anzeigen, und die Zukunft eröfnen können. Aber man weiß ja, aus was für Absichten, dergleichen Geschichten öfters ersonnen, und daß sie unwahr befunden werden, wenn man sie näher untersucht.

Ein Beamter in W. der an der Entkräftung viele Monathe krank lag, erwacht wenig Tage vor seinem Ende aus einem Schlummer, und sagt zu seinen, vor dem Bette stehenden Kindern, daß sein Schwager, der an einem vier Meilen weit entfernten Ort Pfarrer war, todt sey. Am andern Tage kommt ein Bote mit einem Brief, in welchem jene im Traum gesehene Begebenheit als wahr bestätigt wird. Man wußte nichts von der Krankheit des Pfarrers, und hatte daher das, was der Kranke sagte, für Eingebung der Phantasie gehalten. Kramer steht des Morgens auf, und sagt zu seiner Frau: Wir werden unsere Kinder verliehren; ich hatte sie im Traum auf den Armen und sahe sie plötzlich hinwegfallen, daß sie aus meinen Augen verschwanden. Was geschah? der Traum blieb unerfüllt! Und was folgt daraus? daß es zufällig sey, wenn einmal ein Traum eintrift. Einem Mann in B. der eben im Bette eingeschlummert ist, kommt es im Traum vor, als höre er eine Stimme rufen: Stehe auf, und rette dein Leben! er springt eiligst aus dem Bette, und geht in die Stube. Gleich darauf hört er etwas sehr stark in der Kammer niederfallen; und als er mit dem Licht hineingeht, sieht er zu seinem Erstaunen, daß der Balke an der Decke gebrochen ist, und das Bette zerschmettert hat, darin er noch kurz zuvor gelegen hatte. Die Stimme, die dieser Mann hörte, war weiter nichts, als eine Erinnerung seiner Seele, die so lebhaft war, daß er von aussen her zu höhren glaubte; steh auf, und rette dein Leben! denn der Balke muß wohl sehr schadhaft gewesen seyn, und davon gewisse Anzeigen gegeben haben. Sollte der Mann nicht öfters daran gedacht haben, daß der Balke, der wahrscheinlich schon etwas fallen ließ, oder knackte, einmal brechen werde? Sollte dieser Gedanke an eben dem Abend, da er sich in das Bette legte, welches unter dem schadhaften Holz stand, nicht besonders lebhaft gewesen seyn, so daß er bei der Stille der Nacht eine Stimme zu hören glaubte? Sollten nicht vielleicht laute Anzeigen vor dem wirklichen Einsturz vorhergegangen seyn, wovon sein treues Ohr ihm benachrichtigte? Kalbmann träumt, es beisse ihn ein Hund ins Bein; und schließt die Thüren zu, um recht sicher zu seyn; gießt aber seinem immer treuen Mops heissen Thee ins Ohr, der plötzlich aufspringt, und den Traum erfüllt. Unter Millionen Träumen trifft nur einer so zu, und es würde daher thörigt seyn, ihn als Beweis für die Meinung anzuführen, daß Träume Unglück oder Glück verkündigen, um so weniger, da Kalbmann nur vorsichtiger hätte seyn dürfen, um den schlafenden Mops nicht zu reitzen.

In P. träumte jemand, daß er von einem Löwen, der an der Kirche in Marmor ausgehauen stand, gebissen würde. Er belachte dieß, und als er den folgenden Tag vor demselben vorbeigieng, legte er die Hand in dessen Rachen, und sagte: Beiß zu! Allein ob ihn gleich der Löwe nicht biß; so fühlte er doch einen durchdringenden Schmerz und zog die Hand schnell zurück. Es hatte sich ein Scorpion in den Rachen des Löwen verkrochen, der ihn tödlich verwundete! Nur etwas mehr Bedachtsamkeit, oder weniger Verwegenheit, und der Traum wär, wie tausend andere, unerfüllt geblieben. Sehr richtig sagt jener biblische Lehrer: »Narren verlassen sich auf Träume. Wer auf Träume hält, der greift nach dem Schatten und will den Wind haschen.

Träume sind nichts und machen doch einem schwere Gedanken. Träume betrügen viele Leute, und es fehlet denen, die darauf bauen.« Der Abergläubische aber sagt: Wenn du zum erstenmal in einem Hause schlafen sollst, so zähle die Balken, ehe du zu Bette gehest, und gieb acht, was dir dann träumt; denn das wird wahr.

Wer dem allen ohnerachtet seine Träume für Ankündiger künftiger Begebenheiten und seines Schicksals hält, der mag es; nur falle er andern durch Erzählungen derselben, oder gar durch Traumdeuten, nicht beschwerlich. Es ist schon darum nicht zu rathen, ohne Unterschied jedem seinen Traum zu erzählen, weil man dadurch seine Wünsche und seine Denkungsart am sichersten verräth. Was kann auch wohl daran gelegen seyn, oder was für Vergnügen kann es gewähren, Erzählungen von der Phantasie der Seele zu hören, in welchen oft so viel ungereimtes, widersprechendes und abgeschmacktes ist!

Der Kobold

ist nach der gemeinen Meinung eine Art von Teufel, den ein Mensch, nachdem er mit dem Hauptteufel in Verbindung getreten, oft aber ganz wider Willen in dieser oder jener Gestalt überkommen, und seiner dann nie wieder los werden könne. »Ein Mann, der den Kobold gern los gewesen wär, baute eine Hütte von Stroh, darin mußte der Kobold arbeiten; bauete sie dann zu, zündete die Hütte von allen Seiten auf einmal an, und jagte mit seinem Pferd davon. Da er sich aber umsah, saß der Kobold schon hinter ihm. Die Leute hatten Flachs gekriegt, in dem Flachs war eine Schachtel, in der Schachtel eine Fliege gewesen, und das war der Kobold. Die Fliege kann verschiedene Gestalten annehmen, und dem Menschen alle Wünsche erfüllen.« Thor, halt ein mit deinen Erzählungen! die Koboldbetrügereien sind schon allzuoft entdeckt worden, als daß man sie fernerhin glaubwürdig finden könnte. Viele Abergläubige hörten den Kobold pfeifen und lachen, und sahen Steine sich um den Kopf fliegen, und wenn sie frugen: »Hänsgen, wo bist du? so antwortete er: *Hier!* Hänsgen, wie heißt du? *Hans!* Am Ende entdeckte es sich, daß die verbuhlte Magd, um ungestörter die nächtlichen Zusammenkünfte abzuwarten, oder sicherer zu stehlen, die Ursach davon war. Knecht Görg stiehlt dem Herrn das Getraide, und füttert die Pferde damit, daß sie fett werden. Daß aber der leichtgäubige Herr es nicht merkte, läßt er ihn glauben, daß der Kobold im Hause sey, der in Gestalt eines kleinen grauen Männchens die Pferde füttere. Andre entdeckte Betrüger gestanden, daß sie bei dem Kobold-spiel blos die Absicht gehabt, das Haus in Furcht zu setzen, oder durch Bannen und Vertreiben des Kobolds etwas zu verdienen, oder andern einen bösen Namen zu machen. Freilich gehört dazu ein Grad von Bosheit; aber die Erfahrung lehrt es doch, daß Menschen fähig dazu sind; daß Leute, die in aller Absicht dumm waren, Fertigkeit hatten und schlau genug gewesen sind, diesen Betrug lange genug zu spielen, bis sie genau beobachtet und entdeckt wurden. In dem Hause eines Pfarrers spielte eine Magd den Kobold eine ziemliche Weile. Es kam ihr zu statten, daß die Schwester des Pfarrers leichtgläubig war, und der Pfarrer nicht weit sehen konnte. Einst besuchte ein andrer Pfarrer diesen. Die Magd, die sich auf ihre Geschwindigkeit verließ, wollte auch jetzt ihre Rolle spielen, und warf, wie Kobolde pflegen, mit Steinen. Der fremde Pfarrer merkte sich die Gegend in der Stube, woher die Steinchen kamen, und gab auf die Magd Achtung, doch so, daß sie es nicht merkte. Bald sah er, daß sie einen Stein aus der Ficke hohlte und damit warf. Er bemerkte die geschwinde Bewegung der Hand und den Wurf des Steinchen. Ohnerachtet die Magd eine Miene annahm, die ihre Bosheit bemänteln sollte; so gieng er doch auf sie zu, und redete sie hart an. Sie kam bald ausser Fassung, gestand ihren Betrug, und der Kobold verschwand ohne Gespensterbanner.

Auch dafür ist gesorgt, daß Leute, die Verstand und Herz genug haben, Kobolds- und andere Geschichten dieser Art zu untersuchen, sich nicht sobald daran wagen; denn man giebt vor, daß sie bald sterben. Vermuthlich tödtet der Kobold sie? Aber wer wird dadurch sich hindern lassen, dem listigen Betrüger nachzuschleichen und zu beobachten?! Jener Prediger wurde achtzig Jahr alt. Einst soll der Kobold das Fleisch, das für viele Leute gekocht war, aus der Schüssel gefressen und der Frau unter dem gewöhnlichen Gelächter die Knochen an den Kopf geworfen haben. So etwas kann kein Geist, unter welche auch der Kobold gehören soll; das müssen andere Kobolde gewesen seyn, die das Fleisch wegfressen und mit den Knochen werfen!

Der Neid ist die gewöhnliche Ursach, warum Koboldsgeschichten erdichtet werden. Wenn je-mand durch Sparsamkeit, Fleiß und Geschicklichkeit reich wird; so, sagt der Neider, er habe den Kobold. Von jenem fleisigen Schmidt sagt man, der Kobold helfe ihm ohne Feuer schmieden. Ist das nicht unmöglich! Und wenn der Kobold solche Wunder thun könnte; warum bringt er seinem treuen Schmide nicht lieber Geld, und überhebt ihn dadurch der Arbeit. Der geschickte Wundarzt soll durch Hülfe seines Kobolds so glücklich heilen; der Hirte, der von dem Heilen nichts versteht, giebt nicht undeutlich zu erkennen, daß er den Kobold habe, und geht daher, ehe er einem Antwort, oder sogenannte Arznei giebt, in die Kammer, als ob er seinen Kobold frage, spricht darin auch wohl so laut, daß es die Außenstehenden hören können; und – man läuft ihm haufenweis zu.

Was könnte für den, der einiges Gefühl für Tugend und Rechtschaffenheit hat, beleidigender seyn, als wenn man ihm beschuldigt, er habe den Kobold? Daher sind daraus unversöhnliche Feindschaften, Verfolgungen und gerichtliche Klagen oft entstanden. Wie könnte man jemand empfindlicher beleidigen, als wenn man ihm eine Verbindung mit dem Teufel selbst Schuld giebt?

Vom Nickert

Man denke sich eine kleine Menschenähnliche Gestalt, die beinahe so dick als lang ist, mit einem ungeheuren dicken Kopf, rothen Haaren, rothen Augen und unter der Zunge eine Kröte; welche Figur! Aber man hat sie sich doch als wirklich gedacht, und nennt sie Nickert oder Nix. Die Nixen sollen, nach der gemeinen Meinung, die man hauptsächlich in Niederdeutschland davon hegt, vernünftige Geschöpfe seyn, die wie Menschen ihr Geschlecht fortpflanzen, und daher in Haushaltungen und Familien im Wasser ihren Aufenhalte haben. Sie sollen den Menschen in das Wasser zu ziehen suchen, und vornämlich Kinder derselben gern mit den ihrigen vertauschen! Wenn aber, wiewohl natürlich, den Nickerten daran gelegen ist, ihr Geschlecht zu vermehren, warum legen sie für das gestohlne Kind eins der ihren hin? Solche und noch mehr Historien dieser Art erzählt der Abergläubische, und der Dumme horcht mit offenen Augen und Munde. Wer sieht aber dergleichen Geschichten nicht ihre elende Erdichtung an; und wer könnte eine Widerlegung derselben verlangen? Noch jetzt sollen Nixen sich zuweilen sehen lassen. Jedoch geschieht es weniger als ehedem, und man macht nur noch die Kinder damit zu fürchten, daß sie vom Wasser wegbleiben; welches vermuthlich zu der Meinung von diesem Wassergespenst Anlaß gegeben hat. Man sollte aber Kindern ja nichts mehr vorsprechen; denn die Vorstellung, daß sie hineinfallen und darin ums Leben kommen können, kann ja eben die Wirkung haben, und ist unschädlicher, als wenn man ihnen den Kopf mit Dingen anfüllt, die nirgend sind, und die sie mit Furcht und Graus ergreifen, wenn es darauf ankommt, dem Bedrängten zu Hülfe zu eilen.

Einst fährt die Postkutsche mit einigen Reisenden des Abends aus M. Bei schlechtem Wetter, sehr üblem Wege und einer ganz finstern Nacht verirrt sich der Postknecht, und kommt an ein Wasser, das er nicht kennt, das aber nicht weit von einem Dorf entfernt ist. Unbekannt mit den daselbst befindlichen Wegen, und getäuscht von der Finsterniß, wirft er von einer Anhöhe den Wagen um, und die Reisenden fallen in einen Sumpf von Thon und Lehm. Der Postknecht kommt unter die Pferde zu liegen, und kann sich nicht los arbeiten. Alle rufen um Hülfe, und erheben ein jämmerliches Geschrei. In dem nahen Dorf hört man die Stimmen dieser Unglücklichen. Einer der Einwohner, der von ohngefähr vor der Thür seines Hauses steht, und das Geschrei zuerst vernimmt, ruft seine Nachbarn, um das Winseln mit anzuhören. Verschiedene Leute kommen in dieser Absicht zusammen, und hören dem kläglichen Rufen zu. Aber keiner will hingehen an den Ort; denn ihrer Meinung nach, verursachen die Nixen dieses Winseln, um dadurch jemand herbeizulocken, und ihn denn unters Wasser zu ziehen. Sie bleiben daher bei dem Rufen der Nothleidenden taub, gehen in ihre Häuser, und legen sich zu Bette. Den andern Tag kommt ein Hirt an den Ort, und erblickt den erbarmungswürdigsten Schauplatz des Jammers und Elends. Der Postknecht und drei von den Reisenden waren vor Kälte und Nässe in dem Sumpf umgekommen, und er sah die Merkmale der traurigen, aber vergeblich angewandten Bemühungen, sich zu retten. An zween andern bemerkte er noch schwache Zeichen des Lebens. Einer öffnete die Augen nochmals, und schloß sie dann in dem Augenblick auf ewig. Seht ihr die traurigen Folgen eurer irrigen Meinungen, ihr Abergläubischen!

Wechselbälge

sollen Kinder seyn, die aus Vermischung des Satans mit einer Hexe erzeugt, und den Sechswöch-
nerinnen für ihre Kinder an die Seite gelegt worden. Vor Alters schrieb man die Verwechselung
der Kinder einem scheuslichen Nachtvogel zu, den man Strix nennte. Kleine Kinder mit dicken
Köpfen, die ungewöhnlich viel essen, einen aufgetriebenen Leib, blasses Ansehen, abgesetzte
Glieder u.s.w. haben, sind der Gefahr, für Wechselbälge gehalten zu werden, am mehrsten ausgesetzt. Die Frau Gevatterin verwundert sich beim zweiten Besuch, daß das schöne Kind sich so
sehr verändert habe; und giebt nicht undeutlich zu verstehen, daß es damit wohl so ganz richtig
nicht sey, wodurch sie die Mutter in Angst und Schrecken setzt, und dem Kinde schon früh
Unannehmlichkeiten des Lebens bereitet. Man wird es vernachlässigen, und ihm üble Wartung
geben, damit es sterbe; denn was für ein Unheil kann man von einem Wechselbalg erwarten!
bleibt es demohnerachtet am Leben; so wird man es verachten. Das arme Kind! muß es nicht
die unseligen Folgen davon empfinden, daß die Frau Gevatterin und die Mutter so abergläubisch
sind? Ist es doch, als ob das Geschlecht der Narren sich fortpflanzte! Freilich, wenn man das
Geschäft der Erziehung, als das unbedeutendste ansieht, und es daher dem Gesinde überläßt;
so können aus Kindern, die sonst wohl gut geartet seyn würden, Bälge werden, welches die
weisen Alten unter der Fabel vom Strix verstanden haben.

Wenn von Geistern, die in der Luft herrschen, geredet wird, wem sollte nicht der berüchtigte einfallen? Er selbst ohne Kopf; alle seine Bedienten Hunde und Pferde ohne Kopf; der auf seinen nächtlichen Jagden durch Geschrei die Menschen schreckt, und den Leuten durch die Schlötte Pferdekeulen auf den Heerd wirft, die man von ihm nicht verlangt hat, und die immer wiederkommen, wenn auch der alte Heerd weggerissen, und ein neuer dafür gebaut wird. Der wilde Jäger wird da, wo er sich am meisten aufhalten soll, und wo man ihn besonders gesehen und gehört haben will, *Hackelberg* genennt, in Oberdeutschland heißts das wüthende Heer.

Ein alter Ritter, mit Namen von Hackelberg, war vielleicht einst ein hitziger Jäger und ein wilder Mann, der nicht das beste Leben führte, und in diesem Zustand starb. Die Vermuthung der Leute, die bei dergleichen Fällen gewöhnlich ist; Daß er gewiß irre gehen werde, gab zu der Fabel Anlaß, die man noch jetzt von dem wilden Jäger hat. Diejenigen, die ihn gehört haben wollen, irren vielleicht aus Schwachheit, weil sie erfahren hatten, daß er hie oder da, wo ihr Weg vielleicht just zur Nachtzeit gieng, irre gehen, und daher in der Angst alles, was sie hörten, dahin deuteten, weil sie glaubten, daß sie ihn alle Augenblicke sehen würden. Diejenigen aber, die mit vieler Gewißheit behaupten, sie hätten ihn mit wachenden Augen, ohne Kopf und seine Gefährten ohne Köpfe, vor sich vorbei fahren oder reiten sehen , sind Lügner, und wollen uns zu solchen Thoren machen, wie sie selbst sind. Es giebt eine Art von Eule, *Uhu* oder *Schuhu* genannt, die so groß und so stark ist, daß sie den Adler selbst überwinden kann. Wenn ihrer etliche des Abends zusammen in der Luft fliegen; so machen sie ein Geschrei, das mit dem Bellen der Jagdhunde, wenn sie das Wild verfolgen, viel Aehnlichkeit hat. Dieß gab denen, die von der Sache nicht unterrichtet waren, vermuthlich die erste Veranlassung, von einem verwünschten Jäger eine Fabel zu dichten.

Ein loser Bube brachte einst die Nachricht in ein Städtchen, daß das wilde Heer die dasige Luft passirt sey, und fügte hinzu, es sey ein Geschrei gewesen, als wäre es von kleinen Kindern. Gleich gieng das Gerücht, es seyen Kinder gewesen, die ohne Taufe gestorben. Eine gewisse Mutter, die ein todtes Kind gebohren hatte, bekümmerte sich darüber so, daß sie in eine Krankheit verfiel, von der sie nur mit Mühe gerettet wurde. Endlich gestand der Junge, es seyen eine Menge Vögel gewesen, welche dieß Geschrei gemacht, wie es auch wirklich war; denn sie waren noch von vielen andern gesehen worden.

Der dreibeinige Haase

ist unter allen Gespenstern das unschädlichste; er thut niemand was, außer wenn man ihn beleidigt; da man denn leicht ein Bein soll zerbrechen können. Die Hexen sollen sich gern in Haasen
verwandeln, und alsdenn auf drei Beinen laufen. Welche Schande würde es für die Vernunft seyn,
so etwas zu glauben! Wenn man nur darauf Achtung gab, indem man diesen Haasen zu sehen
vermeint; (er läuft, wie alle Gespenster, nur des Nachts) so würde man ohne Zweifel erfahren,
daß es ein Hund oder Katze sey, woran unsere Einbildungskraft den vierten Fuß nicht sehen
läßt, und darum ein Gespenst daraus macht.

Der Bieresel

soll sich in einigen Wirtshäusern aufhalten, und wenn ihm nicht alle Nächte ein Krug mit
Bier an einen bestimmten Ort gesetzt wird, alles zerschmeissen. Wenn er ihm aber ordentlich
hingesetzt werde; so thue er weiter nichts, als daß er umher tobe. Es ist lächerlich, so etwas zu
erzählen; aber noch lächerlicher zu glauben: Und doch giebt es Leute, die ihn selbst gesehen
und gehört haben wollen. Wie kann ein Geist etwas irdisches zu sich nehmen? oder wie kann er
lärmen und poltern? Er hat ja weder Fleisch noch Bein, welches doch erfordert wird, wenn so
etwas geschehen soll. Wir hören nie, daß z.B. der Schatten von unserm Körper einen Schall oder
Gepolter verursacht; Kann dieß aber ein Schatten nicht, wie will denn ein Geist so sonderbare
Dinge vornehmen können, der doch nichts als ein Schatten seyn soll.

Das Bergmännchen

Auch in den Bergwerken hat man ein Gespenst erfunden; Es erscheint den Bergleuten in den Gruben so klein wie ein Kind; aber ganz dick; also in der Gestalt eines Zwergs. Erst sehen und hören sie eine große Fliege brumsen, welche sich sodann in die beschriebene Geistergestalt verwandelt. Bergverständige, die vom Aberglauben entfernt sind, versichern, daß sie dergleichen nie gesehen; aber die Bergleute pflegten vor ihrer Einfahrt gewöhnlich hitziges Getränk zu sich zu nehmen, wodurch ihre Einbildungskraft gespannt, und ihre Vorstellungen verwirrt würden; da es denn leicht möglich sey, daß sie etwas sehen, was doch gar nicht da sey. Unter der Erde in unterirdischen Hölen und Bergwerken sammeln sich überdem leicht viele Dünste, die halbberauschten Bergleuten, (denn nur solche sehen das Männchen) besonders wenn ihre Einbildungskraft wirksam dabei ist, allerdings in gewissen Gestalten erscheinen können; wozu denn gewöhnlich noch mehr gedacht und gelogen wird.

Aberglaube bei Gewittern

Hinz und Flinz, der mütterlichen Aufsicht müde, beschlossen, in die Welt zu gehen um, wie sie sagten, sich etwas zu versuchen. Sie reisen nach mancher Vorbereitung und gutgemeinten Erinnerung ab, und hatten schon mancher Gefahr getrotzt, als sie den großen Wald gewahr wurden, durch den sie auf unbekannten Wegen wandern sollten. Sie näherten sich ihm nicht ohne Graus. Am Horizont thürmte sich ein Gewitter auf; schon ließ der Donner sich näher hören, und die Blitze fuhren häufiger daher. Sie naheten einem Berg, und wurden fast erschreckt. Ein Greis, dessen Gesicht und Haar aber zu ehrwürdig war, als daß sie länger hätten beben sollen, stand von einer Rasenbank auf, lehnte sich auf seinen Stab, und erwartete ihre Ankunft. »Fremdlinge,« rief er ihnen entgegen, »woher ihr in diese einsame Gegend, in der ich so lange keinen Menschen sah? Euer Weg hat euch irre geführt; ohne mich würdet ihr euch nicht ohne Schweiß aus diesen Irrgängen finden; aber seyd mir willkommen, und laßt es euch gefallen, in meine Hütte einzutreten, die auf dem Berg ist; ich will euch mit dem, was ich geben kann, erquicken, und euch den sichersten Weg zeigen, um aus diesem Wald zu kommen. Hört ihr den Donner rollen? ihr könnt bei mir bleiben, bis das Wetter vorüber ist.« Sie nahmen den Greis in ihre Mitte und stiegen langsam den Berg hinan. Jetzt begann der Alte also: »Jünglinge, ihr wundert euch, hier einen Abgelebten zu finden; aber hört meine Geschichte: Ich war – doch ich will euch nicht meine ganze Lebensgeschichte erzählen, sondern nur, wie ich hieher gekommen bin. Lange wandelte ich unter Menschen, und that ihren Seelen wohl, und wollte sie besser und weiser machen. Nun, Gott weiß, daß ist es ehrlich meinte, wenn ich gleich meine Absichten an ihnen nicht erreichte, und die besten Hoffnungen oft fehl schlugen. Beinahe dreißig Jahre lebte ich in dem Kloster zu … Ich wollte da ruhig, ohne Neid und Verfolgung seyn; aber es schien, als ob ich es dort weniger gekonnt hätte, als in allem Weltgetümmel. Endlich sah ich, daß man, um als Mensch zu leben, fern von Menschen seyn müsse, begab mich hieher, und machte, zur Erhaltung meines, ach vielleicht nur noch kurzen Lebens, Einrichtungen, die ihr bald sehen werdet. O, ich bin hier so ruhig, genieße alles, was der gute Vater dort oben, den Menschen giebt, so ungestört, ich athme freier, als ich es je in der schwarzen Gesellschaft konnte.« – Sie steigen immer mehr den Berg hinan, und erreichen nun die Hütte des Einsiedlers. Die Wolken näherten sich langsam vom Morgen her; der größte Theil der Wettermaterie lag noch unausgebrütet in seiner schwarzen Hülle; hie und da schoß ein Blitz hervor, und Regen träufelte herab. Man konnte von dem Berg die glatte Fläche eines Sees überschauen, in dem jeder Blitzstrahl sich mahlte. Der Wald rauchte überall, es war das prächtigste Schauspiel; so etwas hatten Hinz und Flinz noch nie gesehen. Immer dunkler wurde es nun, die zackigten Blitze schossen häufiger hervor, als ob das Gewölbe des Himmles zerreissen sollte. Ihnen folgte ein heftiger Platzregen, der den Einsiedler und seine Gäste nöthigte, in der Hütte Schutz zu suchen. Kaum hatten sie sich darin gesetzt, als ein heftiger Schlag am Fuß des Bergs eine Eiche zersplitterte. Hinz und Flinz erschracken; aber sie erholten sich, und baten den Einsiedler, mit dahin zu kommen, um das Loch zu sehen, welches der Donnerkeil geschlagen habe, und etwas von dem vom Blitz berührten Holz mitzunehmen, weil es für Zahnschmerzen gar gut seyn solle. Hier nahm der Einsiedler das Wort, und begann also; »Die große Kraft, welche der Blitz überall beweist, da er Thürme und Mauern zerschmettert, und Eichen zersplittert, ist wohl die Ursach, daß man ihm einen Donnerkeil zugeordnet hat, von denen auch mehrere, weil sie sollen gefunden worden seyn, in Naturaliensammlungen aufbewahrt werden. Sie sind groß und klein sehen theils schwarz, theils aschgrau aus, gehen unten scharf zu, und haben gegen die stärkere andere Seite ein Loch, durch welches ein Stiel gesteckt werden kann. Sie werden daher für Waffen der Alten gehalten, sie sich dieser spitzzulaufenden Hämmer als Streitkolben bedienten, um einander die Köpfe einzuschmeissen; oder sie vielleicht auch als Opfermeesser gebrauchten, denn einige sind dünn und ohne Loch; aber sehr scharf, und liegen gut in der Hand, woraus dieß wahrscheinlich wird. Man sagt, wer einen Donnerkeil im Hause habe, oder bei sich trage, sey sicher vor dem Blitz; und wenn man den Kühen die Euter damit bestreiche, so bekämen sie durch Zauberei verlohrne Milch wieder. Sie schwitzten bei Veränderungen des Wetters, und wenn es donnere, bewegten sie sich, wenn sie außen auf einem Stein lägen. Sie bewahrten auch einen dicht um sie gewickelten Faden vor dem Verbrennen, und röchen nach Schwefel, wenn man sie an einem andern Stein reibe. Aber gewiß sind die ersten zwei Stücke Misgeburten des Aberglaubens, denn die Erfahrung hat schon oft das Gegentheil bewiesen; und die übrigen Eigenschaften findet man auch bei andern Steinen. Jeder glatte Stein schwitzt bei veränderter Witterung, und also bei herannahenden Gewittern; er verhindert auch die Verbrennung eines dicht um ihn herumgeschlagenen Fadens, weil dann das Feuer den Faden nicht fassen kann. Jeder Kieselstein wird, wenn es seine Lage zuläßt, sich bei zitternder Luft bewegen, die bei Gewittern und besonders bei Donnerschlägen stark in Bewegung gesetzt wird, und jeder Kieselstein wird nach Schwefel riechen, wenn man ihn mit einem andern zusammenreibt. Schon die Gestalt der vorgebenen Donnerkeile zeigt, daß sie durch Menschenhände bearbeitet sind. Ob man gleich aus Feuersteinen scharf geschliffne Keile vorzeigt, und sie für Donnerkeile, die aus Gewitterwolken gefallen, ausgiebt; so begreift man doch leicht, daß es wider alle Regeln der Schwere ist, daß sich ein Stein in der Luft erzeugen könne, weil er, vermöge seiner Schwere herabsinken würde, ehe er zu einer Volkommenheit gelangte. Man sieht auch an denjenigen, die vom Donner erschlagen worden sind, nicht, daß ein Keil in sie gefahren sey, der nothwendig eine Wunde machen, und den Menschen zerschmettern müßte. Indeß ist nicht zu läugnen, daß nicht durch den Blitz auf der Erde ein Stein zusammengeschmolzen werden könne; aber das ist ja kein Donnerkeil; und wenn das geschieht, so hat ein solcher Stein bei weitem die Form und Härte nicht, die ein vorgebener Donnerkeil hat.«

»Das vom Blitz berührte Holz kann eben so wenig als jedes andere die Eigenschaft haben, Zahnschmerzen zu vertreiben. Es mag wohl zuweilen geschehen, daß die Zahnschmerzen, wenn sie von stockendem Geblüt herrühren, aufhören, wenn man in den Zähnen stöhrt; aber wer könnte glauben, daß dieß nur dann geschehe, wenn man es mit einem Splitter thue, denn der Blitz berührte?«

Indeß hatte das Gewitter sich weiter zurückgezogen; es schickte seine letzte Kraft in einigen schwachen Strahlen fort, und der Donner rollte nicht furchtbar mehr. Sie giengen heraus, und sahen die neubelegte Natur, athmeten die frischen erquickenden Düfte, die von allen Seiten ihnen zuströmten. Der Einsiedler fuhr dann wieder fort: »Warlich, keine Erscheinung in der Natur ist so prächtig, als wenn der Herr der Schöpfung auf Wolken fährt, und sich den Sterblichen in seiner Majestät darstellt. – Setzt euch Fremdlinge hieher, noch ist es hoch am Tage, und ihr gelangt leicht an euren Ort: Ich will, wenn es euch gefällt, noch einiges von abergläubischen Meinungen sagen, die man bei Gewittern hat; ihr auch scheint davon nicht ganz frei zu seyn. Bei einem Gewitter redet man oft von einem kalten Schlag, der, wie man gemeinhin glaubt, solch ein Donnerstreich sey, welcher eine Kälte mich sich führt, so daß das dabei befindliche Feuer nicht zünden könne; aber gewiß, so wenig man sagen kann: Das ist ein hölzernes Eisen, so wenig kann man auch glauben, daß es einen kalten Schlag bei dem Gewitter gebe; Alle führen gleiches Feuer. Zuweilen aber folgen zwei Blitzstrahlen unmittelbar und schnell auf einander, da denn der zweite wieder auslöscht, was der erste angezündet hatte, indem er durch seine grosse Schnelligkeit dem Feuer die Luft nimmt. So entzieht der Schuß aus einer Flinte, durch einen brennenden Schornstein abgeschossen, dem Feuer die Luft, und löscht es dadurch: Eben so der zweite Blitzstrahl; wenn er dem Feuer, welches sein Vorfahr angezündet hatte, die Luft benimmt, ohne welche kein Feuer brennen kann. Indes sind auch nicht alle brennbare Sachen so beschaffen, daß sie von einem schnell vorbeistreichendem Feuer, dergleichen das Feuer des Blitzes ist, entzündet werden können; da denn der Blitz, wenn er auf dergleichen trift, seine Wirkungen auch nicht so äussern kann, und dann mit vielem Unrecht kalt genennt wird. Wenn man mit dem Finger schnell, durch ein Feuer hindurch streicht; so zieht man ihn unverletzt heraus, und etwas ganz brennbares wird nicht angezündet, weil die Flamme nicht Zeit gewinnen kann, in die Zwischenräume einzudringen. Wenn daher der Blitz schnell über etwas wegstreichen kann, und keinen Wiederstand findet, so zündet er oft nicht; aber kalt ist dann sein Feuer doch nicht.«

»Wenn unter dem Holz, womit der Beck den Ofen heitzt, ein Stück befindlich ist, das der Blitz berührt hat; so soll daher der sogenannte *Wolf* entstehen. Dieß ist ein Blitz oder Feuer, welches zuweilen aus einem Beckerofen hervorschießt, großen Schaden thut, alles zerschmeißt und verbrennt, und dann mit einem starken Knall in Funken, oder einer Art von Feuerregen zerplatzt. Es ist aber wohl mehr dieß die Ursach, daß in dem Backofen das Feuer sich nicht genug ausbreiten kann, da denn, besonders wenn kühnichtes Holz unter dem übrigen befindlich ist, und in dem Feuer gestöhrt wird, ein solches masives, gewaltsam wirkendes Feuer hervorbrechen kann. Verhaltenes Feuer hat, wenn es zum Ausbruch kommt, unglaublich heftige Wirkungen; man darf aber den Grund davon nicht in Blitzmaterie suchen.«

»Sollte auch wohl der Blitz ein Haus nicht berühren, in welchem ein Feuer, oder ein Licht brennt? doch glauben das so viele, und denken dann sicher zu seyn, wenn sie ihr Licht angezündet haben. Rathsam ist es wohl, bei entstandenem Gewitter, ein Licht anzuzünden; um sowohl das Auge vor der lebhaften und schädlichen Empfindung des Blitzes zu sichern, als auch in Fall einer Feuersbrunst selbst gefaßt zu seyn, und andern, die nöthige Hülfe leisten zu können; aber wie könnte das Licht in einer Stube, oder das Feuer auf dem Heerd, dem Blitz widerstehen? Letzteres ist vielmehr gefährlich, denn das Feuer auf dem Heerd verdünnt im Schlott befindliche Luft, nach derselben aber schlägt der Blitz leicht, da ohnedem die Schlötte, als die höchsten Theile des Hauses, dem am ersten ausgesetzt sind. Andere glauben wieder, daß durch den Blitz entzündete Haus könne nur durch Milch gelöscht werden. Man fürchtet die Feuersbrünste, die vom Gewitter verursacht sind, darum weit mehr als andre, weil sie, wie man glaubt, nicht mit Wasser gelöscht werden können. Freilich ist die zähe, schwere Milch zum Löschen tauglicher, als Wasser; aber man darf nur nicht an eine Antipathie denken, welche Milch und Gewittermaterie wieder einander hätten. Würde man jedesmal Wasser genug dahin ausschütten können, wo der Blitz gezündet hat; so würde das Feuer gewiß gelöscht werden: Weil aber das Feuer des Blitzes sehr heftig ist, und an mehr als einem Ort zündet; so steht das ganze Haus schon in Flamme, ehe noch die nöthige Hülfe herbeieilt, da es denn freilich schwerer zu löschen ist. Im Sommer sieht man bisweilen, entweder bei hellem Wetter, oder über einer kleinen Wolke, einen hellen Schein schnell entstehen und wieder verschwinden, der mit dem Blitz viel Aehnlichkeit hat, und durch sein schwächeres Licht von ihm unterschieden ist; man nennt es *Wetterleuchten.* Wegen der schwachen, mässigen Ausdehnung und Erschütterung der Luft, ist kein Knall damit verbunden. Oder es ist ein wirkliches Gewitter in großer Entfernung, davon man nur den Wiederschein des Blitzes sieht; aber nicht den Donner hört; Denn das Feuer ist ungemein geschwinder als der Schall, und kann viel weiter gesehen, als dieser gehört werden. Wenn ein Jäger in einiger Entfernung von uns, das Gewehr abdrückt, so sehen wir erst den Blitz, und hören dann den Knall; Und wenn es des Nachts in allzuweiter Entfernung geschieht; so kann man zwar den Blitz des Gewehrs sehen, aber nicht den dadurch gewiß verursachten Knall hören. So ist es bei dem sogenannten Wetterleuchten. Vorbedeutende Anzeigen hat der Blitz gewiß nicht. Das Gewitter bleibt unter allen Umständen eine prächtige, wohlthätige Erscheinung; vor der wir nicht zaghaft zittern sollen. Wenn der Blitz ganz roth aussieht; so ist das Gewitter gefährlicher, als wenn er blaß ist. Wenn der Donner lange nach dem Blitz gehört wird; so ist das Gewitter entfernt; Hört man ihn gleich nach demselben; so ist es nahe. – Dieß sind die sichersten Anzeigen, die man daher nehmen kann: Wer weiß, wie viele der Abergläubische noch hat?«

»Zum Bier soll man bei Gewittern Nesseln legen; und die dazu gebrauchten werden daher Donnernesseln genannt. Die mit dem Gewitter verbundenen schwefelichten, sauren Dünste, können zwar in das junge Bier schlagen, und dasselbe verderben; und vielleicht ziehen sie die an sich: Daß sie aber, wenn sie nur auf dem Rand des Biergefässes umher gelegt würden, die Kraft haben sollten, alle jene Dünste abzutreiben; oder daß das Wetter sich vor den Nesseln fürchte, wie der Teufel vor dem Weihrauch – wie thörigt ist das!«

»In der Gegend, wo ein Selbstmörder begraben liegt, soll das Gewitter Schaden thun. Nichts wiederspricht der Erfahrung mehr; dennoch glaubt mancher es so fest, daß er lieber alles daran wagen würde, als dazu seine Einwilligung geben. Man hat davon die traurigsten Beispiele. Mitleiden sollte man mit solchen Unglücklichen haben, die sich das kostbarste, das Leben selbst nehmen, und wer weiß es immer, aus was für Gründen? – auf Gnade und Ungnade sich in die dunkle Ewigkeit versetzen; sollte ihren Leib nicht im Tode kränken. Einige haben auch wohl die gottlose Meinung, der Teufel könne Wetter erregen, und errege sie wirklich. Wenn der Teufel das könnte; so würde ers gewiß nicht, weil das Gewitter in aller Absicht so wohlthätig für die Menschen ist. Die Blitze verbrennen die unreinen Dünste in der Luft, welche sonst ansteckende Krankheiten und Pest verursachen würden: der dadurch verursachte Donner aber lockert die Erde auf, und bringt die fruchtbaren und wässerigten Dünste in der Luft zusammen, daß sie in Tropfen herabfallen, das Land wässern, die matten Früchte erfrischen, und die heisse Luft abkühlen, so daß der Mensch wie neugeschaffen sich fühlt, wenn das Gewitter vorüber ist.«

»Dem Menschen ist die Furcht vor dem Tode sehr natürlich; nichts ist ihm fürcherlicher als der Gedanke an denselben. Mancher ist bei entstandenem Gewitter fast ausser sich, wenn er daran denkt, daß er vielleicht unter den tausenden der seyn könnte, der vom Gewitter erschlagen werden wird: Daher sucht er sich ihm auf alle Art zu entziehen. Das sicherste Mittel, das auch die Erfahrung überall bewährt dargestellt hat, sind die

Wetterableiter

»Ein solcher besteht aus einer eisernen, mit einer kupfernen Spitze versehenen Stange, die mitten über dem Dach befestigt ist, an derselben geht ein Drath herunter bis in die Erde. Kommt nun der Blitz in die Nähe, so schlägt er anstatt in das Haus, auf die Kupferspitze, fährt daran herunter bis in die Erde, und das Gebäude bleibt unbeschädigt. Da hat man denn aber wieder gesagt: es sey unrecht, sich durch dieses Mittel den Strafgerichten Gottes zu widersetzen. Dieser Einwurf bringt denen, die ihn machen, im Grunde Ehre, weil daraus ihr zuversichtliches Vertrauen auf Gottes Fügung hervorleuchtet; Er ist aber von mehreren Seiten betrachtet, nicht genugsam geläutert, und kann gar leicht in ein blindes Vorurtheil ausarten, wenn man hartnäckig dabei stehen bleibt. Der uns vom Schöpfer tief eingepflanzte Trieb für unsere Erhaltung, rechtfertigt schon den Gebrauch dieses Mittels ganz, und sagt es uns, daß wir keine Eingriffe in die Rechte Gottes wagen, wenn wir uns dem Tod zu entziehen trachten; denn auch der Wurm, den wir mit Füßen zertreten, krümt sich gegen die Bitterkeit desselben. Sind nicht Wasserfluthen, und alle andre Feuersbrünste, eben so wohl Strafgerichte Gottes, als die durch den Blitz verursachten? Warum setzt man den Wasserfluthen Dämme, und gebraucht bei einem entstandenen Feuer alle die Vorkehrungen, die man schon lange dazu machte; wenn man glaubt, man widersetzte sich dadurch den göttlichen Gerichten? Und muß es nicht eben so unsträflich seyn, die vortheilhaften Mittel gegen die Schädlichkeit des Blitzes zu gebrauchen, als den Wirkungen desselben zu wehren? denn warum steuert man der Feuersbrunst, die der Blitz erregt hat, wenn man glaubt, es sey Frevel, den Blitz selbst abzuhalten? Ist denn der Blitz das Strafgericht, das über uns ergehen soll, oder ist es der dadurch verursachte Brand? Auch Sturmwinde, ohnerachtet sie mannigfaltige Vortheile für die Welt und die Menschen haben, sind zuweilen Mittel in der Hand Gottes, dadurch zu strafen: Warum verwahrt man das, was von ihnen beschädigt werden kann, gegen sie, wenn man glaubt, man widersetze sich dadurch Gott?« – Der Einsiedler beschloß hiemit, zeigte dann den Reisenden den Weg, um bald aus dem Wald zu kommen, und wünschte ihnen gutes. Hinz und Flinz waren kaum aus demselben, da nahm Hinz seine Schreibtafel, und setzte alles auf, was der gelehrte Einsiedler über das Gewitter gesagt hatte, da es jetzt noch im frischen Andenken war: Auf Verlangen ist es hier zur Belehrung derer eingerückt, die von den Wirkungen des Gewitters, von dem was man dabei zu thun habe x. abergläubische Meinungen haben. Sie waren kaum fertig, als sie im nahen Gebüsch das Posthorn hörten, und kurz darauf den Wagen selbst erblickten. Der Postillon hielt ungeheissen, sie stiegen auf, und fanden da *Gierig* und *Hager*, zwei Kaufleute, *List* einen Advocat und einen Priester *Vollmuth*. Sie hatten unter abwechselndem Gespräch schon einen ziemlichen Weg zurückgelegt, als sie, um frische Luft zu schöpfen, aus dem bedeckten Wagen stiegen. Auf einmal rauschte eine feurige Gestalt über sie hin; es war der

fliegende Drache

Geschwind kroch List unter den Wagen und rief »halb Part, halb Part.« Hager nahm vor Angst den Hut ab, und Gierig fühlte an die Tasche, ob er etwa von seinem Geld verliehre? Hinz und Flinz, die hinter dem Wagen standen, bemerkten nicht undeutlich, daß er einen Schornstein zog. Geschwind wollte Flinz ein Wagenrad abziehen, und es verkehrt anstecken, um zu verhindern, daß er nicht wieder heraus könne: Aber der Postillon gab das Zeichen zum Wiedereinsetzen und es gieng weiter. »Sahen sie wohl, meine Herren, die grossen Augen, Rachen und Zunge, und die spitzigen Zähne, die kleinen Schweinsohren, und die Borsten auf dem Kopf?« sagte List, »das war der Drache. Er mußte recht schwer geladen haben, daß er so niedrig gieng. Ich rief, aber er wollte nicht speien. Meinen Grosvater hat er einmal recht bekleckt; darum kroch ich unter den Wagen.« »Und ich sahe ihn in den Schlott fliegen,« rief Flinz, »da hat er seine Butter, Würste und Eier ausgeleert. Ich möchte wissen, wer in dem Hause wohnt, da ists wahrhaftig nicht richtig.« Gierig und Hager meinten, daß es gar nicht unrecht seyn würde, so einen *Bringezu* zu haben, wenn er nur an der Seeligkeit nicht schade. »Und was meinen Sie dazu Herr Pfarrer,« riefen endlich alle, »das war doch der leibhaftige Teufel?« – »Wenn Sie's glauben, « erwiederte dieser, »so werden Sie von mir nicht das Gegentheil hören wollen.« – »Wir möchten gern ihre Meinung wissen.« – »Der fliegende Drache,« sagte Vollmuth dann, »den Sie für den Teufel in sichtbarer Gestalt halten, ist eine Menge brennbarer Luft, zäher Materie, die sich in den niedrigen Gegenden des Dunstkreises befinden, und wegen der damit vermischten Feuchtigkeit nicht im Augenblick verlöschen; sondern in der Gestalt, die Sie gesehen haben, fortgetrieben werden. Er entsteht, wenn mehrere Dünste in der Luft sich vereinigen, und die darin enthaltene brennbare Luft, durch Electricität und Reiben, zum Leuchten und Brennen gebracht wird. Seine Bewegung ist Schlangenförmig, wegen der hoch und niedrig liegenden Theile; und jedes Feuer, das durch die Luft bewegt wird, nimmt diese Gestalt an. Wenn man mit einem brennenden Licht oder andern Feuer schnell fortgeht; so folgt die Flamme Schlangenförmig nach. Auch Raqueten fliegen so. Er fliegt so lange fort, bis seine Theile verbrennt sind; er kann nicht eher verschwinden. Daß er sich öfters nach den Schlötten zieht, hat seine gegründete Ursachen; denn weil er selbst aus Feuer besteht; so zieht er sich auch nach dieser Materie. So sieht man von dem brennenden Licht sichtbar einen Theil zu dem eben ausgeblasenen übergehen, und es wieder anzünden. Die Luft in den Schlötten ist auch durch das auf dem Heerd den Tag über unterhaltene, oder wohl noch befindliche Feuer verdünnt, und die äussere, dickere Luft zieht sich in denselben hinein. so wie sie sich in den Windofen zieht, in welchen ein Feuer brennt. Kommt nun der fliegende, sogenannte Drache in diese Gegend; so folgt er dem Luftstrom, und wird in den Camin fortgerissen. Der unschuldigste kann daher das Schicksal haben, daß in seinen Schlott ein fliegender Drache einfällt; Man sieht ihn aber nie wieder herauskommen; denn sein Feuer verlöscht da, und man findet an den Wänden eine schleimichte Feuchtigkeit, die Ueberreste der für den Teufel gehaltenen Gestalt. Man weiß, daß in einer sehr verdünnten Luft (dergleichen in dem Schlott, wenn auf dem Heerd ein Feuer ist) daß Feuer nicht brennen kann; so muß denn auch das Feuer, welches man den Drachen nennt, verlöschen, sobald es dahineinkommt, und man sieht es nicht wieder hervorsteigen. Ehedem kostete es manchem alten guten Mann oder alten Frau das Leben, wo dieser Drache in den Camin zog; denn da war's schlechterdings nicht richtig, und Hexen mußten verbrennt werden. *Martin* oder *Stöppchen* hat also gewiß kein Geld gebracht, sondern es war eine natürliche prächtige Naturerscheinung. – Eine ähnliche Bewandnis hat es mit den

feurigen Kugeln,

die man bisweilen durch die Luft fahren sieht. Sie sind Klumpen, die aus zähen und wässerichten Materien bestehen, in welchen die brennbare Luft durch Reiben und Luftelectricität entzündet ist oder leuchtet. Einige verschwinden ohne, andere zerspringen mit einem Knall, nachdem sie so geschwind wie eine Raquete auf die Erde niedergefallen, und in viele Sterne zersprungen sind. Sie haben verschiedene Größe, und wenn man dahin geht, wo sie hingefallen sind; so findet man eine zähe, gallertartige Feuchtigkeit. Ich glaube, daß es blos auf eine gewise Beschaffenheit oder Bewegung der Luft ankommt, daß aus einer solchen feurigen Kugel ein fliegender Drache werde; denn wenn sie nicht sogleich auf die Erde fällt, sondern sich fort bewegt, so wird sie, so wie jedes Feuer, das fortbewegt wird, einen feurigen Schweif nachziehen, und denn Drache heissen. Wer da glaubt, daß solche Erscheinungen etwas Vorbedeutendes haben, der wird erst ein Pferd, dann eine Kugel aus demselben werden sehen, und gewiß glauben, daß darauf Krieg erfolge. Diese Begebenheit, die sich nach Erschaffung der Welt gewiß Milionenmale zugetragen hat, bedeute nichts anders, als daß Dünste aus der Erde in der höchsten Luft sich sammlen, sich durch ihre innere Bewegung entzünden, leuchtend niederfallen, und in der untern Luft mit oder ohne Knall zerspringen. Sie führen die Dünste aus der höchsten Luft wieder auf die Erde zurück – dieß ist ihr Geschäft – und gewähren dem Auge einen vortreflichen Anblick, ohne Krieg oder Pest im voraus zu verkündigen.« Indem Vollmuth noch so sprach, sahe die Reisegesellschaft eine

Sternschnuppe oder Sternputze,

auf die Erde fallen. »Der Stern, der da herunter fiel hat den jüngsten Tag gesehen,« sagte List. »Nein,« sagte Hinz, »es war kein ganzer Stern, sondern es hat sich nur ein Theil davon losgerissen.« »Dem sey, wie ihm wolle,« fiel Gierig ein, »er entführt einem die Ruhe der Nacht:« Und ich denke, sagte Hager, »daß dies den Tod eines Kindes bedeute. Sie, Herr Pfarrer, glauben davon gewiß nichts.« »Das können Sie wohl aus dem abnehmen,« erwiederte dieser, »was ich eben vom fliegenden Drachen und den Feuerkugeln gesagt habe. Eine große Menge von Dünsten, die aus der Erde nicht nur, sondern auch aus Seen und Morästen, verfaulenden Pflanzen und Thieren aufsteigen, Schwefel- Oehl- Salpeter- und Salztheilchen, befinden sich in der Luft, und vermischen sich da mit einander, wodurch in dem Dunstkreise allerhand Feuergestalten erzeugt werden; und dahin gehören ausser dem fliegenden Drachen und feurigen Kugeln, auch die Sternschnuppen. Eine Sternschnuppe ist daher die Entzündung der brennbaren Luft in einer zähen Materie, welche dann zu Boden fällt, und dem äusserlichen Ansehen nach die Größe eines Sterns hat. Sie schießt jedesmal seitwärts in einer schiefen Bewegung weg, weil die entzündete Materie dabei den wenigsten Widerstand findet. Wegen der obern, dünnen Luft kann sie nicht in die Höhe steigen, und wegen der untern, dicken Luft nicht gerade (senkrecht) herunter fallen. Vielleicht folgt sie auch den leicht brennenden Dünsten in der Luft, und fällt sobald diese verzehrt sind, wegen ihrer Schwere zu Boden. An dem Ort, wo eine Sternschnuppe niedergefallen ist, findet man allemal eine zähe gallertartige Materie. Daß in der Gegend, wo eine Sternschnuppe fiel, nicht jemand unruhig schlafen oder ein Kind sterben soll, wer könnte das läugnen? Aber den jüngsten Tag, der noch zukünftig ist, kann die Sternschnuppe nicht sehen; es würde lächerlich seyn, so etwas zu denken; und ein Theil von einem Stern kann sie darum schon nicht seyn, weil diese so weit von uns entfernt sind, und wir sie daher lange würden fliegen sehen. Ihr Feuer, das wir außerdem in der untern Luft sich entzünden sehen, würde so lange nicht brennen können; denn sie würde zum Theil Jahre lang fliegen müssen, ehe sie auf die Erde käm. Der ganz unschickliche Name, mit dem man ein solches Feuer Sternschnuppe nennt, beweist nicht, daß die Sache wahr sey: Er ist vielmehr aus jenem Vorurtheil entstanden.« Gierig und Hager wußten nun, was Sternschnuppen wären; sie hatten aufmerksam zugehört; und konnten nichts dagegen sagen. List der eingeschlafen war, und jetzt erwachte, gähnte und sagte; »Ja das ist wahr.« Flinz hatte ohngefähr aus dem Postwagen einen gesehen, die dem Wagen immer näher kamen, stieß seinen Freund an, und ächzte: *siehst du sie?* »Was sehen sie denn,« fuhr Gierig auf, und grif nach dem Pistol: er dachte es näherten sich Räuber. »Ach Gespenster,« sagte dieser, »und sie kommen immer näher.« »Laßt sie nur kommen,« knurrete der Postillon, »ich kenne sie und will sie schon wegbringen.« Bald waren sie da, bald waren sie dort; bald fuhren sie zusammen, bald über Berg und Thal. Einer aus der Gesellschaft erinnerte sich, daß ein Hochgericht in der Nähe sey, wo sich die Geister tummelten. Hätte er doch das nicht gesagt. Der Reisegesellschaft wird's immer banger, und der Schweiß dringt häufiger hervor. Von allen Seiten hörte Vollmuth Seufzer. »Was ist's denn,« fragte er endlich? »Um Gotteswillen, sehen sie dahin,« sagte Hinz, »hier kommen wir nicht gut weg.« – »Haben Sie noch keine Irrwische gesehen, oder von den Tückeboten gehört,« erwiederte er? »Sie sind doch nicht von heute? Diese hüpfenden Feuer sind ganz natürlich. Sie bestehen aus einer Materie, die aus der Erde ausdünstet, und sich nicht enzündet, sonder nur im finstern leuchtet. Sie haben ja doch auch schon Johanniswürmgen, faul Holz, oder auch faule, fette Seefische gesehen; und wissen, daß diese Dinge im finstern leuchten? Ohnfehlbar ist dort ein sumpfigter und morastiger Ort, oder ein Schindanger: Was ängsten Sie sich vergebens?« der Postillon fing jetzt gräulich an zu fluchen; Die Irrlicher waren dem Wagen näher gekommen, hieb mit seiner Peitsche heftig in die Luft, worauf sie sich entfernten, aber bald wieder näher kamen. Flinz hatte sich fest an seinen Freund geschlossen, und wagte nur dann seitwärts aus dem Wagen zu sehen, wenn der Postillon zu toben aufhörte. Hager sagte, der Postillon mache es ganz recht; denn das sey die Absicht des Teufels, den Menschen zum fluchen zu verleiten; und wenn man bete, so komme er in dieser Feuergestalt immer näher. »Das wohl nicht allein,« sagte List, »er will den Menschen verführen. Ich habe schon oft gehört, daß man vom rechten Weg abkömmt, in eine Grube fällt, in einen Sumpf, unter ein Hochgericht, an einen Schindanger oder wenigstens Begrabeplatz geräth, wenn man ihnen folgt«. Der Pfarrer konnte nun nicht länger zuhören; er bedauerte die Leute, die vom Aberglauben geplagt, etwas fürchteten, was doch so wenig furchtbar war, und fing an: »In der Ferne scheint der Irrwisch die Gestalt einer Lichtflamme zu haben; der Reisende sieht es daher oft für ein wirkliches Licht an, und folgt ihm in der Hoffnung, nach einem Dorf zu kommen. Was Wunder aber, wenn er, indem er nur nach dem Licht, und nicht vor sich hin sieht, einmal über das andere, endlich in ein Loch fällt; und wenn er demselben weiter folgt, in einen Morast, oder überhaupt an einen solchen Ort geräht, wo viele Dünste aufsteigen, und daher die Irrlichter am meisten sichtbar werden, und sich aufhalten; dergleichen Gerichtsstätte, Schindanger, Begräbnisplätze oder solche Gegenden sind, wo ehemals Schlachten geliefert worden. Sie lassen sich von jeder leichten Luft bewegen; daher kommt es, daß sie bald hie bald dorthin, aus einander und wieder zusammen fliegen. Sie lassen sich von jeder Bewegung der Luft fortreiben, und folgen jedem Zuge derselben. Sie kommen daher dem fortgehenden Wagen, dem Reitenden und Gehenden, weil hinter dem fortgehenden Körper gewissermassen ein Luftleerer Raum entsteht, nach dem sie sich folglich sogleich hinziehen. Wer ruhig seinen Weg fortgeht, der wird ihrer bald los, wenn sie ihm gleich noch so nahe waren; denn bald wird sie ein leichtes Lüftgen wieder wegwehen. Wer vor ihnen läuft, den verfolgen sie, und wenn er sich zu todte rennte; so würden sie doch immer hinter ihm seyn. Wer dann thörigt genug ist, zu beten, der zieht die Luft änglstlich an, und die Lichtmänner, die so wie etwa eine Seifblase jedem Lüftgen folgen kommen ihm immer näher. Wer aber flucht, (ein starkes Schreien oder Blasen mit dem Munde würde noch mehr thun), der stoßt die Luft mit Heftigkeit von sich, und entfernt sie dadurch. Es sind also keine böse Geister, die durch ihr Näherkommen dem Menschen vom Beten abhalten, und zum fluchen reitzen wollten: sonst würden sie sich vor der Peitsche des Fuhrmanns, welche die Luft in Bewegung setzt, nicht fürchten, und davor entfliehen. Scheue Pferde gehen zwar durch, wenn sich ihnen Irrwische nähern; daraus folgt aber noch nicht, daß es Gespenster sind; denn sie würden es auch, wenn man mit mehrern Laternen auf sie zugienge. Gott wird den bösen Geistern nicht so viel Macht in der Welt lassen, daß sie Menschen, die in ihrem Beruf wandern, irre führen könnten; und das Gebet würde bei ihnen nicht entgegen gesetzte Wirkungen haben, da man dadurch sonst das Gute erlangen, und das Böse entfernen will. – Wer Lust hat der komme mit, wir wollen auf diese Geister losgehen, und sie genauer betrachten. Wir werden gleich finden, daß sie sich entfernen, wenn man auf sie zugeht; denn man stößt alsdenn die Luft vor sich her, und vertreibt sie dadurch.« » Nein, das thu ich nicht« sagte Hinz, »man könnte von den Geistern jämmerlich gemishandelt werden.« Keiner wollte es versuchen, einen Geist oder, wie man glaubte, den Teufel selbst einfangen zu helfen. »Wir würden eben so wenig Gefahr laufen, wie *Robert Fluth,*« sagte Vollmuth, »der in Gesellschaft einiger anderer, die Irrwische umzingelt und eingefangen, und dann gefunden hat, daß es blos eine zähe, schwarzfleckigte dem Froschleich ähnliche Materie sey. Auf ähnliche Art,« setzte er hinzu, »entstehen die *fliegenden Funken, die springenden* oder *hüpfenden Ziegen, die brennenden Fackeln* und *Balken,* die *lechzenden Flammen* u.s.w. Sie bekommen eine ohngefähre Figur, nachdem die Menge der ausgedünsteten Materie, oder die Beschaffenheit und Widerstand der Luft es mit sich bringt. Die letztern sieht man wenn im Finstern jemand gekämmt wird, oder man über eine Katze hinstreicht. Man wird so etwas nicht für außerordentlich halten, wenn man es entweder gehörig selbst untersucht, oder von andern darüber Auskunft erhält.«

Das Nordlicht

stellt sich unsern Augen am mitternächtlichen Himmel, als ein heller Schein dar, in welchem säulenförmige und wallende Strahlen entstehen, die sich von dem Horizont d. i. Gesichtskreis (wo unserm Auge der Himmel auf der Erde zu liegen scheint) bis an den hohen Himmel, oder in die höchste Luft erheben, und bisweilen mit einer sehr großen Geschwindigkeit fortschießen. Da dieses Licht sich immer im Norden zeigt; so mus es in jenen Gegenden auch seinen Ursprung haben. Hier aber sind die feinsten Dünste lauter Eistheilchen, die wegen ihrer Leichtigkeit sehr hoch steigen, und weil sie Spiegelflächen sind, das von den Sternen und dem Mond auf sie fallende Licht zurückwerfen, und in Farben verwandeln. Bisweilen reißt sich ein Theil von der Materie des Nordlichts los, und bewegt sich von einem Ort des Himmels zum andern, so daß alsdenn auch in der mittägigen Gegend des Himmels ein solches Licht gesehen werden kann. Aus den schönen Farben und Strahlen, womit das Nordlicht spielt, macht der Abergläubische, ganze Sümpfe voll Blut, zertretene Getraidfelder, lauter Spieße, Schwerdter und Kriegsheere, die auf einander losgehen; und denkt an Kriege und blutige Schlachten. Wenn die Strahlen des Nordlichts, die bald weiß, bald roth aussehen, sich bewegen und gegen einander schießen; so erschreckt er, und – ach Gott, was wird das bedeuten? Sieh Bruder, wie die Sterne so blaß aussehen? das Ende aller Dinge ist gekommen; der jüngste Tag ist da. Wie oft sieht man ein Nordlicht? wie oft müßte daher Pest, Hungersnoth, Krieg entstehen? Man sieht es nicht nur in dem nördlichen, sondern in einem großen andern Theil von Europa: So müßten ja die Potentaten beständig in Krieg verwickelt seyn, wenn das Nordlicht davon eine Anzeige wär. Und wenn Gott es beschlossen hat, einen Krieg entstehen zu lassen; warum sollte er einen so großen Theil der Welt durch Zeichen im voraus erschrecken, da das Uebel, wenn es da ist, die Menschen züchtigt? Wie könnte aber überhaupt das Nordlicht etwas bedeuten, da es aus natürlichen uns nicht unbekannten Gründen entsteht, so oft keine weitre Folgen hat? Wie viele Kriege entstehen und werden geführt, ohne daß ein Nordlicht da gewesen ist? Wie könnte man also etwas vorbedeutendes darin finden, da durch dasselbe noch nie die Dinge in Unordnung gesetzt sind?

In einem Städtchen trat unter dem Volk, das unter freien Himmel das Nordlicht beschaute, ein Zeichendeuter auf, zeigte demselben in den feurigen Strahlen allerlei Figuren, und verkündigte daraus viel von blutigen Kriegen, der Pest und anderm Unglück. Aber ihn traf seine Deuterei zuuerst; denn ein Corporal mit einiger Mannschaft nahmen den Wahrsager auf die Wache, und am andern Morgen fiel ein empfindliches Unglück in fünf und zwanzig Stockschlägen, auf seinen Rücken.

Der Regenbogen

ist derjenige große, siebenfarbige, halbe Zirkel, der in den Regentropfen sichtbar wird, wenn die Sonne hinter, die herabfallenden Regentropfen aber vor uns sind, und sich hinter denselben eine schwarze Wolke befindet – eine der prächtigsten Lufterscheinungen! Bisweilen sieht man einen zweiten Regenbogen, in welchem sich die Farben in umgekehrter Ordnung zeigen; Man nennt ihn Wassergalle. Er entsteht durch eine doppelte Brechung und zweimalige Zurückprallung der Sonnenstrahlen. Gott hat den Regenbogen zum Zeichen seiner Gande gesetzt: Der Abergläubische aber denkt, daß Gott der vorher bei dem Gewitter böse gewesen, nun wieder gut sey, und in jener Gegend tanzten die lieben Engelchen. Der Aberglaube schreibt dem Regenbogen die Erzeugung und Ausstoßung güldener Geschirre zu, welche man

Regenbogenschüsseln

sonst auch Sternschosse nennt. Sie sind wie große tiefe Pfennige gestaltet. Man sieht darauf Laub, Köpfe, Sterne von vier Strahlen, Schlangen, gekrönte Schlangen, Vögel, Ringe u. d. gl. Der Abergläubische hat ihren wahren Werth sehr erhöhet; denn in dem Hause, wo eine solche Schüssel aufbewahrt wird, soll Glück seyn; da es hingegen von dem weiche, der sie verkauft. Sie soll die schwersten Krankheiten, z.B. die fallende Sucht, das hartnäckigste Fieber x. heilen, wenn man sie in das Getränke des Kranken wirft; ja sogar auf den moralischen Zustand der Menschen Einfluß haben, den Menschenfeind, der sie bei sich trägt, gesellig x. auch jeden beliebt machen, und in Ansehen bringen: Und diese Kräfte sollen sie nur von dem Regenbogen haben. – Aber der Regenbogen ist ja eine bloße Lufterscheinung, und nichts wesentliches, die nur so lange besteht, als die Sonnenstrahlen in den wässerigten Dünsten gebrochen werden. Die Hitze der Sonne, die das Gold in den Bergen, nur durch die Länge der Zeit zur Reife bringen hilft, kann es in der bloßen Luft nicht erzeugen; noch weniger Schüsselchen bilden, und sie mit mancherlei Figuren stempeln. Der Fleis der Menschen hat das Gold aus den Eingeweiden der Erde gewühlt, die Kunst ihm diese Form gegeben, und der Aberglaube mit wunderbaren Kräften versehen. Nur sehr selten findet man ein solches Goldstück: Verzettelte jeder Regenbogen nur eins; so würde man deren schon viele haben. Die Menschen haben eine große Begierde zum außerordentlichen; was Wunder, wenn sie in die Luft und den Regenbogen Werkstätte dichten, und darin Geschirr schmieden lassen? Aber entzieht man nicht sein Vertrauen dem, der es allein verdient, der über unsere Schicksale wacht? Denn wenn ein Goldstück mich aufrecht hält; so ist Gott nicht mehr der Schöpfer meines Glücks, und meine Hoffnung.

Man bemerkt bisweilen um die Sonne oder den Mond einen großen Ring, der mit Regenbogenfarben spielt. Man nennt ihn einen

Hof

Nach dem äußerlichen Ansehen steht er so hoch als die Sonne oder der Mond selbst; aber es ist gewiß, daß er in unserm Dunstkreis wahrscheinlich in der mittlern Luftgegend entsteht und gesehen wird. Indeß scheint es uns so, weil wir zwischen ihm und der Sonne oder dem Mond keinen andern Körper sehen, wodurch wir seine Entfernung von ihm abmessen könnten. Die Naturkündiger erklären dieß aus runden Hagelkönern, die in der Mitte einen Kern von Schnee haben, von außen aber entweder mit hellem Eis umfroren, oder mit Wasser umflossen sind; da denn durch die Brechung der Sonnenstrahlen diese Lufterscheinung hervorgebracht wird. Der Abergläubische wird bei dem Anblick derselben in Furcht und Schrecken gesetzt, und frägt ängstlich, was sie wohl bedeuten möge? Allein es geht damit ganz naürlich zu; denn es werden dazu nur halb gefrorne Dünste erfodert, darin die Sonne sich spiegelt; und es ist daher lächerlich, nach der Bedeutung dieser Höfe zu fragen. Man sieht bisweilen auch

Nebensonnen und Nebenmonde,

welche sich ebenfalls nicht um die Sonne; sondern in unserm Dunstkreis befinden. Zu ihrer Erzeugung werden Eisblättchen erfodert, die einen Spiel formiren, worin ein der Sonne oder dem Mond ähnliches Bild von diesen hervorgebracht wird. Abergläubische Leute halten dieß für ein Wunder, und erschrecken, und erwarten alles das Unglück, das ihrer Meinung nach, gewiß darauf folgen muß. Aber wie thöricht ist es, aus so ungegründeten Muthmasungen böses zu erwarten, das darauf nie erfolgt.

Es giebt Weltköprer, die in verschiedenen oft sehr langen Zeiten sich um die Sonne bewegen, und

Cometen

heißen. Ihre Bewegung ist von der Bewegung der Planeten merklich unterschieden; aber sie laufen durch alle Bahnen derselben, in einer sehr langen und schmalen, in sich zurückkehrenden Linie, und haben ihre eigne Laufbahn. Aus dieser Ursach werden sie nur selten sichtbar, nähern sich mit einer vermehrten Geschwindigkeit der Sonne, drehen sich um sie herum, entfernen sich auf der andern Seite wieder sehr weit von ihr. Sie sind beständige Weltkörper; daher lassen sich ihre Bewegungen vorher verkündigen; ihre Laufbahnen berechnen, und ihre Wiederkunft bestimmen. Gemeiniglich erscheinen sie mit einem langen durchsichtigen Lichtstreif, den man die Haare oder den Schweif des Cometen nennt: Jedoch hat man auch schon Cometen ohne Schweif bemerkt. Der Mensch kennt die Kräfte nicht, die auf den Comet wirken. Der leuchtende Schweif, der sich Millionen Meilen in den Weltraum erstreckt, ist ihm daher ein tiefes Geheimnis. Vielleicht gebraucht die Natur zu seiner Bildung weiter nichts, als Lichtstrahlen; durch was für Kräfte sie aber dieß wirkt, kann man nicht erklären. Bei vielen herrscht noch das Vorurtheil, daß die Comenten Unglückspropheten seyen, die Krieg, Pest und andre Landplagen, oder gar den jüngsten Tag verkündigen. Da sie aber besondere Arten von Planeten sind, die ihre bestimmte Laufbahn haben, zu ihrer Zeit wieder erscheinen, und nachdem sie eine Zeitlang sichtbar gewesen sind, verschwinden, um nach Jahrhunderten der Nachkommenschaft wieder zu erscheinen; so darf man vor ihnen nicht erschrecken: Sie sind Werke der göttlichen Allmacht und Güte, die uns mit Bewunderung und Freude erfüllen sollten.

Von den Sonnen- und Mondfinsternissen

Viele tausend Jahre hängt die Erde, die wir bewohnen, hängen alle jene große und kleinere Welten, die wir in glänzender Ferne erblicken, in freier Luft, und bewegen sich nach unwandelbaren Gesetzen, in den ihnen von Gott angewiesenen Bahnen. Keiner ist von dieser Bahn je abgewichen, und es würde dieß nicht geschehen können, ohne das Ganze in Unordnung zu bringen. Wie wär es sonst möglich, daß man Sonnen- und Mondfinsternisse auf eine Minute vorher ausrechnen könnte? Eine solche Finsterniß ist ein würdiger Gegenstand, der Betrachtung werth, daß man auf sie hinschaue, um den Schöpfer aus seinen Werken zu erkennen. Unempfindliche Seelen, die sich kaum die Mühe geben, die Sonne in ihrer Verfinsterung zu betrachten, sind noch verächtlicher, als die dabei ihre Unwissenheit und die Schwäche ihrer Vernunft verrathen. *Schlafhaube*, der Bette und Lehnstuhl als die vortreflichsten Erfindungen preißt, und die Ruhe, als das höchste betrachtet, meint: Ihm gehe die Finsternis nichts an, und die Narren werden wohl sehen, wie sie sich durch ihr Gaffen die Augen verderben. Eine Pfeiffe Tabak ist besser, als in der kalten Luft frieren. Dort steht ein bedauernswürdiger Haufe, der die Finsternis betrachtet und einmal über das andere ausruft: Ach seht, wie sich die liebe Sonne, der liebe Mond quält! Gott, was wird das bedeuten? Es ist ohnedem schon so viel Unglück auf der Welt; wohl dem, der todt ist. – Da sich alle Weltköper um ihre eigene Axe und somit viele um andere, in näherer und weiterer Entfernung drehen; so begreift man leicht, daß ihre Stellungen gegen einander, in dem Ansehen, daß sie in unsern Augen haben, eine gewisse Veränderung hervorbringen können. Der Mond hat, so wie unsre Erde, sein eigen Licht nicht; sondern empfängt es von der Sonne. Der Mond bewegt sich jährlich dreyzehnmal um unsre Erde, und mit derselben jährlich einmal um die Sonne. Kommt nun unsre Erde zwischen Mond und Sonne zu stehen; so daß diese den Mond nicht erleuchtet, indem ihre Strahlen durch die dazwischen stehende Erde nicht hindurch fallen können; so wird der Theil des Mondes verfinstert, vor welchem die Erde steht, und ihr rundes Gesicht zeigt sich in demselben. Tritt aber der Mond zwischen unsre Erde und die Sonne, so daß diese ihre Strahlen durch den Mond nicht auf unsre Erde schießen kann; oder wir wegen dem dazwischen stehenden Mond, einen Theil der Sonne nicht sehen können; so ist das eine Sonnenfinsternis, so wie jenes eine Mondfinsternis war: Und das runde Bild des Mondes zeigt sich uns dann in der Sonne; so wie bei einer Mondfinsternis das runde Bild der Erde im Mond. Was könnte also eine verfinsterte Sonne oder Mond anders bedeuten, als daß das Weltgebäude noch in unverrückter Ordnung stehe; daß Erde, Sonne, Mond und gewiß auch die Sterne, so wie vor Jahrtausenden, also noch jetzt ihre Bahn wandeln. Noch nie ist die Pest, theure Zeit, Blutvergießen x. auf eine Sonnen- oder Mondfinsternis eingetreten! und wenn je einmal ein Uebel darauf erfolgte, so war sie doch nicht die Ursach davon: Dieß würde auch ohne Sonnen- oder Mondfinsternis eingetroffen seyn. Geht doch fast kein Jahr hin, wo nicht der Mond oder die Sonne, wenigstens einmal, verfinstert würde; wir müßten ja beständig unglücklich seyn, wenn darauf unglückliche Begebenheiten folgten. An vielen Orten deckt man bey Sonnenfinsternissen die offenen Brunnen zu, und treibt das Vieh nicht eher auf die Weide, als bis die Finsternis vorbey ist; aus Besorgnis, daß ein giftiger Thau falle und Brunnen und Viehweide vergifte. Kann man sich wohl noch einen größern Unsinn denken? Die Sonne, die 18 Millionen Meilen von uns entfernt ist, sollte zu der Zeit, da der Mond einen Schatten auf die Erde wirft, Gift fallen lassen? – Dieß Gift könnte also erst im 25igsten Jahr nach der Sonnenfinsternis auf die Erde kommen, denn ein jeder Körper brauchte ungefähr so lange und wohl noch länger, um von der Sonne auf die Erde zu gelangen, wenn er auch mit der Schnelligkeit einer abgeschossenen Canonenkugel flöge. – Doch Aberglauben geht über Narrheit!

Abergläubische Meinungen von den Wirkungen des Monds

Abergläubische Leute, die den Grund nicht absehen, woher die abwechelnden Lichtgestalten des Mondes kommen, haben darin etwas Geheimnisvolles gesucht, und dem Monde Wirkungen angedichtet, die er nimmermehr haben kann. So glaubt man, daß der volle Mond Krebse, Austern, Muscheln und Schnecken voller mache, als der abnehmende; daß die zur Zeit des vollen Mondes versetzten Blumen voller werden; daß das Holz im zunehmenden Mond mehr Feuchtigkeit habe, als im abnehmenden; daß die im vollen Mond geschlachteten Thiere fetter und schmackhafter Fleisch haben, als die im abnehmenden geschlachtet werden. Daß die im vollen Mond abgewöhnten Kälber bessere Kühe werden, und größere und von Milch strotzendere Euter bekommen, als die man zu einer andern Zeit abgewöhnt hat; daß der Mohrrübensaamen im abnehmenden Mond müsse gesäet werden, weil die Rüben sonst zu sehr ins Kraut wachsen; daß aus den Eiern, mit welchen eine Gans zur Zeit des neuen Monds gesetzt wird, Gänse ausgebrütet werden, die blind sind; daß wer kein Geld hat, sich hüten müsse, damit nicht der Mond, wenn er neu ist, ihm in den Beutel scheine, weil sonst, so lange dieser Monat währt, Geldmangel bei ihm sei – sind unverzeihliche Thorheiten, welche außer der Vernunft, besonders die Erfahrung widerlegt. Das Licht, das uns der Mond giebt, ist das Sonnenlicht selbst, welches von ihm auf unsere Erde zurückgeworfen wird. Da wir aber täglich das viel stärkere Sonnenlicht haben; so kann das schwächere Mondenlicht auf die Dinge keinen Einfluß haben. Es ist zwar nicht zu läugnen, daß der Mond auf unsern Dunstkreis wirkt, und daß nach seinem verschiedenen Stand, diese Wirkungen verschieden seyn, und zu der Zeit, wenn er Neumond heißt, durch die Wirkung der Sonne vermehrt werden können: Aber diese Wirkung auf die den Erdboden umgebende Luft ist viel zu gering, und nicht von der Beschaffenheit, daß dadurch das angeführte verursacht werden könnte. Man möchte die Menschen bedauren die an so ungegründeten Meinungen hangen, und darnach sich richten. Zur Zeit des neuen Mondes soll es schädlich sein, Samen auszustreuen, und einige Hauswirthe glauben dieß, ohne es aus dem Einfluß des Mondes auf die Gewächse erklären zu können. Allein der Mond mag auf die Pflanzen überhaupt wohl keinen Einfluß haben! Warum sollte gerade der neue Mond beim Säen und Pflanzen eine widrige Wirkung äußern? Die darüber angestellten Proben beweisen ganz das Gegentheil. Laßt euch also, bei Bearbeitung und Bestellung eurer Felder, durch das Alter des Monds niemals irre machen, sondern sehet vielmehr darauf, daß ihr euren Samen, sowol im Frühling als im Herbst, nachdem ihr das Land gut bearbeitet habt, bei der besten Witterung ausstreuet. Einige glauben auch, daß der Waizen nicht brandigt werde, wenn man ihn auf denTag, da der Michaelsmond voll ist, säet. Auch diesem widerspricht die Erfahrung. Was kann der volle Mond für Einfluß auf brandigten Waizen haben? Der Michaelstag ist ein Tag, wie andere. Eben so ungegründet ist es gewiß, wenn man glaubt, daß der Waizen alsdann nicht brandigt werde, wenn man ihn zu der Zeit säet, da der Mond unter der Erde steht. Ich glaube ohne nähern Beweiß eines Naturkündigers durchaus nicht, daß der Mond auf die Pflanzen so merklichen Einfluß habe. Die bekannten Verse, die unsre Bauern so oft gebrauchen:

> Von neuen bis zum vollen Schein,
> Sä' Nachmittags; so wirds fein rein.
> Vom vollen bis zum neuen Licht,
> Sä' Vormittags, so wirds nicht brandigt. –

sind weder richtig, noch beweisen sie etwas. Denn Verse und Sprüchwörter beweisen in allem nichts. Willst du keinen Brand im Waizen haben, sagt ein anderer Abergläubischer; so nimm den Sack mit dem Samen stillschweigend herunter, setze ihn auf den Kopf und sprich: Waizen, ich setze dich auf den Band, Gott behüte dich für Tresp und Brand. – Das soll gut seyn, aber wer glaubt solcher unsinnigen Rede?!

Vom Blut- und Schwefelregen

Man bemerkt bisweilen auf den Blättern der Bäume, den Gebäuden, und gar auf seiner Kleidung rothe Tropfen wie Blut. Die Ursach davon sind die Schmetterlinge oder Buttervögel, die bekanntermassen sich als Raupen einspinnen, sich verpuppen und dann als Schmetterlinge davon fliegen. Indem sie ihre Puppengehäuse verlassen, geben sie einen rothen Saft in Tropfen von sich, welches gemeiniglich zu Ende des Junius oder im Anfang des Julius geschieht. Der Abergläubische hält dieß für Blutregen, der großes Unglück bedeuten soll, und wird dadurch in Furcht und Schrecken gesetzt. Allein, da der Regen nur dann entsteht, wenn die in der Luft befindlichen wässerigen Dünste zusammenfließen, so kann es auch nur Wasser regnen. Blut befindet sich nur in lebendigen Körpern, nicht in der Luft. Auch von einem Schlachtfeld kann, und aus einem See voll Blut würden keine blutige Dünste aufsteigen können; sie würden immer die Farbe des Wassers haben, weil die schweren Theile zurück bleiben, und nur die leichten ausdünsten, welche keine rothe Farbe haben.

Zuweilen soll es auch Schwefel regnen: Denn man sieht beim Regen auf dem Wasser bisweilen gelblichte Stäubchen, die das Ansehen des Schwefels haben. Sie verbreiten sich nicht leicht auf der ganzen Fläche desselben, sondern geben sich gemeiniglich am Rande zusammen. Der Abergläubische fürchtet dann Krieg, weil zum Pulver auch Schwefel gehört; Pest, weil die Luft schon halb vergiftet sey; Erdbeben, weil die in der Erde befindliche große Menge Schwefel bald losbrennen werde. Allein, dieses gelbe Wesen ist weiter nichts, als der Staub von den im Mai blühenden Fichten und andern Bäumen. Schwefel können diese Stäubchen aus der Ursach nicht seyn, weil sie keinen Schwefelgeruch haben, und wenn man sie gesammelt und getrocknet hat, nicht leicht brennen. Sie würden sonst auch, wie es die Natur des Schwefels mit sich bringt, nicht oben schwimmen, sondern untersinken; denn der Schwefel der fast noch einmal so schwer ist, als Wasser, geht, sobald er naß geworden ist, darin unter, wenn er auch zu Mehl gerieben würde. Diese Stäubchen aber, darf man durch Umrühren bis an den Grund des Gefäßes vermischen, und sie kommen doch wieder in die Höhe und schwimmen oben. Unter der großen Menge von Dünsten, welche täglich aus der Erde aufsteigen, sind freilich auch Schwefeltheilchen; aber in so geringem Maaß, daß sie nicht bemerkt werden, wenn sie in Regen heruntergefallen sind. Der Aberglaube hat sich der genannten Erscheinungen oft bedient, Furcht und Schrecken unter den Menschen zu verbreiten, und dadurch geheime Absichten zu erreichen, die er sonst nicht würde erreicht haben.

Zur Zeit eines Donnerwetters soll es nach der Einbildung der Unwissenden bisweilen, wiewohl sehr selten

Feuer regnen,

so daß unter dem Regen feurige Tropfen bemerkt würden. Aber es ist weiter nichts, als die electrische Materie, die in den Regentropfen außerordentlich stark herabfließt, wodurch ein helles Glänzen hervorgebracht wird, welches man, besonders wenn es dunkel ist, bemerken kann.

Die übrigen abergläubischen Erzählungen, daß es Steine, Frösche, Fische, Korn, Wolle x. soll geregnet haben, widerlegen sich selbst, wenn man bedenkt, daß solche Dinge weder in der Luft erzeugt, noch von der Sonne angezogen, noch auch von der Luft können getragen werden. Alles was die Sonne aufzieht, muß sie in Dünste verwandeln, die, weil die warme Luft, durch welche sie erzeugt und ausgedehnt werden, leichter ist als die äußere, sich in die Höhe begeben. Es ist unmöglich, daß die Sonne Fische, Frösche x. in die Höhe ziehen, folglich unmöglich, daß sie im Regen herabfallen können. Wenn das geschehen könnte, so würde man zuweilen auch dergleichen in die Höhe fahren sehen; aber wo hat man davon ein Beispiel? Die Luft würde dergleichen schwere Dinge nicht tragen können, sondern sie sobald wieder fallen lassen. Wenn Frösche, Regenwürmer und dergleichen nach dem Regen häufiger hervorkommen; so denkt der Dumme, der dieß sieht, ohne sich etwa der möglichen Ursach zu erinnern, sie seyen vom Himmel gefallen. Wenn heftige Sturmwinde, Korn, Heu, Flachs x. von der Erde aufheben, und es anderswo niederwerfen; so würde es ja unvernünftig seyn, wenn man glauben wollte, daß solche Dinge vom Himmel fielen, oder in der Luft erzeugt würden. Außerdem bildet man sich zuweilen ein, daß sich

das Wasser in Blut verwandle,

und hält solches für die Anzeige eines sehr blutigen Krieges. Schon manchmal ist hiedurch eine ganze Gegend in Angst und Furcht gesetzt, bis man endlich fand, daß rothe Thierchen, die man Wasserflöhe nennt, sich so sehr vermehrt, und in so ungeheurer Anzahl auf der Oberfläche des Wassers verbreitet hatten, daß es, weil sie selbst roth waren, wie Blut aussah. Wenn ein Fluß besonders hochsteigt, und er dann irgendwo rothe Erde abwäscht; so kann sein Wasser auch roth, und von dem Einfältigen für Blut gehalten werden. Es entstehen bisweilen

68

neue Quellen,

die nach der Einbildung einfältiger Leute für alle Krankheiten helfen sollen, und daher von ihnen für Gesundbrunnen gehalten werden. Sie holen und trinken daraus fleißig, und glauben dann ohne alle Arzneien gesund zu werden. Allein man muß solchen Quellen niemals trauen, bevor sie nicht von Aerzten untersucht und gut befunden worden sind. Man hat Beispiele, daß kränkliche Leute, die daraus tranken, gestorben sind; und gesundere das Bauchgrimmen und andre üble Zufälle bekommen haben.

In jeder Gegend giebt es gewisse Quellen, die nur selten Wasser haben. Fließen sie, so ist es eine Anzeige, daß es viel geregnet hat, und in der Luft, besonders in der Erde viel Wasser sey. Allzunasse Witterung aber ist beinahe allen Früchten schädlich, daher sagt man, die

Hungerquellen

fließen. Es würde aber sehr sonderbar seyn, zu glauben, daß diese Quellen nur die Ursach von der darauf etwa erfolgenden Theuerung wären.

Dann hat man wieder geglaubt, Gott thue in theuren Zeiten ein Wunder, indem er auf eine außerordentliche Art Brod gebe. Man fand *Mondmilch*, eine feine weisse Kalkerde, die sich in Höhlen, Felsenritzen und Steinklüften findet, und aus mehligten lockern, und sehr leichten Theilen besteht. Arme und unwissende Leute nennen sie *Berg- oder Himmelmehl*, haben sie für ein ordentliches Mehl gehalten, und zum großen Nachtheil ihrer Gesundheit verkocht und verbacken. Alles dieß beweißt nun, daß wir aus den Zeiten heraus sind, wo Gott außerordentliche Dinge that, auf wunderbare Arten hilft oder errettet. Die Menschen aber sind einmal dazu geneigt, zu glauben, daß dieß noch jetzt geschehe, ohnerachtet Erfahrung und Erfolg schon oft das Gegentheil bewiesen haben. Möchte man sich aber doch einmal überzeugen, daß die natürlichen Wegen, die Wege Gottes sind, und daß er auf denselben alles thue.

Aberglaube aus der Naturgeschichte

Auch in die Naturgeschichte hat man Aberglauben gemengt. Die Regenwürmer, die in der Kühle der Nacht, oder wenn es geregnet hat, und der Boden feucht ist, aus der Erde hervorkriechen, sollen, nach der Meinung der Unwissenden, mit dem Regen selbst aus der Luft fallen – und das glauben einige so vest, daß sie sich durchaus keines bessern wollen belehren lassen, wenn man ihnen gleich sagt, daß Thiere die Sonnenhitze nicht vertragen, und durch trockene Erde nicht hindurch können und sterben müssen, wenn sie auf derselben liegen und von der Sonne beschienen werden. Sie kommen vielmehr nach dem Regen durch die nun lockere Erde hervor.

Der *Blutigel*, der in sumpfigten Wassern lebt, und Menschen das Blut aussaugt, darum, weil Blut seine liebste Nahrung ist, soll es deswegen thun, weil er bei dem Menschen Gift merke.

Manchem Tiere hat der Aberglaube sogar den Namen gegeben. Der länglichte, hinten mit Schwanzgabeln versehene Wurm, der sich in Früchten und Blumen, besonders in Sonnenblumen aufhält, der sogenannte Ohrwurm, ist er nicht deswegen verrufen, weil er den Leuten in die Ohren laufen soll? Es ist ein blosses Mährchen, das er darauf ausgehe, den Menschen in die Ohren zu kriechen; denn er kann eben so wenig, als die übrigen Insekten Ohrenfett vertragen. Der Wurm kriecht gern in alle Oefnungen, und wenn er diesen Triebe nach einst jemand in die Ohren gekommen ist, so folgt noch nicht, daß es seine Natur so mit sich bringe.

Es giebt sehr viele Arten von *Blatläusen*. Sie haben einen kleinen Kopf, einen Saugstachel, zwei Augen, und dazwischen zwei Fühlhörner und sechs Füsse; sehen nach Beschaffenheit der Bäume und Gesträuche, worauf sie jung geworden sind und fressen, schwarz grün, gelb roth, braun und weiß aus, und sitzen kluvweiß, zwei drei bis vierfach dicht neben und über einander. Sie fressen unablässig, so daß Blätter und Knospen bald welk, schwarz und grau werden, und oft ganz verderben. Die Weibchen stechen die Blätter an, theilen die Häute von einander, und legen sodann ihre Eier dazwischen; daher werden die Blätter, worauf die Blatläuse wohnen, gleich krumm. Sie vermehren sich erstaunlich schnell, denn eine Blatlaus bringt den Sommer über (innerhalb 14 Tagen) drei bis viermal etliche hundert lebendige Junge zur Welt, und eine junge Blatlaus bringt gleich etliche Tage nach ihrer Geburt auch wieder Junge. Im Herbst legen sie Eier, damit im Frühjhar gleich wieder Junge da sind. Die das nicht wußten, haben geglaubt, sie fallen mit dem Thau aus der Luft, und nennen sie Mehlthau. Zuweilen wohl, aber nicht immer haben die Blatläuse auch Flügel, so daß sie bisweilen bei hunderttausenden in einem Garten können angeflogen kommen; wenn sie vom Winde aufgehoben und fortgetrieben werden. Sonst fliegen die geflügelten im Herbst auch wohl von einer Pflanze zur andern, und suchen die ungeflügelten zur Begattung auf.

Die *Heuschrecken* oder Grashüpfer haben ihren Namen von *Heu* und *schrecken*; weil sie zur Zeit der Heuernte besonders häufig auf den Wiesen angetroffen werden, und weil *schrecken* so viel heißt, als springen oder hüpfen; denn sie springen mit ihren zween Hinterfüssen über das höchste Gras weg, um ihre Nahrung zu finden, und ihren Feinden zu entgehen. Die die Bedeutung jenes altdeutschen Worts nicht kannten, glaubten, sie hätten ihren Namen daher, weil Gott die bösen Menschen durch sie erschrecke, wenn sie nicht Busse thun wollen, indem er eine grosse Menge über ihre Felder kommen und ihre Früchte verzehren lasse.

Die *Grillen*, Heimchen oder Zirpen, die gewöhnlich in Küchen, Brau- und Backhäusern und andern warmen Orten wohnen, machen das bekannte Geschwirre in den Küchen x. indem die Männchen ihre Oberflügel an einander schlagen. Es giebt einfältige Leute, welche glauben, wenn die Grillen langsam und ängstlich schwirren, so entstehe ein Unglück im Hause, oder es sterbe gar jemand darinn; nur soviel ist wahr, daß es bald regnet, wenn die Grillen hastig singen. Andre glauben, man dürfe keine Grille tödten, ohne ein Unglück ins Haus zu bringen, oder sie zerfressen dem Kleider und Schuhe, der eine von ihren Kameraden umgebracht hat. Welche Vorstellungen!

Die *Schaum*- oder *Götschwürmer* saugen im Mai oder Juni aus den Weidenblättern eine Menge Saft, und geben denselben in der Gestalt eines dicken weissen Schaums oder Speichels wieder so häufig von sich, daß man glauben sollte, die Weiden wären mit Schaum über und über bezogen. Der Kukuk sucht die unter dem Schaum sitzenden Thierchen auf und frißt sie; daher nennt man diesen Schaum sehr unrichtig Kukuksspeichel, weil man fälschlich glaubt, der Kukuk lege ihn hin.

Im Mai oder Juni fliegen, besonders des Abends, eine Art von Schmetterlingen in den Stuben herum, welche man schlechtweg Motten nennt. Diese Motten, oder eigentlich Pelzmaden, legen ihre Eier in die Pelzwerke und wollene Kleidungsstücke, und die darauskommende Maden zerfressen dasjenige sehr, wohin sie von ihrer Mutter gelegt sind. Es ist also der fliegende Wurm selbst nicht, der die Kleider zerfrißt, wie viele glauben, sondern die aus ihren Eiern entstehenden Maden.

Die Königinn der Ameisen legt vom Januar bis zum September, in jede Zelle etliche, und in alle Zellen zusammen, gegen 8000 Eier. Die Arbeit- oder Zwitterameisen sitzen dann etlich Tage über den Eiern, da sie denn alle weiß, bald nachher rauch und mit kleinen Haaren bedeckt werden, und endlich sich als Maden zeigen, die sich aber noch nicht von ihrer Stelle wegbewegen können. Sobald nun diese Maden groß genug sind, werden sie von den Arbeitern an einen bequemen Ort, wo sie von der Sonne beschienen werden, hingetragen. Jetzt fangen die Maden an zu springen, und wickeln sich in sehr dünnes weißlichtes Gewebe, und werden Püpchen. Und dies sind diejenigen sonderbaren Dinge, die man im gemeinen Leben fälschlich Ameiseneier nennt. Man darf also nicht glauben, als ob die sogenannten Ameiseneier von den Ameisen gelegt würden; sie sind nichts anders, als aus Maden entstandene Püpchen, die aus Eiern kommen.

Die *Eichblatswespe* bohrt mit ihrem Bohrer, den sie am hintern Theil des Leibes hat, in die jungen Triebe, Stengel und Blätter der Eichen ein Loch, und legt ihre Eier darein. Um so ein Ei her entsteht eine rundligte Erhöhung, die nach und nach hart, und endlich so groß als eine Haselnuß wird. Dieses Gewächs hat allemal ein Loch, daß die Made (welche aus dem von der Wespe hineingelegten Ei entstanden) gebohrt hat, und wodurch sie nachher als Wespe geflogen ist. Die Galläpfel sind also eigentlich keine solche Gewächse, die so wie Früchte auf den Bäumen wachsen, sondern durch eine Art Wespen verursachte Auswüchse auf den Eichblättern.

Auf den sauern Kirschenblättern bemerkt man bisweilen weißlich-gelbe Striche mit Krümmungen, die im kleinen die Gestalt einer Schlange nicht undeutlich vorstellen. Abergläubische Leute betrachten diese Abbildungen sorgfältig, halten sie für Vorboten des Unglücks, und machen davon allerhand Auslegungen; als wolle Gott dadurch seine Strafgerichte anzeigen, und das Getraide auf dem Felde durch Schlangen, Heuschrecken, Mäuse x. verwüsten lassen. Im Jahre 1773 sahe man dergleichen Figuren auf gedachten Blättern in Menge, und die darauf folgenden Jahre waren doch sehr gute Kornjahre, und die Felder wurden weder von Heuschrecken, noch von Mäusen, vielweniger von Schlangen beschädigt. Die Ursach davon ist diese: Ein gewisses kleines Insekt, das man die Minirer oder Schanzgräber nennt, legt seine Eier ganz einzeln auf die sauren Kirschblätter, die denn durch die Wärme der Sonne ausgebrütet werden. Aus denselben kriecht eine Made, die sich ins Blatt, und darin fortfrißt. Je größer die Made, desto dicker wird der Strich. Die Excremente, welche sie von sich giebt, machen die schwarzen Punkte. Ohngefehr 14 Tage nach ihrer Ausbrütung aus dem Ei, geschieht ihre Verwandlung, da sie sich denn durch die Haut des Blats durchfrißt, welcher Ort denn den Kopf der Schlange vorstellt. Würde es daher nicht thöricht seyn, dieß für Vorboten des Unglücks zu halten?

Die *Stubenfliegen* legen ihre Eier an allerhand saftige und unreine Orte, nicht aber auf Kleider, Bücher, Fenster und Wände, wie mancher unwissend glaubt; denn das ist blos ihr Unrath. Wären es Eier, die nach und nach lebendig würden, so würden ihrer bald eine so große Menge werden, daß wir uns vor ihnen nicht bergen könnten. Die Schmeisfliegen, Aas- oder Fleischfliegen legen ihre Eier auf das Fleisch todter Thiere oder überhaupt aufs Fleisch. Und diese werden gewöhnlich schon an dem Tage, wo sie gelegt sind, lebendig, und lecken und fressen sich innerhalb neun Tagen so dick und voll an, daß sie sich verpuppen und in neun oder zehn Tagen darauf, schon als junge Schmeisfliegen davon fliegen können. Es ist durchaus nicht wahr, was doch viele immer noch glauben, daß in dem Fleische selbst der Stof liege, woraus nachmals die Maden entstünden. Man sieht dieß offenbar daran, daß wenn in ein Gefäß, welches etwa mit dichten Flor oder mit Leinwand so verwahrt ist, daß durchaus kein Insekt dazu kann, Fleisch gethan wird, das noch ganz rein ist, keineswegs Maden hinein kommen, und daß es ganz in Fäulniß übergeht, ohne von diesen verzehrt zu werden. Man lasse aber das Gefäß offen, so daß Fliegen dazu können, und man wird bald die Maden darin sehen. Eben so ungereimt wäre es, zu glauben, die Mücken entstünden aus dem Wasser selbst, weil sie sich dabei besonders häufig aufhalten? Sie legen ihre Eier in Sümpfe, Teiche und Wassergraben, so daß sie sich auf ein schwimmendes Blat, Gräsgen oder Hölzgen setzen, und ihre Eier allmählig ins Wasser fallen lassen. Aus diesen Eiern kommen Larven d. i. Maden, die da so lange Wasserflöhe und andere kleine Insekten fressen, bis sie sich verpuppen, und die Mücken heraus geflogen sind. Da glauben denn nun aber wieder einfältige Leute, der Stof, woraus die Mücken entstehen, liege im Wasser selbst, und sie würden da ohne Zuthun ihrer Art erzeugt. Daß man doch immer bei den Sachen stehen bleibt, wie sie zu seyn scheinen, ohne nach dem Grund zu fragen. Unwissend seyn ist keine Schande; aber unwissend bleiben wollen, daß ist Schande, große Schande, und erzeugt nichts als Dumm- und Albernheiten.

Wenn an Jemand eine Spinne herum gekrochen ist, sagt man, so ist dieß eine Anzeige, daß er Gift bei sich habe, den die Spinnen merken: und manche sind aldann wohl thörigt genug, zu laxieren, damit das Gift, wornach die Spinnen kriechen, von ihnen gehe. Es ist ein blosses Ohngefähr, wenn an Jemand eine Spinne läuft, und daß sie keinen Gift bei ihm wittere, erhellet schon daraus, daß die Spinnen bei uns nicht giftig sind. Andre glauben, die Spinnen saugten das Gift aus der Luft an, und dulden sie deswegen in den Stuben gern, weil, wie sie denken, da gesunde Luft sey, wo recht viel Spinnen sich befinden – ganz unrecht! Die Spinnen sind, wie gesagt, selbst nicht giftig, saugen daher gewiß auch das Gift aus der Luft nicht, und es ist dieß kein Bewegungsgrund, sie als Hausgenossen zu dulden. Ihr Nutzen besteht vielmehr darinn, daß sie die Fliegen und Mücken, die uns beschwerlich seyn würden, in den Netzen fangen und aussaugen, welches sie zu dem Ende ausgespannt haben. Sie selbst dienen den Vögeln wieder zur Nahrung, und diese nutzen uns Menschen. – So ist in der Natur nichts, auch die Spinnen nicht überflüssig und alles gereicht endlich zum besten der ersten Bewohner der Erde, zum besten der Menschen.

Die *Krebse* haben in dem Leibe kleine weisse Steinchen, die man in den Apotheken gebraucht, die man aber ganz unrichtig Krebsaugen nennt.

Es giebt eine Art von *Pilzen* oder *Erdschwämmen*, die man in den Apotheken kauft, und die, wenn sie getrocknet sind, die besondere Eigenschaft haben, daß sie alle die Thiere tödten, die blind gebohren werden, z.B. Hunde, Ratten, Mäuse u.s.w. wenn man sie ihnen irgend worin eingiebt. Andern Thieren aber, die sehend auf die Welt kommen, Katzen z.B. schaden sie nichts. Man nennt diese Pilze unerweislich *Kräheaugen*.

Sonderbar und merkwürdig ist es, daß der *Stockfisch* seine Gedärme und Magen zum Maul herausstrecken und ausleeren kann, um sich sodann aufs neue wieder dick anzufressen. Alle Seeleute wissen das, und es wäre gewiß thöricht, es deswegen zu leugnen, weil es wundersam scheint. Die Erfahrung muß in diesen und andern Fällen allein entscheiden. Thöricht aber würde es seyn, zu glauben, daß der Fisch, den man Petermännchen nennt, derjenige Fisch sey, in dessen Munde der Apostel Petrus ehedem einen Stater fand; denn man hat keine Gründe, warum man das glaubt – keine andere, als hergebrachte Sage, und etwas Aberglaube.

Die *Neunaugen* oder *Pricken* haben nur zwei Augen, ob sie gleich, nach dem Namen zu urtheilen, neun Augen haben müßten; denn die sieben Oefnungen an ihrem Halse sind keine Augen, sondern Luftlöcher zum Athemholen. Oben auf dem Kopf haben sie ein Spritzloch, oder eine Röhre, durch die sie das Wasser einsaugen, und es hernach seitwärts aus den Luftröhren wieder ausspritzen. Einige sagen, sie thäten es umgekehrt.

Vom Propheten Jonas glaubt man gewöhnlich, wiewohl ganz unrichtig, daß er vom Wallfisch verschlungen, und wieder ausgespien sey: Allein die Kehle des Wallfisches ist nur so groß daß er Heringe und andere kleine Fische verschlingen kann; Daher besteht aus Heringen sein gewöhnlicher Fraß, und deswegen jagt er auch hinter den Heringen immer hastig drein. Wahrscheinlich muß es einer von den Haifischen gewesen seyn, vielleicht der, der jetzt unter dem

Namen Menschenfresser bekannt ist, und den die Holländer auch dermalen noch Jonas-Hay nennen. Dieser ist zehn bis zwölf Ellen lang, und vier bis fünf Ellen dick, und hat einen so breiten Rachen, daß er einen Menschen auf einmal völlig ganz verschlingen kann. Der Menschenfresserfisch hält sich auch in eben dem Meere auf, wo Jonas verschlungen wurde, in dem Mittelländischen; der Wallfisch aber im Nordmeer.

Die *Blindschleiche* wird wegen ihren sehr kleinen Augen so genennt: Einfältige glauben sie habe gar keine.

Gehörnte Schlangen, die zwo kleine Erhöhungen über den Kopf haben sollen, giebt es zwar in Egypten; aber keine zweiköpfigte; Denn das, was man gewöhnlich fliegende Drachen nennt, sind keine Schlangen, sondern eine Art Eidexen, die zwar mit ihren häutigen Flügeln schnell von der Erde auf einen Baum, und von einem Baum auf den andern fliegen, sich aber schlechterdings nicht so frei, wie die Vögel in der Luft, herum bewegen können, und werden füglich fliegende Eidexen genannt.

Der *Basiliske* hält sich in Egypten auf Bäumen auf, und frißt Fliegen und andere kleine Insecten. Er ist fast eine halbe Elle lang, und von bläulich-grauer und weißgefleckter Farbe, und hat oben auf dem Nacken einen häutigen Kamm, den er wie Flügel ausbreiten, und damit ein wenig fliegen kann. Ehedem glaubten einige, die Hähne legten Eier, und aus diesen Eiern kämen Basilisken, die jedes lebendige Thier, und auch den Menschen, der sie ansähe, mit ihrem Gift auf der Stelle tödten. Dadurch aber, glaubten diese Leichtgläubigen, könne er getödtet werden, daß Jemand sich über und über mit Stroh bewickele, und ihm einen Spiegel vorhalte. Wenn denn der Basiliske im Spiegel sich selbst sähe, so ergrimme er auf sich, als ein ihm unbekanntes Thier, hauchte seinen Gift aus allen Kräften nach demselben hin, um es zu tödten, der aber von dem Spiegel auf ihn zurück pralle, und ihn selbst tödte. – Jetzt glaubt kein Vernünftiger mehr an so etwas, weil die Ungereimtheit davon allzuklar am Tage liegt.

Der *Salamander* ist diejendige Eidexe, von der man ehedem gefabelt und geglaubt hat, daß sie im Feuer nicht verbrenne, sie möge auch darin liegen so lange sie wolle. Sie ist eine Spanne lang und kaum Fingers dick, sieht oben glänzend schwarz und unten gelblicht aus, und hat auf dem Rücken zwo Reihen Warzen, aus denen eine weisse Feuchtigkeit fließt, wenn sie in ein Feuer geworfen wird. Sie löscht dadurch die Kohlen um sich herum allmählig aus, läuft unbeschädigt fort, und geht wieder auf ihre Fliegenjagd. Wirft man sie aber in ein allzustarkes Kohlenfeuer, daß ihre Feuchtigkeiten nicht hinreichend sind, die Gluth zu löschen, so verbrennen sie gewiß. – Wie man doch so geneigt ist, das, was man bei dem ersten Anblick nicht gleich begreift, als Wunder darzustellen?! In der Gegen von Trident werden im Frühling und Herbst viele Salamander gefunden. Man hat mit ihnen die Probe gemacht, und sie ins Feuer geworfen, aber sie haben es keineswegs gelöscht, sondern sind davon verzehrt worden. In Ostindien besonders, giebt es diejenige Art Salamander, die sich sobald sie auf glühende Kohlen geworfen werden, aufblasen, und aus den bekannten Warzen eine schleimige Materie spritzen, womit sie die nächsten Kohlen auslöschen, und sich also, wie wohl nur auf eine kurze Zeit darauf halten können.

Der *Krokodil* legt sich ganze Stunden und Tage lang in das Schilf oder auf den Schlamm, ohne alle Bewegung hin, so daß man ihn für einen Holzstamm ansehen könnte, und lauert so auf die Menschen, die am Ufer gehen, schlafen oder Baden, um sie zu erwürgen. So bald er einen Menschen sieht, schleicht er langsam näher, und wenn er so nahe bei ihm ist, daß er ihn mit einem Sprung erreichen kann, so springt er plötzlich auf ihn los, und erdrosselt und frißt ihn. Ist er ihm aber noch zu weit entfernt, so sucht er ihn mit seinem Schwanz niederzuschlagen, denn damit kann er auch den stärksten Ochsen tödten. Man glaubte sonst, der Krokodil lege sich ins Schilf, schreie da wie ein Kind, und wenn denn jemand dem Hülfe dürftig geachtetem Kinde zu Hülfe kommen wollte, so würde er von dem betrügerischen Krokodil angefallen und gefressen.

Den Tag über bleibt der *Frosch* gern im Wasser, des Abends aber, oder auch wohl bei Tage, nach einem warmen Regen, sieht man hie und da Frösche und Kröten oft in Menge beisammen. Es ist lächerlich wenn man glaubt, daß es zuweilen Kröten und Frösche regne, oder wenn man meint, Kröten und Frösche wachsen aus dem Schlamm. Man müßte wunderliche Begriffe von der anziehenden Kraft der Sonne haben, wenn man glauben wollte, daß sie auch schwere Körper, dergleichen Frösche und Kröten sind, aufziehen könne, und daß diese eine Zeit lang in der Luft leben, und dann wieder herabfallen könnten. Die Sonne kann auch das kleinste Sandkörnchen nicht, geschweige denn Frösche und Kröten in die Höhe ziehen. Wer je einen Frosch oder eine Kröte hat in den Sonnenstrahlen in die Höhe fahren, oder mit dem Regen wirklich aus der Luft fallen sehen, der trete auf und behaupte es! Hat man wohl jemals gefunden, daß es auch Fische geregnet hätte? und warum sollte es nicht auch Fische regnen können, wenn jenes wahr wär, da diese doch im Wasser sich befinden, und daher mit demselben desto leichter in die Höhe gezogen werden könnten.

Im Schlamm können Frösche und Kröten auch nicht erzeugt werden. Kein Geschöpf wird ohne Fortpflanzung seiner Art erzeugt; weder Fliegen noch Maden noch sonst etwas. Es ist hierbei ein fast allgemeines Vorurtheil! Wenn Frösche und Kröten ihre Eier nicht in den Sumpf legen, die von der Sonne ausgebrütet werden, so werden dergleichen Thiere da nie zu sehen seyn. Leichtgläubige sagen auch wohl, wenn man eine Ente im Topf thät, und dieselbe auf acht Tage vergrübe, so würden daraus endlich Kröten – welche Begriffe von der Fortpflanzung der Thiere!

Der stärkste unter allen Vögeln ist wohl der *braunrothe Geier*, der sonst auch Greif genennt wird. Er ist mit ausgebreiteten Flügeln 8 Ellen breit, und so stark, daß er ein Schaaf in der Luft wegführen kann. Ja wenn ihrer zwei beisammen sind, so fallen sie auch wohl einen Ochsen an, und machen ihn todt: einer hakt ihm die Augen aus, und der andere reißt ihm den Bauch auf, und zieht ihm sein Eingeweide heraus, bis er todt zur Erde fällt. Wem fallen aber hiebei die Märchen nicht ein, die von dem Vogel Greif erzählt werden? besonders von dem, der den in eine Haut genäheten Robinson übers Meer trug, und von dem einige glauben, daß eine einzige Feder von ihm, so groß wie ein Baum gewesen sey.

Die *Neuntödter* oder Würger sind nur so groß als Lerchen und Sperlinge, fressen die kleinen Vögel, die sie bezwingen und erwürgen können, und im Nothfall auch Insecten. Da glauben denn nun aber wieder einige, es sey der Natur dieser Vögel eigen, täglich gerade 9 Thiere zu tödten, und sie könnten nicht eher ruhen, als bis sie diese Anzahl gewürgt hätten.

Der *Paradiesvogel* sieht sehr schön aus, ist ohngefähr so groß wie ein Staar, und hält sich in Ostindien auf. Er ist derjenige Vogel, von dem viele Leute ehedem einfältiger Weise geglaubt haben, er komme aus dem Paradiese her, habe keine Füße, schwebe immer in der Luft, und lebe von der Luft, und vermehre sich auch in der Luft, indem das Weibchen ihre Eier dem Männchen auf den Rücken lege, und darauf ausbrüten lasse, und falle nicht anders als todt zur Erde; Lebendig sey noch keiner herunter gekommen. – Endlich aber entdeckte man den Betrug der Indianer, daß sie diese Vögel jung fingen, und ihnen die Füße abschnitten, und sie so den leichtgläubigen Europäern als Wundervögel theuer verkauften. – Die Europäer aber waren doch auch so klug nicht, und die Indianer nicht so dumm, daß jene sich nicht hätten betrügen lassen, und diese ihre Betrüger nicht hätten wieder betrügen sollen.

Ehedem schrieben große Gelehrte von dem Vogel *Phönix*, der nicht vorhanden war. Man glaubte von ihm, daß er unsterblich sey, denn aus seiner Asche komme immer ein neuer Vogel hervor. Endlich warf man die Frage auf: Giebt es einen Phönix? Man untersuchte und fand, daß es keinen gebe. Ganz ungegründet ist gleichfalls die Meinung von den sogenannten Seejungfern. Die obere Hälfte soll Mensch von jungferlichem Ansehen, die andere – Fisch seyn; und sie sollen durch ihren Gesang Sturm verkündigen. Vermuthlich haben sie ihr Entstehen in der bekannten Geschichte des Ulysses.

Der *Pelikan* oder die Kropfgans ist so groß als ein Schwan, sieht fast ganz weiß aus, hat beinahe einen ellenlangen und zween-Finger breiten Schnabel, und unter demselben einen langen tiefen Sack hängen, und frißt Fische und Würmer. Er steckt seinen langen Schnabel ins Wasser, sperrt ihn von einander, und füllt seinen Sack mit Wasser, Fischen und Würmern an. Merkt er, daß er eine Mahlzeit Fische gefangen hat, so zieht er ihn heraus, und frißt seinen Raub nach Bequemlichkeit auf. Hat er Junge. so fliegt er mit vollem Sack zu ihnen hin, und speit ihnen alles vor, was darin ist, Wasser, Fische und Würmer. Und von diesem Vorspeien kommt vermuthlich die Fabel, daß er sich die Brust aufhacke und seine Jungen mit Blut füttere.

Der Storch ist ein bekannter Vogel. Seine ganze Naturgeschichte gehört hieher nicht: Ich erzähle nur das, was man Abergläubisches von ihm hat. Er baut sein Nest auf Häuser, Kirchen, alte Thürme und abgeköpfte Bäume, läßt auf sich regnen und wehen, und fürchtet weder Blitz noch Donner. Das heisse Afrika, und die wärmeren Gegenden von Asien und Europa sind sein Vaterland. Zu uns nach Deutschland kommt er erst im März oder April, zieht drei oder vier Junge groß, und fliegt mit denselben, wieder dahin, wo er hergekommen ist. Man liebt den Storch, weil er nicht viel Schaden thut, und sehr nützlich ist, denn er frißt Schlangen und anderes Ungeziefer weg: Ja einige halten ihn sogar für einen heiligen Vogel, den man auf keine Weise beleidigen dürfe, und glauben, es bringe Glück in dasjenige Haus, worauf er wohne. Solche bauen ihm daher oft ein Nest auf ihr Haus und sorgen eifrig dafür, daß es im guten Stande bleibe, damit es der Storch das nächste Jahr wieder bewohnen könne. Denn so bald der Storch im Frühjahr wieder zurück kommt; so sucht er das Dorf und den Ort wieder, wo er das vorige Jahr genistet hatte. Ist sein altes Nest noch da, und im guten Stande; so putzt er es aus und wohnt wieder darin. Ist es aber nicht mehr bewohnbar, oder gar nicht mehr da, so holt er im nächsten Gehölz Reiser und baut sich ein neues. So einfältig ist jetzt aber wohl niemand mehr, daß er glaubt, es könne der Blitz dem Hause nicht einschlagen, wo ein Storch wohnt, oder es könne da kein Feuer auskommen, oder wenn etwas auskäme, so löschen die Störche es? Denn hundert Fälle haben schon das Gegentheil gelehrt. Der Blitz hat oft schon in das Haus geschlagen, auf dem ein Storchnest war, oft schon ist in einem solchen Hause Feuer ausgekommen, und die Störche flogen davon, und ließen es zusamt ihrem Nest verbrennen.

Unter den Schnepfen giebt es eine Art, welche *Heerschnepfe* oder Himmelsziege heißt: Sie fliegt so hoch, daß man sie nicht sehen, sondern nur meck! meck! kann schreien hören. Eben deswegen, weil sie fast, wie eine Ziege schreien kann, aus keiner andern Ursach nennt man sie Himmelsziege.

Nordamerika ist das Vaterland des *Welschenhahns,* Indians oder Puters: Von da ist er bis zu uns gebracht worden, und hat sich hier fortgepflanzt. Ehedem glaubte man Kalekut in Ostindien wär es: Daher nennt man ihn noch jetzt unrichtiger Weise Kalekutschenhahn.

Zuweilen legen die Hüner auch Eier ohne Schalen, welche man *Windeier* nennt; und dann findet man auch Eier, worin zween Dotter sind. Es liegt darin aber nichts vorbedeutendes, noch weniger kann man glauben, daß solche Hüner behext sind.

Die *Schwalben* werden von vielen für heilige Vögel gehalten, denen man ja nichts zu Leide thun dürfe. Nützlich sind sie wohl, denn sie fangen eine Menge Insecten weg, die uns sonst sehr beschwerlich seyn würden – und eben deswegen ist es unrecht sie zu tödten. Aber Sünde begeht man damit just nicht. Da wo Schwalben an ein Haus bauen, glaubt man, sey Glück; und man läßt sie ungestört die Häuser beklecken; Wo aber Sperlinge anbauen sey Unglück; und man zerstört ihre Nester. Wo Sperlinge die Schwalben vertreiben, da denkt man, vertreibt das Unglück das Glück, und man wird unruhig. Die Schwalben sind nützlich, die Sperlinge schädlich; folglich bedeuten jene nach der gewöhnlichen Meinung Glück; diese Unglück.

Die Nachtschwalbe, welches die größte unter allen ist, heißt sonst auch noch Hexe oder Ziegenmelker – Hexe – weil die dumme Einfalt ehedem glaubte, sie thue Menschen und Vieh allerhand Tort an – Ziegenmelker – weil sie sich des Nachts in die Ställe schleiche, und den Ziegen die Milch aussauge. So etwas glaubt jetzt aber kein Vernünftiger mehr! Sie fliegt des Nachts herum, um die Buttervögel, die des Nachts herum fliegen, und die ihr zur Nahrung dienen, zu fangen; und daher kann es geschehen, daß sie zuweilen des Nachts oder in der Dämmerung an Scheunen und Ställen herumflattert; Allein dieß thut sie der Nahrung wegen, nicht die Thiere zu melken, welches auch gänzlich gegen dem Bau ihres Körpers streitet.

Der *Nachtrabe* soll ein Vogel seyn, der durch einen lauten, einförmigen Ton, sich des Nachts in der Luft hören lasse. Man erzählt davon viel abgeschmackte Dinge. Einige bilden sich sogar ein, daß der Teufel sich in die Gestalt des Nachtraben verstelle, und daß er demjenigen Hals und Bein breche, der sich unterstehe ihn nachzurufen; daher diese Stimme dem Einfältigen immer schreckhaft ist. Aber es giebt eigentlich keine Nachtraben; sondern der Rohrdommel und Fischreicher sind es, die wenn sie des Nachts fliegen, diesen lauten einförmigen Ton machen.

Auch die *Heerschnepfen,* welche sonst auch Haberböcke oder Himmelsziegen heißen, geben einen solchen Ton, der besonders des Nachts, dem Furchtsamen Grausen erregt. Sie halten sich an sumpfigten Oertern auf, und das Männchen schreckt mit seiner meckernden Stimme, welche es sowohl im Sitzen als im Fliegen von sich hören läßt, den Abergläubischen, der einen Ziegenbock meckern zu hören glaubt, und dann wenn er nichts sieht, wohl gar denkt, daß dieser Ort ein Aufenthalt der Gespenster und Nachtgeister sey.

Der *Siebenschläfer* ist ein Thier fast so groß wie ein Eichhörnchen, und schläft gewöhnlich 7 Monate in einem weg; zuweilen länger, zuweilen kürzer, nachdem der Winter heftig oder nicht, lange oder nicht lange dauert; Denn im Herbst legt er sich schon in sein Loch, rollt sich zusammen und erstarrt; im Mai erwacht er dann wieder und kommt hervor. Doch erwacht er zuweilen auch mitten im Winter, wenn es nemlich etliche Tage hinter einander recht warm gewesen ist, steht auf und sucht sich was zu fressen. So bald es aber kalt wird, erstarrt er wieder, und seine Erstarrung ist so stark, daß man ihn in die Hand nehmen, rütteln und drücken, ja sogar auf der Erde wegrollen darf, ohne daß er erwacht. Einige denken, er schlafe durch sein ganzes Leben, abwechselnd 7 Stunden, dann wache er eben so lange, und schlafe dann wieder ein; und daher habe er den Namen Siebenschläfer bekommen.

Dass es einen *Rattenkönig* mit zehn Köpfen geben soll, ist eine alberne Fabel, die vermuthlich auf folgende Weise entstanden ist; Es kommt zuweilen eine Menge Ratten zusammen, diese spielen und verwickeln alsdenn ihre langen Schwänze, daß sie so leicht nicht wieder von einander loskommen können. Da dieß nun vermuthlich einst ein Unwissender sah, und nicht wußte, was er daraus machen sollte, sagte er, daß er eine Ratte mit zehn Köpfen gesehen habe, welche wohl der Rattenkönig gewesen seyn würde. Andre glaubten das Wunderthier, und nun hatte man einen Rattenkönig. Aber er war nur in den Köpfen derer, die gern glauben, was albern ist, ohne es selbst gesehen oder untersucht zu haben.

Des *Maulwurfs* stärkster Sinn, ist der Geruch, nach diesem bestimmt er sein Wühlen; aber er hat auch Augen und Ohren, er sieht und hört also. Diese sind jedoch mit Haaren so dicht bewachsen, daß man sie nicht sieht. Daher glaubte man sonst, der Maulwurf könne gar nicht sehen und hören, weil er keine Augen und Ohren habe, sondern er müsse alles riechen und fühlen. Wenn die Maulwürfe im Frühjahr häufig aufwerfen, so prophezeihet der Abergläubische daraus guten Graswuchs. Es mag zwar seyn, daß die von den Maulwürfen aus guten Boden aufgestoßene Erde, wenn sie zu rechter Zeit gut zerstreuet wird, einen vermoseten Rasenboden zu jüngerer und süsserer Grasfrucht bringe; allein wenn man die Maulwürfe, aus dieser Ursach sich vermehren, und die Wiesen durchwühlen lassen wollte; so würde der daher entstehende Schade weit größer seyn als der Nutzen.

Der *Vielfraß* hat seinen Namen von vielem Fressen, denn er frißt den ganzen Tag und scheint doch nie recht satt zu seyn, er ist räuberischer und unersättlicher als der Wolf – aber demohngeachtet ist es eine Fabel, daß er sich, wenn er allzuviel gefressen habe, zwischen zween, nahe beisammen stehende Bäume dringe, und seinen dicken Wanst hinten ausleere, um von neuen fressen zu können.

Die *Faraonsmaus,* Faraonsratte oder der Ichnevmon, ist fast so groß als ein Marder, und wohnt vorzüglich in Egypten an den Ufern des Meers und des Nils. In Egypten macht man sie zahm, und gebraucht sie in den Häusern, wie wir unsre Katzen zum Mäuse- und Rattenfangen; aber sie machen ausserdem auf alles, was sie lebendiges vorfinden und bezwingen können, Jagd, und fürchten sich sogar vor Hunden und Katzen, und jungen Krokodillen nicht, sondern fallen sie an, und bezwingen und fressen sie. Die Krokodilleneier, die sie mit vieler List aus dem Sand zu scharren wissen, sind ihr bester Fraß, und da sie deren oft 300 bis 400 zerbrechen, so werden sie für Feinde der Krokodillen gehalten, welche die schädliche Vermehrung derselben hindern. Aber das ist ohnstreitig ganz falsch, daß sie den schlafenden Krokodillen durch den Rachen in den Leib kriechen, und darin die Eingeweide auffressen, sodann aber wieder beim Rachen heraus spazieren, oder gar ein Loch durch der Krokodille Bäuche bohren, und sodann hastig davon fliegen. – Diese Fabel mit dem Ichnevmon entstand vielleicht daher, daß der Scinx oder das Erdkrokodill dem schlafenden grossen Krokodill in den Rachen geht, ihm die Ueberbleibsel von dem Frase, was ihm zwischen den Zähnen sitzen geblieben ist, auszufressen.

Das *Elendthier* kann den Schlitten in einem Tage 10 bis 15 Meilen auf den Schnee fortziehen, ohne nur einmal stille zu stehen, oder zu fressen. Seine Haut ist sehr dick, und wenn sie gegerbt ist, so hart und fest, daß man mit einer Flintenkugel kein Loch in sie schiessen kann. Es ist so groß wie ein Pferd, und kann einen Menschen oder ein Thier, mit einen Schlag seines Vorderfusses tödten. Man darf nicht glauben, daß das Elendthier seinen Namen daher habe, weil es dem Elend oder der fallenden Sucht zuweilen unterworfen sey?

Das *Stachelschwein* ist mit langen knöchernen, weissen und schwarzen, oder röthlichen Stacheln bedeckt, die es, wenn es will, erheben und niederlegen kann; Die mehrsten sind etwas über eine Viertelelle, die größten aber fast eine Elle lang. Und mit diesen Stacheln wehrt es sich gegen seine Feinde; denn es kann sich so zusammenrollen, Kopf und Füsse so dicht anziehen, daß man nichts mehr als die Stacheln sieht, und es herumwälzen, und von einer Stelle zur andern werfen darf, ohne daß es ihm Schaden thue. Wenn ein Feind im nahe kömmt, so fährt es schnell auf, schüttelt die Haut wie ein Hund, der eben aus dem Wasser gekommen ist, erhebt seine Stacheln und macht damit ein Geräusch, um sie zu schrecken. Kommt der Feind ihm näher, so rollt es sich zusammen, und bleibt unbeweglich liegen, und nun kann ihm auch der stärkste Löwe nichts thun. Ehedem glaubte man, das Stachelschwein laufe seinem Feind mit grossem Gerassel entgegen, und schiesse einen Stachel auf ihn los; aber das kann das Stachelschwein nicht; denn seine Stacheln sitzen unbeweglich fest. Das aber ist wahr, daß es sich zusammenrollt, sich über Schlangen und Eidexen so lange her wälzt bis sie todt sind, und sie alsdenn frißt.

Die *Igel*, welche mit dem Stachelschwein die größte Aehnlichkeit haben, rollen sich zusammen, und wälzen sich über die unter den Bäumen liegenden Aepfel und Birn so lange her, bis etliche an den Stacheln stecken bleiben, und so tragen sie sie in ihr Loch; Das aber ist nicht wahr, daß sie auf die Obstbäume steigen, und reife Birn und Aepfel abschütteln, um sie nachher zu fressen. Auch das ist falsch, daß sie den Kühen und Ziegen die Milch aussaugen, wie manche Leute glauben. Unter

Hexen oder Hexenmeistern

versteht man Leute, von denen man glaubt, daß sie durch geheime Künste, ausserordentliche Dinge hervorbringen können; wobey auch der Teufel geschäftig sey. Je weiter man in die alten Zeiten zurückgeht, je mehr findet man, daß das Ansehen der Hexen und Hexenmeister groß gewesen ist. Man fürchtete sie wie den Teufel selbst, weil man durch nichts vor ihrer Macht gesichert zu seyn glaubte. Endlich fieng man an, die, welche man dafür hielt, aufzusuchen, und zu martern; denn man wollte das schreckliche Hexengeschlecht ganz ausrotten. Wir sind glücklich, daß wir nicht mehr in den Zeiten leben, wo wir in Gefahr sind, durch die Folter zu dem Geständnis gebracht zu werden, daß wir Hexen könnten, und mit dem Teufel zu thun gehabt hätten; wenn der Neid sich wieder uns erhebt, oder wir das Unglück haben, daß eine feurige Gestalt sich in unsern Schlott wirft. Manches gute Mütterchen, macher ehrliche Alte ist wegen rother Augen verbrennt worden; denn dieß hielt die Einfalt ehedem für das untrügliche Zeichen der Hexen. Aber auch unsere Zeiten sind nicht ganz frei, von solchen grausamen, die Menscheit entehrenden Begebenheiten. Noch im Jahr 1783 ward eine Weibsperson nach richterlichen Spruch und Urtheil als Hexe getödtet.

Ein neunjähriges Kind in *Glarus* war krank und brach Stecknadeln aus. Mehrere Personen sahen diese Nadeln; aber nicht das Ausspeien derselben. Wie wär dieß auch möglich gewesen, daß nicht eine im Schlunde hätte sollen stecken bleiben. Des Kindes Fuß war gelähmt, und der Vater, ein Arzt, sagte: Er sey so dürr gewesen, daß man ihn wie einen Zwirnfaden durch ein Nadelöhr habe ziehen können. Doch konnte das Kind, mit diesem dürren Fuß sehr hohe Sprünge machen, und wußte nichts anzugeben, als daß es einige Wochen vorher, von einen Schlösser und der Magd einen Honigkuchen erhalten hätte. Der Vater schickte zu einem Vieharzt, und dieser Abergläubische gab den Bescheid: In dem Honigkuchen sey Stecknadelsamen gewesen, und dieser werden in den Magen des Kindes ausgebrütet, und gedeihe da zur Reife. – Die Stecknadeln kamen wohl poliert und mit den gehörigen Köpfen versehen zum Vorschein; dennoch glaubten es der Vater und die wohlweisen Richter. Die Magd, welche eine Untersuchung fürchtete, entfloh; aber man ward ihrer bald wieder habhaft. Nun sollte sie des Kindes dürren Fuß heilen; und ohnerachtet sie dazu weder übernatürliche Kräfte, noch natürliche Mittel hatte, so mußte sie doch, aus Furcht, die Kur anfangen, und sie gelang nach 18 Tagen wirklich; aber gewiß nicht durch ihr Zuthun, sondern durch ohngefähr. Nun war es gewiß, daß die Magd eine Hexe sey; da sie aber nicht bekennen wollte und konnte; so wurde sie sechsmal auf das schärfste gefoltert, und sie bekannte nun, was man wollte. Aus Furcht vor ähnlicher Behandlung entleibte der alte Schlösser sich im Gefängniß; die Magd aber ward als Hexe mit dem Schwerdt hingerichtet.

So gebührt Aberglaube noch jetzt Unsinn, Menschenqual und Mord. Es ist nicht zu leugnen, daß es immer Leute gegeben hat, die sich auf geheime Künste legten, und dadurch allerlei bewirkt und hervorgebracht haben, was in den Augen des Unwissenden und Abergläubischen, ganz ausserordentlich schien, und als wenn es nicht ohne Hülfe einer höhern Macht geschehen könne: Aber das Forscherauge anderer entdeckte am Ende immer, was jene nicht zu sehen vermochten. Hier zeigte man die Nadeln, die das Kind sollte ausgespien haben; aber keiner sahe, daß dieß wirklich erfolge. So war es immer, so würde es noch jetzt bei allen Hexengeschichten seyn, wenn sich Gott Lob, ihre Anzahl nicht so sehr verringert hätte. Möchten sie sich ganz verliehren! Möchte ihr Andenken, ganz von der Erde ausgerottet werden! Betrüger, die ihr Ansehen bei andern erhalten, und dadurch den bisherigen reichen Gewinn beybehalten wollen, müssen ihre Kunst so ehrwürdig als möglich darzustellen suchen, müssen selbst lehren, daß eine unsichtbare Macht mit ihnen sey: Und was ist leichter, als unter einem abergläubischen Volk, das Ansehen zu erhalten, daß man durch den Teufel Thaten thun könne? Gewinnsucht und Liebe zum sonderbaren waren die gewöhnlichen Ursachen, daß Hexen auftraten; Neid und Haß, daß man solche dafür ausgab, die nicht dafür gehalten seyn wollten. Liederliche und Faullenzer, die auf keine ehrliche Art ihr Brod verdienen können oder wollen, geben selbst dazu Anlaß, daß man sie für so etwas hält, und sehen es gern, wenn sich ihr Ruhm weit ausbreitet; denn je größer dieser ist, desto besser ist die Einnahme, und desto größer das Vertrauen, desto glücklicher der Erfolg in dem Heilen. Auf der andern Seite ist der fleisige, sparsame Wirth in Gefahr, von denen, die ihn hassen, für einen Hexenmeister gehalten zu werden. Der Mann, sagt der erste, hilft sich seit einiger Zeit recht auf, und man weiß nicht, wie es zugeht. Der andere setzt mit bedeutender Miene hinzu, daß das Ding seinen Haken haben müsse. Der dritte, er habe schon davon munkeln gehört. Der vierte ist seines Glaubens gewiß; es ist in dem Hause nicht allzurichtig. Die andern setzen nach Belieben dazu; der eine hat darinn ein außerordentliches Pochen und Poltern gehört; der andere hat bemerkt, daß der Mann, das Geld immer aus einem gewissen Kasten nehme, worinn es nie alle werde, und daß darinn ohnfehlbar der Kobold sey. Die Sage die alles zwölfmal vergrößert, fliegt damit in alle Häuser, durch Stadt und Land, und der Name des ehrlichen Mannes, ist auf immer beschmutzt. Freilich bleibt in den Augen des Pöbels manches geheim, und darum außerordentlich, wenn gleich der klügere die wahre Beschaffenheit davon leicht erfährt. Tausend Beyspiele könnten davon aufgeführt werden: Hier sey es an einem genug. »Im Jahr 1617 lebte ein Knabe, 15 Jahr alt, zu *Bilson* in der Grafschaft Stafford, von welchem jedermann glaubte, daß er vom Teufel besessen, und behext sey. Die Geisterbeschwörer besuchten ihn fleisig, beteten vor ihm, und wendeten ihre Künste an, den Teufel auszutreiben. Einmal besuchten sie ihn allein, ein andermal in Gesellschaft anderer; aber immer wollte der böse Geist noch nicht weichen. Wenn der Knabe den Anfall hatte; so gab er durch Zeichen zu erkennen, daß eine gewiße alte Frau, welche nicht weit von seinem Vater wohnte, ihm einen bösen Geist zugeschickt habe; und wenn er ihn verließ, sagte er mit deutlichen Worten, daß sie eine Hexe, und die Ursache seines Unglücks sey. Die Frau wurde daher, nebst dem Knaben vor das geistliche Gericht zu Litchfield gebracht; und ehe jene in die Gerichtsstube trat, bekam dieser den heftigen Anfall und schrie: Jetzt kommt sie, jetzt kommt mein Plagegeist. Endlich traten auch des Knaben Eltern, als Zeugen gegen die Frau auf; und da diese erschien, bekam der Knabe abermals den Anfall, daher die Geschwornen sie für schuldig erklärten und zum Tod verdammten. Der Bischof von Litchfield urtheilte, daß es eine Betrügerei sey, und verschaffte, um sie zu entdecken, der Frau ein Frist, während welcher Zeit er den Knaben in seinem Hause behalten und genau bewachen wolle. Es geschah. Weil nun, der Knabe hier keine Bewunderer fand,| indem ihn keiner weiter sah, als die ihn bewachten, wurde er so verdrüßlich, daß er zuweilen in zwei bis drei Tagen nichts essen wollte. Sein Hals fieng an zu schwellen, er lag in seinem Bett bald ohne alle Empfindung, bald sah er die Leute starr an, ein Schaum stand auf seinem Mund, und wenn Leute bei ihm standen, schlug er nach ihnen. Er redete kein Wort, außer wenn er den Anfall hatte, aber dann ganz unverständlich, und stellte sich dabei ungeberdig. Der Bischof behandelte ihn abwechselnd gütig und hart; und da er ihm einmal sechs derbe Schläge mit einem Stock gab, blieb er dabei ganz unempfindlich. Endlich steckte man ihm zwischen die Nägel an Händen und Füssen Nadeln, hielt ein brennendes Licht so nahe als möglich an seine Augen; aber er bewegte sich nicht, und drückte die Augenlieder nicht zu. Endlich wurde er desperat, und gab, indem er auf Messer und dergleichen zeigte, nicht undeutlich zu verstehen, daß er sich ein Leid zufügen wolle. Man bewachte ihn daher noch genauer, und in diesem Zustande blieb er ein ganzes Vierteljahr. Der Urin wurde zuletzt schwarz, daß die Aerzte nicht wußten, was sie davon denken sollten, und der Bischof sich entschloß, keine weitere Versuche anzustellen. Aber er bestellte noch einen treuen Bedienten, welcher durch ein Loch in der Mauer, das dem Knaben nicht bekannt war, genau auf ihn acht geben sollte. Indeß geht der Bischof mit seinem ganzen Hause in die Kirche, so daß alles still ist. Da der Knabe keinen bei sich sieht, und kein Geräusch hört, richtet er sich im Bett auf, horcht, ob sich wo was rege, steht auf, und nimmt aus dem Stroh ein Dintenfaß, gießt auf Baumwolle etwas daheraus, und steckt diese unter die Vorhaut, worauf er das Dintenfaß wieder verbirgt und sich zu Bett legt. Der Bischof fragt, nachdem er zurückgekommen ist, wie er sich befände? Er weist mit entstellten Geberden und mit Murmeln auf sein Wasser: Der Bischof aber sagt ihn, daß seine Betrügerei entdeckt sey, und droht ihm mit dem Zuchthaus, dafern er nicht bekennen würde; und er gesteht endlich: Ein Mann, welcher Sachen zum Verkauf herum getragen, habe ihm begegnet, und ihn beredet, mit nach *Giffords* Haus zu gehen, wo man ihm wohl begegnen würde. Er geht dahin, und findet jene Geisterbeschwörer, die ihm Geld geben und viel versprechen, wenn er das thun wolle, was sie ihm sagen wollten? Nachdem er drei Tage bey ihnen gewesen, habe er alles so gefaßt, daß sie ihn nach Hause gehen geheißen. Er kommt zu großem Entsetzen seiner Eltern als ein Rasender dahin und spielt um so mehr, da seine arme Eltern seinetwegen von denen Gaben empfangen, die ihn sehen, seine Rolle noch länger, daher er auch den Teufel von den Geisterbannern nicht habe wollen austreiben lassen. Diese hätten es ihm gesagt, daß er jene alte Frau, die ohnedem sehr zanksüchtig gewesen, für die Hexe angeben solle. Bei Gericht habe er von einigen, die bei ihm gestanden, gehört, daß sie käm; daher er gerufen: Sie kommt x. und zu Stafford habe er das Klingen der Ketten hören können, mit welchen die Frau gebunden gewesen, und habe daraus geurtheilt, daß sie auf dem Weg seyn müße. Den Hals habe er damit schwellen gemacht, daß er die Zunge mit Gewalt und lange zurückgezogen; welches er selbst ausgefunden, das übrige hätten ihn die Geisterbanner gelehrt u.s.w.«

Die Hexen sollen außerordentliche Dinge thun können; daher sind die Mittel, womit man sich gegen sie zu verwahren sucht, außerordentlich und seltsam. Wer Geld liegen hat, sagt man, der lege Kreide dazu, damit die Hexen keinen Theil daran haben, oder etwas davon nehmen können; denn sie sollen die Kunst wissen, dem, welchem sie vorher Geld gegeben haben, es unter allen Schlößern hervor, heimlich wieder zu entwenden. Aber wer viel Geld einzunehmen hat, und Einnahme und Ausgabe nicht sobald aufschreibt, der wird beim Nachrechnen gewöhnlich nicht wissen, woher das *deficit* komme? Man mischte also zauberische Hände ein, was man bei gehörigem Gebrauch der Schreibmaterialien nicht würde nöthig gehabt haben. Wider das Behexen soll es gut seyn, etwas von der Kleidung eines armen Sünders zu haben: Auch soll so ein Lappen dienen, die Pferde damit fett zu machen, die man damit putzt und – gut füttert. Wenn der Drache oder die Hexen einem nichts vom Gelde holen sollen, so soll man es mit reinem Wasser abwaschen, und ein wenig Brod und Salz dazu legen. Wenn damit angedeutet werden soll, daß man der Sparsamkeit ergeben, sich mit Brod und Salz und reinem Wasser begnügen soll; wer könnte leugnen, daß man wenigstens bei gutem Fleiß sein Vermögen bewahrt, und zu noch größerm gelangt? Wenn eine Hexe einen fragt, soll man nicht ja antworten; sonst kann sie durch Zauberei einem etwas nehmen: Auch soll man sich von ihnen, am wenigsten des Freitags, wo ihre Macht besonders wirksam seyn soll, mit der Hand nicht über den Rücken fahren lassen, weil man sich dann vor ihren Zaubereien nicht hüten könne. Leuten, welche man im Verdacht hat, daß sie zaubern und hexen können, antwortet man nicht, wenn sie fragen, und geht drei Schritte von ihnen weg, um nicht von ihnen berührt zu werden. Ehe man sich schlafen legt, verwahrt man noch die Thüre mit dem Ueberwurf, (der Kettel) um die Hexen, so wie die Gespenster dadurch abzuhalten. Es mag auch bis jetzt noch so, wie ehedem, Leute geben, die es selbst glauben, daß sie an dem mehr Macht habe, von dem sie ein dreimaliges ja herausbringen können. Aber wenn ich ein gut Gewissen habe, in meiner Pflicht auf rechten Wegen wandle, so kann ich dreist wohl dreimal drei ja antworten, und darf im Vertrauen auf Gottes Schutz nichts fürchten. Wenn ein Weib Butter machen will, soll sie ein dreikreuzigtes Messer an das Butterfaß stecken, oder drei Kreuze an dasselbe schreiben, um den Hexen die Macht zu nehmen, dabei zu schaden; Aber wie können drei Kreuze an ein Faß geschrieben, oder auf einem Messer befindlich, gute Butter machen, wo keine gute Milch ist? Man weiß Mittel, das baldige Butterwerden zu verhindern, ohne an Teufel und Hexen dabei zu denken: Die Hexen hingegen, glaubt man, könnten auf sehr leichte Art Butter machen; aber man könne sie daran erkennen, wenn sie im Wasser untersinke. Das Fett, sagt man, schwimmt im Wasser oben; die Hexenbutter geht unter. Aber so kann auch ich und jeder solche Butter machen: Denn weil das Salz schwerer ist, als das Wasser; so braucht man nur ein Stück Butter stark zu salzen, um zu verursachen, daß es sogleich untergeht, wenn es ins Wasser gelegt wird, Es ist fast nicht zu zweifeln, daß nicht listige Menschenfeinde sich dieses Mittels bedient haben, diesen oder jenen in den Augen anderer verdächtig zu machen: daher muß man sich wohl hüten, von andern die so sehr beleidigende Meinung zu fassen, als ob sie hexen könnten, wenn auch Anzeigen vorhanden wären, welche man sonst für Merkmale der Hexerei hält. Die Katzen hält man für diejenigen Thiere, in welche die Hexen sich am leichtesten verwandeln könnten. Man fürchtet die Katzen, die man besonders des Abends sieht; weil man glaubt, es könnten Hexen seyn; ob man gleich weiß, daß diese Thiere am liebsten des Nachts ihrem Raub nachgehen, weil sie da von Hunden und andern nicht gejagt werden. Wo in und an einem Hause die Katzen sich häufig beißen, da soll es nicht ganz richtig seyn; denn in dieser Gestalt glaubt man, machten die Hexen sich einander Visiten: Aber so wär ja das Reich unter sich selbst uneins; denn die Katzen beißen sich! Alte Matronen, die sich der Welt entziehen und einsam leben, weil ihnen ihre Freunde gestorben sind, halten es am Ende mit den Katzen, die ihnen gemeiniglich sehr vertraulich sind. Man hält ohnedem die alten Weiber in einem gewissen Verdacht; kommt dieß noch dazu, so sind sie gewiß – Hexen. Wer kennt nicht das große Fest, das die Hexen in der verrufenen

Walpurgisnacht

auf dem berüchtigten Blocksberg halten sollen? Es ist fast nicht nöthig, zu sagen, wie sie ihre Reise dahin anstellen, und auf was für Art sie sich dort belustigen; denn wem sollte dieß unbekannt seyn? Ein Besenstiel, ein Spinnerocken, eine Ofengabel, ein schwarzer Bock, worauf sie sich setzen, führt sie durch den engen Schlott, hoch durch die Lüfte, schnell an jenen Ort, wo der Teufel ihrer erwartet. Er sitzt nach der sehr lächerlichen Meinung der Abergläubischen auf einem erhabenen Ort, um ihn her tanzen die Hexen mit Teufeln, die sich zum Theil in Thiergestalten verwandelt haben, in einem Kreis herum. Die Musik wird ebenfalls von teuflischen Thieren besorgt. Wenn denn herrlich geschmauset, Beelzebub die Huldigung eingenommen, und sich aufs neue von der Treue seiner Verehrer versichert hat; so kehrt die Unholdsschaar auf eben die Art zurück, wie sie gekommen war. In der Mitternachtsstunde von elf bis zwölf Uhr muß alles geschehen.

Wenn Menschen und Vieh von Krankheiten befallen werden, die man nicht sobald heilen kann; so glaubt der Einfältige gleich, es sey durch Hexen geschehen. Listige Betrüger machen sich dieß zu Nutze und geben vor, sie könnten die Hexerei wieder vertreiben: geben daher dem Kranken Kräuter ein, oder machen allerhand Possen, die oft mehr schaden als helfen. Wenn nun unterdeß die Natur sich selbst hilft; so heißt es, der oder die hat das gethan, und man nennt ihn oder sie Hexenmeister und Hexe. Sie sehen dieß gern, wenn sie gleich nicht öffentlich so geheißen seyn wollen; denn sie lassen sich dann ihre Künste von andern theuer bezahlen, leben davon gut, und lachen über die Dummheit anderer. Der alberne Glaube an Hexen stammt aus dem Heiden- und Judenthum her, und beruht auf lauter Lug und Betrug. Es giebt nämlich gewiße Kräuter, welche den Menschen so betäuben, daß er in einen tiefen Schlaf fällt, worin er so lebhafte Träume hat, daß er selbst glaubt, es sey alles wahr. Vor Zeiten gab es Betrüger, die solche Kräuter kannten. Wenn sie nun irgend eine Absicht erreichen, und andere ums Geld bringen wollten; so schwatzten sie ihnen vor, daß man durch Zauberei reich werden, und überhaupt alles erlangen könne, was man nur wolle. Bekamen diese Lust dazu, so erzählten sie ihnen, was dabei vorgehen müße: Daß man sich dem Teufel mit seinem Blut verschreibe, daß man umgetauft werde und dabei einen Pathen bekomme; daß hernach jede Hexe einen Geist zum Bräutigam, und jeder Hexenmeister eine Geistinn zur Braut bekomme; daß auf Walpurgis die ganze Hexenzunft einen prächtigen Schmaus mit Musik und Tanz auf dem Blocksberg halte, und dergleichen albernes Zeug mehr. Sie nannten auch wohl einen und den andern, der schon dabei wär. Wenn nun der Walpurgisabend kam; so gaben sie vor, man müße dazu vorbereitet werden, gaben ihm von solchen Kräutern, davon er lebhaft träumte, bestrichen ihn hie und da mit einer Salbe, und suchten überhaupt seine Einbildungskraft auf alle Art zu erregen, und ihm die ganze Sache gewiß zu machen. Weil aber die Weiber am geneigtesten zu solchen Gaukeleien sind und sich leichter überreden und irre führenlassen, so probirte man das vornehmlich mit ihnen. Eine solche Frau träumte dann in der Nacht von dem, wovon ihre Seele so voll war, wie es bei Träumen gewöhnlich geschieht. Da dünkte es ihr, als ritte sie auf einem Besen, oder einer Ofengabel durch die Luft und tanze auf dem Blocksberg, wo der Teufel in Bocksgestalt erschien. Erwachte sie nun wieder, so glaubte sie, es sey alles wahr gewesen, erzählte dieser und jener Vertrauten, besonders wenn sie dieselbe auf der Teufelshochzeit gesehen haben wollte, wie alles zugegangen sey, und gab ihr auch von der Hexensalbe. Diese, wenn sie gleich nichts davon wußte, wagte es entweder nicht, sich zu rechtfertigen und Anzeige davon zu thun; oder sie wünschte an diesem Fest Antheil nehmen zu können. Kam nun die erwartete Nacht, so beschmierte sie sich auch mit Salbe, und glaubte und träumte nun wie jene. Dies durfte nur einmal geschehen, so war die Sache gewiß, und so wurden manchmal die meisten Weiber in einem Dorf für Hexen gehalten; vielleicht glaubten sie es selbst, ohne übrigens zu wissen, wie es eigentlich damit zugieng. Ergaben sie sich dann vermeindlich geheimen Künsten; so war nichts gewißer, als daß sie die Hexen wären und in der Walpurgisnacht auf den Blocksberg reisten. Und dieser Glaube gieng von Haus zu Haus, von einem Ort zum andern immer weiter, Der Pabst, die Bischöfe und andere Geistliche, welche davon hörten, meinten endlich auch, es sey wahr, und verboten das Hexen und Zaubern bei Lebensstrafe; reizten auch wohl die weltliche Obrigkeit, diejenigen zu bestrafen und zu verbrennen, welche für Hexen gehalten würden. Wenn daher eine solche unglückliche Person in den Verdacht kam, daß sie eine Hexe sey; so marterte man sie auf der Tortur so lange, bis sie sagte; Ja, sie wär eine. Dann marterte man sie wieder, daß sie ihre Bekannte angeben sollte, die mit ihr auf dem Teufelsschmaus gewesen wären. Da nannte denn die arme Gemarterte in der Angst solche, die sie bisher selbst für verdächtig gehalten hatte. Diese wurden auch gefangen genommen, und so lange gemartert, bis sie von Schmerzen sinnlos gemacht, sich schuldig bekannten, um nur von der Quaal erlöst zu werden: Und nun führte man sie alle auf den Scheiterhaufen. Es geschah auch wohl, daß eine ohne Marter aussagte, was und wie es die Richter wissen wollten, und bestärkte diese in der Einbildung, daß alles wahr sey. So sind vor Zeiten tausend unschuldige Menschen um der Hexerei willen gemartert und ums Leben gebracht worden, wovon sie doch nichts wußten.

Oder ist nicht die Sage von dem jährlichen Hexentanz auf dem Blocksberg vielleicht auf folgende Art entstanden? Die Schäfer in jenen Gegenden sollen ehedem den Tag vor Walpurgis festlich zugebracht, und oft bis in die Nacht fröhlich gewesen seyn und getanzt haben. Da man nun in der Entfernung Lichter und hüpfende Bewegungen auf dem Berg sah, welches man sich nicht erklären konnte, so gerieth man auf allerhand, unter andern auch auf die sonderbare Meinung, daß es etwas übernatürliches, Hexen, mit ihnen der Teufel u.s.w. sey; welches sich von Mund zu Mund immer weiter verbreitete.

Ich war einst selbst auf dem Blocksberg; man zeigte mir den Hexenaltar und die Teufelskanzel, zwei große Steinhaufen, aus großen Platten und zum Theil langen Stücken, ohne Ordnung zusammengelegt, die kaum eines Menschen Kraft zu bewegen im Stande ist. Sie haben eine Art von Form, die, wenn große Erwartungen und Einbildungskraft dazu kommen, regelmäßiger scheinen. Das Ungeheuere der Steinstücken bewegte den Dummen, zu glauben und zu sagen, daß der Teufel sie wohl dahin gewälzt habe, und die andern ruften es nach: So wie man denn überhaupt geneigt ist, dem armen Schwarzgehörnten alles zuzuschreiben, was blöden Augen unerforschlich ist. Ich suchte auch den berüchtigten Platz, auf dem die Hexen in der Walpurgisnacht tanzen sollen, fand aber keinen, wo sie es könnten, ohne über Steine zu stolpern. Die höchste Spitze des Brockens, die etwa eine kleine halbe Stunde im Umfang begreift, ist mit einem Stein bezeichnet; (vermtuhlich der Stein, auf welchem der teuflische Bock sitzt, wenn die Hexen um ihn tanzen) rings um denselben wächst etwas Gras und Moos, auf dem übrigen Platz aber nichts. Die Ursach davon wird in der jährlichen Zusammenkunft des Teufels und seiner Verehrer gesucht; aber er würde gewiß eben so, wie der übrige Berg bewachsen seyn, wenn er nicht von denen, die Reisende dahinauf begleiten, gereinigt würde; Denn er bekommt dadurch das Ansehen der Seltenheit; die Neugier der Fremden, diesen Platz zu sehen, wird vermehrt, und man erwartet größern Lohn. Also auch Gewinnsucht erhält den Aberglauben? So gewiß und ausgemacht ungegründet nun auch jene Meinungen aus der Walpurgisnacht sind; so hat man doch Mittel erdacht, sich vor dem damit verbundenen schädlichen zu sichern. Man muß, sagt der Abergläubische, Abends vor Walpurgis an alle Thüren und überall, wo man etwas verwahrt, drei Kreuze anschreiben, und über die Felder mit Röhren hinschiessen, damit die Hexen keinen Theil daran haben, oder Schaden thun. Hätten der Teufel, und wenn es Hexen geben könnte, diese die Macht, Schaden zu thun; so würden sie sich nicht daran kehren, wenn man auch das ganze Haus, alle Thüren und sich selbst mit Kreuzen übermahlte. Wir haben ja zu allen Zeiten so viel Kreuze an uns, und machen fast bei allen Beschäftigungen diese Figur, daß wir nicht nöthig haben würden, sie mit Kreide zu mahlen, wenn sie anders etwas helfen könnten, oder etwas da wäre, wogegen wir uns durch sie zu sichern Ursach hätten. Fast alle Kleidungsstücke bestehen aus kreuzweis über einander gehenden Fäden; der Holzsäger beschreibt die Figur eines Kreuzes u.s.w. Und noch einmal, wenn es Hexen geben könnte, die auf den Blocksberg reisten, so würde ja ihr Weg doch nicht durch alle Häuser und Kammern gehen?! Und sollten sich die Hexen auch wohl in hoher Luft vor dem Schießen fürchten dürfen? Außerdem aber soll ja die Hexenfahrt nach der Meinung des Abergläubischen selbst schnell gehen; wie könnten sie sich mit Verderbung der Felder, mit Stehlen x. aufhalten? Um die Hexen zu sehen, sagt ein solcher, müsse man sich in der Walpurgisnacht ganz nackend auf den Rücken auf einen Kreuzweg hinlegen. Wer aber hat dieß je probirt und je etwas gesehen?

Zaubern, oder Tort anthun

heißt: Durch Worte oder Handlungen etwas außerordentliches thun, oder jemand schaden. Den Worten legt man abergläubisch eine Kraft bei, entweder durch Seegenssprüche, etwas Gutes zu erlangen, oder durch Beschwörungen das Böse abzuwenden. Die heidnischen Priester gaben vor, daß ihre Worte die Kraft hätten, Geister zu bannen, Flüße aufzuhalten, die Feuchtigkeit des Monds herabzuziehen u.s.w. Die Juden schrieben den Worten: *Jehovah, Jah, Adonai, Schem Hamphorasch,* außerordentliche Wirkungen zu. Die Christen glauben, gewiße Sprüche der Schrift, geweihtes Wasser und Glocken, Reliquien könnten Wunderdinge thun. Man fieng an, Waffen zu seegnen, um sie glücklich zu machen, durch Worte und abergläubische Handlungen Krankheiten an Menschen und Vieh zu heilen, Raupen zu vertreiben, das Blut zu stillen u.s.w. Das Seegensprechen ist keinesweges darum erlaubt, weil dabei Gottes Wort und Name gebraucht und seine Kraft sichtbar werde; denn wo ist es verheißen, daß die Aussprechung eines Theils des Worts Gottes die Kraft habe, irgend ein Uebel abzuwenden, oder zu heilen? Was die Apostel vormals thaten, das thaten sie im Namen und in der Kraft Gottes und Christi; von Jesu hatten sie dazu die Macht. Wie könnte daher geschlossen werden, daß alle Christen auch so etwas thun können? Wo haben sie auch jemals solche Gaukeleien getrieben, dergleichen heut zu Tage unheilige Männer vornehmen, die z.B. mit geweiheten Sachen Feuer löschen, Ungeziefer, Krankheiten, Gewitter und den Teufel vertreiben zu können, vorgeben? Ein Segensspruch ist kein Gebet zu Gott, sondern Gott wird damit beschworen, er soll gleichsam gezwungen werden, etwas zu thun. Dabei vergißt man der rechten Mittel, und setzt sein Vertrauen auf nichtswürdige Tändeleien. Wenn ein Sterbender den, der ihn beleidigt hat, vor Gottes Gericht fodert, wovor man Beispiele hat; so folgt daraus nicht, daß dieser in der vom dem Sterbenden bestimmten Zeit sterben und da erscheinen werde: Denn Gott wird nach dem Verlangen eines Rachgierigen die Lebenszeit eines Menschn nicht abkürzen, der ohndem seinem Gericht nicht entgehen kann. Man hat Beyspiele angemerkt, das Citirte wirklich in der bestimmten Zeit gestorben sind, und daher geschlossen, daß doch etwas dran seyn müsse. Kann denn aber die Lebenszeit des Citirten nicht ohnehin zu Ende gegangen seyn? Können nicht die Regungen des wunden Gewissens ihm den Tod zugezogen haben? Warum hat man nicht auch die Beispiele angemerkt, da der Citirte nicht gestorben ist; und der möchten wohl weit mehr seyn. Kleine Kinder soll man nicht kleine Krebsgen nennen, weil sie hernach ganz verkommen. Die Krebse, so philosophirt man, kriechen zurück; folglich, wenn man kleine Kinder so nennt, gehen sie in ihrem Leben zurück, sie sterben. Aber kleine Krebse wachsen, folglich würden kleine Kinder, wenn man sie so nennte, auch wachsen müßen. Aber weg von solchen Tändeleien, wer wird daran glauben, wer ihre Widerlegung fodern? Die Zimmerleute und Maurer beschuldigt man, daß sie, wenn sie bei dem Bau eines Hauses wodurch verdrüßlich gemacht würden, durch gewiße Worte ein Unglück darauf legen, oder mit hinein bauen könnten. Aber Worte bleiben Worte; sie können wahrhaftig keine Wirkungen haben. Wenn sie gesprochen sind, so sind sie vorüber und können dann weder helfen noch schaden. Bei Niederreißung der Mauer eines Hauses will man einen Teller, auf welchem Würfel lagen, und eine hölzerne Hand dabei gefunden, und sogar angemerkt haben, daß von Kind und Kindeskindern desjenigen, der das Haus erbauet hat, ihr väterliches Erbe zerstreut worden sey. Es hat vielleicht abergläubische Leute gegeben, und giebt sie noch, die durch Hineinlegen genannter Sachen in ein zu erbauendes Haus Unglück hineinbauen zu können glauben: Ob es aber den erwarteten Erfolg habe, das ist nicht zu glauben; und wenn jene Bemerkung gegründet war, so war es blos Zufall, daß die Nachkommen dessen, oder das verwünschte Haus erbauet hatte, so unglücklich waren. Hat uns Gott in einen so unsichern Stand gesetzt, daß unser Geschick von dem Willen eines Feindes abhängt? O, wenn die Verwünschungen eines abergläubischen Thoren, oder die Worte des Bösewichts auf unsere Schicksale Einfluß haben könnten, wie traurig würden dann unsere Tage, wie wenig gutes und viel Böses in der Welt seyn? Wer einen großen Bau anfangen will, oder sonst eine wichtige Sache unternimmt, und wollte sich dabei niedrige Sparsamkeit, Bedrückungen und Ungerechtigkeiten erlauben, der würde dadurch dem armen Arbeitsmann Gelegenheit geben, zu dem hinauf zu seufzen, der die Klagen der Nothleidenden hört, und ihnen hilft. Wenn Eltern oder Lehrer ihren Kindern oder Schülern fluchen; so wird dabei vorausgesetzt, daß diese in einem hohen Grad gottlos sind; und wenn es ihnen dann nicht wohl gehe; so waren nicht die Fluchworte die Ursach, sondern ihr fortgesetztes böses Verhalten. Man sieht oft, daß es mit einem Menschen, trotz aller seiner Bemühungen, nirgend recht fort will, und daß ihm Unglück überall im Wege steht. Solche glauben dann wohl selbst, daß ein Fluch auf ihnen ruhe, weil sie sich erinnern, daß ihr Lehrer, Vater oder Mutter sie einst verwünscht habe: Aber wie könnte die Kraft jener Worte so weit reichen? sie würden vielmehr gar keine üble Folgen haben, wenn ein solcher anfienge, besser als ehedem zu denken und zu handeln. Eltern und Lehrer aber sollten demohnerachtet nicht so leicht, wie gewöhnlich, sich bewegen lassen, den Kindern zu fluchen: Denn wenn dieß gleich an und vor sich keine üble Folgen hat; so macht es doch diesen ein böses Gewißen und hindert sie vielleicht, ihr Glück zu machen. Das Vesteknüpfen ist die Knüpfung eines Knotens, wobei eine unbekannte Kraft vermittelst des Seegensprechens wirkt. Man sagt, es könne dadurch einem die Mannheit benommen werden, wenn während der Zeit, da verlobte Personen vor dem Altar stehen, um sich durch priesterliche Einsegnung zu verbinden, eine böse Person mit besondern Ceremonien und Worten in das Hosenband einen Knoten bände; welches besonders dann Kraft haben soll, wenn die Verlobten nicht nahe genug aneinander stehen. Es würde der Weisheit und Güte Gottes ganz entgegen seyn, wenn er neidischen und boshaften Menschen die Macht geben wollte, jungen Eheleuten auf diese Art zu schaden. Dem ohnerachtet braucht man gegen das Vesteknüpfen lächerliche Mittel. Man soll, sagt der Abergläubische, einen Ring am Finger tragen, worin das rechte Auge eines Wiesels eingefaßt ist; soll Hauswurzel essen, durch den Trauring sein Wasser laufen lassen, sich mit dem Zahn eines todten Menschen räuchern, von einem Grünspecht essen, über eine Thürschwelle gehen, unter welche man Quecksilber in einem mit Wachs zugestopften Federkiel gelegt hat. Der Bräutigam soll, ehe er mit der Braut zur Kirche geht, das Bierfaß anzapfen und den Zapfen zu sich stecken. Wer sich eines keuschen Lebens und keines natürlichen Fehlens bewußt ist, der mag diese Mittelchen ungebraucht lassen, und wird sein Werk vollbringen. Ein anderer, der von Natur, oder duch Ausschweifungen untüchtig zum Ehestand ist, mag immerhin die Schuld auf Zauberei schieben; man wird es ihm nicht glauben. Wer sich des Raths eines klugen Arzts und bekannter guter Mittel bedient, der wird dem Zauberer nicht bitten dürfen, den Knoten aufzulösen und ihm das Genommene wieder zu geben. Schande, daß Christen mit dergleichen Thorheiten umgehen. Viele stehen auch in dem Wahn, daß wenn ihre Fußtapfen aufgenommen und in den Rauch gehangen werden, sie wie ein Tag vergehen müßten: Andre, daß dieß durch das Anschreiben gewisser Zeichen und durch das Anschmieren gewisser Salben an die Hausthür, oder durch Vergrabung der Kröten und Eidexen unter die Thürschwelle geschehen könne. Wenn ein Bösewicht einem Menschen Gift beibringt; so treten üble Fälle ein, oder er muß gar sterben; Aber wie kann ein Bisgen aufgenommene Erde, auf welche ein Mensch mit dem Fuß getreten hat, in seinem Körper eine Auszehrung wirken, wenn sie in den Rauch aufgehangen wird? Wie kann ein an die Hausthür geschriebenes Zeichen, oder etwas an dieselbe gestrichene Salbe einem Menschen schädlich oder tödtlich seyn? Wie kann ein Mensch davon krank werden, wenn er über eine Thürschwelle geht? Zwischen diesen Dingen und den Menschen ist keine natürliche Verbindung; wie könnten sie ihn krank machen? Durch böse Geister kann so etwas nicht geschehen, denn die können auf unsrer Erde nicht wirken, gesetzt aber, es wäre wirklich ein Fall vorhanden, daß ein Mensch, von dem die Fußspur aufgenommen und in den Rauch gehangen worden, darauf krank geworden, oder gar gestorben wär; so darf man deswegen noch nicht behaupten, daß jenes die Ursach davon war: Denn zwei Dinge können wohl auf einander folgen, ohne daß das zweite die Wirkung von dem ersten ist; Dies geschieht in der Welt sehr oft. Heute ist ein Gewitter; morgen stirbt der Pfarrer. Kann man deswegen sagen, das Gewitter Pfarrern gefährlich sind? Und wenn man auch Beispiele anführte, daß dergleichen Fälle von der Obrigkeit untersucht und wahr befunden worden; so glaub ich es doch nicht: Denn die Obrigkeit hat ehedem auch untersucht, ob es Hexen gäbe, und hat sie verbrennen lassen; und doch hat es nie Hexen gegeben. Gesetzt, es finden sich in den ausgegrabenen

Fußtritten feine Ausdünstungen von einem Menschen; so steht er doch mit diesen von ihm nun ganz getrennten Theilen in gar keiner Verbindung mehr; wie sollten sie daher Wirkungen auf seinen Körper haben können? Eben so verhält es sich mit dem Blut und Haaren, wovon man glaubt, daß es besonders gefährlich sey, wenn sie in die Hände eines Zauberers geriethen. Daher rathet man, die Haare sogleich zu verbrennen, und das Blut sogleich in fließendes Wasser zu gießen. Ueberhaupt glaubt man, durch etwas, das man einst an sich getragen und worinn man geschwitzt habe, behext werden zu können. Mag man doch damit vornehmen was man will, es im Rauch aufhängen oder verbrennen, oder sonst etwas damit thun! Was einmal von uns weg ist, das kann in unsern Körper nicht wieder Einfluß haben, keine Veränderungen in demselben hervorbringen; keiner wird ein einziges Beispiel aufweisen können, woraus sich ein solcher Einfluß auf den menschlichen Körper schließen läßt. Wenn man jemandes Exkremente verbrennt, oder darüber glühende Kohlen schüttet; so soll ihm dadurch das Gesäß verbrennt werden; aber was für eine Menge von Exkrementen wird nicht in großen Feuersbrünsten mit verbrennt, und doch entsteht davon an den Körpern der Menschen keine schädliche Wirkung. Wenn man Stecknadeln in die Exkremente bringt und sie auf Kohlen wirft; so soll der Mensch, von dem sie gekommen, so oft und so viel unangenehme Empfindungen haben, als diese sich bewegen. Aber dem widerspricht ja die Erfahrung überall.

Die Kinder, glaubt man, sind dem Behexen und Beschrieenwerden vorzüglich ausgesetzt. Man hat daher Kennzeichen ausfündig gemacht, woran man ohne Trug zu ersehen glaubt, ob es sich wirklich so verhalten? Wenn man gewiß wissen will, ob ein Kind beschrieen oder behext sey, soll man es an der Stirn lecken. Schmeckt es hier salzig so sey es wirklich an dem. Nun gebraucht man Kehrig aus vier Winkeln, abgeschabtes von vier Tischecken, räuchert das Kind mit neunerlei Holz u.s.w. Stirbt es demohnerachtet, so heißt es, es sey auf den Tod beschrieen gewesen. Aller Schweiß, besonders, der von Kranken, ist salzig; man wird dieß aber an allen, auch an den gesündesten Kindern finden. Die beste Probe, um zu sehen, ob ein Patient beschrieen sey, oder nicht, soll die seyn: Man soll Frauenflachs oder Rufkraut kochen, und damit den Kranken baden, und dann das Bad hinter das Bett setzen. Läuft es zusammen, so ist er beschrieen; läuft es nicht zusammen, so ist er es nicht. Das Wasser dazu muß stillschweigend geholt, und nicht dem Strom entgegen, sondern, ihm nachgeschöpft seyn, und die Ingredienzien zu einer gewissen Stunde geholt werden. Aber wer merkt nicht, daß die Säure, woraus so viel Krankheiten entstehen, bei dem Kranken, der besonders viel ausdünstet, auch aus den Schweislöchern hervor dringe; und daß, wenn man ihn mit Milch waschen wollte, diese davon gewiß auch zusammenlaufen würde; das also jenes Verfahren eitler Betrug ist? Wenn ein Kind vor Hunger, Durst, oder weil ihm etwas weh thut, schreit, so hat es den Pfizwurm, der es im Leibe kneipt. Man bindet ihm daher einen lebendigen Schmerlfisch auf den Nabel. Wenn nun dieser auf der Seite, wo er auf dem Bauch des Kindes liegt, von der Wärme abfault; so glaubt man, der Wurm habe ihn angefressen, obgleich kein Loch da ist , wo er herauskommen kann. Nun räuchert der Abergläubische mit Berufskraut, oder legt venedische Seife und Spießglas in einer Nußschale auf den Nabel des Kindes. Dieß hilft; aber nicht eher, als bis das Kind satt zu essen bekommt, oder ihm nichts mehr weh thut. Wenn das Kind nicht gedeihet, rathet man, so wende einen Thaler dran, und laß es von einem Pater überlesen. Gewiß der Thaler wird dem Pater gut thun, wenn es auch dem Kinde nicht hilft. Gottlob, denkt der Abergläubische, daß es noch Mittel giebt, wodurch man sich gegen schädliche Menschen sichern kann. Wer Brod und Salz bei sich trägt, soll vor Zauberei sicher seyn. Man soll die Kinder mit Koth an der Stirn bestreichen, um sie vor Zauberei zu sichern. Im ersten Fall würden die Hexen, wenn es welche geben könnte, mit Brod und Salz, welches sie auch haben, entgegen wirken können. Durch das letztere aber wollte man vielleicht unsaubere Menschen zur Reinlichkeit bewegen, indem man ihnen weißmachte, daß sie, wenn sie sich ungewaschen sehen ließen, behext werden könnten; auch wenn man etwas von Wäsche links anzieht, soll man nicht beschrieen werden können: Wie soll das zugehen, und wer sind denn die, welche die Macht haben, andre zu beschreien? Antw. Kinder, die, nachdem sie einmal entwöhnt waren, wieder an die Brust gelegt wurden. Wie viel Unglück würde denn in der Welt seyn, wenn das Unglück, das dergleichen

Leute aussprechen wirklich einträfe? Denn wie viel werden zum zweitenmale an die Brust gelegt, nachdem sie schon entwöhnt waren. Wie viel Kinder trinken aus zweierlei Brust, wenn z.B. die Mutter stirbt. Dergleichen Dinge sind Narrenpossen, die kein Vernünftiger glaubt. Die mannigfaltigen Krankheiten, die sich bei den zahmen Thieren, besonders bei dem Rindvieh äußern, sind einfältigen Hauswirten eben so viel Gelegenheiten, abergläubische Handlungen zu begehen. Denn da sie die natürlichen Ursachen von der Krankheit ihres Viehes nicht kennen, und sich darum nicht bekümmern; so halten sie fast jedes Uebel, das demselben zustößt, für eine Wirkung der Zauberei. Wenn sich bei einer Kuh die Milch verliehrt, oder garstiger Rahm ansetzt, wenn die Butter sich davon nicht will absondern lassen, wenn sich auf der Milch blaue Flecken, oder rothe Streifen zeigen; so denkt der Abergläubische, das Thier sey behext. Anstatt nun auf Mittel zu denken, oder andere darüber zu fragen, sucht er durch räuchern mit sieben Kräutern die Hexe erst recht zu peinigen, und dann durch abergläubische Ceremonien das Uebel wegzubringen. Wenn bei einer Kuh die Milch sich verliehrt, so muß man vor allen Dingen dafür sorgen, daß ihr gutes nahrhaftes Futter gereicht werde. Dann gebe man ihr täglich etwa dreimal eine Handvoll von folgendem Pulver: Weisse Enzianwurzel, Altheewurzel, von jedem ein Viertelpfund, Pappelkraut, Wegebreit, Altheekraut, Steinklee, von jedem vier Hände voll, Sadebaum, eine Handvoll, Anis, Fenchel, von jedem ein Viertelpfund, durchgesiebte Holzasche, ein Mäßchen. Alles dieses wird zu einem Pulver zusammengestoßen und dem Vieh eingegeben. Dadurch wird die eingebildete Zauberei vertrieben, und das Vieh bekommt die Milch wieder. Der abergläubische Thor läßt die Kuh in einem Topf pissen, daß kein Tropfen daneben kommt, rührt den Urin mit einem alten Besen um, und schüttet ihn sodann ins Teufels Namen mit Topf und Besen ins Feuer. Das macht zwar, daß es stinkt, nicht aber, daß die Hexe den Grind bekommt, wie man glaubt. Es ist unverantwortlich, daß vernünftige Menschen sich solcher Mittel bedienen, oder wenigstens einen betrügerischen Vieharzt gebrauchen, der zwar durch ganz natürliche Mittel den Fehler hebt, um aber seine Kunst verborgen zu halten, oder sie wichtig zu machen, Worte, Geberden, Figuren einmischt, die, wie er selbst weiß, zur Heilung nichts thun. Eine Kuh, die ehemals die Häfen reichlich füllte, hörte auf, Milch zu geben. Man suchte unter der Schwelle der Stallthür, um die Hexereien zu entdecken und fand nichts. Man rufte einen vorgeblichen Hexenmeister, der beim Eintritt in den Stall an alle vier Wände Kreuze, Druidenfüsse und andere seltsame Figuren mahlte. Man mußte der Kuh etwas Milch abzapfen, inzwischen Feuer auf dem Heerd anmachen, und sobald man die Milch in eine eiserne Pfanne gebracht hatte, die Kuh mit Dornenstöcken schlagen. Den folgenden Tag sah man begierig aller alten Weiber Gesichter an, die Hexe zu entdecken; aber man ward nichts gewahr, und die Kuh gab noch nicht Milch. Der Hirt aber gab auf die Kuh acht, wenn er sie auf der Weide hatte, und sahe endlich, daß sie sich selber die Milch aussaugte. Noch wollte man ihm nicht glauben, bis man durch den Augenschein, davon überzeugt wurde. So vest hangen diese Meinungen!

Hat eine Kuh den Fehler, daß sie die Butter von dem Rahm nicht so bald wie gewöhnlich will absondern lassen; so kann man ihr drei bis viermal des Tages eine Handvoll von folgendem Pulver, mit einem Schopen oder 1/4 Maas Bieressig reichen lassen: Sauerrampf, weissen Andorn, Schaafgarbe, Brennnesseln von jedem vier Hände voll. Roßschwefel 1 Viertelpfund. Alles dieses wird zusammen zu einem Pulver gestoßen. Man kann auch bei dem Buttern nach Beschaffenheit der Menge des Rahms 1 viertel oder ein halb viertel Maas starken Essig mit zu dem Rahm ins Butterfaß gießen. Auch die blaue Milch rührt nicht von Zauberei sondern von einer natürlichen Krankheit an dem Viehe her. Man nehme Eichenlaub, Sanickel, Schaafgarbe, von jeden 4 Hände voll, Termentillwurzel 1 halb Pfund, rothen Bolus, Allaun jedes ein Viertelpfund. Dieß zu einem Pulver gestoßen, und dem Rindvieh davon jedesmal 2 Loth mit oder ohne Essig täglich 3 und 4 mal gegeben hilft gewiß. Das Blutmelken, das im Sommer und im Winter erfolgen kann, entsteht aus folgender Ursach: Ein gewisses Kraut, das nicht alle Jahre wächst, hat die Kraft, die rechte Zubereitung der Milch bei dem Vieh zu hindern! daher man diesen Umstand nicht als etwas übernatürliches ansehen, und abergläubische Mittel anwenden, sondern nur dem Vieh anderes Futter geben darf. Wenn der Abergläubische, Milch aus dem Hause weg giebt, so wirft er in den Topf, in welchem sie weggetragen wird, etwas Salz, damit dem Vieh kein Tort könne angethan werden. Wenn deine Kuh gekalbet hat, so gehe rücklings in den Stall und sprich; Rücken rein, Unglück naus! – so bist du wirklich drinnen. Wenn sie nicht fressen will, lege beide Hände kreuzweis übereinander, fahre ihr damit über den Rücken vom Kopf und Schwanz, und sprich: Bist du besprochen bis an dein Ende; so streich ich dich mit beyden Händen, im Nahmen x. so frißt sie – sobald sie wieder hungert.

Mit dem in den Bahren liegen gebliebenen Hafer soll man dem Pferd über den Rücken hinfahren, um es vor der Zauberei zu sichern. Wer einen Todtennagel, der in der Erde auf dem Kirchhof gefunden ist, in die Fußspur eines Thiers, entweder im Nahmen der Gottheit, oder des bösen Geistes schlägt, der macht es dadurch lahm; Wie wäre es aber möglich, durch einen Nagel so etwas zu thun? Man soll einen Holunderstrauch vor die Stallthür pflanzen, um das Vieh vor Zauberei zu bewahren; wozu er doch nichts thun kann. Wer das Beten recht versteht, kann alle Viehkrankheiten kurieren – es mag dann helfen oder nicht. Oder nimm einen Erbsack, laß die Kuh darein pissen, und schlage ihn mit einer Dornenruthe: so wird die Trude (Hexe) tüchtig geprügelt; – Wenigstens gewiß der Sack. Von solchen Leuten, die, wie man glaubt, Hexen, oder die etwas außerordentliches thun, eine Krankheit leicht heilen x. können, glaubt man, daß sie einen

Spiritus familiaris

haben. Man versteht unter diesem lateinischen Ausdruck einen Geist, der mit einem gewissen Menschen vertraulichen Umgang hat, ihn in seinen Angelegenheiten mit Rath und That unterstützet, und ihm außerordentliche, die menschlichen Kräfte übersteigende Dinge thun hilft. Aus der heidnischen und jüdischen Geisterlehre ist dieser Glaube auch unter die christlichen Religionslehren gekommen, obgleich in der heiligen Schrift nichts davon steht, und hat eine Menge der schädlichsten Irrthümer hervorgebracht. Zuletzt beruht diese Meinung auf unrichtigen Begriffen, und Mangel an Kenntnis, von den Eigenschaften der Seele. Jeder Mensch kommt in dem Laufe seines Lebens in Fälle, wo er schnellen Rath und Entscheidungsgründe braucht; denn strengt er seine Seelenkräfte an, seine Vorstellungen und Gedanken, die vorher dunkel und verwirrt waren, werden hell; er wählt nun das beste, oder das schlimmste. Aber die Vorstellungen zu diesem oder jenem kamen wie gerufen; man denkt nicht daran, daß sie in dem Gedankenvorrath schliefen, und schreibt sie guten oder bösen Geistern zu. Die Meinung, daß jedem Menschen ein gewisser Geist zum Begleiter durch das Erdenleben gegeben sey, ist alt und wird zum Theil noch jetzt geglaubt: man nennt ihn Genius, Schutzgeist, Dämon. Von christlichen Gelehrten wurde diese Meinung mit der Lehre von den guten oder bösen Engeln vereinigt. Da man nun einmal glaubte, jeder Mensch habe einen oder zwei Geister um sich, so schien es auch möglich, näher mit ihnen bekannt zu werden. Man schrieb zu dieser Absicht den Geistern die Geschicklichkeit zu, nach Gefallen einen Körper anzunehmen, man erfand das, womit man die Gunst eines solchen Geistes erlangen zu können, oder ihn zum Gehorsam zu bringen glaubte, um durch ihn Wunderdinge zu thun. Man sahe den Schutzgeist im Traum als einen schönen Jüngling, oder als ein holdes Mädchen im flatternden Kleide, hörte die liebliche Stimme, und fühlte einen sanften Druck. Der böse Geist zeigte sich in der Gestalt eines grimmigen Thiers, brüllte und kratzte mit Bärentatzen. Und dieses Spiel der Phantasie hielt man für wirkliche Erscheinungen, hielt für wahr, was man im Traum gesehen hatte.

Das Bannen

ist eine der ungereimtesten und albernsten Künste. Man will durch Zeichen, die man in die Luft hinmacht, und durch Aussprechung gewisser Worte einen Menschen dergestalt festmachen, daß er von einem Ort nicht wegkommen, sondern unbeweglich stehen bleiben muß. Auf solche Weise will man Diebe festmachen, daß sie nicht von der Stelle können; Vögel, daß sie nicht davon fliegen; wilde Thiere, daß sie nicht davon laufen. Aber wenn der Dieb auf der Flucht ist; und ohne es zu wollen, auf einmal unbeweglich still stehen soll, so muß dazu nothwendig eine Kraft außer ihm wirken; es muß eine Hand oder etwas anders da seyn, das ihn festhält. Wer das Bannen versteht, glaubt man, kann alle Glieder des Diebes, die zur Bewegung erfodert werden, unwirksam machen, sie lähmen, und ihn wieder davon befreien, wenn er erhascht ist. Wie lächerlich würde es aber seyn, zu denken, daß dieß durch bloße Zeichen und Hermurmeln gewisser Worte geschehen könne? Das gilt auch von dem Bannen der Vögel, oder wilden Thiere im Walde. Was einige Jäger davon sagen, ist Grossprecherei, wodurch sie sich ein gewisses Ansehen geben, oder bei andern fürchterlicher machen wollen. Wenn sie es aber selbst glauben, verdienen sie verlacht zu werden, wenn sie in der Probe nicht bestehen, die man darüber mit ihnen anstellt.

Eben die Bewandniß hat es mit der sogenannten *Passauer* Kunst, welche wie man glaubt, darinn besteht, daß jemand *sich vor Hieb und Schuß festmachen* könne, so daß Kugel und Säbel von ihm abprallen. Der Henker in Passau (sie hat daher ihren Namen) schuf das feige Heer, das 1611 um Passau lag, zu muthigen Kriegern um, indem er den Soldaten papierne Zettel eines Thalers groß, die mit einem messingnen Stempel gedruckt, und mit wunderlichen Zeichen und nichtsbedeutenden, unbekannten Wörtern bezeichnet waren, zu verschlingen gab, wodurch sie seiner Sage nach so fest gemacht werden sollte, daß keine Kugel sie tödten, kein Schwerdt sie verwunden könnte. Sie brachte ihm, wie man leicht begreifen kann, viel Geld ein. Die Officiers, die es wohl einsahen, daß es Betrug sey, ließen es geschehen, weil dadurch die Soldaten muthiger, und der Sieg gewisser wurde. Die in der Schlacht getödteten konnten sich nicht beklagen; und die beym Leben gebliebenen, schrieben ihre Erhaltung der Kunst des Henkers zu. Die Sage vom Festmachen ist ohnfehlbar daher entstanden, daß mancher General, wenn er seine Soldaten an den Feind führte, für rathsam fand, ihnen ein Herz zu machen, und vorzugeben, er könne mit seinem Commandostab alle Kugeln abweisen. Er selbst hatte vielleicht ein Panzerhemd unter dem Rock; (welches aus ganz starkem Eisendrath, kettenartig geflochten ist) und bewies, indem er etwa aus einem schwachgeladenen Gewehr eine Kugel auf sich schießen ließ, daß seine Kunst probat sey. Man hat ein Beispiel, daß jemand aus geladenen Gewehren durch seine Jäger heimlich die Kugeln ausziehen, dann aus denselben auf sich feuern ließ, aus der Tasche unvermerkt Kugeln holte und vorzeigte, als hätte er sie aufgefangen, und dadurch andern begreiflich machte, ihm könne keine Kugel schaden; Wer aber nach ihm hinschieße, der tödte sich selbst. Er wurde als ein Hexenmeister angesehen und gefürchtet; Denn das war seine Absicht. Es giebt Leute, die dieß für eine natürliche Kunst ausgeben, und sich zu dem Ende auf die Gemsen, Hirsche und andre Thiere berufen, die wenn sie von gewissen Kräutern und Früchten gefressen, auf zwei oder drei Tage fest wären, und durch keinen Büchsenschuß verletzt werden könnten; Und andre, die da glaubten, daß derjenige Schuß frei sey, der eine Gemsenkugel bei sich trägt. Durch den Genuß eines Krauts, oder einer bei sich tragenden Kugel müßte der menschliche Körper so hart wie Eisen werden, wobei er doch unmöglich leben könnte, weil in unserm Körper, der aus so vielen flüssigen und fleischigten Theilen besteht, der Umlauf des Geblüts nothwendig ist. Man würde denn auch die in demselben durch jene Kräuter oder Kugel vorgehende Veränderung bemerken müssen, welches doch keiner sagen wird, wenn er auch zehn in Gemsen gefundene Kugeln bei sich trüge.

Diejenigen, von denen man erzählt, daß sie mit sich die Probe haben machen, und aus einer Flinte eine Kugel auf sich ohne Verletzung abschießen lassen, haben die Zuschauer durch ein Kunststück getäuscht. Man verfertigt nemlich Kugeln von dünnem Glas, und füllt sie mit Quecksilber an. Sie haben eben das Ansehen und die Schwere als eine Bleikugel, und man kann sie nicht leicht davon unterscheiden. Wenn man nun eine solche Kugel in die Flinte ladet, so wird sie mit dem Ladestock zerstoßen, und kann daher keine Wirkung thun. Einige Taschenspieler gebrauchen zu dem Ende eine Pistole, in welche sie noch einen Lauf von dünnem Metall stecken können. Den eigentlichen Lauf laden sie vorher mit Pulver, stecken dann den dünnen Lauf hinein, lassen nun die Pistole von einem der Zuschauer selbst mit Kugel und Pulver scharf laden, machen dann allerhand Gaukeleien, ziehen unvermerkt den dünnen Lauf zu sammt dem Schuß heraus, und lassen Feuer auf sich geben. Wer das nicht weiß, staunt den Taschenspieler an, der dadurch in seinen Augen fast ehrwürdig scheint, und wird in der Meinung bestärkt, daß man sich doch fest machen könne. Der 91ste Psalm vor einer Schlacht gesprochen, soll die Kugeln entfernen, und die Hiebe entkräften: Die tägliche Hersagung des 109ten Psalms aber einen Feind tödten. Welcher Unsinn dies zu glauben.

Nicht weniger abgeschmackt ist der Wahn, die *Flinten* zu *besprechen*, daß sie nicht losgehen sollen. Wenn einer, der im Walde oder auf einem Felde sich befindet, einen Schuß hört, und denn unter Benennung gewisser Worte, einen Strauch in einen Knoten bindet; so soll der Schütze seine Flinte nicht eher wieder abschießen können, als bis entweder der Knote selbst aufgegangen, oder von einem andern aufgelöset worden. Wenn das Schießpulver auf der Pfanne gut und recht trocken, und überhaupt das Gewehr in gutem Stande ist, so wird es gewiß losgehen, wenn auch tausend Knoten geschürzt würden, und tausend Banner sie besprochen hätten.

Ehedem und noch jetzt glauben viele, daß es Menschen gebe, die sich nach Gefallen verwandeln, eine andre Gestalt annehmen, und dann wieder in der menschlichen erscheinen können. Aber welche Thorheit würde es seyn, wenn man glauben wollte, daß es Menschen gebe, oder wenigstens gegeben habe, die von dem Satan das Vermögen empfangen hätten, sich in Hasen, Katzen, Hunde, Pferde u.d.gl. zu verwandeln. Ohne Zweifel entstand diese Meinung aus Misverstand der Fabeln der alten Weisen, bei welchen die Verwandlung der Menschen in Thiere eine bildliche Vorstellung war, wodurch sie zu erkennen geben wollten, daß die Laster den Menschen in Thiere und Ungeheuer verwandelten: Und diese Verwandlung findet noch jetzt statt: Denn wenn die Menschen die Neigungen der Thiere annehmen, so werden sie ihnen dadurch ähnlich, werden durch Zorn in Löwen, durch Gefräßigkeit in Wölfe, durch neidische Kargheit in Hunde, durch Wildheit in Stiere x. gleichsam verwandelt. Vornehmlich hat man geglaubt, das die Menschen sich in

Wehrwölfe

verwandeln können, welche nach der Meinung des Abergläubischen, solche Menschen sind, die thierische Gestalten, besonders die eines Wolfs annehmen können. Sie binden, sagt der Abergläubische, einen Riemen um den Leib, und bewirken dadurch ihre Verwandlung. In den Hintern stecken sie einen Stock, und das ist ihr Schweif. Dann streichen sie in genannter Gestalt durch Wälder und Felder, und zerreissen und fressen alles, was ihnen vorkommt. Ein Knecht, der sich in einen Wehrwolf verwandelt hatte, wurde von Hunden angefallen, die, ob er sich gleich wehrte, ihm dennoch ein Auge ausrissen. Am andern Tage erschien er wieder als Mensch, aber nur mit einem Auge. Weg mit diesen Misgeburten der schrecklichsten Unwissenheit und des Aberglauben! Wer könnte sich jetzt noch so etwas denken; Vor alten Zeiten glaubten viele auch, daß ein Mensch können: Sollen es jetzt noch einige glauben? Der Körper des Menschen, der aus so vielen und mannigfaltigen Theilen besteht, müßte in so kleine Theile zertheilt werden, daß man sie nicht sehen könnte; hernach müßten diese Theile wieder zusammengesetzt und dem Auge dargestellt werden, oder unsere Augen müßten so geblendet werden, daß wir die vorhandene Menschengestalt nicht sähen. Aber hiezu würde eine unendliche Kraft erfodert, die keine Creatur hat; sondern ein Vorrecht der Gottheit ist. Kein Engel, kein Mensch ist im Stande, so etwas zu thun. Hätte man die geringste Kenntnis von der Beschaffenheit des menschlichen Körpers gehabt; so würde man eine so unsinnige Meinung, als die von dem Unsichtbar machen ist, nicht gefaßt und geachtet, oder am wenigsten in Gerichten, wie es ehedem hiebei, so wie bei Wehrwölfen, wirklich der Fall gewesen ist, darüber Fragen aufgeworfen haben.

Auch das ist ein irriger Wahn, daß *ein Mensch an einem andern Ort zugegen seyn* könne, der von dem Ort seines Aufenhalts verschieden ist; oder wie der Aberglaube redet, daß ein Mensch bei lebendigem Leibe spuken oder umgehen könne. Es ist unmöglich, daß der menschliche Körper, an zween Orten zugleich, zu ein und derselben Zeit gegenwärtig seyn kann; Denn das streitet mit den Kräften der Natur, und kann daher natürlicher Weise nicht geschehn. Die Geschichten, welche man hievon erzählt, sind entweder erdichtet, oder sie haben der Einbildungskraft ihr Entstehen zu danken; oder es träumte jemand so lebhaft, daß er den Traum für etwas wirkliches hielt. Die bei dergleichen Geschichten obwaltenden Umstände treffen freilich zusammen, so wie man sie erzählt; aber wer steht dafür, daß sie nicht erdichtet sind? Der Mensch ist fast zu nichts so sehr geneigt, als wunderbare Dinge zu glauben, und selbst zu erzehlen. Der Ort, wo Jemand gesehen worden, ist von dem Ort seines wirklichen Aufenthalts oft sehr weit gelegen. Was soll nun dort von ihm erscheinen? Etwa sein grober Körper? Nein, der kann sich in solcher Geschwindigkeit nicht von einem Orte zum andern bewegen; Und man vermißt ihn, zu der Zeit, da er dort erschienen seyn soll, an dem Ort nicht, wo er wirklich ist. Oder war es der subtile Körper, der sich in dem äußerlichen befinden soll? Welchen Beweis hat man, daß jeder Mensch noch einen feinen solchen Körper in sich habe? War es die Seele, die dadurch sichtbar wurde, daß sie eine Art von Körper annahm? Aber woher hat sie diesen Körper? Von was für Beschaffenheit ist er? Wie kann unterdeß der Leib jenes Menschen fortleben? Woher weiß man, daß sie dazu die Macht habe? Vielleicht verursacht Gott dergleichen Erscheinungen durch eine unmittelbare Wirkung, oder durch ein Wunderwerk? Das ist wider alle Wahrscheinlichkeit: Denn Gott thut nichts ohne weise Absichten; diese Geschichtchen aber tragen sich oft bei sehr geringen Umständen zu. Vielleicht verursachen sie Engel oder Geister? Es ist nicht zu glauben, daß weise und gute Geister, ohne die erheblichsten Ursachen, ihr Kräfte zur Hervorbringung solcher Erscheinungen anwenden werden. Und dann würde dieß ja doch die Person nicht selbst seyn. Die Geister hätten nicht einmal nöthig, erst einen Körper anzunehmen; sondern sie dürften nur unsre Sehnerven auf eben die Art erschüttern, als es geschieht, wenn wir wirklich eine Person sehen; Es ist also mit dem sich anders wo sehen lassen nichts, eben so wenig als mit dem

Verblenden

Wenn man den Gaukeleien eines Künstlers zusieht, der durch seine Geschwindigkeit etwas thut, was außerordentlich scheint; so ist man geneigt, zu glauben er habe die Augen der Anwesenden verblendet, d. i. er habe etwas gethan, dadurch man etwas sehe, was wirklich nicht da sey. Aber wie ist das möglich? Unser Auge kann nicht so verändert werden, daß es etwas sehen sollte, was nicht da ist; oder das es die Dinge anders sehe, als sie wirklich geschehen. Es ist ein gemeines Kunststück, daß herumziehende Künstler allerlei Sorten von Band, mit verschiednen Farben, aus dem Mund heraus ziehen, daß sie Steine, Messer und dergleichen Dinge verschlucken. Die umstehenden sagen dann, er habe die Augen verblendet; er verhalte sich dabei ganz ruhig; sie sehen aber dergleichen, so wie es der Künstler haben wolle. Wer ein vierblätterichtes Kleeblatt bey sich trägt, sagt man, der könne nicht verblendet werden, sondern sehe alles mit natürlichen Augen, und könne dem Künstler einen Possen spielen, daß ihm nichts von statten gehe. Woher soll denn der Klee diese Kraft haben?

Sympathie und Antipathie

sind leere Wörter, die nichts bedeuten. Ersteres soll eine Geheimnisvolle Vereinigung; letzteres eine natürliche unerklärbare Abneigung der Dinge gegen einander seyn: Aber so etwas giebts in der Natur nicht. Diejenige, die sich schämten, gewisse Dinge und Krankheiten mit allen alten Mütterchen für Hexereien und Wirkungen des Teufels zu halten, nahmen zu Sympathie und Antipathie ihre Zuflucht, und suchten die Möglichkeit und den Grund davon durch feine Ausflüsse zu erklären, die aus dem menschlichen Körper, oder in denselben übergehen, und darinn etwas bewirkten.

So lange es Menschen gibt, die durch Sympathie sich heilen und betrügen laßen wollen, so lange fehlt es auch nicht an Betrügern, die sich rühmen diese Kunst zu besitzen. Der Ursprung, auf diese Art Krankheiten zu heilen, schreibt sich von den Zeiten her, wo die Menschen alles, was wunderbar und übernatürlich schien, liebten, und wo Aberglaube und falscher Wahn sie beherrschte. Da fanden sich dann Leute genug die vorgaben große Naturgeheimniße zu besitzen, und die sich durch allerley lächerliche Possen und Gaukeleyen Ansehen zu erwerben suchten. Geitz, Habsucht, und noch andere schändliche Leidenschaften, waren die Triebfedern ihrer Handlungen, und nicht selten die Religion der Deckmantel ihrer Bosheiten. Alles geschah unter der Larve eines weisen und frommen Mannes. Da sie wohl wußten, daß Gesundheit und Leben den Menschen alles wären, und daß diese alles dafür hingäben, so berühmten sie sich mancherley heilige Sachen oder Reliquien zu besitzen, womit sie auch die schwersten Krankheiten heilen könnten. Durch Aufdrückung eines dreyfachen Kreuzes, auf Wunden und andere schadhafte Theile des Körpers; durch Aussprechung des Namens Gottes; durch mancherley Gemurmel, seltsame Geberden und andere Gaukeleyen, zogen solche Betrüger die Menschen haufenweise herbey, lockten ihnen Geld ab, und gaben sich das Ansehen von Wundermännern. So enstunden die sympathetischen Kuren, welche sich leider bis auf unsere aufgeklärte Zeiten erhalten und schon manchen Menschen zum Krüppel gemacht, oder gar gemordet haben. Ich will einige dieser beliebten Mittel hier anführen, und mein Wunsch ist erfüllt, wenn jemand dadurch veranlaßt wird, seinen Aberglauben und lächerliche Vorurtheile abzulegen, und dem rechtschafenen Arzte und Wundarzte mehr Liebe und Zutrauen zu schenken.

Von Amuleten

Jede Sache, welche der Mensch wider eine Krnakheit, die er bereits hat, oder welche er zu
bekommen befürchtet, an irgend einen Theil seines Leibes, vorzüglich aber an den Hals hängt,
wird ein Amulet (Anhängsel) genennt. Es ist richtig, daß in der Arzneykunst Fälle vorkommen,
wo auch an äußerlichen Theilen des Leibes, Mittel mit Nutzen angehängt werden können. So
ist z.B. der Kampfer, wenn er in zusammenfliesenden und eingefallenen oder niedergeseßenen
Blattern oder Pocken unter die Achseln gehängt wird, wegen seiner durchdringenden Kraft von
guter Wirkung; imgleichen ist der Safran, wenn man ihn auf die nämliche Art anhängt, wegen
seiner anodischen Kraft, welche durch die Achselschlagader ins Blut, und mit diesem in den
Magen wirkt, ein Mittel gegen die Seekrankheit, indeme dadurch das bey dieser Krankheit gewöhnliche Erbrechen gehindert wird. Und so giebt es noch mehrere Mittel, die auf eine solche
Art gebraucht, in manchen Krankheiten von Nutzen sind. Man kann aber alle diese natürliche Mittel, deren Wirkungen und Heilkräfte von dem Schöpfer ursprünglich sind in sie gelegt
worden, denen keineswegs beysetzen, die Aberglaube und Betrug erfunden hat, und von denen
kein Mensch vernünftigerweise die Heilkraft darthun oder erklären kann.

Der Aberglaube schreibt den Kleidern, Ringen, Knochen und dergleichen Sachen, die angeb-
lich von heiligen und frommen Personen, welche vor hundert und mehrern Jahren verstorben
seyn sollen, heilende Kräfte in der fallenden Sucht und mehrern Krankheiten zu, und nicht selten glauben auch wohl sonst vernünftige Personen daran. Alleine da diese Sachen nur höchst
selten von der benannten heiligen Person wirklich sind, dafür man sie doch ausgiebt; und Vernunft und Offenbarung einer solchen übernatürlichen Heilmethode gerade zu widersprechen;
auch Gott natürliche Mittel genug erschaffen hat unsere Krankheiten zu heilen: so wird man
mir's verzeihen, wenn ich davon ab- und zur Hülfe des geschickten Arzts rathe.

So hat man auch Gesundheitsringe aus Metall gemacht, oder aus Horn gedreht, die bald
für Krämpfe, bald für die fallende Sucht, bald für sogenannte Flüße, bald für noch andere
Krankheiten helfen und schützen sollen. In Wahrheit, wer hier den Unsinn nicht einsieht, der
muß seinen gesunden Menschenverstand vorsetzlich verläugnen, oder darauf Verzicht thun. Der
Verfertiger dieser Ringe kann sie wohl nicht besser verkaufen, als wenn er ihnen diese Kräfte
beylegt, und es ist nur noch zu bewundern, daß man nicht auch Gesundheitshüte, Stiefeln,
Stöcke und dergleichen gemacht hat.

Daß die Menschen Dingen aus den drey Reichen der Natur, Kräfte beylegen, die sie nicht
haben, ist noch zu verzeihen, weil sie von andern ähnlichen Dingen auf diese schließen können;
wenn sie aber blosen Buchstaben und Schriftzeichen, wenn sie blosen Gaukeleien und andern
dergleichen Dingen eine gewiße Wirkung zusprechen, so muß man billig ihren Verstand bemit-
leiden und in Zweifel ziehen. Wie viele Verehrer giebt es nicht von den sympathetischen Mitteln
wider das kalte Fieber, von dem beliebten *Abrakadabra*; man schreibt dieses Wort, dessen Sinn
herauszubringen in keines Menschen Kräften steht, weil es eigentlich für uns keinen hat, auf ein
Stückchen Papier in Form eines Dreyecks und hängt dieses an den Hals des Patienten. Wie kann
aber dieses beschriebene Papier die Ursache des Fiebers heben, die bald von Unreinigkeiten im
Magen, in den Gedärmen, bald von verstopften Eingeweiden des Unterleibs herrührt? – Gegen
das sogenannte böse Wesen oder die fallende Sucht bekam ich neulich einen Zettel zu sehen,
worauf etliche Verse geschrieben waren, hier sind sie in getreuer Abschrift:

Caspar Fert Myrrham thus Melchior Balthasar Aurum
Haec tria qui fecum portabit nomina Regum,
Solvitur a morbo Christi pietate caduco.

Der Zettel ist von einem Mönche erkauft worden, und wird in der ganzen Familie, sobald
sich jemand ärgert, erzürnt, oder Schrecken gehabt hat, angehängt, um üblen Folgen, besonders
Convulsionen vorzubeugen. Man sollte es kaum glauben, daß ein solcher Zettel samt seinem
Aberglauben bis auf unsere Zeiten hätte vererbt werden können, und doch wird er, zur Schande der gesunden Vernunft, vielleicht noch hundert Jahre vererbt. Die sogenannten Lukaszetteln
sind eine Waare ähnlichen Schlags, sie helfen vortreflich wo nichts fehlt, und man treibt damit,

wiewohl nur heimlich, eine ganz ansehnliche Handelschaft, zum Nachtheil der armen betrogenen Leute die man daran glaubend macht. –

Wider das Scharlachfieber wird dem Kranken ein Stückchen rothes Tuch auf die Brust gehängt. Was kann wohl dies Stückchen Tuch für Wirkung haben? Aus was für einem Grunde soll es die Kraft haben die Krankheit zu heben? Doch nicht etwa deswegen, weil sie mit der Farbe des Tuchs einerley Namen führt? Wie höchst lächerlich ist nicht dieses Mittel, und welchen Nachtheil hat es nicht für den Patienten, wenn dieser mit Sehnsucht die Wirkung des Tuchs erwartet, und die nöthige Hülfe darüber versäumt wird. Es kann wohl bisweilen die Wärme und der Reitz eines auf die Brust gelegten roth, blau, grün oder schwarzen wollenen Tuchs (die Farbe gilt gleich und thut gar nichts zur Sache) das Herauskommen eines Ausschlags befördern; allein man muß dabey keinen Aberglauben hegen, und die sonst gewöhnlichen Mitteln verabsäumen. – So soll auch das angehängte Herz von einer Bachstelze (welcher Unsinn!) die Kraft haben vor Schlagflüssen zu sichern.

Nicht weniger ist in mehrern Gegenden auch der sogenannte *Krötenstein*, der auch *Schreckenstein* genennt wird, bekannt. Er wird bey verschiedenen Krankheiten angehängt, und soll besonders schwangern Weibern, die sich auf irgend eine Art erschreckt oder geärgert haben, sehr dienlich seyn, auch die Leibesfrucht für allen Schaden sichern. Ein Stein von solcher Wirkung (leider giebt es keinen) wäre demnach unschätzbar, besonders für solche Weiber, welche während ihrer Schwangerschaft keins von ihren gewöhnlichen Vergnügen entbehren wollen. – Für Zahnschmerzen soll der Zahn eines Gehenkten, welchen Zahn man an den Hals anhenkt, unfelbar helfen. Hu, Hu! in andern Fällen erweckt schon das blose Wort: Gehenkter, bey vielen Grausen und Schrecken, und hier soll der Zahn eines solchen Verurtheilten Wunder wirken! Fürwahr der Aberglaube ist ein allmächtiger Götze. Sogar der Strick, daran ein Missethäter gehängt worden, soll die Kraft haben Kröpfe zu heilen; diese Kraft muß also der Seiler, der den Strick gemacht hat, hineingedreht haben: warum geht man dann nicht lieber gleich zum Seiler und läßt sich den Kropf heilen? Einige Quacksalber verkaufen auch eine Wurzel, welche, blos in der Hand gehalten, die Blutflüsse vertreiben soll; nicht genug: heute heilt sie die Blutflüsse, morgen soll sie das kalte Fieber, Kröpfe, und wer weis was sonst noch alles heilen. Und doch glaubt man diese Albernheiten und grobe Betrügereyen! –

Und so könnte man noch eine Menge solcher Dinge anführen die angehängt werden, um für eine Krankheit sicher zu stellen, oder eine schon vorhandene zu heben; sie sind aber allesamt mit den schon erwähnten, von gleicher Beschaffenheit, und fallen am Ende in das Schmutzige und Eckelhafte; und deme ohngeachtet werden sie mit weit größerem Vertrauen gebraucht, als die ordentlichen und natürlichen Mittel; die Gott geschaffen hat um jede Krankheit, die heilbar ist, zu heilen.

Von dem Verbohren der Krankheiten

Verbohrt sollen werden können: allerhand Arten von Geschwülsten, Auswüchsen an Knochen und an fleischigten Theilen, sowohl als auch allerley Schmerzen, besonders aber Brüche oder Leibschäden, womit auf folgende Weise verfahren wird. Der lächerliche Verbohrer schneidet nach Sonnen-Untergang ein Stückchen Holz von demjenigen Baume ab, durch welchen er die Operation oder Kur vornehmen will; gehet mit dem Kranken stillschweigend zu den Baum, bestreicht den Schaden mit dem Stückchen Holz übers Kreuz von oben nach unten, und misbraucht dabey den Namen Gottes. Nun bohrt er ein Loch in den Baum, und steckt das Hölzchen in die gemachte Oeffnung, so wie nun dieselbe verwächßt, so soll auch der Schaden geheilt werden. Manche nehmen auch das Pflaster, womit die Geschwulst bedeckt war, und verbohren es auf dieselbe Art. Die Operation selbst muß im Abnehmen des Monds geschehen, sonst ist sie unwirksam. Wie doch die Menschen so erfinderisch sind, um andere zu betrügen! sogar die Bäume müssen unschuldige Werkzeuge ihrer Bos- und Dummheiten abgeben. Was soll denn das Verwachsen des Hölzchens, womit der schadhafte Theil des Leibes bestrichen worden, für Wirkung auf diesen leisten? Welche Einwirkung soll denn der Mond, ein Himmelskörper der 50,000 Meilen von uns in der Luft schwebt, auf den kranken Theil des menschlichen Leibes haben? Wozu der schändliche Misbrauch des Namens Gottes? – Gott hat eine unzählige Menge heilsame Kräuter und andere Dinge erschaffen, die zur Erhaltung unserer Gesundheit und zu deren Wiederherstellung und Befestigung dienen sollen; er giebt also dadurch deutlich zu erkennen: daß wir solche nützen und in Krankheiten und Gebrechen des Leibes gebrauchen sollen. Hätte der Schöpfer gewollt, daß wir uns durch Possen und Alfanzereyen kuriren sollten, so hätte er nicht nöthig gehabt, so vielen Dingen in der Natur so herrliche und schöne Wirkungen beyzulegen.

Von dem Verpflanzen der Krankheiten

Das Verpflanzen einer Krankheit, welche Ehre man besonders der Gicht erweißt, geschieht auf folgende Art: Die schmerzhaften Glieder werden mit einer Rübe oder Wurzel bestrichen, diese nimmt der Verpflanzer, und gräbt sie an einen Ort, wohin der Kranke nicht kommt, oder doch nicht hinkommen soll. Wenn nun die Wurzel oder Rübe wieder anfängt zu grünen, so soll dem Kranken dadurch geholfen seyn. Dem Verpflanzer ist gewiß geholfen, denn der bekommt seine unnütze Bemühung gemeiniglich sehr gut bezahlt, besonders wenn die Krankheit von selbsten ausbleibt, welches manchmal der Fall ist. Kommt die Gicht, die gar oft so unbescheiden ist sich weder an die Wurzel noch an den Verpflanzer zu kehren, wieder, so hat der Kranke entweder keinen rechten Glauben an das Mittel, oder kein Zutrauen auf den lächerlichen Arzt gehabt. Wenn bloßer Glaube und Zutrauen die glücklichen Kuren bewirken könnten, wie leicht wäre es da ein Arzt zu seyn! Die Kunst sich Zutrauen zu erwerben, und dem Kranken Glauben an die Gauckeleyen so man ihn vormachen könnte einzuplaudern, würden die ganze Arzeneywissenschaft ausmachen.

Von Wundhölzern

Diese, und das Verbinden der wesentlichen Stücke, mit welchen ein Mensch verletzt worden, müssen doch auch hier berührt werden. Schon die Art und Weise, mit welcher die Hölzer geschnitten werden, ist lächerlich und abergläubig. Es muß z.B. ein gewisser Tag, als Peter Pauli, Johannis u. a. dgl. seyn; das Holz muß auf einen Hieb oder Schnitt gefällt werden; und der Mann so es abhaut oder schneidet, muß 24 Stunden vorher mit keinem Weibe zu thun gehabt haben. Vielleicht sind noch mehrere Alfanzereyen nöthig, damit das Holz die erforderlichen Kräfte erhält.

Dergleichen Wundhölzer sollen das Nasenbluten stillen, wenn man stark und anhaltend daran riecht. Natürlich, wenn das Nasenbluten nicht überaus heftig ist, so stillt es das anhaltende und starke Riechen an einen Stein und jedes andere Holz eben so gut, als das Riechen an das berühmte Wundholz. Ferner soll dies Wunderholz auch kleine Schnitt- und Hiebwunden heilen, wenn sie damit bestrichen und zugebunden werden. Wenn man dergleichen Wunden gut verbindet und dabey reinlich hält, so heilen sie auch ohne das Bestreichen mit dem Wundholze. Wenn dieses Holz Quetschungen heilen soll, so müssen noch drey Kreuze hinein geschnitten werden, (wahrscheinlich auch mit den oben angezeigten Ceremonien und Narrenspossen) mit diesen Kreuzen drückt man die Quetschung übers Kreuz, und weg wie nichts ist euch der Schade – wenn er nicht groß ist, und die gütige Mutter Natur selbsten hilft. Der gleichen Kraft soll auch eine leinene blaue Kuchenschürze oder Fürtuch haben; imgleichen eine Kreide, womit man gewisse Charaktere an eine Thüre oder Wand geschrieben hat. O Narrheit! o Narrheit! –

Die Wundholzschneider sind aber doch billige Leute, sie verlangen eben keine große und mächtige Kuren von ihrem Wundholze. Es giebt aber noch eine andere Gattung Kraft- und Wunderärzte, diese verbinden bloß mit Menschenkoth diejenigen Instrumente, womit man sich verletzt hat, es seye nun ein Nagel, Degen, Messer, Beil u. dgl., und behaupten, die Wunde, sey sie auch noch so groß, heile davon ohne den geringsten Verband ordentlich und geschwind zu. Andere tauchen in die blutende Wunde einen Lappen oder Lumpen, und bestreichen dessen Enden mit Vitriol, und behaupten das nämliche. Diese Leute sind warlich gar zu unverschämt. Ich wünsche herzlich, daß es Gott verhüten wolle, daß solchen leichtfertigen Pfuschern keine gefährliche Verletzung unter die Hände komme. Bey geringen Schäden hilft gemeiniglich die gute Mutter Natur diesen Tropfen aus der Schlinge, die sie sich selbsten mit ihrer unberufenen Kunst legen, und darauf sündigen die Wichte.

Von dem Verschreiben der Krankheiten

Es sollen sogar die Krankheiten verschrieben, das ist durch gewisse kauderwelsche Charaktere, die der Verschreiber auf ein Stück Papier mahlt und selbst nicht versteht, ohne alle Arzney, vertrieben werden können. Die Verschreiber sind auch mehrentheils Urinpropheten, welche den Leuten fürs Geld und gute Worte eine Nase drehen. Man bekommt für die Krankheit einen Verschreibebrief, oder man erhält an dessen Statt ein paar Mandeln oder ein Stückchen Brod; beydes muß mit der Verschreibung gegessen werden, und die Krankheit soll dadurch vermuthlich durch den Stuhlgang mit fortgehen. Erhält man nur ein Stückchen Papier allein, so wird solches stillschweigend hinter sich angehängt, eine Zeitlang getragen, und dann rücklings in ein fließendes Wasser geworfen, und so schwimmt die Krankheit – ey ja wohl, so schwimmt das Papier in die offenbare See. Wird dem Kranken nun dadurch nicht geholfen, und wie sollte dies auch geschehn? so wird zwar die Verschreibung nicht gelobt und auch nicht getadelt, man giebt aber zu verstehen: daß es ein unabänderliches Geschick sey, weil auch die Krankheit nicht einmal durchs Verschreiben weichen wolle. So lassen sich die Menschen betrügen, und betrügen sich vorsetzlicherweise selbsten. Der geschickteste und rechtschaffenste Arzt wird manchmalen schändlich gelästert, wenn man ihn bey einer hartnäckigen Krankheit braucht, und seine angeordneten natürlichen Mittel nicht alsogleich das ganze Übel heben; ein Quacksalber und Segensprecher aber, diesen entschuldigt man auf alle nur mögliche Weise, und schreibt dessen mislungene Kuren lieber dem Schicksal oder dem lieben Gott zur Last, als daß man einen solchen Gauckler fallen ließe, oder seine Büberey aufdeckte.

Vom Beschrieen werden der Kinder

Es ist etwas sehr gewöhnliches, daß ein Kind, sobald es krank wird, sogleich beschrieen seyn muß; oder daß es das Herzgespann, daß es sich wehe gethan oder verbrochen hat; und was dergleichen abergläubisches Zeug mehr ist. Die Frau Nachbarinn, die Frau Gevatter und andere gute Freunde, eilen herbey und rathen dies und jenes. Wenn sie nun insgesamt einstimmig sind, daß das Kind beschrieen sey; so werden alle dafür angepriesene Mittel der Reihe nach durchgebraucht. Da geschieht es nun freylich gar oft, daß keins von allen beliebten Mitteln hilft, und das Kind wohl gar stirbt. Nun wird sehr weislich gesagt: das Kind war auf den Tod beschrieen, darum schlug kein Mittel dagegen an; – schön, damit ja die Possen immer im guten Ansehen verbleiben. Hätte man der Ursache nachgespürt, warum das Kind krank geworden, so hätte man es gar wohl durch natürliche Mittel heilen und dem Tode entreissen können.

Das Beschreien selbst, soll darinnen bestehen: wenn ein Kind ins Freye getragen wird, und ein altes Weib, der man, Gott weiß warum, nichts Gutes zutraut, ihm begegnet, mit der Anrede: »ein liebes schönen Kind«! aber das »Gott behüts«! weglasse, so werde das Kind krank und sterbe, wenn das Beschreien nicht abgenommen oder dafür gethan wird. Zum Trost aller Eltern, giebt es auch wieder andere alte Weiber, die, wenn sie glauben, daß ein Kind von einer ihres gleichen durch einen Lobspruch beschrieen worden sey, zu solchen sagen: »Gott wolle uns und das Gelobte für allen Unfällen gnädiglich behüten.« Sind dergleichen abgeschmackte Possen nicht der Ehre Gottes zuwider? Wie kann ein Mensch, wenn er nicht seine Vernunft gänzlich verläugnen und sich selbst zu einem Tollhäusler herunter würdigen will, solchem unsinnigen Zeug Glauben beymessen?

An vielen Orten wird den Weibern, zur Zeit ihrer Reinigung zur Last gelegt, daß sie Beschreien könnten, und daß überhaupt um diese Zeit, das ganze weibliche Geschlecht großes Vermögen habe Schaden zu thun. Wie übel sind nicht die armen Weiber dran, wenn sie von der Natur gleichsam gezwungen werden, Schaden zuzufügen! – Pfui! Schande für diejenigen, welche ihre Pflichten, die sie Gott und der Menschheit schuldig sind, so ganz vergessen, und ihre Nebenmenschen auf solche Art verdächtig machen und in übeln Ruf bringen. – Als ein Hauptzeichen, daß das Kind beschrieen sey, wird dessen beständiges Schreien angesehen. Dieses Schreien hat gewiß seine Ursachen, die aber eben so natürlich als einleuchtend sind. Leibreissen ist eine gewöhnlichsten Ursachen, welches von sauer oder zu Käse gewordener Milch, oder von andern Unreinigkeiten im Magen und den Gedärmen, desgleichen von nicht ausgeführtem Kindspech entstehet. Letzteres ist der Unrath, welchen Kinder mit auf die Welt bringen, der aber allezeit abgeführt werden muß, wenn er nicht die heftigsten Zufälle erregen soll. Wendet man nun solche Mittel an, die die Ursache aus dem Wege räumen, so wird das Kind bald wieder ruhig; und man würde manches beim Leben erhalten, wenn man in Zeiten einen vernünftigen Arzt zu Rathe zöge. – Eltern ermorden ihre Kinder vorsetzlich, wenn sie gegen die Unpäßlichkeiten die diese befallen, abergläubische und unnatürliche Mittel gebrauchen. –

Das Wehethun und Herzgespann sind gemeiniglich von einerley Bedeutung. Heute hat sich ein Kind oder ein Erwachsener wehe gethan, und morgen haben sie das Herzgespann. Als ein wahres Kennzeichen nimmt man eine gespannte und aufgeblähte Herzgrube an, welche sich bis in die Seiten erstreckt. Kinder werden dabey unruhig, welches der Druck auf die Herzgrube und in den Seiten vermehrt, so daß sie anfangen zu schreien. Bey solchen Umständen wird sogleich auf das Herzgespann oder Wehthun, zum großen Nachtheil des kleinen Kranken gedacht. Man schickt zu einer Frau, die im Rufe steht solches vertreiben zu können. Sie kommt, und es wird mit dem armen Kinde eine Execution vorgenommen, welche man kunstmäßig das *Herzgespannbüßen* nennet, und die so barbarisch ist, daß oft die armen Kinder, von dem vielen zerren, streichen und drücken elend, kränker, und dem Tode nahe gebracht werden. Wenn erwachsene Personen sich einer solchen zwecklosen Kur unterwerfen, so ist es höchst lächerlich, und es geschieht ihnen recht, wenn sie für ihre Albernheit durchs kränker werden büßen müssen. Wie können alberne Possen und Grimassen Krankheiten oder Zufälle heben, die von Unreinigkeiten in den Gedärmen, von verschlagenen Winden, oder andern Ursachen entstehen, und durch abführende, säuremildernde, oder andere dem Umstand angemessene Mittel gehoben werden müssen.

Dieses sind einige der gewöhnlichsten Arten, durch Begünstigung des Aberglaubens, Krankheiten heilen zu wollen. Es giebt aber noch eine ungeheure Anzahl über diese, davon ich nur noch einige kurz anführen und beissend rügen will; weil es dann genug seyn kann, solchen Menschen, die aus Unwissenheit und blinden Zutrauen diesen Mitteln anhangen, etwas Licht zu geben, damit sie in Zukunft mit mehrerem Vertrauen zur Arzneykunst ihre Gesundheit und ihr Leben sicher stellen mögen.

Hast du einen Kropf, sagt der , der hieran glaubt; so stelle dich mit dem Gesicht gegen den Mond, nimm einen Stein, der vor dir liegt, bestreiche damit den Kropf dreimal, und wirf ihn hinter dich; thue dies bei drei zunehmenden Monden nach einander! Was wird geschehn? Der Mond bleibt am Himmel, und der Kropf – am Halse. Schneidest oder stichst du dich; so schmiere die Nadel oder das Messer mit Fett, verbinde es mit einem Läpchen, und lege es an einen temperierten (weder zu kalten noch zu warmen) Ort; die Wunde verbinde mit einem troknen Lappen; so heilt sie von selbst zu; – wenn du sie sonst reinlich hältst. Wenn du Warzen hast, nimm einen Faden, umwickle sie damit, und wirf ihn unter eine Dachrinne. Wenn der Faden verfault; so gehen auch die Warzen weg. Oder geh des Morgens früh, wenn es geregnet hat stillschweigend auf den Gottesacker, wasche dich mit dem Wasser, das auf dem Leichstein stehen geblieben ist; geh so stillschweigend wieder zurück, dann vergehen sie. Oder nimm ein Hölzchen, und schneid so viel Kerben hinein, als du Warzen hast; wirf es heimlich dem Klingelmann in den Korb! – Was ists nun? Er hat das Holz – und du – die Warzen. Wenn dich ein Hund gebissen hat, so sieh, daß du Haare von ihm bekommst, lege sie darauf, dann wird die Wunde heilen – wenn du ordentlich damit verfährst. Wenn dir die Nase blutet, so laß das Blut in eine auf Kohlen gesetzte Eierschale, oder auf ein aus Strohhalmen gelegtes Kreuz laufen; dann hört es auf – wenn es genug geblutet hat. Wenn dir jemand ein Messer schenkt, und du nimmst es von ihm; so wird er dir gram – wenn er vorher schon dein Feind war. Wenn du das Brod ißt, wovon ein andrer schon gegessen hat; so bekommst du seinen Geitz – wenn du geneigt dazu bist.

Es giebt wohl in der Natur Dinge, von denen man nicht weiß, wie sie erfolgen, so daß keiner sie glauben, oder sie für möglich halten würde, wenn er nicht durch Erfahrungen davon wär überzeugt worden: Aber Sympathie bleibt immer ein elender Behelf. Der Löwe scheut Schlangen und Hahnengeschrei, der Wolf das Feuer. Das sind Naturtriebe, und man darf dabei nichts von Antipathie wittern, und in abergläubischen Meinungen davon sich verliehren, dergleichen die von dem Eschenbaum und der Schlange ist.

Aberglaube von Dieben, Gehängten x

An dem Galgen von H. hängt seit ein paar Monaten ein Dieb, der bald keinen Fetzen mehr an sich hat, und ganz verstümmelt ist. Er war der ruchloseste Bösewicht; doch hat ihn der Aberglaube im Tode brauchbar gemacht, daß er reißend weggeht. Der Fuhrkneckt zwickt ihm die Theile der Finger ab, woran die Nägel sitzen, und womit die Diebsgrife geschehen sind, und läßt sie in den Handgrif der Peitsche einflechten, woraus, wie er glaubt, die gewisse Wirkung erfolgt, daß wenn die Pferde mit dieser Peitsche getroffen werden, sie den Wagen auch in dem tiefsten Morast nicht stecken lassen, sondern die letzten Kräfte anwenden, ihn heraus zu heben. Aber die Pferde fürchten ohnhin die Peitsche, und wenn sie jetzt nachdrücklicher auf ihren Rücken fällt, je zuversichtlicher ein Erfolg davon erwartet wird; so ist ja das dem eingebrachten Stück vom Diebe nicht zuzuschreiben. Der Weinschenk sucht einen Diebsdaumen zu bekommen, um dadurch glücklich zu seyn. Gewinnsüchtige Spieler tragen ihn in eben der Absicht mit sich herum, und Wirthsleute glauben, daß dadurch viel Gäste herbeigezogen werden. Warum aber muß solch ein Daum gerade von einem Dieb seyn? Weil man ihn am leichtesten bekommen kann! Der Strick, womit jener Frevler sein Leben verlohr, ist schon lange um nicht geringen Preis an abergläubische Weibsleute verkauft, welche ihn dem Vieh, wenn es Nachtschatten fraß oder die Würmer x. hat, oder gar behext ist, mit, wie sie glauben, großen Vortheil umhängen. Der Verkäufer sagt es selbst, daß er schon einige Klafter Strick verkauft habe, und es erfolgt davon gleiche Wirkung. Wer den Nagel bekommen kann, der bei dem Hängen gebraucht wurde, der glaubt dadurch gegen alle Hexereien und Teufeleien gesichert zu seyn. Bald wird der Dieb ganz entbößt da hängen, denn man reißt ihm einen Fetzen nach dem andern von den Kleidern ab, und streicht damit das Vieh über den Rücken, wovon es wunderschön werden soll.

Vielleicht lag in dem Diebe selbst die Ursach davon nicht, daß er gehängt wurde, denn der Aberglaube denkt, wenn ein anderer das Brod, welches man auf dem Tisch habe liegen lassen, über den Galgen werfe; so könne man demselben nicht entgehen. Es würde der höchste Grad von Bosheit seyn, wenn jemand in der Absicht das thun wollte, um einen zum Galgen reif zu machen; aber wer gehängt wird, der muß es verdient haben, und man darf darum das übrig gebliebene Brod nicht zu sich stecken, um nicht geschickt dazu zu werden. Die Mutter muß, sagt ein anderer, den kleinen Kindern die Nägel zum erstenmal abbeißen, damit sie nicht stehlen lernen. Wer seine Kinder gut erzieht, der darf ihnen immerhin auch zum erstenmal die Nägel abschneiden, ohne zu fürchten, daß er sie dadurch diebisch gesinnt machen möchte. Wenn man des Abends zu Bett geht, und das Licht auslöscht, soll man es nicht umgekehrt in den Leuchter einstecken, sonst kann Niemand vom Schlaf erwachen, wenn des Nachts Diebe ins Haus kommen. Aber nein, diese Art Lichter auszulöschen, ist darum schädlich weil man sie im Fall der Noth nur schwer wieder anzünden kann. Wenn ein Missethäter geköpft wird; so haben schon Personen, die mit der fallenden Sucht oder dem bösen Wesen behaftet waren, das Blut getrunken, um von der Krankheit befreit zu werden. Andere haben mit seiner eiskalten Hand, sich den Kropf und andere Auswüchse bestrichen, um sie dadurch wegzubringen. Wenn so etwas geholfen hat; so war gewiß nicht das gebrauchte Mittel die Ursach, sondern die dabei gehabte heftige Gemüthsbewegung und gespannte Einbildungskraft.

Man sieht an der Erde bisweilen ein Feuer, das einen Platz von 2, 3 und 4 Schuhen einnimmt; der Abergläubische nennt es

Geldbrennen

Er wirft, um den Schatz gewiß zu bekommen, das erste, was ihm in die Hände fällt, am sichersten, wie er glaubt, den rechten Schuh, in dieses Feuer, um dadurch den Geistern die Macht zu benehmen, das Geld unter der Erde fortzurücken. Oft schon sah er seinen Schuh oder sein Tuch in Asche verwandelt, wenn er z.B. einen brennenden Haufen Kohlen, von einem Feuer so die Bettelleute hinterließen, für Geldbrennen hielt. Das was man Geldbrennen nennt, ist weiter nichts, als eine brennende oder leuchtende Sumpfluft, die sich an solchen Orten häufig befindet, und sich von der Erde noch nicht aufgehoben hat. Denn es ist ganz wider die Natur des Geldes und alles Metalls, daß es brennen sollte; es müßte denn ein Wunder geschehen, das man aber am wenigsten hiebey vermuthen darf? Durch diesen Wahn ist bei vielen die Begierde entstanden, Schätze aus der Erde zu graben, und sie sind Betrügern in die Hände gerathen, die ihnen außerdem, daß sie ihre Hoffnungen täuschten, auch das abnahmen, was sie noch hatten, und sie der öffentlichen Schande und dem Gelächter blosstellten.

Vom Schatzgraben

So lange noch Beyspiele von dieser Art des Aberglaubens vorkommen, und daß Betrüger sich desselben bedienen, um andre auf eine schändliche Art zu hintergehen; so kann es nicht überflüssig scheinen, vor demselben zu warnen und Beyspiele aufzustellen, wodurch die Bosheit des dabei gespielten Betrugs auf der einen, und die Lächerlichkeit der dabei bewiesenen Einfalt auf der andern Seite in die Augen fällt.

Der *Sattler Striedicke* hatte ehedem schon einen mansfeldischen Prediger, einen übrigens sehr braven Mann zu überreden gewußt, ihn zur Hebung eines Schatzes zu unterstützen, und der gute Mann hatte seinen Heldenglauben durch einen Verlust von 180 Thaler und durch einen scharfen Verweis, den er vom fürstlichen Consistorio erhielt, büßen müssen. Striedicke aber hörte dennoch nicht auf zu behaupten, daß ihm ein Schatz bestimmt sey, und kurze Zeit vor Weinachten 1785, verbreitete sich auf einmal das Gerücht, daß er ihn nun gefunden habe. Vernünftige Leute lachten darüber: Da aber doch Striedicke sich und seine Frau kleidete, verschiedenen Hausrath anschaffte, und weit besser zu leben anfieng, als er bisher gekonnt hatte; so machte das die Obrigkeit aufmerksam. Mehrere geheime Nachforschungen wußte er durch das Vorgeben einer aus der Ferne erhaltenen Erbschaft zu vereiteln; eine Wittwe aber, die er, weil sie nicht bezahlen können, aus seinem Hause trieb, verrieth das ganze Geheimnis. Sie sagte auf dem Rathhause aus: In ihrer inne gehabten Stube, sey, wenn man ein Brett des Fußbodens aufhebt, eine Oeffnung, durch die man den darunter liegenden ungewölbten Keller des Striedicke übersehen könne. Gegen Weinachten habe sie einmal viele Personen darinn gesehen, unter denen sie nur Striedicken, seine Frau, und einen Windmüller aus der Neustadt habe erkennen können, die andern wären verkleidet gewesen, einer als ein Teufel, der andere als ein Geist, ein dritter als ein Mönch, u.s.w. Es sey ein Kreis geschlossen worden, und nach vielen Ceremonien habe man angefangen, mit Schaufeln die Erde aufzuwerfen, wodurch man auf einen Kasten gekommen sey, den man nur mit vieler Mühe habe herausheben können. Während dem Heben habe der verkleidete Teufel so entsetzlich gebrüllt, daß ihr selbst angst geworden sey. Man habe den Kasten nur einen Augenblick geöfnet, da alles wie Gold und Silber geglänzt habe; dann habe man ihn gleich wieder verschlossen, und mit mehrern Pettschaften versiegelt, zum Windmüller in die Neustadt geschafft. Von dem Tage an habe sich das Wohlleben in *Striedickens* Hause angefangen. – Nun ließ der Magistrat *Striedicken* und seine Frau, und nachher noch einige andre Personen einziehen, wodurch die eigentliche Bewandnis der Sache an den Tag kam. *Striedicke* hatte erfahren, daß der Windmüller einiges Geld liegen habe, und das war eigentlich der Schatz, den er heben wollte. Er gieng daher in der Gegend der Windmühle in erkünsteltem Tiefsinn auf und ab. Der Müller ruft ihn an, ob er sich verirrt habe? und was ihn anwandle? *Striedicke* stellt sich, als wenn er aus seinem Tiefsinn plötzlich aufführe, sieht den Müller mit starrem Blick, und mit einem vielsprechenden Stillschweigen eine Weile an, und ruft dann, wie entzückt: Gott! nun habe ich gefunden, was ich so lange gesucht habe! Freund, er ist der glückliche Mann, der mich und sich auf einmal in die blühendsten Umstände versetzen kann. Mit ihm nur kann der Schatz gehoben werden, der mir zugedacht ist. – Der Mann wird erst für die Sache eingenommen, und nach verschiedenen Conferenzen überredet, *Striedicken* 200 Thaler vorzuschießen, wofür er von dem Schatze 2000 Rthlr. erhalten, und, zu seiner mehrern Sicherheit, bis zu der Zeit, da man ihn angreifen dürfe, den ganzen Kasten in seine Verwahrung nehmen soll. Das war der Kasten; von dem der Teufel durch schreckliches Brüllen Verzweiflungsvollen Abschied nahm. Ein abgedankter Postillion, *Scharf*, hat die Rolle des Teufels gespielt, und ein liederlicher Bergmann, *Burkhard*, die des Geists. Der unter pfändliche Schatz wurde aus der Neustadt auf das altstädtische Rathhaus gebracht, und der Teufel und der Geist mußten den, einige Centner schweren Kasten auf den Tisch der Richterstube heben. Die erwähnten Siegel waren noch unbeschädigt, und man fand folgende Schätze darin: Zu oberst einige 80 bleierne mit Flitter vergoltete Münzen, zunächst die schwerste Art von grossen Steinen, und zwischen und unter diesen, vermuthlich um das Klappern und Rollen der Steine zu verhindern, einen reichen Vorrath an Kiessand. Bei angestellten Haussuchungen hat man mancherlei Werkzeuge des Schatzgrabens z.B. Bücher mit den gewöhnlichen Misbräuchen biblischer Sprüche und allerlei schrecklichen Formeln und Fratzen, auch Schmelztiegel und etwas Stempelartiges u.s.w. gefunden.

Striedicke ist ein trauriges Beispiel, wie tief ein Mensch in Bosheit verfallen kann, wenn er durch Vernachlässigung seiner Berufsgeschäfte zurück kommt, und, anstatt sich durch Einschränkung und Arbeitsamkeit wieder aufzuhelfen, vielmehr die Liebe zu faulen Tagen und zum guten Leben überhand nehmen läßt. Der Prediger und der Windmüller zeigen, wie sehr die Begierde nach Gewinn übrigens recht gute Leute verblenden könne.

Die Meinung von der Macht des Teufels, auf die der Schatzgräber baut, kam durch Irrende und Betrüger auf, und erhielt sich durch sie bis jetzt. Wär es den abgeschiedenen Geistern möglich, bei den Sachen, die ihnen im Leben lieb waren, und die sie darum verborgen hatten, sich sehen und hören zu lassen, oder sonst zu wirken; so würden die Beispiele davon unzählig seyn. Aber wer hat davon sichere Erfahrungen, die er ohne Vorurtheil und mit Wahrheitsliebe untersucht? Die Erzählungen davon sind immer erst von Mund zu Mund gegangen und so mit Zusätzen mannigfaltig vermehrt worden. Was aber immer gehörig untersucht werden konnte, ist immer als Betrug befunden worden. Die erzählte Geschichte ist ein Beweis davon. – Aber wer sollte einem Geist nicht trauen? wer sollte nicht glauben, den Schatz gewis zu haben, wenn er den ausgegrabenen schweren Kasten schon in Händen und im Hause hat? – und doch fand auch jene gute, wohlhabende Bauerswittwe in einem brandenburgischen Dorf vor wenig Jahren bei diesen Umständen sich betrogen.

Anfangs mußte sie für eine vorgeblich mit Türkenblut bestrichene Wünschelruthe zehen Thaler geben. Es kamen Bothen, die von nahliegenden Schätzen redeten, und so den eigentlichen Schatzgräber, der noch kommen sollte, verkündigten. Er hat überstudirt, sagten sie, und ist Priester gewesen.

Das gute Weib gab Geschenke und was man foderte; ein Stück Speck, um es auf dem Kreuzwege einzugraben; ein Stück Leinwand zur Befriedigung des Geistes. Endlich kam der überstudirte Mann, ein lahmer Husar, und man schritt zum Werk. Er führte die Bäurin um Mitternacht aufs Feld, ließ hier in einen von ihm bezeichneten Kreise ihren Knecht und Magd graben, und murmelte einige unverständliche Worte, um den Geist, der den Schatz bewache, zu citiren. Es erschien eine weise Gestalt und redete: »Ich war ein alter General, ich habe meinen Schatz vor dem Feinde vergraben, und hatte auf Erden niemand, dem ich dieß offenbaren konnte u.s.w. Nun beschrieb er den eisernen Kasten, gab die Kostbarkeiten in demselben an, und das baare Geld zu zwei und siebzig tausend Thaler. Um dieß zu heben, sollten nur hundert Thaler, etwas Damast x. an eine Kirche in der Lausiz gegeben werden; wo nicht, so würde allen dreien der Hals gebrochen. Der Schatz sey mit einem Hahn versetzt.

Der Hahn ward gebracht, vom Schatzgräber dem Geist gegeben, und letzterer verschwand. Man grub weiter, und fand den Kasten. Die Wittwe half ihn in ihr Haus tragen, gab dem Geisterbeschwörer mehr, als er für Lesung der Beschwörungs-Gebete foderte und ließ ihn gehen. Er versprach in einer bestimmten Zeit wiederzukommen; ohne ihn, sagte er, dürfe der Kasten nicht geöfnet werden. Was man denken kann, geschah: Er kam nicht wieder; und da der Kasten geöfnet wurde, fand man Steine und Sand. Der Geist ward übrigens entdeckt und körperlich bestraft. Möglich bleibt es immer, daß ehedem, wer weiß, aus was für Ursachen, unter die Erde Geld vergraben worden ist, möglich, daß Personen dasselbe gefunden haben, und dadurch reich geworden sind; Die Erfahrung lehrt es ja. Das es aber einem gewissen lediglich bestimmt sey, nur von gewissen Personen, die die Kunst verstehen, unter Hersagung gewisser Formeln, Darbringung eines Geschenks an den Geist, oder den Teufel, und Beobachtung gewisser Alfanzereien gehoben werden könne; wer mag dieß glauben? Wüßte jemand, wo in der Erde Schätze verborgen lägen, so würde er nicht zaudern, sie für sich alleine zu holen, um dann reich und angesehen seine Tage in Ruhe zuzubringen. Wie oft ist der Leichtgläubige betrogen worden? So widersinnig das gewöhnliche Verfahren bei dem Geldheben ist, so leicht lassen sich dennoch die Menschen bethören. Durch Speck und Leinwand soll der Geist besänftigt werden; man muß ihm einen Hahn, einen Bock, oder sonst etwas zum Opfer bringen, und dem Schatzgräber vorausbezahlen. Man soll sich weder bei Hin- noch Hergehen umsehen; denn man könnte von den verabredeten Betrügern etwas gewahr werden. Man soll, um mit dem Leben davon zu kommen, kein Wort reden; denn es könnten ja dadurch Personen herbeigezogen werden, und die Gaukeleien stören. Die Geister sollen den Schatz unter der Erde fortrücken, oder in Kohlen verwandeln, wenn man jemand davon was sage, daß man einen Schatz zu heben willens sey. Aber wer merkt nicht, das es betrügerische List sey, die darum ausgesonnen ist, daß die Sache nicht vor der Zeit entdeckt und gehindert werde. Der schwarze Bock, mit dem das Geld allein gehoben werden kann, darf kein weisses Härchen haben; der Teufel dreht sonst gar zu leicht den Hals um; wer merkt auch hier nicht, daß man den Betrogenen in Erwarten und Angst zu setzen sucht, damit der nichts wage, was den guten Erfolg des betrügerischen Unternehmens hindern könnte? Einst giengen in der Christnacht zween Bauern mit einem Studenten aus Jena, einen Schatz zu heben, in ein klein Weinberghäuschen, um da die Geister zu citiren. Man fand die Bauern des andern Morgens todt und den Stundenten ohnmächtig und sprachlos auf der Erde liegen. Kaum war dieß bekannt geworden; so wurde von den Einfältigen das Gerücht ausgebreitet; Der Teufel habe diesen Leuten die Hälse umgedrehet. Ein geschickter Arzt aber bewies, daß der Kohlendampf sie erstickt habe. Freilich, wer auf unrechten Wegen geht, den schreckt alles, und auch ein kleiner Zufall kann ihn tödten, wobei ein anderer gleichgültig würde geblieben seyn. Uebrigens beweist diese Geschichte, daß Vorwitz oft bestraft wird. Einige Mönche standen ehedem, und noch jetzt, in dem Ansehen, daß sie nicht nur Gespenster bannen und Geister citiren; sondern auch Geld geschickt zu heben wüßten. Einst gieng ein solcher, der sich den heiligen Christoph zum Schutzpatron ersehen hatte, mit seiner betrogenen Gesellschaft in ein altes Gewölbe, davon nur noch die vier Wände standen, und das oben mit Brettern zugedeckt war. Sie stiegen um Mitternach herab. Pater *Franz* machte einen Kreis um sich herum, sprengte Weihwasser gegen die vier Wände, sprach den englischen Grus, und betete:

»Heiliger und ehrwürdiger Märtirer Christoph, himmlischer Fürst, wir rufen dich an, als denjenigen, der du den größten König gesucht hast, und zuerst einen heidnischen König, hernach den Teufel, endlich aber den Herrn Jesum gefunden hast, weil du die Leute durch den Jordan trugest; und da du in deiner Einsiedlerhütte schliefest, rufte Jesus als ein Knab: Offery, Offery! da du das erstemal und anderemal aufstundest, war niemand da. Das drittemal rufte und sagte der Knabe: Offery, Offery, nehme deine Stange und trage mich durch den Jordan. Du nahmest ihn auf deine Schultern und giengest durch das Wasser. Der Knabe aber war so schwer, daß du in Lebensgefahr kamest, und zu dem Knaben sagtest: Du bist so schwer, daß ich meine, ich trage Himmel und Erde. Der Knab antwortete: Du trägest wahrlich den, der Himmel und Erde erschaffen hat. Da tauchte dich der Knabe ins Wasser und taufte dich im Namen des Vaters +, des Sohnes +, und des heiligen Geistes +, und verändere deinen Nahmen, mit dem Beisatz: Du sollt nicht mehr Offery, sondern Christoph heißen. Ich erschaffe dich zu einem Schatzmeister, und gebe dir Gewalt über alle in der Erde verborgene Schätze, daß du sie unter diejenige, welche dich in meinem Namen anrufen, austheilest. Ich gebe dir auch Gewalt über alle böse Geister. Nun rufen wir dich, o heiligster und verehrungswürdigster Herr Märtyrer und Fürsprecher *Christoph* an, daß du dich unserer erbarmest, und uns nebst Gott und der heiligen Jungfrau Maria erhörest, und uns zum Behuf unserer Arbeit diese Nacht hunderttausend Gulden gutes Geld bescherest. Wir rufen dich das erste andere und drittemal an, und beschwören dich in dem Namen des Vaters +, des Sohns +, und des heiligen Geistes +, und der heiligen Marien, mache durch deine Fürbitte, daß wir reich werden, und aller Glückseligkeit genießen. So wahrhaftig du Christo gedienet hast, und von ihm getauft bist, und du den heidnischen König und unzählige andere zu dem christlichen Glauben gebracht, und dir Gott Seele und Leib gegeben hat, hilf uns und bringe uns gutes lauteres Gold, gutes Geld durch Gott Vater +, Sohn +, und heiligen Geist + Amen.«

Nach Endigung dieses Gebets sprengte *Franz* noch einmal Weihwasser gegen die vier Wände, ließ vier Personen mit den bei sich habenden, und mit Kreuzen bezeichneten Hämmern dreimal gegen die vier Wände schlagen, und dieß zum zweiten und drittenmal wiederholen. Plötzlich stürzt eine Wand ein, Angst befällt sie; sie laufen alle zum Gewölbe hinaus. Aber die Liebe zum Reichwerden hieß sie still stehen, sie erholen sich, kehren um, suchen und finden nichts.

Auch der schändlichste Misbrauch des Namens Gottes, und dessen was heilig ist, vermag nicht Geister zu zwingen, oder das unter der Erde befindliche Geld herbei zu rücken: so sehr auch der Abergläubische, wenn er so etwas hört, zittern und glauben mag. Das sicherste Geldheben ist, sparsam und fleisig seyn, das Seine in Acht nehmen, und seine Pflichten gewissenhaft erfüllen. Ein sterbender Vater sprach: Sohn, grabe den Acker und den Weinberg fleisig um, du wirst einen Schatz finden. Der Alte war kaum kalt; so fieng Hanns an, alles umzuwühlen, aber er fand nichts, nachdem er lange gegraben hatte. Nach Jahren fiengen der Acker und der Weinberg an, reicher als je zu tragen; und Hanns hätte nun merken können, was der Vater unter dem Schatz, den er finden sollte, gemeint habe? Hanns war seit des Vaters Tode fast täglich im Wirthshaus, wiederholte die letzten Worte des Erblaßten, und war oft sehr unwillig darüber, daß er den vom Vater vergrabenen Schatz nach so langer Zeit nicht gefunden habe. Ein Bergmann, ein listiger Betrüger, schlich ihm nach, und bemerkte bald, daß er an Hanns den rechten Mann gefunden habe, fieng vom Schatzgraben an, und sagte, er wisse selbst einen. Hanns bezahlte die Zeche für ihn und sagte endlich: »Bruder, wenn du ihn weißt, warum hast du ihn nicht schon gehoben?« »Ja, sagte der Bergmann, das geht nicht gleich, ich bin arm. Wenn ich 33 Thaler, 3 Groschen und 3 Pfennige in Gold, Silber und Kupfergeld hätte, womit ich den Schatz herauf locken könnte, so wollte ich ihn gleich heben.« »Bruder, rief Hanns schon voll Freude, so viel habe ich eben bei mir; da hast dus.« »Gut sagte der Bergmann, diese Nacht um 12 Uhr gehen wir hin und heben den Schatz, und dann sind wir reich genug.« Hanns mußte sich in gewisser Entfernung unter eine Eiche stellen, und bei Lebensgefahr sich nicht rühren, oder ein Wort sprechen. Er hatte schon drei Stunden unter großer Angst da gestanden; die Zeit wurde ihm endlich lang, er wagte es, sich umzusehen, zu rufen, und dann an den Ort hinzugehen, wo der Schatz sollte gehoben werden: aber der Bergmann hatte sich fortgemacht; Hanns kam halb erfroren nach Hause und schämte sich, und wird bis jetzt seiner Leichtgläubigkeit wegen, von jedem geneckt und ausgelacht.

Möchten die hier erzählten Geschichten jedem eine Warnung seyn, sich Betrügern nicht anzuvertrauen, und dadurch sich lächerlich und unglücklich zu machen.

Zu dem Geldheben braucht man zuweilen auch die

Wünschelruthe

Eine solche Ruthe ist ein von einer zinkichten Haselnußstaude, in der St. Johannisnacht zwischen eilf und zwölf Uhr abgeschnittener Zweig, der die Gestalt einer Gabel hat, und gegen den Aufgang der Sonne gewachsen seyn muß. Der, welcher sie über dem Punct, wo die Nebenzweige herausgewachsen sind, abschneidet, muß in dem Zeichen der Wage gebohren seyn, und dabei folgende Worte, auch gegen den Aufgang der Sonne sprechen; Gott grüsse dich, du edles Reis, mit Gott dem Vater such ich dich, mit Gott dem Sohne find ich dich, mit Gott des heilgen Geistes Macht und Kraft brech ich dich. Ich beschwöre dich Ruhte und Sommerlatte bei der Kraft des Allerhöchsten, daß du mir wollest zeigen, was ich dir gebiete; und solches, so gewiß und wahr, so rein und klar, als Maria, die Mutter Gottes eine reine Jungfrau war, da sie unser Herrn Jesum Christum gebar; Im Namen Gottes des Vaters, des Sohnes und des heiligen Geistes. Amen! – Sonst wird dabei auch wohl das erste Capitel Johannis: *Im Anfang war das Wort x.* oder die Worte des 23. Psalms gesagt: *Dein Stecken und Stab tröstet mich.*

Die Wünschelruthe wird auch künstlich aus jedem andern Holz, aus Drath, Papier und Fischbein verfertigt; und es hat Leute gegeben, welche diese geheime Wissenschaft zu besitzen vorgegeben, und sie theuer gnug verkauft haben. Solche künstlich gemachte Ruthe besteht aus zwei Stücken eisernen Drath, welche dergestalt zusammengefügt sind, daß sie sich biegen lassen; sind über und über mit Leder überzogen, und mit Zwirnfaden bewunden.

Durch das Schlagen dieser Ruthe sollen alle verborgene Dinge, vorzüglich die vergrabenen Schätze, auch Erzgänge, Wasserquellen, Marksteine, dann verirrtes Vieh, Mörder, Diebe, unbekannte Wege und Stege entdeckt, und sogar auf vorgelegte Fragen richtige Antworten gegeben werden. Zacharias wollte dadurch wissen, ob jemand tod oder lebendig, gesund oder krank; ob eine Frau schwanger sey, ob sie einen Sohn oder Tochter trage; wenn jemand gebohren, wie hoch die Sonne von der Erde, ob die Geschichte oder der Satz war sey; ob die Planeten bewohnt, der Feind fern oder nahe, und wo die im Meer versunkenen Waaren wären. Karl sagte: die metallischen Dünste giengen durch die Wurzeln in die Haselnußstaude über, und vereinigen sich mit den Zweigen und Blättern. Weil nun die zusammengezogenen Dünste eine Schwere hätten, und die aus der Erde kommenden Dünste, vermöge der anziehenden Kraft, welche die Körper aus einerlei Materie gegen einander äußern; sich mit ihnen vereinigen; so würde dadurch die Wünschelruthe schwerer gemacht und müßte sich niederbeugen. Dann aber würde nicht nur der Zweig von der Haselnußstaude allein, sondern jeder anderer auch eine Wünschelruthe seyn können. Veit vergleicht das Schlagen der Wünschelruthe mit der Bewegung der Magnetnadel. So wie diese sich drehet, wenn man ihr Eisen nahe bringt; so soll auch die Haselnußstaude eine natürliche Kraft haben, sich zu den Metallen zu neigen, und durch ihr Schlagen zu erkennen geben, wo dergleichen in der Erde stehe. Allein es streitet wider die Erfahrung. Andre sagen, die Ruthe schlage, weil sie eine Kraft habe, etwas anzuzeigen; und das ist doch so viel als nichts gesagt; denn es wird dabei etwas als erwiesen vorausgesetzt, was noch nicht erwiesen ist. Man kann keinen einzigen glaubwürdigen Fall anführen, daß durch die Wünschelruthe verborgene Dinge jemals entdeckt worden sind; und bey allen Geschichten, die man davon erzählt, liegen Betrügereien zum Grund. Kein vernünftiger Bergmann hat damit zu schaffen; jeder hält sie für etwas Betrügliches. Die Wünschelruthe schlägt nicht nur da, wo Metalle sind, sondern an jedem andern Ort. Der Grund davon liegt in der Federkraft (Elasticität) und Schwere. Nach der Vorschrift des Ruthengängers muß man, wenn die Ruthe schlagen soll, die Arme fest an die Brust drücken, die Hände vom Leibe abhalten, und sie mit denselben so fassen, daß die Daumen an beiden Enden anstoßen. Vermöge ihrer Schwere fängt sie nun an, zu wirken, und sucht sich herunter zu bewegen. Wenn man sie über einen Beutel mit Geld hält, so wird sie schlagen; Sie wird es aber auch, wenn man sie über ein Stück Holz oder über nichts hält. Kurz, sie schlägt immer, man mag sie halten wie und wo man will. Wer eine Probe damit macht und von Vorurtheilen und der Liebe zum Wunderbaren nicht eingenommen ist, der kann sich davon leicht überzeugen.

Die fleischichten Theile unsrer Hände und Arme können nemlich das starke Drücken nicht lange aushalten; sie lassen in ihrer Wirkung nach, ohne daß wir es selbst merken; daher drehet sich die Ruthe in unsern Händen herum, und ihr Schlagen rührt von ihrer Federkraft Schwere und der seltsamen Art her, sie zu halten. Die, welche mit der Wünschelruthe etwas außerordentliches erfahren wollten, bestanden zuletzt doch immer mit Schimpf, oder wurden als Betrüger entdeckt. So gieng es dem französischen Bauer *Jakob Aymar*, der mit seiner Wünschelruthe so viel Aufsehen machte, daß selbst die Richter mit ihm umher liefen, und vermöge derselben die Diebe und Mörder zu finden glaubten. Die Proben, die er nach der Zeit mit seiner Ruthe anstellte, fielen so schlecht aus, daß er das Land räumen mußte. – Es ist kein Zweifel, daß mit der Wünschelruthe auch schon von ungefähr verborgene Dinge entdeckt worden sind; aber alle Wahrsagerkünste treffen und fehlen; in den allermeisten Fällen schlagen sie fehl, und am Ende entdeckt sich der Betrug, wenn man ihn anders sehen will.

Ein listiger Bergmann, der eine Wünschelruthe hatte, wurde mit einem wohlhabenden Bauerpurschen bekannt, und versicherte ihn, daß er durch sie schon verschiedene Schätze entdeckt hätte. Sie giengen an den Ort, erst ließ der Bergmann, dann Samuel die Ruthe schlagen, und schon in der nächsten Nacht um 12 Uhr sollte der Schatz gehoben werden. – »Wenn wir nur das Geld anschaffen können, sagte der Bergmann, was zur Hebung des Schatzes nöthig ist. Ich bin arm, und diese meine Armuth ist eben die Ursach, warum ich durch meine Wünschelruthe bis jetzt noch nicht reich gworden bin. Die unterirdischen Geister werden den Schatz ohne Schwierigkeiten heben lassen, sobald sie erkennen, daß ich 50 Thaler in der Tasche habe. Merken sie aber, daß ich weniger, oder wohl gar nichts bei mir führe; so werden sie ihn stets fortrücken, wenn man gleich glaubt, ihn schon in Händen zu haben.« Nun empfieng er das verlangte Geld. Samuel hatte es sich mühsam erspart; gab es jetzt aber gern hin, weil er dadurch reich zu werden hofte. Sie giengen an den bestimmten Ort, und fiengen gerade um 12 Uhr an zu graben. Die Erde war gefroren. Als sie etwas hineingearbeitet hatten, fragte der Bergmann seine Ruthe, die ihm wie er vorgab, sagte: daß der Schatz nur noch einen Fuß tief stehe. Mit aller Arglist eines geübten Betrügers gab er dem Samuel zu erkennen, daß kein Ungeweihter zugegen seyn dürfe, wenn der Schatz gehoben würde. Dieser gehorchte zitternd dem Befehl des Schatzgräbers. – Die Geschichte endigte sich, wie sich dergleichen immer geendigt haben; Der Bergmann hatte sich mit den 50 Thalern davon geschlichen; außer daß Samuel noch in eine hitzige Krankheit verfiel, an welcher er in wenig Tagen, unter einer beständig anhaltenden Raserei von der Wünschelruthe, zur grossen Betrübnis seiner Eltern, deren einziger Sohn er war, starb.

Das Feuer hat eine außerordentliche Kraft. Es dringt wegen seiner Feinheit in die Zwischenräume des Holzes und der Metalle, verwandelt jenes in Asche, und schmelzt diese. Das Feuer ist eine sehr grosse Wohlthat für die Welt und die Menschen; denn es bringt alle Früchte zur Reife, und giebt dem Körper die gehörige Wärme und Schmeidigkeit, und bewahrt ihn vor dem Erstarren. Schon aus der grossen Gewalt, die das Feuer hat, ersieht man, daß es Thorheit sey,

Das Feuer besprechen

zu wollen.

Die Juden, Zigeuner, Kohlen- und Aschbrenner sind die Helden, die das Feuer besprechen zu können vorgeben. Die Juden haben zweierlei Arten, dieß zu thun. Dieser Absicht zufolge pflegt der Feuerbesprecher das Feuer anzureden, und erwählt dazu einen erhabenen Ort, von da er alles, was brennt, übersehen kann. Er läßt sich eine Pfanne mit glühenden Kohlen nebst einer Gießkanne voll Wasser geben; sieht darauf mit unverwandten Augen das Feuer an, murmelt die hebräischen Worte aus dem 4. B. Mose, Cap. 11, V. 2. *Da schrie das Volk zu Mose und Moses bat den Herrn, da verschwand das Feuer* – silbenweis her, und gießt bei Aussprechung einer jeden Silbe ein wenig Wasser über die glühenden Kohlen; und glaubt dann, das Feuer müsse nun verschwinden, oder wenn es, wie immer, nicht geschieht, es werde nun mit leichter Mühe gelöscht. Andere Feuerbesprechende Juden suchen bei einer Feuersbrunst ein Haus, das noch nicht angegangen ist, dadurch zu retten, und dem weitern Vordringen des Feuers zu wehren, daß sie mit Kreide entweder die vorgedachten Worte, oder den Schild Davids, mit dem Wort *Agla*, oder den göttlichen Namen *Adonai* anschreiben. Unter dem Schild Davids denken sich die thörichten Feuerbesprecher, die bildliche, bedeutende (hieroglyphische) Figur, welche David, ihrem Vorgeben nach, auf seinem Schild gehabt haben soll. Sie besteht aus zween unter und etwas in einander stehenden Triangeln, in deren sechs Winkeln, wie auch in der Mitte das Wort *Agla* mit hebräischen Buchstaben steht. Dieses Wort bedeutet an sich nichts, sondern es zeigt nur die Anfangsbuchstaben von den vier hebräischen Worten an: Attha Gibbohr Leolam Adonai – *Du bist stark in Ewigkeit Herr.* Siebenmal steht das Wort *Agla* in der beschriebenen Figur; denn die Zahl 7 ist unter den Juden heilig geachtet, wie unter den Christen die 3. Ist das Haus schon angegangen, so schreiben sie jene Worte aus dem 4. Buch Mosis auf eine Brodrinde, Papier oder Teller, gehen, wenn sie können, dreimal um das Feuer herum und werfen das so beschriebene hinein. Dieß soll gleichfalls die Wirkung haben, daß das Feuer davon verschwinde. Die Juden sind davon eingenommen, daß gewisse merkwürdige Worte des alten Testaments und gewisse Charactere aus ihrer Cabbala eine verborgene Kraft hätten, und sie glauben es fort, ohnerachtet sie schon oft von dem Gegentheil überzeugt worden sind. Wenn aber Christen sich ihrer bedienen, um durch sie das Feuer zu dämpfen; so ist dieß ja eine weit grössere Thorheit, und sie bestärken jene in allem ihrem Irrthum. Jenen biblischen Worten ist nirgends eine Kraft verheißen, das Feuer damit zu löschen; und es ist ein Misbrauch des Namens Gottes, wenn man ihn auf Papier oder etwas anders schreibt, um dieß dadurch zu bewirken. Ist es nicht eine grosse Thorheit, zu glauben, daß in den, unter Besprengung glühender Kohlen mit Wasser, silbenmäßig hergemurmelten Worten Mosis, oder in den Worten *Agla, Adonai* eine Kraft stecke, der Wuth des schrecklichsten Elements Einhalt zu thun?

Die Zigeuner und die Christen, die von dieser irrigen Meinung eingenommen sind, pflegen einen Feuerseegen herzusagen, in welchem sie das Feuer im Namen Jesu anreden, und überhaupt den göttlichen Namen unverantwortlich mißbrauchen:

> Feuer, steh still, um Gottes Will,
> Um des Herrn Jesu Christi willen!
> Feuer, steh still in deiner Gluth,
> Wie Christus der Herr ist erstanden in seinem rosinfarbnem Blut!
> Feuer und Gluth, ich gebeut dir bei Gottes Namen,
> Daß du nicht weiter kommst von dannen
> Sondern behaltest alle deine Funken und Flammen
> Amen! Amen! Amen!

Solche Anrede an das Feuer ist die größte Entheiligung des Namens Gottes und Jesu. Kaum sollte man glauben, daß der Türk den Namen seines *Mahomeds* und der Sinese seines *Confuzzi* so mißbraucht; und der Christ entehrt das Andenken Gottes und seines Erlösers so sehr? Oder der Feuersprecher sagt: Feuer, heisse Gluth und Flamm, dir gebeut Jesus Christus der grosse

Mann: Du sollst stillstehn und nicht weiter gehn; im Namen Gottes des Vaters, des Sohnes und des heiligen Geistes. Amen. – Er soll dabei dreimal um das Feuer reiten, jedesmal eine Strofe langsam sagen, und denn in einen Teich hineinsprengen; weil nun das Feuer aus allen Winkeln hervorkommt und ihn verfolgt, wenn es ihn erreichen kann, ihn tödtet und verzehrt: Die Erfahrung lehrt ja, daß der gleichen Mittel nicht das geringste wirken. Und wenn die Juden das Feuer besprechen können, warum thun sie es nicht, wenn ihre eigene Häuser von der Flamme ergriffen, und wie es schon oft geschehen ist, in die Asche gelegt werden? Sie sagen dann zwar, es müsse ein verfluchtes Feuer gewesen seyn; aber so wird jedes Feuer verflucht seyn; denn bei keinem hat je ihr Besprechen etwas geholfen; Und wer sieht nicht, daß ihre ganze Kunst eine abergläubische Einbildung sey? Einige unter den Christen bedienen sich zum Feuerbesprechen eines hölzernen Tellers, auf welchem nicht weit vom Rande drei Zirkel nahe unter einander, und in einer Entfernung von etwa einem halben Zoll, noch drei gezeichnet sind. In dem leeren Raum unterwärts steht ein Herz, und über demselben noch ein anderes, das ein wenig kleiner ist. Mitten durch diese beiden Herzen ist eine gerade Linie gezogen, mit einem daran befindlichen Widerhaken. In dem kleinen obersten Herzen steht zur rechten der lateinische Buchstabe *A*; zur Linken der Buchstabe *G*; in dem untern grössern Herzen, zur rechten *L*; zur Linken *A*, so daß durch Zusammensetzen derselben das Wort *Agla* herauskommt. Unter dem untersten Herzen stehen die Worte: *Consumatum est* (es ist vollbracht) welche der Erlöser nach Vollendung seines Leidens am Kreuze gesprochen; und unter denselben sind noch drei Kreuze gezeichnet. Mit dieser Figur und Buchstaben soll der Teller des Freytags, bei abnehmendem Mond, zwischen 11 und 12 Uhr mit frischer Dinte und einer neuen Feder beschrieben, bei einer entstandenen Feuersbrunst im Namen Gottes ins Feuer geworfen, und wenn das Feuer nicht verlösche, noch zweimal wiederholt werden. Aber wer könnte an so etwas glauben, oder zur Widerlegung desselben Gründe fodern?

Das Feuerbesprechen soll nur bei vollem Mond, des Freitags, Nachts zwischen 11 und 12 Uhr, indem drei Lichter auf dem Tisch brennen, so gelernt werden können, daß beide, der Lehrende und der Lernende vor und nachher jedesmal drei Keuze sich vor die Brust machen, und beim Lernen des Seegens die linke Hand auf das Herz legen müßten.

Der grosse Haufe denkt, jeder Fürst könne das Feuer besprechen, weil, wenn der Fürst eine Weile da ist, gewöhnlich das Feuer sich zu vermindern anfängt. Allein, wenn der thätige wachsame Fürst, der entstandenem Feuer, den Unglücklichen zu Hilfe eilt, durch seine Gegenwart alle belebt, und dazu mit seinem vortreflichen Beispiel vorgeht; Wenn er, zur Tilgung desselben kluge Anstalten macht; so wird das Feuer ohne Seegensprechen gedämpft, worauf ein weiser Fürst sich nie einläßt. Haben die Häuser eine solche Lage, daß er um dieselben herumreiten kann; so können die Feuerlöschenden Maschinen besser angebracht und das Feuer geschwinder gedämpft werden.

Gott hat ein anderes Element, das Wasser, den heftigsten Wirkungen des Feuers entgegen gesetzt. Kommt dann jeder den Nothleidenden zu Hülfe, wie es die Menschenliebe fodert, und folgt er bei gehörigem Fleiß den Anordnungen der Obern; so wird es ohne abergläubische, Gott entehrende Mittel gelöscht. Glücklich ist das Land, wo zum Feuerlöschen vortrefliche Anstalten sind, und wo der Unterthan so verständig ist, daß er den Gesetzen des guten Fürsten, die das Unglück abwenden sollen, gern folgt; wo durch Feuerkasseneinrichtungen das ganze Land an der Last der Verunglückten tragen hilft.

Ein sicherer Mittel gegen die schnelle Ausbreitung der Flamme bei Feuersbrünsten ist gewiß dieses: Man nehme 3 Theile geschlemmten Thon, und einen Theil Mehlkleister, und bestreiche damit die Sparen x. nachdem man das Holz zuvor rauh gemacht hat. Nach dem Trocknen fülle man damit, die entstandenen Ritzen wieder aus; so wird dadurch die Flamme von dem Holz gar sehr abgehalten werden. Diese Absicht kann man auch dadurch erreichen, wenn das Zimmerholz zum öftern mit starkem Alaunwasser bestrichen wird. Oft schon war ein Feuerbesprecher die Ursach, daß die zu Hülfe geeilten in ihren Arbeiten nachliessen, und das Feuer von neuem aufloderte, und grössere Verwüstung anrichtete. In R. entstand eine starke Feuersbrunst. Bernhard, der sich das Ansehen geben wollte, als ob er das Feuer besprechen könnte, nahm,

da bereits einige Häuser in die Asche gelegt waren, und er vermuthen könnte, daß es nicht
weiter um sich greifen würde, zween Strohhälmer kreuzweis in die Hand, und murmelte den
Feuersegen her. Dabei aber ließ ers nicht bewenden, sondern suchte die Leute zu bereden, sich
um weiter nichts zu bekümmern, weil das Feuer, so lange er die Strohhalme in seiner Hand
halte, nicht weiter kommen könne. Viele liessen dadurch sich wirklich von der Arbeit an dem
Feuerlöschen abhalten, versammelten sich um ihn her, und sahen ihn als einen Hexenmeister
an, der mit seinen Strohhälmern Gott und den Elementen gebieten könnte. Aber die fürchterliche Flamme grif aufs neue um sich, und schlug aus dem Strohdach eines andern Hauses schon
Baumhoch in die Luft, als ein kluger Beamter dazu kam, jenem Narren einige derbe Stock-
schläge versetzte, die Leute aufs neue zur Arbeit ermunterte, und gute Anstalten traf, daß die
Wuth der Flamme gehemmt wurde. Das Haus aber, das nach dem Feuerbesprechen angegangen
war, konnte nicht gerettet werden; sondern ward ein Raub der gefrässigen Flamme. Wär der
Beamte nicht zugegen gewesen; so wär durch den Feuerbesprecher das Unglück gewiß noch
allgemeiner und grösser geworden.

Auch von dem

Entstehen des Feuers

hat man verschiedene abergläubische Meinungen. Wenn Hunde heulen, sagt man; so entsteht ein Feuer. Freilich wenn der Hund die Flamme auflodern sieht, oder sie ihm gar nahe kommt; so heult er: Aber wie oft heulen Hunde, und es entsteht kein Feuer? Wenn geläutet wird, und die Uhr darein schlägt; so soll es Feuer bedeuten, Aber wie oft geschieht das, ohne daß ein Feuer darauf erfolgt. In Städten, wo mehrere Uhren sind, die nicht egal gehen, geschieht es oft, das Uhren darein schlagen, wenn z.B. zu Grabe geläutet wird, die Glockenläuter hören, wenn der Wind zuwider ist, den Seigerschlag nicht, und läuten während, und nach demselben: Noch nie hat man darauf eine Feuersbrunst entstehen sehen; und wie oft würde dann dieß Unglück einbrechen müssen? Wenn es einmal geschehen ist, daß nach diesem Fall ein Feuer ausbrach; so folgt daraus nicht, daß er eine Ursach des Feuers war; sondern es war blos Zufall. Wenn der Unvorsichtige dadurch bewogen werden kann, mit dem Feuer behutsamer umzugehen, wenn der Seiger einmal in das Läuten geschlagen hat; so konnte man ihm diese Meinung lassen. Aber er würde dann ausser dieser Anzeige desto unbedachtsamer seyn und desto mehr Unheil errichten. Auch wenn ein Bienenschwarm sich an ein Haus hängt, soll es Feuer bedeuten. Wenn ein Bienenschwarm sich in die Stadt verirrt; so kann er sich nicht leicht an etwas anders als an ein Haus hängen, und wenn es einmal geschah, so folgte darauf doch das erwartete nicht. In D. hängte sich ein solcher Bienenschwarm an das Rathhaus, bald darauf ein anderer an die Hauptkirche. Man war beidemal darüber in grosser Sorge; aber die Kirche so wohl als das Rathhaus stehen noch unbeschädigt. Einst hängte sich ein Schwarm an einen Galgen, und der Scharfrichter ließ ihn endlich einfangen; was sollte nun das bedeuten? Wenn man mit dem Licht und Feuer vorsichtig verfährt, nicht mit Laternen oder gar brennender Tabakspfeife auf Heu- und Strohböden geht; so wird kein Feuer entstehen, wenn sich auch ein Bienenschwarm an dasselbe hängt, oder die Hunde davor heulen.

Vom dem Hirschkäfer (Schröter) glaubt man, daß er zwischen die an seinem Kopfe befindlichen Kneipzangen, eine glühende Kohle nehmen, sie in Scheunen, Heuböden u.s.w. werfe, und dadurch Feuersbrünste verursache; daher er auch von einigen Feuerträger genennt wird. Als Made frißt der Hirschkäfer im Eichbaume 6 Jahre Holz, dann verpuppt er sich, und wenn er auskriecht; so ist seine Haut weich, und vor seinem Kopf setzt sich gewöhnlich etwas von dem zernagten Holz, welches einige Tage und so lange sitzen bleibt, bis seine Haut an der Luft hart geworden ist – welches den gleich dem faulen Holz im finstern einen Schein von sich giebt, und zu jener Fabel Anlaß gegeben hat. Auch dieses Vorurtheils hat man sich bedient, um den gegründeten Verdacht abzuwenden, in den man wegen entstandenen Feuer gekommen war. Oft bleibt die Ursach von der Feuersbrunst verborgen, und am Ende muß es ein – Hirschkäfer veranlaßt haben.

Von Marktschreiern und Wunderdoctoren

Immer ziehen noch die sogenannten Marktdoctoren herum, und machen ihr Glück. Die Menge ströhmt ihnen zu, und kauft. Dieß zu befördern reitet der Herr Doctor selbst herum, vor ihm her ein Trompeter und ein Hanswurst hinten. Jetzt hält er, stemmt den Arm in die Seite, und schwingt pathetisch den Hut. Dem hohen Publicum wird bekannt gemacht, das allhier angekommen ist, Johann Caspar *** Königlich ***scher, privilegirter **** dessen gleichen allhier nie gewesen ist. Er heile alle Patienten in der Geschwindigkeit, so daß jedermann sich darüber verwundern muß, bittet sich gehorsamst Zuspruch aus, und logirt –. Man war schon vorher von der Erscheinung des Königlich ***schen, privilegirten **** unterrichtet, und welche Wunderthaten er dahier zu verrichten vorhabe; denn er hat an den Ecken der Gassen, an den Thoren u.s.w. Zettel anheften lassen. Nach denselben heilt er alles ohne Schmerzen. Seine Arzeneien sind englisch, köstlich, veritabel, weltberühmt, gerecht, vielmals approbirt; besitzen kostbare Tugenden, widerstehen allen Zufällen. Er hat eine ausländische, sehr bewunderungswürdige Wurzel *radix ** v.* genannt; welche, wenn sie – außerordentliche Wirkungen thut, und bei Hohen und Niedern probat befunden worden. Er besitzt ein untrügliches *remedium* wider – und wider; alle – sie mögen Namen haben, wie sie wollen, in kurzer Zeit zu vertreiben. Er führt Wunderbalsam, und verobligirt sich, unter göttlichem Beystand, wenn es die Beschaffenheit des Patienten leiden will, alles aus dem Fundament zu curiren.

  Gott allein die Ehre!
  Johann Casper u.s.w.

Wer erkennt hier nicht den Großsprecher, der unverschämt und listig genug ist, bei seinen Betrügereien, selbst Religion zum Vorwand zu gebrauchen?

 Das Publikum ist zu einer Komödie eingeladen; und man hat sich zahlreichen Zuspruch unterthänigst und gehorsamst ausgebeten: Denn unter der Menge von Zuschauern werden sich ja Käufer finden? Hanswurst ist Hauptperson, und ob gleich sein Witz elend ist, so hört man doch ohne Unterlaß aus dem versammelten, hochgeehrten Publikum lautes Gelächter schallen. Indeß gehn Personen umher, Geld zu sammeln, und das hochgeehrte Publikum kann nun schon bemerken, daß hier der Beutel in Anspruch genommen werde. Das Narrenspiel ist aus, und die Musik schweigt. Herr Casper *** in einer rothen, goldbesetzten Weste, das spanische Rohr in der Hand, der die Uhrkette fast eine halbe Elle lang herunter hängen läßt, tritt auf, recommandirt seine Arzeneien nochmals, nennt ihre Tugenden alle, und versichert, er reise nicht um des Geldes willen; sondern Elenden zu helfen: Aber wer kann es ihm glauben; er wird ja unwillig, wenn der Abgang so gut nicht ist, wie er gehoft hatte? Er erbietet sich, dem seine Arzeneien umsonst zu geben, der so arm sey, daß er sie nicht bezahlen könne, er weiß aber wohl, daß um ein paar Groschen keiner sich als den ärmsten zeigen, und von Hanswurst darum sich werde necken lassen. Kommt denn ja der Fall; so findet der Herr Doctor in dem Verkauf an das hocheehrte Publikum seine Rechnung. Er war in seiner an tausend Orten schon gehaltenen Rede sehr wortreich, zog gegen seines gleichen los, und stichelte auf gelehrte Aerzte; aber er hatte sich vorher Muth getrunken; denn er weiß, daß die Dummen durch viel Worte und zuversichtlichen Ton sich leicht überreden lassen.

 Solche Menschen richten grössere Verwüstungen an, als die Pest. Sie verkaufen ihre Arzeneien, ohne auf den Kranken gesehen zu haben, geben Menschen und Vieh aus einer Flasche. Man hat davon die entsetzlichsten Wirkungen gesehen, und nicht leicht schlägt ein Marktschreier seine Bude auf, daß es nicht einigen Einwohnern das Leben kostete. Sie nehmen immer eine Menge Geldes aus dem Lande, und entziehen es blos den Einwohnern, welchen es schätzbar ist. Oft sahe man, daß Leute borgten, um sich von dem Marktschreier sogenannte Arzeneien in einem hohen Preis zu kaufen, die, anstatt das Uebel zu heben, es vermehrten; und so das Elend vollkommen machten. Oft verursachten sie auszehrende und andere Krankheiten, und brachten dadurch ganze Familien an den Bettelstab. Sie bedienen sich unter andern auch des Kunstgrifs, die Leute bei ihren Vorurtheilen zu lassen, und sie darinn zu bestärken: Daß das beim Aderlassen weggegangene Blut in fliessendes Wasser gegossen werden müsse, weil es sonst, wenn es faule, hitzige Krankheiten zuwege bringe. – Daß die abgeschnittenen Haupthaare verbrennt werden müssen, weil, wenn die Vögel sie zum Bau ihrer Nester nehmen, dadurch Kopfschmerzen veranlaßt würden. – Daß das Fieber wohl daher entstanden seyn könne; weil die Eierschlaen nicht zerdrückt worden – daß man das Dämischwerden und Lähmung der Glieder vielleicht daher bekommen habe, weil man über eine Stelle gegangen sey, wo Abends zuvor jemand einen behorcht habe. – Der Marktschreier kennt den Eigensinn des Patienten, weiß, wie wenig Widerspruch sie vertragen können, und wie auf der andern Seite man dadurch sich ihr Vertrauen erwirbt, wenn man ihnen überall Recht giebt.

Solch ein unwissender und gewissenloser Betrüger kann durch seine Lügen den Leichtgläubigen und Dummen, der außer Stand ist, etwas zu beurtheilen, oder nach seinem Werth zu schätzen, leicht hintergehen. Ganz ohne Kenntnisse und Erfahrungen, mit drei oder vier Arzeneimitteln, deren Bestandtheile und Wirkungen er eben so wenig kennt, als die Ursachen und Beschaffenheit der Krankheit, verschlimmert der Marktschreier das Uebel, das die Natur selbst würde geheilet haben, wenn man sie ungestört gelassen hätte; oder macht es gar tödlich, weil seine Arzeneien mehrentheils starke, aber zweckwidrige Wirkungen haben, und demnach in seinen Händen das sind, was das Schwerd in der Hand des Rasenden ist. Gegen einen Räuber kann man sich wehren, oder von andern Hülfe erhalten; wenn aber ein Landstreichender Arzt sich das Zutrauen des Einfältigen stiehlt, und ihn dann vergiftet; so ist er ja weit gefährlicher, als jener, und nicht weniger strafbar. O daß ich ein Verzeichniß ihrer blutigen Thaten beifügen könnte! vielleicht, daß denn manchem eine heilsame Furcht eingeflößt würde, sich diesen Henkern nicht als Schlachtopfer anzuvertrauen. Wenn man ihre Arzeneien untersuchen, und sie mit den Bedürfnissen der Kranken, denen sie gegeben werden, vergleichen würde; so würde man sich entsetzen und die Unglücklichen bedauren, die ihr Leben dieser mörderischen Brut anvertrauen! Fälschlich glaubt man, die Arzeneien bei gelehrten Aerzten wären kostbarer, als die bei den Marktdoctoren! Wenn der Medicus die Krankheit so heben will, daß davon nichts in dem Körper zuück bleiben und künftig keine üble Folgen weiter zu fürchen seyn sollen; so muß er den Körper zu der eigentlich Cur erst vorbereiten, muß die Arzneien anders geben, wenn die Beschaffenheit der Krankheit sich ändert, und nachdem diese ganz gehoben ist, den Körper vor Rückfällen bewahren. Wenn er dann am Ende die Rechnung macht, so kömmt freilich eine größere Summe heraus, als die man dem Marktschreier giebt, der, wenn es die Beschaffenheit des Patienten leiden will, die Krankheit mit einemmal aus dem Funament zu curiren verspricht. Er verspricht nicht zu viel! Mißlingt die Cur, so bleibt ihm der Ausweg, daß es die Beschaffenheit des Patienten nicht zugelassen habe. Gelingt sie einmal, o dann macht man großes Geschrei, läßt sich Zeugnisse (*testimonia*) geben, die man in allen Gegenden und Enden vorzeigt, ohnerachtet vielleicht der gute Arzt den Grund dazu schon gelegt hatte. Mit Sorgfalt sucht der Bauer für sein krankes Vieh die Hülfe auf, und scheut dabei keine Kosten; Wenn es aber um ihn selbst, um sein Weib und Kind zu thun ist; so versäumt er alle Hülfe, oder bedient sich der ersten als der besten, wenn er sie nur wohlfeil haben kann. Wenn gleich die Mittel, deren der Marktschreier oder Wunderarzt sich bedient, unnatürlich und abscheulich sind; so läuft man ihm doch Haufenweis zu.

Mit Mondschein und Gebet heilte ein Wunderthätiger in Berlin, in den Jahren 1780 und 81 eine Menge Krankheiten, vorzüglich äußere Schäden. Er heilte sie mit Mondschein, obgleich oft der Mond nicht zu sehen war, und seine Frau die Operationen zu eben derselben Zeit in einem andern Zimmer vornahm, das eine ganz entgegengesetzte Lage hatte. Er heilte unentgeltlich, um desto mehr Zulauf zu haben; aber die Billette, beym Eintritt in das Haus, mußten bezahlt werden; denn man wußte wohl, daß auch Gesunde neugierig seyn würden, das Verfahren mit anzusehen. Die Frau nahm Geschenke, obgleich nur wenig besser wurden und sogar starben. Demohnerachtet hielt sein Ruf sich lange. Einst nahm er einen vierzehnjährigen Knaben, der von seinem Vater zu ihm geführt war, stellte ihn aufs Fenster, nahm das Bruchband weg, legte die linke Hand auf die kranke Stelle, und schien, indem er einige unvernehmliche Worte murmelte, den Mond anzusehen, der aber in der That nicht zu sehen war. Darauf faltete er seine

Hände gegen den Mond, sprach leise einige Worte, und damit war es aus. Er setzte den Knaben herunter: Der Vater nahm ihn auf die Seite, verband ihn wieder, und fragte: Wie ist es mein Sohn, thut es noch so weh? – O ja Vater, erwiederte dieser. Die Einbildungskraft konnte hier nicht wirken: Der Vater, an der Stelle des Kindes, hätte gewiß Erleichterung verspürt.

Nicht leicht hat ein Charletan grösseres Ausehen gemacht, als *Cagliostro*, der sich einen Graf nennte, und bald vorgab, er stamme aus fürstlichem Blut, bald von einem Maltheser-Ordens-großmeister; bald von einem arabischen Prinz, bald in Asien, bald in Europa geboren seyn wollte. Er gehört mit zu den medicinischen, wunderthätigen Abentheuern. Seinem Vorgeben nach unterrichteten ihn morgenländische Weise; Reisen nach Egypten und Einweihungen in die unterirdischen Geheimnisse der Piramiden verschaften ihm den Besitz der verborgendsten Kenntnisse. Er geht mit Geistern, wie mit seines gleichen um, er macht Gold, er heilt, er ver-jüngt, er verschönert; alle Wissenschaften stehen ihm zu Gebot. Er liest in den Gestirnen, was kein Mensch weiß – der außerordentliche Wundermann! Er ist Geisterseher, Geisterbeschwörer, menschenfreundlicher, unbezalter Arzt. Er hat grosse Aufmerksamkeit erregt und grossen An-hang; aber seine glänzende Periode ist vorbei, seine Zahlreichen Anhänger sind verschwunden, und man lacht über ihn.

Die Verblendung und Verwirrung hierin ist unbegreiflich! Des glänzenden Anscheins ohne-rachtet, den sich die Marktschreier durch Ringe, durch Tressenwesten und Hüte u.s.f. in den Augen der Einfältigen geben, sind die Leute, welche ihre Erhaltung durch Unverschämtheit und Leichtgläubigkeit des Volks suchen, weil sie unfähig sind, durch eine andere Beschäftigung ihren Unterhalt zu verdienen. Sie sind von aller Einsicht entblößt, ihre Titel und Beglau-bigungsschreiben haben keine Gültigkeit, denn jene können um einen eben so wohlfeilen Preis erkauft werden, als die Goldverbrämten Kleider bei der Trödelfrau: Diese sind untergeschoben oder erschlichen. Je zuweilen gelingt es dem Marktdoctor wohl, unter den tausenden, welche er mordet, einen zu heilen, der vielleicht schon unter den Händen eines geschickten Arztes gewesen ist; aber das ist nur Zufall: Die Natur würde sich jetzt, auch ohne Arzeneimittel ge-holfen haben; oder der Kranke hatte Kräfte genug, den verderblichen Wirkungen der Arzenei zu widerstehen, die andern tödtlich gewesen seyn würde. Die Kranken, die sich Marktschreiern übergeben, sind gemeiniglich von dem Arzte verlassen, weil sie sich an die Vorschriften, deren Beobachtung ihre Krankheit foderte, und die der Arzt ihnen vorschrieb, nicht binden wollten, oder ihn durch ihre Widerspenstigkeit erbitterten. Wenn doch die, die um den Marktschreier neugierig herumstehen, Augen und Mund aufsperren, und sich glücklich schätzen, daß es ihm beliebt, sie um ihr Geld zu betrügen, indem er ihnen etwas ganz unnützes um einen funfzehn bis zwanzigmal über seinen wahren Werth erhöheten Preis verkauft – wenn doch diese bedenken wollten, daß der dastehende, so geheißende Doctor nicht mehr verstehe, als sie selbst, und daß sie nur Unverschämtheit genug haben dürften, um bald eine gleiche Geschicklichkeit in die Hand zu bekommen, bald so geläufig zu sprechen, wie er, und dadurch Ansehen und Zutrauen zu erlangen.

Jedes, auch das schlechteste Handwerk muß erlernt werden – und dieß sollte bei der Arznei-wissenschaft nicht geschehn dürfen, die von so weitem Umfang ist, die so viel Fleis, Nach-denken und Erfahrung erfodert, ehe jemand darinn nur zu einer gewissen Vollkommenheit gelangt? Man giebt einem Unkundigen keine Uhr auszubessern; aber die aus so vielen, ganz zarten Theilen zusammengesetzte Maschine, den Leib, vertrauet man Leuten, die dessen inne-re Einrichtung nicht kennen, und daher, anstatt zu verbessern, ihn zerstören. Man giebt kei-nen etwas kostbares zu verarbeiten, wenn man nicht Beweise seiner Geschicklichkeit sieht: aber das kostbarste, das Leben, vertrauet man jedem Großsprecher, und bezahlt ihn theuer, daß er den Ueberrest desselben vergiftet. Menschen, die von der Natur mit den besten Geistesgaben versehen, in den schönsten Jahren ihres Lebens auf fleisige Untersuchung des menschlichen Leibes ununterbrochen Fleiß wendeten, die desselben Verrichtungen, die Ursachen, mit allen den Hülfsmitteln dagegen kennen gelernt, unter tausend Kranken in Spitälern Beobachtungen angestellt, und damit die Erfahrungen aller Zeiten und Orte verbunden haben, selbst die finden sich so fähig nicht, als sie wünschen, das köstliche Unterpfand der menschlichen Gesundheit in Verwahrung zu nehmen; und man sollte sich schlechten Menschen anvertrauen, die ohne alle Anlage geboren wurden, keine Erziehung und Unterricht hatten, die oft nicht einmal lesen können; die von der Arzneikunst so gar nichts verstehen, und dieses erschreckliche Handwerk nur darum treiben, um Geld zu gewinnen, damit sie Nächte hindurch saufen können; die darum nur Aerzte wurden; weil sie zu allem andern untüchtig waren? Einige von ihnen, welche wohl einsehen, daß es nicht ungegründet sey, wenn man ihnen vorwirft, daß sie von allen Wissenschaften entblößt sind, bedienen sich eines Behelfs, der unter einem abergläubischen Volk nur allzuleicht Glauben findet; daß nemlich ihre Kenntnis in der Arzneiwissenschaft übernatürliche Gabe sey, und daher alles menschliche Wissen übertreffe; daß sie ihre Macht dem Himmel oder der Hölle zu verdanken hätten.

Ein paar Jahr nach jenem Monddoctor warf sich ein Wundermann dieser Art in Berlin auf. Er war ein Heuchler und schlauer Bösewicht, der die Gemüther schwacher Menschen einzunehmen wußte, und gutherzigen Leuten unvermerkt das Geld ablocken konnte.

Seinem Vorgeben nach, brauchte er geheime Naturkräfte (denn worauf setzt man grösseres Vertrauen?) und Religionsübungen. (und wodurch könnte man Einfältige leichter hintergehen?) Er wartete immer bis zwölf Uhr, um, wie er sagte, die Krankheit zu bestimmen, und befahl auch seinen Patienten, sobald er sie besuchte, vor dem Schlag 12 den Mund zum Reden nicht zu öfnen. Er schnitt ihnen Haare ab, legte sie kreuzweis über einander, verbrannte sie dann, und gab ihnen das Pulver ein. Er murmelte Gebetsformeln, sprach seinen Kranken viel von Bezauberung, Besitzung des Teufels vor, und hatte eine Essenz, von der er sagte, er könne sie sich nur in einer einzigen Stunde, die er aber wohl in acht nehmen müsse, im ganzen Jahr verschaffen. Es fehlte ihm an Dreistigkeit so wenig, als an Lügenhaftigkeit. Den augenscheinlichsten Kranken sagte er trotzig: Ihr habt die Krankheit nicht. Bei den fürchterlichsten Anzeigen, die er zum Theil selbst veranlaßt hatte, sagte er kaltmüthig: Das ist gut, das muß so seyn – und gab nicht undeutlich zu verstehen, er sey so etwas von allgegenwärtig und an Allmacht fehle ihn nur wenig. Wenn er durch alles dieß seinen Kranken Ehrfurcht und Glauben beigebracht hatte. so erzählte er, der falle zur Strafe in eine andere schwere Krankheit, der ihm nicht ordentlich bezahle: Und man kann denken, wie geschwind und gern die gläubigen Seelen ihm voraus bezahlten. Den Puls, welchen er die Lebenslinie nannte, befühlte er fleisig. Einem ohne Zweifel wassersüchtigen Mann sagte er, wie gewöhnlich: Ihr habt die Wassersucht nicht! Wenn das wahr ist, will ich mir ein Messer in den Leib stechen lassen. Euer Lebenslicht brennt noch 25 Jahr, und ihr lebt noch länger, als das Licht brennt; Aber der arme Mann fiel bei der ungeschickten Behandlung des betrügerischen Gauklers in Wahnsinn, welches auch das Loos seiner andern Kranken war. Er sagte zwar auch hiebei ganz gelassen: Das hat nicht zu bedeuten, das muß so seyn; aber der Mann starb, trotz des langen Lebenslichts, und zwar höchst wahrscheinlich, wie andere seiner Kranken, durch seine Schuld. Man brachte den Wunderthäter endlich ins Zuchthaus und er heilt seitdem nicht mehr.

Sollte die Obrigkeit nicht überall dem Unwesen solcher Betrüger steuern, und ihnen den Eingang in das Land verwehren, die das schätzbarste Gut desselben, die Menschen ausrotten, und den überbleibenden das Geld abnehmen? Sollte endlich nicht das Volk so vernünftig werden, ihnen nicht mehr Gehör zu geben? Das beßte Mittel für so schädliche Menschen ist, sie zur Ergreifung einer weniger schädlichen Lebensart zu nöthigen!

Einige Aberglaubenstücke aus dem gemeinen Leben

Wer Grabschriften liest, verliert das Gedächtnis. Freilich wer es zu seiner einzigen Beschäftigung machen wollte, Epigrammen zu lesen, zu behalten oder selbst zu machen, der würde seine andere Beschäftigung vergessen oder vernachlässigen, so daß man glauben würde, er habe sein Gedächtnis verlohren.

Wenn es wahr ist, daß der Blutfluß davon vergeht, wenn man einen Frosch in die Hand nimmt, oder eine getrocknete Kröte unter die Achsel bindet, so rührt dieß wohl von dem Abscheu her, den man vor diesen Thieren gemeiniglich hat, der die Gefässe der Haut zusammenziehen, und so den Blutausfluß hindern kann. Wer sich vor diesen Thieren nicht ekelt, der verspürt davon die genannte Wirkung gewiß nicht.

Garn von Mädchen gesponnen, die noch nicht sieben Jahr alt sind, ist von herrlicher Wirkung; denn die daraus gewebte Leinwand ist gut für die Gicht, bewahrt vor Hexereien, und ist zu Hosenfutter vorzüglich brauchbar. Wer sie am Leibe trägt, ist Schuß- und Stichfrei. Wenn man Gewehre damit ladet, so schießt man nicht fehl. Welcher Vernünftige wird dieser Leinwand so außerordentliche Wirkungen beilegen? Sollten damit etwa die Töchter zum frühen Garnspinnen gewöhnt werden? Dann wärs recht.

Wenn eine Maus am Kleide nagt; so bedeutet es Unglück. Freilich immer ein Unglück, wenn Mäuse Kleider zerfressen; daß man aber dadurch verhütet, wenn man das Haus von diesem Ungeziefer frei hält.

Wer viel in der Märzenluft ist, oder sich auf die Erde legt, sagt man mit bedeutender Mine, der bekommt Kopfschmerzen. Sehr natürlich! denn da steigen die Dünste besonders häufig aus der Erde auf, und verursachen dem Schmerz im Kopf, der nicht jede Luft gewohnt ist. Wer sich aber auf der Erde hinstreckt, der athmet die dicken Dünste ein, sobald sie aus der Erde aufsteigen, ehe sie sich noch verdünnen und zertheilen konnten; und Kopfschmerzen sind die sehr sichere Folge.

Wenn ein Fremder in die Stube kommt; so darf man ihn ohne Niedersetzen nicht weggehen lassen, sonst nimmt er den Kindern die Ruhe mit. Höflich ist es wohl, dem Fremden einen Stuhl zum sitzen anzubieten, wenn man es aber in der Absicht thut, daß dem Kinde die Ruhe nicht hinausgetragen werde; so handelt man thörigt.

Wenn eine Henne krähet, so bedeutet es Unglück. Wenn die Hüner allzu gut gefüttert werden; so werden sie fett und übermüthig, und krähen, und hören auf Eier zu legen – welches für die Haushaltung freilich nicht gut ist.

Wer früh nießt, kriegt selbigen Tag neues zu erfahren, oder etwas geschenkt. Man hielt ehedem den Schnupfen oder die Strauchen für etwas heilsames. Freilich ists besser, den Schnupfen als eine schlimme Krankheit – aber besser noch, keinen Schnupfen zu haben. Wenn man des Morgens oft nießt, so ist ein Schnupfen auf dem Weg, den jeder, wenn er will, für ein Geschenk halten mag.

Wenn in einer Stube, in welcher eine Sechswöchnerin liegt, jemand mit einem Tragkorb kommt; so muß man einen Span vom Korb abbrechen, und in die Wiege stecken, sonst nimmt er der Mutter oder dem Kind die Ruhe mit. – Es ist probat, sagt, man; ich aber antworte: Es ist nicht wahr!

Wenn die Weiber Garn sieden; so müssen sie dabei recht lügen, sonst wird es nicht weiß. – Dieß wär ein gar nicht kostbares Mittel, um das Garn weiß zu kriegen. Könnte diese lächerliche Meinung, an welcher gleichwohl manche hangen, vielleicht nicht auf folgende Art entstanden seyn? Es ließ jemand sich aufschreiben, mit was das Garn am besten schön weiß siede, und las, statt gute Laugen müssen das beste thun – gute Lügen x. Man probirte; das Garn gerieth, und nun entstand die Sage, man müsse beim Garnsieden recht lügen, um es weiß zu kriegen.

Es ist nicht gut, wenn man über den Kehrig geht. – Freilich nicht gut, denn man trägt den Unrath wieder dahin, wo man ihn vorher weggekehrt hatte; und es ist daher besser, ihn sogleich ganz wegzubringen. Nein, sagt man, wer über den Kehrig geht, der hat kein Glück! Wie mancher, der über den Kehrig gieng, fand einen Ring x. War das nicht Glück?

Es ist nicht gut den Krug woraus man trinkt, mit der Hand über den Deckel anzufassen, daß er hierdurch überspannt werde; denn das schadet dem andern, der daraus trinkt. – Worin mag wohl dieser Schade bestehen? Wer zuerst daraus trinkt, sagt man, bekommt den Herzgespann.

Die Eltern sollen den Kindern nicht selbst Klappern kaufen; sondern sie ihnen von andern schenken lassen, sonst lernen sie langsam und schwer reden. – Aber gewiß werden die Kinder weder bei geschenkten, noch bei selbstgekauften früher oder später sprechen lernen, wenn man sie darin nicht gehörig übt.

Wenn die Kinder schwer reden lernen, soll man ihnen Bettelbrod zu essen geben. – Wohl könnte man von dieser Kunst sagen, daß sie betteln gehe. Soll etwa das auf das leichtere Sprechen lernen der Kinder Einfluß haben, weil die Bettelleute viel sprechen?

Wenn man ausgeht oder verreist, soll man nicht wieder umkehren, wenn man etwas vergessen hat; sondern soll es lieber durch einen andern nachbringen lassen. – Warum? Es ist nicht gut, und gehet dem nicht wohl, der das thut; seine Verrichtungen gehen nicht von statten. – Es ist freilich besser, wenn man nichts vergißt und daher nicht umkehren darf: Daß man aber, wenn dieß doch geschehen müßte, unglücklich seyn werde; wer könnte dieß glauben?

Wenn die Weiber Federn in die Betten füllen, sollen die Männer nicht zu Hause bleiben. Die Federn stechen sonst durchs Ingefieder. – Wenns schlecht ist.

Wenn man eine Henne zum Brüten aufsetzt, soll es zu der Zeit geschehen, wenn die Leute aus der Kirche kommen. Denn so geschwind die Leute aus der Kirche gehen, sagt man, so geschwind laufen die jungen Hüner aus. Wenn das Herauskommen der Leute aus der Kirche zur geschwindern Ausbrütung der Eier etwas beitragen könnte; warum sollte es nicht auch ihr Hereingehen können? Oder will man eine Ursach mehr haben, aus der Kirche zu bleiben?

Wenn die Leute eine Gluckhenne setzen wollen, so legen sie die Eier vorher in eine Pelzmütze, woraus sie dieselben so geschwind als möglich in das Nest schütten, damit die Küchlein alle auf einmal heraus kommen. – Die Eier kommen wenigstens alle auf einmal ins Nest.

Wenn die Küchlein nicht sobald herauskommen; so brennen sie Hollunderstengel auf dem Heerd; denn so wie der Hollunder knicket, so glaubt man, knickern die Eierschalen entzwei, und die Jungen kommen heraus. – Das wäre!

Wenn man großschoppige Hüner bekommen will; so muß man zu der Zeit, wenn man die Gluckhenne ansetzt, einen feinen Strohhut aufsetzen. Wer etwas großes auf dem Kopfe hat, schließt man, indem er der Gluckhenne Eier unterlegt, der macht dadurch, daß die jungen Hüner grosse Schoppen kriegen. Wenn man also ein halb Duzend Strohhüte übereinander aufsetzte, so müßte es recht hübsche Hüner mit sechsfachen Schoppen geben. Der Abergläubische weiß auch die Verhaltungsregeln bei dem Ansetzen einer Gluckhenne, um so viel Hüner und Hähne als man will zu erhalten. Man soll das Stroh zum Nest aus einem Ehebett nehmen; wenn man gern viel junge Hüner haben will, von der Weibsseite; Hingegen von der Mannsseite, wenn man sich viel Hähne wünscht. Dieß wär ein sonderbares Geheimnis; ich will es denen zu ergründen überlassen, die daran glauben.

Wenn man sich früh gewaschen hat, soll man das Wasser nicht von den Händen abschleudern, weil man sonst die Nahrung des Tags wegschleudere. – Ein ordentlicher Mann wird darum nicht unterlassen, sich des Morgens die Hände zu waschen; wenn er aber gesittet ist, mit den nassen Händen nicht schleudern, um andere nicht zu bespritzen. Geschehe es aber einmal unversehens; so würde er in seiner Nahrung darum gewiß keinen Abfall verspüren, wenn er sonst ein fleisiger und guter Arbeiter ist.

Es ist nicht gut, wenn man eine leere Wiege wiegt. – Warum sollte es auch gut seyn, da es ohne Nutzen ist? Wer wird es aber glauben, daß man dem Kinde die Ruhe wegwiege, daß es hernach nicht darin schlafen könne? Man könnte eher das Gegentheil glauben: denn kränkliche Kinder werden in der Wiege lange geschaukelt werden müssen: Gesundere werden mit der Wiege spielen, wenn sie auch noch darin schlafen, und dennoch eine gute Nacht haben.

Mit einem kleinen Kind soll man unter einem Jahr nicht in Keller gehen, es wird sonst furchtsam. In den Kellern ist es finster, wenn man aber den Kindern vor allem, was schwarz und finster ist, schon frühzeitig Furcht beigebracht hat; so werden sie, wenn man sie an einen solchen Ort führt, ihre Furchtsamkeit zu erkennen geben. Die Mutter soll den ersten Zahn, der dem Kinde ausfällt, verschlucken; alsdenn bekommt es schöne Zähne. Ueble Zufälle könnte ein verschluckter Zahn wohl verursachen; aber nicht dem Kinde schöne Zähne machen: Denn wo wäre zwischen dem Zahne in dem Magen der Mutter, und dem Zahnwachs bei dem Kinde ein Zusammenhang?

Man soll die Kinder nicht alt Männgen oder alt Weibgen nennen, sie verkommen sonst und kriegen zeitig Runzeln an die Stirn. Warum sucht man den Grund, daß Kinder oft schon frühzeitig die Stirn runzeln, nicht vielmehr in schlechter Erziehung? Man sollte ihren starren Sinn beugen, ihrem Eigensinn nicht folgen, und ihnen den Willen nicht thun, wenn sie mit dem Fuß stampfen; Dann würden sie nachgiebiger werden, freundlicher aussehen und die Stirne nicht in Falten legen. Wie oft nennen Eltern ihre Kinder Raabenaas, Donneraas, junge Teufel x. schadet das ihnen nichts?

Wenn man die Kinder unter einem Jahr in den Spiegel sehen läßt; so werden sie stolz. – Die Spiegel sind eine sehr gute, aber auch sehr gemißbrauchte Erfindung. Sie zeigen die Flecke und befördern die Eitelkeit. Kinder aber haben im ersten Jahr noch nicht so viel Nachsinnen, daß sie sich auf ihr gutes Gesicht oder Gestalt schon etwas einbilden könnten. Man könnte die Spiegel dazu gebrauchen, ihnen ihre Spielereien frühzeitiger überdrüssig zu machen, in dem man sie damit vor den Spiegel hinstellt; denn was Kinder oft und viel sehen, das werden sie leichter überdrüssig. Des Nachts soll Niemand in den Spiegel sehen, weil es nicht gut sey: Man sehe darinn den Teufel. Man erzählt schreckliche Geschichten, wie der Teufel über den, der des Nachts in den Spiegel gesehen, zwei Finger gehalten habe, wovon dieser ganz schwarz geworden, und Lebenslang geblieben sey. Vermuthlich wollte man dadurch nur der Eitelkeit steuren und verhindern, daß man die Augen dabei nicht verderben sollte.

Wenn ein Hund in den Backofen sieht; so bäckt das Brod ab. Freilich, wenn man den Backofen lange offen stehen ließ, so daß die kalte Luft hineinschlagen könnte; so würde das Brod abbacken. Das Hineinsehen des Hundes aber kann dazu so wenig thun, als wenn es von einem Esel geschehe. Man macht drei Kreuze über den Teig, damit er desto gesegneter seyn soll, auch über das Brod ehe man es anschneidet – wenn Teig und Brod gut ist, kann es nichts schaden, im Gegentheil nichts helfen.

Wenn in der Stube Teig im Backtrog steht, soll man die Stube nicht auskehren; man kehrt sonst Brod mit hinaus. – Etwas für faule Weiber und betrügerische Mägde, die von dem Teig nehmen und Kuchen backen. Die Bäcker kehren ihre Stuben aus, wenn gleich der Trog ganz voll ist, und sie verspüren keinen Abgang.

Den Essigkrug soll man nicht auf den Tisch setzen, der Essig verdirbt davon. – Die hieran glauben, wissen selbst nicht, warum dieß so geschieht: Ich weiß es auch nicht! Wohl aber habe ich gehört, daß der Essig doch gerathe, wenn man ihn auch oft auf den Tisch gesetzt hat. Wer Essig ansetzen will, der muß sauer dazu sehen und böse seyn, sonst geräth der Essig nicht. – Wenn mürrische Leute durch ihre üble Laune dem Essig Säure mittheilen könnten; so würde daraus folgen, daß der Essig freundlichen Leuten umschlüge, oder daß durch sie das Saure süß werden könnte. Man weiß sichere Mittel, dem Essig gute Säure zu geben. Essig giebt man nicht ohne Geld weg; denn sonst, glaubt man, könne man keinen wieder sauer kriegen: Es muß wenigstens etwas, sollte es auch nur eine Stecknadel seyn, dafür gegeben werden, Das Gegentheil zeigt die Narrheit.

Wenn man den kleinen Kindern den ersten Brei nicht bläst, so verbrennen sie sich hernach an heissen Suppen das Maul nicht. – Faule Mägde haben dieß unstreitig ersonnen. Gesetzt aber, es wäre wahr, was für Nutzen hätte ein Kind davon, wenn es heisse Suppen und andere Speisen unbeschadet zu sich nehmen könnte? Die Natur des ganzen Körpers müßte sich denn ändern, und unsittlich würde ein solcher bei Tische erscheinen.

Wer reich werden will, der schneide das Brod fein gleich. – Man kann an dem Brod gewissermaßen sehen, wie die Haushaltung beschaffen sey. Wenn Kinder und Gesinde bei Tische Freiheit haben, das Brod überall nach Gefallen zu beschneiden; sollte man davon wohl auf eine ordentliche regelmässige Haushaltung schließen? Wer in der ganzen Haushaltung ordentlich ist, der wird auch dahin sehen, daß das Brod ordentlich geschnitten werde, daß keiner sich mehr nehme als er zur Sättigung nöthig hat, und daß das etwa übriggebliebene nicht umkomme.

Wenn zum Grabe geläutet wird, soll man nicht essen, sonst thun einem die Zähne weh. – Wenn man in Städten, wo um die Mittagszeit oft zu Grabe geläutet wird, darum nicht essen wollte, so würde man die Mahlzeit oft übergehen müssen. Vielleicht entstand dieser Aberglaube durch Scherz; denn gewiß thun irgend einem die Zähne weh, wenn geläutet wird, er mag übrigens seyn *wer* und *wo* er will.

Wenn einem Kinde unter einem Jahr rothe Schuhe angezogen werden; so kann es hernach, wenn es erwachsen ist, kein Blut sehen. – Jene gute Schusterfrau sagte das, weil ihr Mann kein rothes Leder hatte, da für ein kleines Kind rothe Schuhe bestellt wurden. Es ist nicht gut, wenn man am Leib flickt. – Freilich ist es besser, wenn die Kleidung so beschaffen ist, daß sie nicht geflickt zu werden braucht: Wenn es aber geschehen soll; so wird es immer unvollkommen geschehen, wenn man es am Leibe thut. Von einem ordenlichen sieht man das nicht.

Wenn man über ein Kind hinschreitet; so wird es nicht größer. – Wo lebt wohl ein Mensch über welchen nicht irgend einmal jemand geschritten wär? Und doch giebt es so viel große Leute! Aber könnte so etwas thörigtes glauben? Noch thörigter aber würde es seyn, wenn man über das Kind, welches man überschritten, und dadurch verwahrlost zu haben glaubt, wieder herüberschreiten wollte, um dadurch den Schaden wieder gut zu machen.

Wer im Holz arbeitet, wird nicht reich. – Sind denn etwas die, welche in Stein, Eisen, und Thon arbeiten, reicher als jene? Und hat man auch nicht reiche Drechsler, Wagner, Kistler, Zimmerleute, x.?

Wenn man des Abends bei Tische sitzt, soll man mit dem Licht nicht unter den Tisch leuchten, es entsteht sonst Zank. – Das Leuchten unter den Tisch hat, ob es gleich gefährlich ist, oder werden kann, etwa nur bei der Karte die Folge, daß dadurch Zank erregt werden kann; weil, wenn jemand das Licht nimmt, um eine verlohrne Karte, oder Geld wieder aufzunehmen, Betrug vermuthet oder wirklich gespielt wird, welches denn zum Streit Anlaß giebt. Wer mit Holz, Stroh, oder andern brennenden Materien im Feuer oder Licht gaukelt, der harnt hernach ins Bette. Aus dem Spielen mit Feuer und Licht ist schon mancher Schade entstanden; daher suchte man die Kinder dadurch davon abzuschrecken, daß man ihnen weismachte, es erfolge darauf, warum sie schon öfters Schläge bekommen hätten.

Wer bei dem Spiel Geld wegleihet, der verliehrt. – Wer sein eignes Geld schon so weit verspielt hat, daß er zu borgen genöthigt ist, der ist nachher oft nicht im Stande das geborgte wieder zu geben; oder er wird dadurch in den Stand gesetzt, wieder mitspielen zu können, und nimmt vielleicht, wenn sich nun das Glück auf seine Seite wendet, den andern ihr Geld ab. Und so kann es geschehen, daß man verliehrt, wenn man beim Spiel andern borgt.

Auf der andern Seite sagt man. Man muß das Geld zum Spielen borgen, um zu gewinnen. Es ist ein Grad von Liederlichkeit, wenn man dem Hang zum Spiele so sehr folgt, daß man das Geld dazu borgt, im Fall man selbst nichts hat. Darum aber kann man im Spiel nicht glücklicher seyn. Wer zu Markte zieht und die erste Lösung wegborgt, der verborgt sein Glück. – Mancher verborgt den ersten Handkauf nicht und löst dennoch wenig. Wer auf dem Markt etwas feil hat, soll den ersten Käufer nicht gehen lassen, sonst hat er kein Glück. Abergläubische Käufer und Verkäufer, beide können dadurch betrogen werden. Der erste wird kaufen, so bald der Handelsmann, seine Bude aufgeschlagen hat; der andere verkaufen wenn es gleich mit Schaden geschehen sollte.

Wer des Morgens rücklings aus den Bett steigt, dem geht selbigen Tag alles verkehrt. Wenn das, was man unternimmt, nicht recht von statten gehen will; so pflegt man wohl zu sagen; Es ist, als wenn ich heute verkehrt aufgestanden wär. Es ist wider Gewohnheit, aus dem Bett rückwärts zu steigen; Wenn es aber durch Zufall einmal geschehe; so würde das doch auf die Geschäfte des Tags keinen Einfluß haben. Es kommt vielmehr darauf an, wie man dabei zu Werke gehet. Wer früh nüchtern nieset, der kriegt selbigen Tag etwas geschenkt, oder erfährt was neues, – oder bekommt den Schnupfen. – Wer jede Kleinigkeit, die ihm den Tag über begegnet, dahin deuten wollte, der würde immer glauben können, daß frühes Niesen etwas bedeute. Das

Niesen ist nichts anders, als eine schnelle Bewegung der zum Othemholen nötigen Werkzeuge; wie könnte es etwas zukünftiges verrathen?

An den Wiegen muß ein Truitenfuß gemahlt seyn, sonst kommt der Schlenz (das Manndl) und drückt oder saugt das Kind aus, ob es gleich keinen Schlenz giebt.

Wenn ein ganzes Brod unangeschnitten vom Tisch getragen wird; so müssen die Leute hungrig aufstehen. – Freilich wenn vorher nichts wär gegessen worden!

Wenn Salz verschüttet wird, soll man es wieder aufnehmen; man hat sonst kein Glück. – Wenn nun aber das Salz an einen Ort fällt, wo es nicht wieder aufgenommen werden kann? Wer das verschüttete Salz wieder aufnimmt, der ist um so viel reicher als das Salz werth ist. Brav!

Wer die Schuhe einwärts tritt, der wird reich; wer sie aber auswärts tritt, wird arm. – Wie wird aber der, könnte man fragen, der seine Schuhe ganz gerade geht? Wenn dieß zuträf; so würde jeder seine Schuhe gern einwärts treten, um dadurch reich zu werden, und man würde sich dazu leicht gewöhnen. Die Erfahrung widerspricht dem allzusehr.

Ein gelber Wachsstock um den Hals gewunden, wenn er angeschwollen ist, heilt ihn. Man weiß aus Erfahrung, wie gefährlich die so geheißnen bösen Hälse sind, und wie schwer sie oft geheilt werden. Der Abergläubische hat überall die leichtesten Mittel: Wohl ihm, wenn sie helfen.

Wer die gelbe Sucht hat, der soll einen Schmierkübel von einem Fuhrmannswagen stehlen und hinein sehen, um sie zu vertreiben. – Warum muß denn der Schmierkübel gestohlen seyn? Weiß man ein Exempel, daß dadurch die gelbe Sucht curirt worden ist?

Diejenigen Kühe, die beim Melken unruhig sind, und die Milch nicht lassen wollen, soll man mit dem Stock eines Bettlers schlagen, um sie dadurch auf einmal zahm und nachgiebig zu machen. Man schlage eine unruhige Kuh eben so empfindlich, als es mit dem Bettlersstock geschehen seyn würde, und sie wird ohnfehlbar auch dann ruhig seyn, wenn sie gemolken werden soll. Wenn man es aber nur zur Zeit des Melken thun wollte; so wird sie allemal in Furcht gerathen, wenn sie gemolken werden soll, und die Milch um so mehr anhalten. Man hat dadurch vielleicht dem Gesinde beibringen wollen, was sie nehmen sollen, um die Kühe zu schlagen; denn es ist bekannt, daß diese öfters die Milchgefäße, ganze Scheite Holz x. nehmen, und das Vieh damit werfen.

Wer einer Katze Schaden thut, oder sie todtschlägt, dem steht ein Unglück vor. – Beruht diese Meinung vielleicht darauf, daß man glaubt, die Hexen könnten sich am leichtesten in Katzen verwandeln, und der Teufel mit ihnen sein Spiel haben? Wenn dieß wahr wäre, so hätte man freilich Ursach sich vor Katzen zu fürchten.

Wem ein Floh auf die Hand hüpft, der erfährt etwas neues. – Es ist der Natur dieser Springer gemäß, sich überall hinzusetzen, wo sie Nahrung wittern; warum sollte man glauben, daß sie dem neues verkündigen, dem sie sich auf die Hand setzen?

Wer auf den Daumen viel weisses hat, dem bedeutet es, daß er in seinem Vaterland bleiben wird, – wenns ihn anders darinnen wohl geht.

Es ist nicht gut, wenn man die Spinnen umbringt. – Wenn sie ihr Gewebe an einem Ort aufziehen, wo es keinen Uebelstand macht, so mag man sie ungestöhrt lassen; denn sie fangen darin das Ungeziefer, das uns sonst beschwerlich seyn würde. Wem früh morgens eine Spinne auf dem Rock kriegt, der wird des Tags glücklich seyn. – Man pflegt zu sagen: Ich bin ihm feind wie einer Spinne, woraus erhellet, daß zwischen Menschen und Spinnen ein natürlicher Abscheu ist: Wie könnte nun das Thier, dem Glück verkündigen, auf dem es herumkriecht?

Wenn man aus einem Fluß Wasser holt, so muß man es von oben her hinabwärts schöpfen; denn im entgesetzten Fall würde man sich widerwärtige Schicksale zuziehen. Wie viele Menschen, die von dieser Meinung nichts wissen, oder nicht immer darauf acht geben, schöpfen, wie sie dazu kommen, und ihr Schicksal bleibt ungeändert. Wie viel Abergläubische schöpfen den Strom herab, und sind doch unglücklich?

Bei dem Schlafengehen soll man nichts auf dem Tisch liegen lassen; es kann sonst das älteste oder das jüngste im Hause nicht schlafen. Aus dieser Ursach darf man nun eben vor Schlafengehen den Tisch nicht räumen; wohl aber stimmt es mit guter Hausordnung überein. Wenn man etwas von Werth auf dem Tisch liegen läßt, und man dann glauben, es könne Schaden leiden, oder gar weg genommen werden; so verursacht dieß freilich Schlaflosigkeit.

Wenn ein Weib zu Bette geht, und die Sterne grüßt; so nimmt ihr der Geier oder Habicht kein jung Huhn. Wer denn des Morgens seine Hühner vollzählig findet, der glaubt wohl gar, der Sternengruß habe es verhütet.

Wenn man frisches Stroh in ein Bett thut, soll man die Knoten nicht an den Strohbändern lassen, sonst kann niemand darauf schlafen. Wenn im Bettstroh viel solche Knoten sind; so verursachen sie freilich wohl Beschwerde.

Es ist nicht gut, daß man sich Feuer oder Licht durch einen Fremden aus dem Hause tragen läßt. – Man glaubt, es werde damit die Nahrung aus dem Hause getragen. Allein, bei dergleichen Leuten, die an so etwas glauben, und darauf halten, ist ja die Nahrung oft schlechter als bei jedem andern. Verweigert man dadurch nicht auch Gott das Vertrauen, das man ihm schuldig ist? und sollte man sich dadurch wohl abhalten lassen, jemand eine Gefälligkeit zu erweisen?

Wenn eine Magd zu einem neuen Herrn zieht; so soll sie bei ihrem Anzuge sogleich ins Ofenloch gucken, damit sie es bald gewohnt wird. Jene Magd lief nach vierzehn Tagen schon wieder davon, und sie hatte bei ihrem Anzuge in das Ofenloch gesehen. Neue Mägde, sollen sich bei ihrer Ankunft überall umsehen, um von dem, was sie zu thun haben, Kenntnis zu bekommen: Wenn sie denn an Arbeit gewöhnt sind; so werden sie es bald gewohnt. Und wenn sie treu und fleisig sind; so werden sie nicht sobald außer Dienst gehen dürfen.

Die Mägde ziehen Fleischtagen an, damit ihnen das Jahr nicht lang deuchten soll. Viele lassen sich an Fleischtagen copuliren, – wahrscheinlich des Hochzeitmahls wegen.

Wer in ein neues Haus ziehet, der soll einen neuen Besen, ein Brod und Salz vorher in dasselbe schicken. – Wer zur Unreinlichkeit geneigt ist, der wird durch die Kraft des neuen Besens, der in das neue Haus schickt zur Reinlichkeit nicht gewöhnbar werden, und wer fleisig und haushälterisch ist, der wird Brod dazu haben, wenn er gleich nicht das genannte vor sich hertragen läßt.

Wenn die Weiber waschen wollen; so muß im Hause alles freundlich aufstehen; alsdenn bekommt man schönes Wetter. Freilich wohl; denn bei der Hausfrau ist gewöhnlich Unwetter. Wenn die Männer zanken, sollen die Weiber fliessend Wasser in den Mund nehmen; dann hört der Zank auf: Er würde aber auch aufhören, wenn die Weiber zu rechter Zeit schweigen oder nachgeben könnten.

Wer aus einer Birke, die mitten in einem Ameisenhaufen steht, Häne drehen läßt, und Wein oder Bier dadurch zapft, der wird geschwind ausschenken. – Ist der Abergläubische nicht wie ein Kind, das etwas unternimmt, ohne zu wissen, warum? Das alles glaubt, was ihm gesagt wird? Ameisen tragen zusammen; wer aus Birkenholz, das aus dem Ameisenhaufen gewachsen ist, Häne drehet, und dadurch Wein und Bier zapft, der trägt dadurch Geld zusammen. Welch ein entfernter wunderlicher Zusammenhang! Warum wählt man nicht die sichrern Mittel, seine Absicht zu erreichen? indem man das, was man verkauft, in vorzüglicher Güte und in billigen Preisen zu haben sucht?

Wenn die Kinder auf den Gassen mit Spiessen, und Fähngen spielen; so soll das ein Zeichen des Kriegs seyn. – Wenn der Ausbruch eines Kriegs nahe ist, so werden im Lande überall Anstalten dazu gemacht, und die Kinder, die gern alles nachmachen, was sie von grössern sehen, spielen denn Soldat. Wenn nun der Krieg wirklich ausbricht so sagt man: Das haben die Kinder wohl gewußt! Aus solchem Spiel entstehen auch wohl untern Kindern Kriege, daß mancher mit dem blutigen Kopf davon kommt. Es ist nicht gut, wenn man einen Rost oder Dreifuß aufs Feuer setzt und nichts darauf legt. Man setzt ihn daher nicht eher auf, als bis man das, was man zubereiten will, auf denselben setzen kann; und nimmt ihn sogleich weg, nachdem man dieß abgenommen hat. Manche glaubt, sie werde vor der Zeit alt, wenn sie den Dreifuß unbesetzt auf dem Feuer stehen läßt; daher man sich über jene Sorgfalt nicht zu sehr zu wundern hat. Wenn ein Weib zu Markte geht, und hat früh, da sie die Schuhe anzog, den rechten zuerst angezogen; so wird sie ihre Waare theurer los. – Aber wie viel kommen barfuß zu Markte, und verkaufen doch so theuer?

Wer ein vierblätterigtes Kleeblatt findet, der soll es aufgeben, und bei sich tragen; denn so lange er es hat, ist er glücklich. Da jedes Kleeblatt mehr nicht als drei Blätter hat; so ist ein vierblätterigtes ein Misgewächs, und dieses soll Glück bringen? Man darf es aber nicht gesucht, sondern muß es ohngefehr gefunden haben: Denn da es unter dem Klee viel dergleichen giebt; so würden die vier Blätter bald ihr Glückbringendes Ansehen verliehren. Man hat auch Klee von fünf, sechs, und sieben Blättern: Wie glücklich müßte der seyn, der eins oder mehrere dergleichen ungesucht fände? Noch nie ist jemand dadurch außerordentlich gesegnet worden. Wem die Zähne übereinander stehen, der bleibt an seinem Geburtsort, – Wenn's ihm da gefällt.

Wenn man die Mitte des Unterarms nach der Hand zudruckt; so sieht man den Anfangsbuchstaben des Namens von der Person, welche man heirathet. – Die Beschaffenheit des Körpers ist bei jedem dieselbe; sie ändert sich nach den Meinungen und Wünschen des Abergläubischen nicht: Demohnerachtet sieht er oft, was gar nicht da ist.

Wenn man einem Kinde, einen Dattelkern bei sich tragen läßt; so fällt es nicht viel, und nimmt durch fallen nicht Schaden. – Ehemals glaubte man, daß wenn man auf den Palm oder Dattelbaum, eine Last lege, er dadurch nicht niedergedrückt würde; sondern sich mehr empor hebe: Daher muthmaßte man vielleicht, daß ein Dattelkern eben die Eigenschaft habe, keinen zur Erde fallen zu lassen. Man probire, und sehe daß dieß ungegründet ist. Wenn man einen Dattelkern hinwirft; so fällt er auf den Boden, und bleibt so lange liegen, bis man ihn wieder aufnimmt: Wie wär es nun möglich, daß er die Last eines menschlichen Körpers von der Erde zurück halten könnte?

Wenn eine Frau oder Magd auf der Gasse ihr Strumpfband verliehrt; so ists ein Zeichen, daß der Mann oder Freier nicht treu ist. – Sonst sagte man, der Beste dächte an sie, wenn dieß Band von selbst auffuhr. Wie das Strumpfband verlohren geht; so soll auch die Treue des Liebsten verlohren gehn. Freilich wenn die Unordentlichkeit eines Frauenzimmers so weit gienge, daß sie sich nicht einmal die Strümpfe aufbände; so würde der, der sie bisher geliebt, Ursach haben, von ihr abzustehen; und so könnte jene Sage von dem Verlieren des Strumpfbandes doch wohl zuweilen wahr werden.

Eine Weibsperson soll Niemand an ihrem Fürtuch sich die Hände abwischen lassen, weil jener ihr sonst gram wird. Auch dann würden Mütter und Kinder sich weniger lieben, wenn dieß statt fände; aber wo ist gleichwohl die Liebe grösser als unter diesen?

Wer ein Hufeisen, oder ein Stück davon findet, der soll Glück haben. – Man sagt von dem, der eine stets lächelnde Mine hat, im Sprichwort: Er zieht das Gesicht, wie ein Bauer, der ein Hufeisen gefunden hat: Woraus man sieht, daß man das Finden eines solchen Eisens für mehr Glück hält, als der Werth desselben beträgt. Ob es außerdem noch besonderes Glück bringe, mögen die sagen, die einst es fanden. Wer sich in dem Wasser wäscht, darinn ein anderer sich schon gewaschen hat, der wird dem andern feind. – Was für Feindschaften würden unter den Menschen, besonders zwischen Eltern und Kinder grassiren, wenn dieß wahr seyn sollte.

Wenn eine Weibsperson den Ohrenzwang hat, soll sie etwas, das eine Mannsperson getragen hat, um den Kopf wickeln, und schwitzen. – Warum sollte es nicht auch helfen, wenn ein Mann, der den Ohrenzwang hätte, etwas von einem Weib um den Kopf nähme, und darinn schwitzte? Wenn die Mägde Zunder brennen; so müssen sie von Mannshemden Stücken dazu nehmen; von Weiberhemden fängt der Zunder nicht. – so läppische Meinungen bedürfen keiner Widerlegung, sie widerlegen sich selbst.

Wer eine Katze oder Hund behalten will, daß sie nicht entlaufen, der soll sie dreimal um den Heerd treiben, und sie mit dem Hintern an der Feuermauer reiben, dann bleiben sie – so lange man sie an der Feuermauer reibt.

Ein Mensch, der den Wolf eher siehet, als der Wolf ihn, der darf nicht fürchten, daß ihm Leid geschehn werden: Wenn aber der Wolf den Menschen eher sieht; so ist der Mensch in Gefahr. – Es ist bekannt, daß fast alle wilde Thiere vor dem Menschen eine gewisse Furcht haben, wenigstens ihn nicht so leicht anfallen, als andere Thiere; besonders wenn sie merken, daß dieser unerschrocken auf sie zugeht. Sieht der Mensch den Wolf früher; so kann er sich vor ihm verbergen, dahingegen er erschrocken ist, wenn er merkt, daß der Wolf ihn schon ins Gesicht gefaßt hat.

Wenn die Hunde heulen; so bedeutets Unglück; und man soll dann die Ohren zuhalten, daß man's nicht hört. – Das Heulen ist den Hunden natürlich, und eigen; und wenn das Unglück bedeuten sollte, so müßte auf Jägereien, und anderwärts, wo Hunde gehalten werden, täglich Unglück passiren, täglich Feuer entstehen, u.s.w. Das Zuhalten der Ohren hindert das Hunde-geheul nicht, und könnte daher auch das Unglück nicht zurückhalten, das dadurch angedeutet werden sollte. Wer das thun wollte, der würde eben so thörigt handeln, wie der dumme Vo-gel Strauß, der seinen Kopf versteckt, und dann glaubt die Jäger sehen ihn nicht, wenn er sie nicht sieht.

Man soll die kleinen Kinder nicht mit blossen Füssen auf den Tisch treten lassen; denn sie bekommen davon böse Füsse. – Unter gewissen Umständen kann das geschehen; aber bei nöthiger Vorsicht nicht.

Wer eine Schnur bei sich trägt, womit ein Bruchschneider einen geschnittenen Bruch ver-bunden hat, der mag eine Last heben, so schwer er will; so wird er sich nicht weh thun. Dieß ist Betrug gewinnsüchtiger Leute, die dergleichen Bänder an solche, die schwere Lasten zu heben haben, unter dem Vorwand theuer verkaufen, daß sie sich alsdenn nicht verheben können. Wie mancher der sich darauf verließ, hat das Gegentheil erfahren.

Wer Filzläuse am Leibe hat, soll sich auch keinen Bruch heben – gewiß nicht, wenn er vor-sichtig und nicht über Vermögen hebt.

Wenn ein Fuhrmann eine Otter oder Schlangenzunge in seine Peitsche flicht; so werden seine Pferde ohne Schaden, die größten Lasten aus einem Graben ziehen, und sich auch nicht übersaufen. – Der Fuhrmann kauft solche Zunge theuer, bringt sie in dem Peitschenstiel an, und hält diese dann über die Pferde, welche saufen, traut also der Otter- oder Schlangenzunge mehr, als sich selbst und seinen Einsichten zu.

Wenn die Weiber oder Mägde Säcke waschen; so regnet es hernach. – O der Einfalt! Der Regen hat ganz andere Ursachen. Wer bei Anziehung der Schuhe niest, dem bedeutets Unglück. Wer gestohlnen Käs oder Brod ißt, der bekommt den Schlucken davon. – So würde mancher Dieb verrathen werden!

Man soll nicht über die Spur gehen, wo sich Hunde belaufen haben. – Aber wer kann das wissen? Wie oft würde man unverschuldeter Weise unglücklich seyn.

Wer einen Menschen, der sich selbst erhenkt hat, von dem Strick los macht, der wird un-ehrlich. Ein Mensch, dessen Schicksal so traurig ist, daß er von Schwermuth und Verzweiflung überwältigt, sich selbst das Leben nimmt, verdient grosses Bedauern, und wenn nur noch ein Anschein von Hoffnung da ist – Rettung. Wer könnte so ganz alle menschliche Empfindungen verläugnen, daß er ihn ohne Hülfe lassen sollte?! Und doch war das so oft der Fall, selbst bei sol-chen, die z.B. durch die giftigen Dünste eines lange verschloßnen Gewölbes x. erstickt wurden. Sie hätten noch gerettet werden können, wenn jenes, die Menschheit entehrende Vorurtheil, daß man durch ihre Berührung unehrlich werde, die nicht zurück gehalten hätte, welche dazu Gelegenheit hatten. Kann es Schande seyn, kann es unehrlich machen, einem Mitmenschen, der selbst in den Augen des Schöpfers hoch geachtet ist, das Leben zu retten? Vorurtheil und schändliche Lieblosigkeit verhärten die Menschen, ihren Brüder die schuldigen Pflichten zu leisten. Ehemals machten, besonders Zunftgenossen, denen (ihrer Meinung nach) *schimpfliche* Vorwürfe, die solch einen Verunglückten aus dem Wasser gezogen, oder auf eine andere Art ge-rettet hatten. Jetzt denkt man hie und da, aber nicht überall, billiger, und die es thun, werden sogar von Fürsten belohnt.

Man bekommt Geld, wenn man jemand in die linke Hand sieht. – Wirklich ein sehr leichter Verdienst, wobei man die Mühseligkeiten des Lebens vergessen, und ohne Arbeit sein Haupt ruhig auf Polster oder Rasen hinstrecken, und dann unbeschwert einmal die Augen öfnen dürfte, einem in die linke Hand zu sehen. Wie bequem doch der Aberglaube ist!

Wenn man einen Leibschaden (Bruch) hat, so soll man ein frisches Ey austrinken und in die Schale den Urin lassen; diese thut man dann in ein Säcklein und hängt es in den Rauch – so behält man den Bruch, und das Säcklein wird geräuchert. Vernünftige Leute gehen zu einem geschickten Doctor oder Wundarzt, und werden des Schadens los, oder erhalten doch Linderung.

Wenn du deinen Acker schlecht baust, nicht dungst, und elenden Saamen hinsäest, oder wenn die Witterung ungünstig und unfruchtbar ist; Wer ist nun schuld daran daß du wenig Getraid bekommst: Du selbst – das Wetter – oder die Hexen???

Wenn eine Kuh wenig, blaue, oder blutfarbene Milch giebt, oder andere Fehler an sich hat; so sucht man dieses alles in der Hexerey. Der Abergläubige, statt die Ursachen im Futter, im Stall, oder in der ungeschickten und unsaubern Behandlung des Viehs und der Milch aufzusuchen und wegzuräumen, nimmt seine Zuflucht zu zwecklosen Possen. Er läßt die Kuh in einen Topf oder Hafen pissen, daß kein Tropfen daneben kommt, rührt den Urin mit einen alten Besen um, und wirft sodann Topf, Urin und Besen ins Teufels Namen ins Feuer. Das soll machen das die Hexe den Grind bekommt; – wenigstens macht es doch einen greulichen Gestank. Wenn die Kuh blos wenig Milch giebt, so schüttet man die Milch ins Feuer; dies hilft so viel, daß man dann gar keine Milch hat. – Oder man nimmt einen Sack, läßt die Kuh darein harnen oder pissen, und haut sonach den Sack mit einer Dornenruthe; so soll die Hexe oder Trud tüchtig geprügelt werden – wenigstens wirds der Sack.

Wer viel Mäus im Haus hat, der soll am St. Nicasiustag, vor Sonnenaufgang, den Namen Nicasius an die Thür schreiben, so verlaufen sich die Mäuse – ganz gewiß, wenn sie an einen andern Ort mehrere und bessere Nahrung finden. Oder: man schüttet am Faschingdienstag die Rindfleischsuppe, statt sie zu genießen, in die Mäuslöcher, so verkommen die Mäuse – behüte der Himmel, so haben sie auch einen Faschingschmauß.

Auf Fastnacht spinne nicht, es giebt sonst lauter Trollen oder Bratwürste – wenn du nämlich liederlich spinnst; flicke nicht, du flickst sonst den Hühnern das Loch zu – wenn du Belieben daran hast dies zu thun; laß auch deine Frau oder Magd auf dem Tisch tanzen und hintersich oder rücklings herunterspringen, so bekommst du langen Flachs – wenn er ohnehin lang wächst.

Wenn du Lein (Linset) säest, so nimm einen langen Sack, laß den Samen recht lang hineinlaufen, und ziehe ihn wieder recht lang heraus, so wird der Flachs auch lang – richtig, wenn der Samen gut, der Acker gut und wohlhergerichtet, und das Wetter dem Flachswuchs vortheilhaft ist, so wird er auch gut und lang.

Wird dir etwas gestohlen: so gehe zum Freymann oder Scharfrichter, zahle diesen einen Gulden; oder wirf ein Stück Geld in die Lampe vor dem St. Antonialtar, so erfährst dus – behüt' der Himmel, du erfährst daß du dumm genug bist, dein Geld hinauszuwerfen und auf Possen zu achten.

Willst du keinen Brand im Waizen haben, so nimm den Sack mit dem Samen stillschweigend herunter, setze ihn auf den Kopf, und sprich: Waizen ich setze dich auf den Band, Gott behüte dich für Tresp und Brand. Das Mittel ist probat: Wenn du reinen Samen säest und sonst der Jahrgang oder die Witterung nicht geneigt ist Brand zu erzeugen, so erhältst du reinen Waizen.

Die Raupen und Käfer aus dem Feld und den Gärten zu vertreiben, nimm 9 Stück von jeder Ecke des Gartens oder Feldes, und hänge sie in den Rauch, so hast du sie alle – nichts weniger, so hast du ihrer 36 vertrieben; und fährst du auf diese Weise etliche Millionenmal fort, dann ists möglich daß du das Ungeziefer sehr dünne machen kannst.

Wenn aus einem Hause der Eigenthümer des Hauses, oder aus einer Familie der Vater stirbt, so soll man die Bienenstöcke, die Wein- und Bierfässer verrücken; sonst misrathen und verderben sie – dies wohl nicht, sonst bleiben sie stehen wo sie stunden; die Bienen bleiben in Ruhe, und der Wein oder das Bier werden nicht trübe.

Regnet es einer Braut in den Kranz, so werden die neuen Eheleute reich; – da sollte man also blos an den Regentagen Hochzeit machen und Kirchgang halten – schneyet es aber in den Kranz, so erfolgt eine üble Ehe. Wenn die neuangehenden Eheleute fleisig arbeiten und spahren, und sonst sanften Gemüths sind, so mag es am Tage ihres öffentlichen Kirchgangs auf sie regnen oder schneyen, es wird ihnen nicht schaden, wo sie im Gegentheil auch bey schönen und milden Wetter, durch Faulheit und Zwietracht nichts für sich bringen werden.

Den Kindern soll man vor dem siebenden Jahre die Haare nicht abschneiden, man schneidet sonsten den Verstand, wenn dieser anders in den Haaren steckt, natürlicher Weise mit hinweg.

Mache bey allem und über alles drey Kreuze; – wozu dann? – Weils dann gut geräth. Freylich, wenn mans vernünftig und mit Ueberlegung anfängt, so geräths und gehts gut mit und ohne Kreuze.

Wenn das Gesicht eines Verstorbenen im Tode weich bleibt, oder wenn ihm die Augen nicht recht zugeschlossen bleiben wollen, so holt er einen aus dem Hause nach – dies geschieht wohl, noch ehe 50 Jahre vergehen.

Wenn einem Toden, nachdem er begraben worden ist, die Bänder oder sonst etwas vom Sterbkleid in den Mund kommen, so stirbt die ganze Familie aus. – Innerhalb zwey- oder dreyhundert Jahren könnte dies wohl geschehen, wenn auch die Familie noch so zahlreich wäre.

Einen Selbstmörder, oder sonst einen Toden, der in seinem Leben lasterhaft war, soll man den Hausschlüssel verkehrt in die Hände binden und mit zu Grabe geben, dann kann er nicht im Haus umgehen oder spucken; welches außer dieser Vorsicht gewiß geschehen würde. – Welche Narrheit! der Geist, denn er Körper kann nicht umgehen, brauchte also einen Schlüssel um in das Haus zu kommen; und wenns denn wirklich einen Geist gebe, der umgienge, welches aber doch unzähligemale unwahr befunden worden ist, sollte dieser nicht auch die Macht haben den Schlüssel umzuwenden, den man dem todten Körper verkehrt in die Hand gegeben hat? – Spitzbuben könnten wohl eher Gebrauch von diesem Schlüssel machen, ihn den Toden abnehmen, und sich damit aufs Rauben in das Haus des Entleibten oder Verstorbenen schleichen. – So albern und lächerlich dieser Aberglaube ist, so soll er doch noch unlängst, in einer sonst ziemlich mit aufgeklärten Bewohnern angefüllten Stadt im fränkischen Kreise, zur Schande des gesunden Menschenverstands, an einem unglücklichen Selbstmörder ausgeübt, und stilleschweigend von der Obrigkeit zugelassen worden seyn.

Wenn das Vieh nicht fressen will, so lege beyde Hände kreuzweis übereinander, fahre ihm damit über den Rücken vom Kopf zum Schwanz, so frißt es – allerdings, wenn es gesund und hungrig ist, sonst wohl nicht.

Wenn man im Frühjahr den Guckguck zum erstenmal schreyen oder rufen hört, so soll man das bey sich tragende Geld in der Tasche oder im Geldbeutel umrühren, dann geht es das ganze Jahr nicht aus – wenn mans im Sack oder im Beutel läßt, oder sonsten nicht unnöthig ausgiebt und zu Rathe hält, so gehts zuverlässig nicht aus.

Dergleichen alberne Meynungen giebt es nach dem Tausend, und fast in jedem Land wieder andere; man müßte daher ein Buch von vielen Bänden schreiben, um sie alle zu fassen. Da diese Thorheiten alle eines Gehalts sind, kann man von diesen hier auf alle andere schließen, und sich selbsten widerlegen, welches bey gesunder Vernunft eine sehr leichte Sache seyn wird.

Etwas über Tagewählerei

Schon in den ältesten Zeiten fand die Tagewählerei statt. Die Egyptier, Römer x. wählten die Tage, um etwas zu unternehmen, und die (heidnischen?) Christen ahmen ihnen darin nach. Wer seine Unternehmungen mit Bedacht und Klugheit, und zu rechter Zeit anfängt, dem werden sie auch wohl an dem Tage gelingen, der für den unglücklichsten gehalten wird. Wer aber ohne Bedacht, ohne Klugheit und ohne Rücksicht auf Zeit und Ort, etwas thut, dem wird auch der glücklichste Tag sein Vorhaben nicht begünstigen. Gott selbst verbietet das Tagewählen, aber man achtet nicht darauf. Wenn den Abergläubischen an einem und demselben Tag ein paarmal Glück oder Unglück begegnet; so legen sie ihm eine besondere Kraft bei, und sehen ihn als die Ursach der Dinge an, die sich darin zutragen. Unser eigenes Verhalten, und unser Bestreben, nicht die Tage, die der Aberglaube dazu ausersehen hat, bestimmen unsere Schicksale. Wie manches Geschäft wurde dadurch zurückgesetzt, das heute mit guten Erfolg hätte unternommen werden können; morgen aber versäumt, zurück gestellt werden muß? Wie oft wurde das Lebensglück dadurch verbittert, Freude in Trauer verwandelt, und Zufriedenheit und Ruhe gestöhrt?

Wenn ein Fremder des Montags zur Stubenthür hineinsieht, und nicht ganz hinein geht, der macht, daß der Mann die Frau schlägt. Der unverständige Mann wird glauben, er erfülle des Schicksals Rathschluß, wenn er nach diesen Anzeigen, sein gutes Weib mißhandelt.

Wer am grünen Donnerstag, oder drei Freitage hinter einander fastet, der ist selbiges Jahr vom Fieber frei; wer es aber schon hat, dem vergeht es davon. Durch solche Meinungen werden die Hoffnungen des Elenden nur noch mehr getäuscht, er wird Muthlos, bricht unzufrieden in Klagen aus, und hört auf, dem zu vertrauen, der der Menschen Schicksale lenkt, und die natürlichen Hülfsmittel erschaffen hat.

Die Kinder soll man Freitags nicht baden, weil sie aus ihrer Ruhe kommen. Wenn des Sonnabens der Rocken nicht abgesponnen wird; so wird aus dem übrigen Flachs und Wwrg kein gut Garn, und bleicht sich nicht weiß.

Der Tagewähler unterläßt ungemein viel gutes, weil er die Zeit, da er es eigentlich thun sollte, für unglücklich hält, läßt die Gelegenheit vorüber, und sieht, je länger es ansteht, zu seinem Misvergnügen immer neue Schwierigkeiten. Er hat überall grosse Hoffnung, die ihn aber oft betrügt. Das Mittel, welches er bei Krankheiten gebrauchen soll, muß an einem glücklichen Tag zubereitet seyn. Er fürchtet überall Verderben und Tod; und läßt lieber seine Hände in dem Schoos liegen, als daß er sich nützlich beschäftigen sollte. Auf der andern Seite hofft er von lächerlichen Mitteln alles. Wenn er etwas gethan hat, das seiner Meinung nach gewiß hilft; so bleibt er ruhig, und läßt das Ungeziefer auf Feldern und in Gärten sich vermehren. Der Tagewähler erwartet nichts von Gott; sondern von dem Tage, an welchem er etwas verrichtet, und hofft alles vom St. Veit, St. Kilian, St. Johannes, St. Peter u.s.w. Er schadet sich, indem er auf Nutzen denkt, und macht den, dem er zu helfen sucht, noch elender. Er macht sich Feinde, weil er mit seinem vermeintlich guten Rath jedem zu dienen sucht, und ihn dadurch in Schaden bringt. So ungegründet, widersprechend und abgeschmackt die Meinungen des Tagewählers sind; so fest hält er doch an denselben. Er ist schon oft getäuscht worden, und glaubte dennoch immer wieder. *Hellmuth* ein wohlhabender Bauersmann in G. konnte daher seinen Kindern nichts bessers hinterlassen, als daß er sie vor der Tagewählerei warnte, und ihnen die Schädlichkeit derselben zeigte. Hier ist etwas von ihm:

Vater Hellmuth

starb, alt und Lebenssatt. Er hatte das Vergnügen, seine Kinder groß erzogen zu haben, und hatte die gewisseste Hoffnung, daß sie nützliche Menschen, und tugendhaft seyn würden. Bei ihrer Erziehung hatte er nichts gespart, und hinterließ ihnen ein gutes Vermögen. Aber was könnte ihnen das helfen, sagte der Alte, wenn sie es nicht gut zu gebrauchen wüßten, oder wenn sie kein gutes Herz hätten? Die Nachricht von des alten Hellmuths Tod erfüllte bald die ganze Gegend. Jeder sagte, er sey ein guter Mann gewesen; man habe seines gleichen nicht viel. So wie um ihn hat man noch nie weinen sehen. Er begegnete dem Gesinde nie hart, und konnte mit Güte alles ausrichten: Aber er legte keinem zu viel Arbeit auf, und wer durch Fleiß und Wohlverhalten sich auszeichnete, erhielt eine verhältnismässige Belohnung. Jeder that in der Stille, was er zu thun hatte, man hörte kein Lermen und Fluchwort. Jeder diente bei Hellmuth gern, und blieb bei ihm. Die Knechte sagten; wir haben einen guten Herrn, und kennen nun einmal seine Mode, und auf uns kann er sich verlassen. Bei seinem Leichenzug waren aus allen umliegenden Dörfern viele, und aus aller Augen sahe man Thränen fliessen.

Da man nach Verlauf der gewöhnlichen Zeit, das Testament öfnete, fand man ein versiegeltes Päckchen, auf welchem geschrieben stand: *Vermächtnis für meine Kinder.* In demselben waren geschriebene Aufsätze, welche folgendermassen lauteten.

Meine Kinder!

Ihr wißt schon, daß bei der Hauswirthschaft viel auf Erfahrung ankommt; Man muß, wenn man etwas neues anfängt, behutsam seyn, um nicht in Schaden zu gerathen: Und dann muß man auch darauf denken, wie man etwas besser einrichten könne. So wie nicht alles neue anwendbar und gut ist; so ist auch nicht alles darum gut, weil die Vorfahren es so machten. Ich habe in den vielen Jahren, da ich meinen Acker bearbeitete, hierin mancherlei Bemerkungen gemacht; besonders aber erfuhr ich, daß man oft etwas für bewährt hält, was es nach genauerer Untersuchung nicht ist: Oft sind Betrügereien die versteckte Ursach. Um euch davor zu warnen, schrieb ich gegenwärtiges. Lest und befolgt es, es wird nicht ohne Nutzen seyn!

Wie oft habe ich in der *Burkhardswoche*, welche zur Saat für unglücklich gehalten wird, meinen Saamen ausstreuen lassen, und er gedieh wohl, und andere, die es mir widerriethen, bedauerten es nachmals, daß sie es nicht so wie ich gemacht hatten. Wenn das Wetter günstig, und die Zeit da ist, muß man sich an gewisse Vorgeben nicht kehren. Eben in dieser Woche pflegen die Kirchweihen ihren Anfang zu nehmen, weil Jahrszeit und Witterung noch bequem dazu ist; also wird die Saat nicht vorgenommen. Man gab daher vor, es sey nicht gut, zu säen. Seht die Betrügereien des Gesindes!

Am grünen Donnerstag soll man vor Sonnenaufgang dreierlei Frucht säen, und sobald der Saamen aufgegangen ist, daß er bald in Halme schiessen kann, alles vom Boden abschneiden, hacken und eine Salbe daraus machen, die das einzige und beßte Mittel für alle Brandschäden seyn soll. Ich habe immer vor dergleichen Mitteln gewarnet, und gerathen, daß man bei vorfallendem Unglück lieber einen verständigen Mann um Rath fragen und brauchen soll. Ich wiederhole diese Warnung auch euch, daß ihr zu Hirten und andern dergleichen Leuten nicht gehet, wenn ihr Hülfe braucht. Warlich, sie helfen nicht; sondern machen das Uebel, wovon sie befreien sollen nur noch grösser.

Andere glauben, so viel Lasten Mist in der *Charwoche* aus dem Dorf oder Hof gefahren würden, so viel Leichen würde man aus solchem Ort zu Grabe tragen: Und so viel Bett- oder Tischtücher man in dieser Woche auswaschen lasse, so viel Menschen würden in dem Jahr sterben. Freilich, wer in der Charwoche lieber schlachtet und bäckt, und den Feiertagsputz in Ordnung bringt, der entfernt Mistbreiten und Waschen. Damit es nun unter einem Vorwand geschehe; so giebt man vor, daß diese Beschäftigungen, lebensgefährliche Wirkungen hätten. Ein guter Hauswirth veranstaltet die nöthigen Mistungen schon vorher, weil er durch die Feiertage gehindert werden könnte, den ausgefahrnen oder ausgestreuten Mist unterzuackern, der daher durch Winde ausgezehrt werden würde. Wenn der Acker schlecht gepflügt, nicht gedüngt, mit schlechtem Saamen und nachlässig bestellt ist, oder wenn die Jahrswitterung unfruchtbar ist: Sollten denn wohl die Hexen oder Druden Schuld daran seyn, daß wenig Getraide in die Scheuer kommt? Wer am Charfreitage Laugenprezen ißt, bleibt das ganze Jahr vom Fieber frei. O, wenn unser Körper dazu geneigt ist, so wird die Krankheit ausbrechen, und sich an die gegessene Laugenprezen nicht kehren. Mancher hängt am Charfreytag seine Kleider in die Sonne, und glaubt denn, daß sie weder Motten noch Schaben bekommen würden. Mir ist das sehr natürlich. In der Zeit, in welcher dieser Tag fällt, pflegt noch eine heftige durchdringende Luft zu wehen, wodurch Motten und Schaben aufgerieben werden können.

Wenn ein Selbstmörder auf den Kirchhof begraben wird, so sollen in dem darauf folgenden Jahr die Früchte in der Gegend nicht gut gerathen. Also soll man einen Unglücklichen, den sein hartes Schicksal so muthlos machte, daß er sich sein Leben gewaltsamer Weise selbst raubt, nachdem er vorher seine Vernunft betäubt hatte – dahin graben, wohin man auch das Vieh scharret? Martin henkte sich, ihr erinnert euch, wie viel Mühe ich hatte, daß er ehrlich begraben wurde; und verspürten wir wohl Unseegen an unsern Feldfrüchten? Wir thaten eine gewünschte Erndte, und man sahe daraus, wie thörigt jenes einem vernünftigen Menschen so ganz unanständige Vorurtheil ist.

Wenn man am Tage *Sylvester*, die Maulwurfshügel abträgt; so wirft der Maulwurf selbiges Jahr nicht mehr, denkt mancher: Ich denke, der Maulwurf wird nicht aufhören zu werfen, wenn man ihm auch seinen Hügel wegträgt, und sich daran nicht kehren, daß es am Sylvestertag geschah. Man fange die Maulwürfe, und versichre sich durch ihren Tod, daß sie den Gärten und Wiesen künftig keinen Schaden thun können. Wenn man am *Tibureii* odeer *Abdonstag* die Dornen, Disteln, Schilf und anderes Unkraut aushackt, sollen sie nicht wieder wachsen. Wenn man nur recht viel solche Tage im Jahr hätte, von denen man glaubte, daß das Unkraut nicht wieder wachse, wenn es an demselben ausgehackt werde; dann würde es bald vermindert werden, folglich den heurigen Schaden nicht mehr thun können.

An *Petri* Tage den Hünern die Nester gemacht, bringt viel Eier, glaubt mancher; aber wer könnte so etwas glauben? denn wo ist zwischen dem St. Peter und dem Eierlegen der Hüner ein Zusammenhang?

Die Weinreben sollen am besten gedeihen, wenn sie dann eingelegt werden, wenn im Calender das Zeichen Jungfrau steht. Nein, von Gott müssen wir den Seegen beim Säen und Pflanzen erwarten. Von ihm kommt Witterung und Gedeihen. In der Nacht auf den Neujahrstag umwinden viele ihre Obstbäume mit einem Strohseil. Einige sprechen dabei kein Wort, andere sprechen eine Seegensformel, oder stecken in das Seil einen kupfernen Pfennig, damit die Obstbäume in dem künftigen Sommer desto reichlicher Früchte tragen. Von Gott hängt die grössere oder geringere Fruchtbarkeit der Bäume ab, und er ordnet alles mit Weisheit und Güte. Wer sich zu ihm wendet, der wählt den rechten Weg. Wer aber leblose Creaturen, dergleichen die Bäume sind, anredet, und ihnen gleichsam ein Opfer bringt, der begeht eine Art von Abgötterei, und giebt die Ehre nicht, dem sie gebührt. Oder könnte man glauben, daß Gott durch solche Alfanzerei bewogen werde, den gewöhnlichen Lauf der Dinge und die Natur der Bäume zu ändern, und sie vor andern fruchtbar zu machen? Ist es nicht weit sicherer, einen Baum zu umgraben und zu düngen, um diese Absicht zu erreichen? Ist denn der Neujahrstag ein anderer, als die übrigen? Menschen haben die Ordnung gemacht, den Jahresanfang vom ersten Januar zu rechnen. Da dieß aber eine von Menschen willkührlich abhangende Sache ist; so kann sie in der Natur der Dinge keine Veränderung hervorbringen, und die Bäume nicht fruchtbar machen. Am *Bartholomäitage* gehen die Mägde nicht in das Kraut, um Blätter für das Vieh zu holen, weil Bartholomäus an diesem Tag Krauthäupter in das Kraut werfe, den man daher nicht stöhren dürfe. Wie könnte Bartholomäus in allen Ländern die ungeheure Menge Krauthäupte ausstreuen? Wer könnte sich des Lachens enthalten, wenn er so etwas mit zuverlässigen Mienen sagen hört!

Wenn die Obstbäume auf Fastnacht beschnitten werden; so bekommen sie selbiges Jahr keine Raupen, und die Früchte keine Würmer. – Als ob Fastnachten um der Bäume willen einfiel; oder als ob Raupen und Würmer sich an Fastnachten kehren würden!

An Fastnachten soll man keine Suppe essen, weil sonst die Nase stets triefe. Wer aber wird sich dadurch hindern lassen, die gute Suppe zu essen, die er an Fastnacht vor sich hat?

Wie vielerlei besondere Meinungen hat man von der Johannisnacht! Einige glauben, daß wenn sie am genannten Tage zwischen elf und zwölf Uhr an der Wurzel einer kleinen Pflanze, welche sie Johanniskraut nennen, schneiden, das Blut des Täufers Johannis in kleinen Körnern sich zeige, und daß solches nach 12 Uhr wieder unsichtbar werden. Mir scheint es, ich möchte sagen, einfältig, zu glauben, daß Gott alle Jahr an diesem Tag ein Wunder thun, und das Blut dieses vor langen Zeiten enthaupteten heiligen Mannes fliessen lassen sollte; besonders da man nicht gewiß weiß, an welchem Tag Johannes geboren oder enthauptet ist. Die in diesem Kraut befindlichen Körner, welche die Eier von einem gewissen Insect sind, welches sie, wie ich sicher bemerkt habe, im Monat Junius an die Wurzel dieses Krauts legt, geben, wenn man sie zerquetscht, einen rothen Saft, den man aber nicht nur am Johannistage, sondern im gedachten ganzen Monat an dieser Wurzel findet; daher er um so weniger für das Blut des Johannes gehalten werden kann.

Wenn der schwarze Johannisbeerstrauch unter gewissen Ceremonien ausgegraben wird; so glauben einige, daß die Beeren dieser Staude Kraft bekämen, die Gicht zu vertreiben, sobald die kranke Person davon esse. Zu dem Ende holt am Abend vor dem Johannistag eine Frauensperson von dem Gärtner einen solchen Strauch. In der darauf folgenden Nacht um 12 Uhr zieht sie sich ganz nackend aus, nimmt den Strauch, und geht damit in den Garten. Hier gräbt sie ein Loch, und setzt, indem sie einige Worte spricht, den Strauch hinein; und dadurch sollen die Beeren dieser Staude Kraft bekommen, denen, die sie essen, die Gicht zu vertreiben. Aber ich denke: schwarze Johannisbeeren bleiben schwarze Johannisbeeren, man mag die Staude um Mitternacht vor dem Johannistag pflanzen, oder zu einer andern Zeit; man mag dabei mutternacken seyn, oder Kleider anhaben, dabei sprechen oder nicht. Ich habe in meinem ganzen Leben auch keinen gesehen, der durch das Essen schwarzer Johannisbeeren von der Gicht wär befreiet worden; denn die Einbildungskraft, die sonst wohl leichter Krankheiten heilen mag, ist doch nicht kräftig genug, die Gicht zu vertreiben.

Am Johannistage soll man nicht grünes von der Erde aufheben, auch an Blumen nicht riechen, um nicht den Leichwurm zu bekommen der alsdann schwärmen soll. Dort sucht man das Leben zu fristen und den Tod zu verscheuchen; hier fürchtet man ihn auf eine abentheuerliche Art. Denn was ist der Leichwurm, wer hat ihn gesehen, wem hat er das Leben genommen, und warum sollte er gerade am Johannistage schwärmen, dem das Leben zu nehmen der etwas grünes aufnimmt, oder auch nur an eine Blume riecht?

Je zuweilen stoßt man auf Meinungen, die an sich zwar unrichtig, aber doch nützlich sind, und ich schliesse daraus, daß man auch Vorurtheile, wenn man sie anders nicht ausrotten oder berichtigen könnte, zu etwas nützlichem gebrauchen müsse; Ob es wohl, im ganzen genommen, nicht gut seyn, und am Ende doch schädliche Folgen haben könnte, wenn man den Unwissenden täuschte; sollte es auch in der Absicht geschehen, ihn dadurch zu etwas gutem zu bewegen. Wenigstens wird es weit besser seyn, wenn man eben diese Absicht so erreichen kann, daß keiner dabei hintergangen wird. Es ist eine gemeine Bauernregel, daß das Federvieh viel Eier ausbrüte, wenn man zur Fastnachtzeit die Ställe säubert. Die träge Magd würde zur kalten Fastnachtzeit von dem warmen Ofen weggelermt werden müssen, den Stall zu reinigen, wenn diese Regel sie nicht in Bewegung setzte. Aber das Federvieh liebt zu allen Zeiten einen reinlichen Stall; denn wie bekannt, vermehrt sich sonst bei entstehender wärmeren Witterung das Ungeziefer in demselben, von dem das Vieh geplagt, abgemattet und ausser Stand gesetzt wird, dem Eigenthümer den erwarteten Nutzen zu verschaffen. Ueberdieß ist um diese Zeit die Düngung in den Gärten und auf Wiesen noch am vortheilhaftesten, weil die Winterfeuchtigkeit den Dünger zu besserer Wirkung bringt und das Gesinde zu dieser Arbeit noch die beste Zeit hat.

Einige halten die Mittwoch, andere den Donnerstag, andere den Freitag zu Unternehmungen für unglücklich; und ich glaube, daß kein Tag in der Woche ist, der nicht in verschiedenen Gegenden und Orten für unglücklich gehalten wird. Nachlässigkeit und Faulheit ist davon die gewisse Ursach. Ihr meine Kinder werdet keinen Tag vorüber gehen lassen; daß ihr mit euren Händen nicht etwas gutes schaffet. Die Ferkel pflegt man an Fleischtagen abzusetzen. Am Mittwoch geborne Kälber sollen von der besten Art seyn, man soll sie im Stall beibehalten;

aber die am *Valentinstage* geworfene dienen nicht zur Zucht. An diesem Tage soll man auch keine Henne zum Brüten aufsetzen. Natürlich! weil es da noch kalt ist. Am Mittwoch soll man kein Kalb abbinden, nicht ein- und ausziehen, soll keine Magd in oder außer Dienst gehen. Am Freitage soll man kein Kind baden, allen Wein und Essig füllen. Mögen andere sich mit solchen Meinungen quälen, darüber ihre Pflichten vergessen und durch eigne Schuld endlich Schaden leiden: Ihr sollt euch ihnen nicht gleich machen! Am Freitag ein neugewaschenes Hemde angezogen, dient für das Grimmen! Gut, wer es dadurch vertreiben kann!

Das eingemachte Kraut, wenn es vergohren hat, 3 Freitage hinter einander, unter den Schiedungsläuten, abgepuzt, erhält es vor dem Verderben. – Welche Thorheiten!

Hier und da habe ich wohl gehört, hält man den Tag der unschuldigen Kinder für unglücklich, widmet man die Tage der heiligen *Agnes*, des *Valentin* und *Marcus* den Liebessachen, und glaubt, daß das, was man in dieser Rucksicht an genannten Tagen vornehme, von besonders glücklichem Erfolg sey. Was doch die Menschen von je für besondere Einfälle hatten! Wer jenem Vorgeben nicht glaubt, der beweist dadurch, daß er wirklich klüger und weiser sey, als mancher andre.

Am Himmelfarthstage wollen die Weiber nicht nähen, weil sie glauben, wer das genähete trage, ziehe die Gewitter an. Wieder eine Entschuldigung für Unordentliche. Daß das Gewitter nach den Metallen ziehe und darnach schlage, habe ich oft gehört; aber wer könnte glauben, daß es auch nach dem einschlage, was am Himmelfahrtstage genähet ist.

Am Frohnleichnamstag eine blaue Kornblume mit der Wurzel ausgerauft, soll das Bluten der Nase stillen, wenn man sie in der holen Hand so lange an dieselbe hält, bis sie erwärmt ist. Wenn auch die genannte Wurzel Kraft hätte, Nasenbluten zu stillen; so würde es doch nicht nöthig seyn, sie gerade am Frohnleichnamstage auszugraben. Es ist dieß eben so sonderbar, als wenn man sagt: Wer an *Petri Kettenfeiertag* Mohnköpfe abschneidet, aus deren Saamen Oehl preßt und es einnimmt, der schläft gut darnach; denn der Mohn hat an sich die Eigenschaft, den Schlaf zu befördern, wenn er auch nicht an einem besondern Tag abgeschnitten wird.

Wenn am *Lichtmeß*- oder *Mariä Reinigungstag* die Sonne scheint; so kratzen sich die Schäfer hinter den Ohren, und sagen, sie wollten lieber den Wolf in ihren Höfen sehen, als die Sonne. Die Weiber verlangen Sonnenschein, weil, wie sie glauben, der Flachs gerathe, wenn sie an diesem Tage tanzen. Kommt die Wirkung zum bessern Flachswachsen vom Sonnenschein, wozu braucht man zu tanzen? Kommt sie aber vom Tanzen, warum wünscht man den Sonnenschein so sehnlich? Man hat den Sonnenschein am genannten Tag oft zum Vorwand genommen, den Tag zu durchschwärmen. Ich gestattete das nie, und ließ meinen Leuten lieber zu einer andern Zeit einige Freiheit, um sie in dergleichen Vorurtheilen nicht zu bestärken. Oft hatte ich das Vergnügen, den schönsten Flachs vorzuzeigen, wenn es gleich am Lichtmeßtag geregnet hatte.

Wer Lein säet, soll dem Säemann ein Trinkgeld geben, weil sonst der Flachs verdirbt. Wer mag es glauben, daß ein Trinkgeld, dem Säemann gegeben, den Falchs könne besser wachsen machen? Wer merkt es nicht, daß die Säeleute selbst die Erfinder dieser Meinung sind, bei welchen eine kleine Belohnung zur genauern und bessern Verrichtung der Arbeiten immer viel thut? Wer sich die Liebe der Dienstboten gern erwirbt, nicht unbillig gegen sie verfährt, der wird nicht nöthig haben, durch besondere Belohnungen sie zur Erfüllung ihrer Pflichten zu treiben.

Wenn es am *Medardi* oder am *Johannistag*, oder am Mariä *Heimsuchung* regnet, soll es vierzig Tage regnen. Es kann seyn, daß um diese Zeit die vom Winter in der Luft zurückgebliebenen Feuchtigkeiten im Regen herunterfallen; aber es widerspricht aller Erfahrung, und es würde sehr thörigt seyn, etwas zu glauben, daß man schon so oft unwahr gefunden hat.

Der Winter hat vertragen, es wird nicht kalt, sagt das Volk, wenn sich der Winter früher als gewöhnlich zeigt; es ist aber auch wider die Erfahrung.

Man glaubt, die Leute, die an den Thürmen und am Wasser arbeiten, könnten das Wetter beschreien, daß es nicht regne, bis sie mit ihrer Arbeit fertig wären. Das können sie nicht; aber sie wählen zu einer solchen Arbeit eine Zeit, wo eine beständige Witterung zu vermuthen ist. Und wie oft sieht man nicht, daß dergleichen Arbeiten durch Regen und Ungewitter unterbrochen werden? Es ist fast kein Stand, der nicht von seinen Beschäftigungen besondere Meinungen hätte. Die Förster glauben, bei der Holzsaat müsse man auf das Calenderzeichen sehen. – Richtet sich denn der Same, der noch in den Zapfen ist, bei dem Ausfallen nach dem Calenderzeichen? Zum Baumsamensäen wird eine glückliche Hand erfodert. – Die Hand ist unglücklich, wenn der Kopf dumm denkt. Das Holz, welches in den Hundstagen gefället wird, brennt nicht. – Aber nicht darum, weil es gerade in den Hundstagen gefällt wird; sondern weil zu der Zeit die Bäume ihren höchstflüssigen Saft verliehren, folglich ihr Holz bei der Feuerung den erwarteten Nutzen nicht giebt. Zwischen dem Eschenbaum und der Schlange herrscht eine solche Antipathie, daß die Schlange lieber ins Feuer geht, als sich unter oder nahe bei diesem Baume aufhält. – Das ist wider alle Erfahrung! Das Eichenholz curirt alle offne und andre Schäden, wenn es am Johannistag oder Charfreytag, Morgens vor Aufgang der Sonne stillschweigend geschnitten wird. Wer hat das selbst erfahren? Unter gewissen Bäumen herrscht eine Antipathie – die aber in nichts mehr besteht, als daß einer dem andern den Nahrungsaft entzieht. Der Eichmistel heilt die fallende Krankheit, und ist bei Menschen und Vieh sehr heilsam. – Der Mistel entsteht aus dem stockenden Saft des Eichbaums, wie könnte er besondere Kräfte zu heilen haben.

Ich kenne die Bereitwilligkeit, meine Kinder, mit welcher ihr meinen Rath bisher folgtet, und zweifle nicht, daß ihr auch nach meinem Hingang die Lehren und Warnungen hören werdet, die ich euch hier geschrieben habe. Ihr gehört nicht unter die, welche nur durch eignen Schaden klug werden, und ich kann daher die Ermunterungen übergehen, die euch zur Befolgung dessen, was ich gesagt habe, bewegen sollten. Doch kann ich die Feder nicht niederlegen, ohne euch noch folgenden Aufsatz zu geben, den ihr als einen Auszug von den Unterredungen ansehen könnt, die ich mit dem Herrn Pfarrer zuweilen hatte; und ich überschreibe ihn:

Bewährte Witterungsregeln

Der Calender ist das Buch nicht, das man um Veränderung des Wetters, oder um sonst etwas rathfragen könnte. Man gebe auf ihn acht, und sehe, wie unwahr er redet, und wie wenig seine Prophezeiungen eintreffen.

Mancher ist thörigt genug, zu glauben, das Wetter sey beschrieen, wenn es so nicht eintrift, wie es sein Calender sagt. Die Veränderung der Witterung muß Ursach haben, die aber nicht in dem Lauf der Gestirne, und in deren Stellung gegen einander zu suchen ist. Indeß giebt es doch einige Anzeigen, woraus Wetterveränderungen ersehen werden können.

Morgenroth, Abend Roth; Wenn es aber Abends eine Röthe hat, so ists Morgen schön. Wenn man am Himmel eine Röthe wahrnimmt, so ist das ein Zeichen, daß der Luftkreis mit vielen Dünsten angefüllt ist, und man kann daher Regen oder eine andere Wetterveränderung vermuthen. Des Nachts werden sie durch die Kälte gedruckt, fließen zusammen, werden schwerer, und fallen in Tropfen herunter: Daher kann man auf den folgenden Tag klar Wetter vermuthen, weil nun die Luft von Dünsten gereinigt ist. Hieraus sieht man, warum aus Abendroth und Thau schön Wetter prophezeihet werden kann. Sieht man Morgenroth, so verdünnt und zerstreut die Sonne durch ihre Hitze die Dünste, welche sie verursachen, daß sie einen größern Raum einnehmen: dadurch wird das Gleichgewicht der Luft gehoben, und es entsteht Wind; dieser treibt die wässerigten Dünste zusammen, daß sie in Tropfen fließen, und es entsteht Regen. Oft aber treiben die Winde die Wolken aus unsrer Gegend, und es regnet nicht, wenn man es gleich vermuthen konnte. Ein andermal bringen sie aus entfernten Gegenden Regenwolken herbei; so daß das Wetter ohne vorherige Anzeigen sich verändert.

Die Sonne zieht Wasser; Es wird bald regnen: So sagen die Leute, wenn sie dunkle Streifen in der Luft sehen, die wie Piramiden, oben von den Wolken her schmal und gegen die Erde herunter breiter werden. Die Sonne zieht auf die Art, wie man es sich gewöhnlich vorstellt, kein Wasser. Man glaubt nämlich, die Sonne habe die Kraft, besonders aus dem Meer das Wasser an sich zu ziehen, welches denn im Regen wieder herunterfalle. Nein, das kann die Sonne nicht; aber sie erwärmt das Wasser, da sich denn (wie aus dem Wasser im Topf, unter welchem Feuer brennt) Bläsgen losreissen, die, weil sie leichter sind, als die Luft, in die Höhe steigen, sich da in Wolken sammlen, und unter gewissen Umständen in Tropfen zusammen fließen, die ihrer Schwere wegen herunterfallen. Gewöhnlich sieht man das sogenannte Wasserziehen der Sonne bei ihrem Untergang; welches folgendermassen entsteht: Wenn die Sonne hinter den Dünsten steht, welche von der Erde aufsteigen; so werden diese dadurch sichtbarer. Wenn in einer Stube Rauch, oder viel Staub befindlich ist; so werden diese Dinge sichtbarer, wenn die Sonne hineinscheinen kann. Da nun im obigen Fall die Luft voll wässrigter Dünste ist, so ist es wahrscheinlich, daß es bald regnen werde, wenn anders die Dünste von dem Winde nicht zerstreut werden.

Der Mond hat einen Hof: Das Wetter wird sich ändern. Die Erscheinung , welche man den Hof des Monds nennt, entsteht, wenn die Luft mit gefrornen Dünsten angefüllt ist, die vom Winde zwischen dem Mond und unsern Augen gehalten, von dem Mond erleuchtet, folglich sichtbar gemacht werden. Man kann mit Grund eine Wetterveränderung prophezeihen, die immer zu vermuthen ist, wenn die Luft mit Dünsten angefüllt ist.

Die Sonne geht schön unter: Es wird schön Wetter. Eben das sagt man auch wenn der Mond hell ist. Sonne und Mond haben nicht immer einerlei Farbe; sie hängt von den in der Luft schwebenden Dünsten ab. Sieht man die Sonne hell und klar; so ist die Luft nicht mit Dünsten angefüllt; sieht man sie röther, feuriger; so schweben viele Dünste in der Luft, und es ist eine Veränderung des Wetters zu vermuthen, so wie man im ersten Fall glauben kann, daß es beständig seyn werde.

Der St. Georg und St. Marks dräuen viel args. Diese Namen stehen gegen Ende des Aprils im Kalender, um welche Zeit es noch Reif u.s.w. giebt, der den Gewächsen schadet.

Trockner März, nasser April, kühler Mai, machts Korn feil und bringt viel Heu. Wenn die Witterung in genannten Monaten so beschaffen ist; so ist Fruchtbarkeit wahrscheinlich. Denn wenn die Erde im März trocken ist; so läßt sie sich wohl pflügen, und die Saat des Sommergetraides kann gut untergebracht werden. Durch die Nässe des Aprils wird das Keimen und das Aufgehen derselben befördert, und bei der Kühle des Mais, überwächst das Getraide sich nicht. Auch das Heu kann unter diesen Umständen gut gerathen; bei grosser Nässe wächst kein gutes Gras, es fängt erst an, recht zu wachsen, wenn der Boden sich gesetzt, und dabei locker und feucht ist. Ist der Mai zu warm; so duftet die Kraft der Pflanzen weg, und es giebt kein gutes Gras.

Auch die unvernünftigen Thiere können sichere Anzeigen der Witterung seyn, weil ihre Sinne feiner und stärker sind, als die des Menschen, weil sie auch ihren sinnlichen Eindrücken mehr folgen. Sie geben durch ihre Stimmen, die ihnen angenehme oder widrige Empfindung zu erkennen, und zeigen damit die folgende Veränderung des Wetters an. Denn die Anzeigen von der bevorstehenden Wetterveränderung sind 24 und oft mehrere Stunden vorher da, wie man dieß an den Barometern sehen kann, die diese Veränderung so lange vorher anzeigen. Daher hält man das häufige Krähen der Pfauen und anderer Vögel für Anzeigen, daß das Wetter sich ändern werde. Da sich die Vögel in der hellern und dünnern Luft aufhalten, in welcher viele Veränderungen des Wetters ihren Anfang nehmen, ehe sie in den niedrigen Gegenden bemerkbar sind; so können sie durch Bewegungen und Geschrei die Eindrücke, welche das Wetter auf sie macht, am natürlichsten zu erkennen geben, und so die künftige Witterung verkündigen. Wenn die Regenwürmer häufig aus der Erde hervorkommen, die Spinnen hervorkriechen, die Bienen nicht aus ihren Stöcken heraus wollen, oder in der Nähe derselben bleiben; wenn die Bremsen, Fliegen, Mücken, Flöhe sehr stechen, die Enten und Wasservögel untertauchen, die Hunde Gras fressen, die Laubfrösche, welche man in einem Glas hat, zu Boden gehen, und das Wasser trübe machen; so sind dieß Anzeigen von einem bevorstehenden Regen. Wenn man saure Milch in einen Topf schüttet, ihn einige Ellen weit vom Feuer auf den Heerd, oder an einen andern warmen Ort setzt; so kann man auch daran die Veränderung der Witterung sehen. Je weisser und fester die geronnene Milch oben stehen bleibt, desto beständiger ist das Wetter, desto weniger Regen ist zu vermuthen. Fängt sie aber an zu sinken, und das Dünne hebt sich; so kommt ohnfehlbar Regen. Je nachdem sich das Dünne über die geronnene Milch viel oder wenig ausdehnt, nachdem kann man das Maas bestimmen, in welchem der Regen fallen wird.

Wenn die Schneegänse fliegen; so ist der Winter nahe. Die wilden Gänse merken die Annäherung des Winters, und begeben sich daher, aus kleinern Wassern in grössere, die nicht so leicht überfrieren; So wie andere Vögel, wenn sie des Winters Annäherung merken, sich aufmachen, und in wärmere Länder oder Gegenden fortziehen.

So lange die Lerche vor Lichtmeß singt, so lange schweigt sie nach Lichtmeß. Wenn es vor Lichtmeß schon warmes Wetter giebt, wodurch die Lerche zum Gesang aufgemuntert wird; so ist es sehr wahrscheinlich, daß nach dieser Zeit kalte Witterung wieder eintreten, und die Lerche zum schweigen nöthigen werde.

Mehr derlgeichen Anzeigen von bevorstehenden Wetterveränderungen weiß ich nicht. Die angeführten sind, wo nicht untrüglich, doch durch manche Erfahrung bewährt. Alle Witterung, Fruchtbarkeit und Gedeihen kommt von dem, der die Welt erschuf, und sie bis jetzt in vortreflicher Ordnung erhielt. Es ist thörigt, von Menschen sie zu erwarten, oder etwas zuzuschreiben, was nur die Allmacht thun kann. |

Tagsgeschichte eines Abergläubischen

Deuchter war nach G. zum hochzeitlichen Mahl geladen. Er liebte Mahlzeiten und Lust. Kaum warf die Sonne ihre ersten Strahlen durch sein Fenster; so rafte er sich auf, stattlich sich zu kleiden. Heiter war der Himmel, und der Vögel Gesang erfüllte die Luft. Alles verkündigte einen Freudenvollen Tag. Noch ehe er das Haus verließ, sagte die alte Mutter, die schon vom Spinnrad aufgestanden war, ihm einen guten Morgen. Wen des Morgens eine alte, spinnende alte Frau grüßt, dem begegnet den Tag über Unglück; aber eine Mutter kann ja kein Unglück bringen, dachte Deuchter, und gieng ohne den Umweg zu machen, den man bei solchen Anzeigen sonst wohl zu nehmen pflegt. Es hätte ihm ja auch ein Priester, oder eine Jungfer begegnen können, ihm Unglück zu verkündigen: Wie viel Umwege hätte er machen müssen, und wenn würde er an Ort und Stelle gekommen seyn? – Aber, o Himmel, ihm begegnete eine Heerde Schweine, die der Hirt eben zu Weide trieb. Du wirst also in dem Hause nicht willkommen seyn, dachte er, wohin man dich geladen hat, so willkommen wie das Schwein im Judentempel? Aber du bist einmal auf dem Wege; umkehren willst du nicht, und dein Unglück vergrössern. Die Heerde war vorüber, und, in Betrachtungen verlohren hatte D. nicht bemerkt, daß die Kühe ihm nahe gekommen waren, die der starke Hirte vor sich daher trieb. Jetzt stand er still, unentschlossen, ob er weiter gehen, oder auf heute ungenossen die Lust vorbei lassen sollte. Kühe bedeuten nie was guts, wem sie begegnen, und man hat ja Beispiele! Aber o Schicksal, ich will Dich ermüden, ich will gehen und sehen, was du über mich verhängt hast!

Sein Weg führte ihn durch einen Wald; er hatte ihn noch nicht erreicht, da sprang ein Hase und hinter her ein Wiesel, ihm quer über den Weg. »Ein Unglücksbote über den andern; hier zwei auf einmal. Nun, das wird gut werden! Man hat es ja erfahren, daß es nie gut war, wenn der Haase erschien. Wie mancher würde seinem Unglück entgangen seyn, wenn er darauf geachtet hätte, und zurückgekehrt wär. Aber ich will das nicht, geh es wie es gehe. Es könnte zwar seyn, daß der Raubvogel da, in dessen Klauen der junge Hase zappelt, den alten aufgeschreckt und den Wiesel dadurch in Furcht gesetzt hätte, daß sie gerade vor mir übersprangen; es könnte seyn: aber ich will gewiß gehen, will einen andern Weg nehmen, das Unglück abzuwenden, das mir auf heute bevorsteht – die alten Regeln sind nicht zu verachten!« Und damit er recht sicher gehen möchte, legte Deuchter zwei Strohhalmen kreuzweis übereinander, und gieng darüber nach dem andern Ende des Waldes hin; denn er wollte gern ein Zeuge der Freude seyn. Er war nicht lange darinn, als ein Fuchs schnell an ihm vorbei sprang. Ha, Ränke, Ränke rief er, laurt nur, ich habe manchen – gut, daß ich's weiß. Ich will mich fassen, und kommt nur! Dort läuft ein Wolf, ich fürchte mich nicht, verkündigt er mir doch kein Unglück. Mögen andre vor ihm heiser werden, oder die Stimme verliehren, ich behalte sie, und will den abführen, der mir Schlingen legt. Nun dürft ich nur noch einen Hirsch, oder einen Bär sehen, um alle die guten Zeichen zu haben, die für den Tag Glück anzeigen. Fasse Muth Deuchter, und laß dich nicht irren! Unter diesen Gedanken war D. durch den Wald, und dem Dorf nahe gekommen, dahin er seinen Stab richtete. Hier aber begegneten ihm die Schaafe. Wie froh war Deuchter die Friedensboten zu sehen. Hier ist Widerbruch, dachte er, was wird überwiegen: Unglück und Ränke; oder Friede und Willkommen seyn. Fasse dich Deuchter, es noch nicht alles verlohren, du mußt dich in die Zeit schicken.

Ihm schallten Trompeten entgegen, und laute Freude, da er zum hochzeitlichen Hause kam. Man geberdete sich höflich, scharrte mit den Füssen, und freuete sich, daß Herr Deuchter die Ehre erwiesen, und bei dem Gelage wolle gegenwärtig seyn. Der Trauungsbrauch war vollendet, und man setzte sich an die wohlgeschmückte Tafel hin; als die Hausfrau den Bedienten einen Wink gab, und man anfieng, die Tafel abzudecken. Zugleich erkundigte sie sich, ob die Magd die Eierschalen zerbrochen habe: Dann setzte sie hinzu, die Hexen sollen an der Mahlzeit keinen Theil haben! Wer weiß, wo die vielen Fieber jetzt herkommen? Man zerbricht die Eierschalen nicht! Was wird noch aus der Welt werden?! Sie hatte bemerkt, daß 13 Personen bei Tische wären, von welchen, wie sie glaubte, der eine ohnfehlbar sterben würde, wenn sie mit einander ässen. Eins der Frauenzimmer war darüber so erschrocken, daß sie aufsprang, und aus der

Stube laufen wollte. Der dicke Ohmentrink aber bemerkte, daß, da eine schwangere Person gegenwärtig sey, eigentlich 14 bei Tische wären, und es also nichts zu bedeuten habe; sondern vielmehr einer würde gebohren werden. Sie blieb, man lachte, und die vorige Anordnung wurde beibehalten. Ohne diesen Spaß, wär nicht nur das Vergnügen der Gesellschaft gestört, sondern vielleicht die Hälfte der anwesenden Frauenzimmer aus – Einbildung krank geworden. Hier fiel ein neuer Fehler ein. Man hatte vergessen, da der Tisch gedeckt wurde, das Brod zuerst darauf zu legen, und in dessen Ermangelung einen Zipfel vom Tischtuch überzuschlagen: Denn man betrachtet das Brod gemeiniglich als etwas heiliges, und hält es für Sünde, wenn man auch nur unversehens ein Stückchen auf die Erde fallen läßt. Man glaubt daher vielleicht auch, daß alles folgende, was noch auf den Tisch soll gesetzt werden, desto gesegneter seyn werde, wenn nur erst das Brod auf demselben liege. Da es aufgetragen war, schnitt O. es zuerst an. Ha sie haben heut gelogen, rief die Wirthin, und alle lachten laut. Von dem der auffallend lügt, sagt man, er schneide mit dem grossen Messer auf; von einem andern, der lüge, daß die Balken brechen möchten. Durch ähnlichen Sprichwörtlichen Gebrauch ist auch wohl jene Meinung vom ungleichen Brodschneiden entstanden.

Frau Verwalterinn hub darauf der Pfarrer zu der Wirthin an, glauben sie es wirklich, daß einer von den 13 stirbt, die an einem Tisch essen? Wenn sie nun diese Gesellschaft in Hälften getheilt hätten; so hätten hier 6, und dort 7 gesessen, und von der Zahl 7 glaubt man noch mehr böses als von 13. Es mag freilich Beispiele geben, daß von 13 Gästen einer gestorben ist; denn darunter pflegt wohl ein Schwacher oder Alter zu seyn; würde er aber nicht den Sold der Sterblichkeit haben bezahlen müssen, wenn er auch nicht unter dieser Zahl gewesen wäre? Oder legte vielleicht die Unmässigkeit, welcher er sich dießmal überließ, zu seinem Tod den Grund? Ich war vor einigen Jahren in einer Gesellschaft, wo wie ich bemerkte, 13 miteinander assen; sie leben alle noch, und sind gesund. Die Zahl kann bei Gastmahlen so wenig Wirkung haben, als in andern Fällen. Würde man dadurch nicht Gott von dem alles, auch der Tod abhängt, seine Macht nehmen wollen, und sie dem Menschen geben? Aber wissen sie denn nicht, sagte hierauf die Wirthin, daß, da der Heiland das Osterlamm aß, 13 bei Tische waren, von denen bald hernach der eine, nämlich Judas starb? Der Pfarrer erschrack, daß man die Meinung aus der Bibel beweisen wolle; aber er erholte sich, und antwortete: Von den 13, welche damals mit einander aßen starb bald darauf auch der Heiland selbst, also zwei. Und hatten diese 13 nicht schon öfters beisammen gegessen? folglich hätte auch vorher schon einer von ihnen sterben müssen, wenn diese Anzahl dieß mit sich brächte. Der reiche Mann aß allein und starb in derselben Nacht – wer allein ist, der stirbt?

Alle schwiegen. Ohmentrink nahm das Wort und sagte: Wir wollen uns darüber die Köpfe nicht zerbrechen; sondern vergnügt seyn, und es uns wohl schmecken lassen. Man war damit zufrieden, und wollte zu Werke gehen.

Deuchter hatte bisher kein Wort geredt, jetzt bemerkt er, daß sein Messer auf dem Rücken gelegen hatte, und das jenes des Pfarrers die Spitze gegen ihn kehre. Ja, ja, der Tod ruhet nicht, dachte er, er will einen von uns haben. Heute ist ein unglücklicher Tag, und so gut der Anfang ist, so schlecht kann das Ende werden; wer weiß was passiret! Man hatte seine Verwirrung gemerkt, und fragte ihn darüber. Er suchte einen Vorwand; denn er fürchtete des Pfarrers Widerspruch, und da er das Messer noch in den Händen hielt, so legte er es kreuzweis über die Gabel. Die Wirthin bemerkte das, und bat ihn, das Kreuz auseinander zu legen; weil es aber einmal geschehen sey, ihr eine Messerspitze voll Salz hinzureichen, um das Unglück abzuwenden, das sonst ohnfehlbar darauf erfolgen würde. Deuchter wollte, aber er stieß unvorsichtig das Salzfaß um, und erschrack darüber so, daß sein Löffel auf die Erde fiel. Wenn sie ein Jude wären, sagte Ohmentrink; so dürften sie nun nicht essen. Sie sind ein unglücklicher Mann, sagte die Wirthin, mir stirbt der Bissen im Munde. Gott bewahre uns, daß das Unglück nicht über unser Haus komme, was sie mitgebracht haben. Deuchter war ausser Fassung, und die übrige Gesellschaft blieb stumm. Sonderbar brach endlich der Pfarrer hervor, andre segnen mit der Figur des Kreuzes, wollen damit das Böse ab- und das Gute herbei führen: Sie aber, Frau Verwalterin, halten es für einen Unglücksvorboten? Und wie das Umwerfen des Salzfasses

Unglück bringen könne, das begreif ich nicht. »Erinnerst du dich Vater, daß noch demselben Nachmittag, da Andreas das Salz auf den Tisch schüttete, der Taubenschlag einfiel, und den andern Tag die Schecke starb?« – sagte die Wirthin zu ihrem Mann. Der Taubenschlag erwiderte dieser, wär nicht gefallen, wenn wir ihn unterstützt hätten, und er ist gewiß ohne Zuthun des Salzes gefallen, das A. auf den Tisch warf. Indem bekam das Kind von der Mutter einen Schlag auf die Hand: Es hatte die Gabel in die Höhe gehalten, und vorher schon mit dem Vorderfinger hochgezeigt, wodurch beidemal ein Engel im Himmel erstochen worden. Sie zerriß jetzt das Brustbein von einem Geflügel, worüber ein anwesender junger Mann, der von Aberglauben nicht frei war, erblaßte: Sie bemerkte es, und urtheilte, daß er verliebt sey, und dieß für keine gute Anzeige seiner Sache halten müsse. Kaum war dieses geschehen, da sprang ein Glas dicht neben der Wirthin, sie erschrack sehr, aber Ohmentrink sagte, daß er sich dadurch nicht werde irre machen lassen. Indem trat ein Fremder herein, und verlangte den Hausvater zu sprechen. Das ist der Mann, den ich gestern Abend im Lichte sah, sagte die Wirthin; und die Katze putzte sich, ich dachte es wohl, daß ein Fremder kommen würde: Ja, ja, es schlägt nicht fehl, wenn die Splitter sich an den Dielen lösen; wie seit einiger Zeit bei uns, und die Hexen so auf dem Hof oder Hause schreien; so kommen immer Fremde. Geh nur und höre, was er will. Er will Getraide handeln, Kind! Das wußt ich vorher, antwortete sie, unsre Lampe hat einige Abende Geld gebrennt. Unsre Lampe brennt oft Geld, sagte Ohmentrink, und wir kriegen nichts. So begann das Gespräch allmählig lauter zu werden. Deuchter erzählte, was ihm heute abentheurliches begegnet wär. Man sprach von Ahndungen, und unvermerkt gieng man zu Gespenstern über. Jeder hatte einen dahin einschlagenden Vorrath von Geschichten, mit deren Erzählung er sich hervordrängte, und der Abend floß geschwinder hinüber, als man geglaubt hatte. Der Pfarrer rauchte sein Pfeifchen, ohne ein Wort zu sagen. Deuchter trauete sich nicht allein zu Hause, und sagte, da er glücklich angekommen war, daß er in seinem Leben an diesen Tag denken wolle. Der Aberglaube ist überall. Er quält nicht nur den Menschenfeind; er drängt sich auch in den Freundekreis, und erfüllt alles mit Misvergnügen und Angst.

Dem Abergläubischen lacht der Himmel vergebens, ihm tönt dumpf der Vögelgesang in das Furcht gewöhnte Ohr. Der lächerliche Haaase verkümmert ihn den vortreflichsten Lebenstag. Er merkt darauf nicht, daß das ihm begegnende, zufällig und gewöhnlich sey. Der Hirt, den der frühe Morgen zu seiner Pflicht rief, treibt die Heerde zur Weide, ihm Unglück zu verkündigen. Die Erscheinung eines Schweins oder einer Kuh stimmt seine Vorsätze um, er unterläßt, was er längst zu thun vorhatte, und wird mit Unruhe erfüllt. Nur halb genießt er das Vergnügen, das die Vorsehung gütig ihm bestimmte. Das Schicksal mag ihm hold lächeln, ihm scheint es ungünstig; er fürchtet das schlimmste. Für ihn haben die Schönheiten der Natur keine Reize; alles ist ihm schröcklich. Ein sumsendes Insect, ein rauschendes Blatt ziehen seine Aufmerksamkeit mehr an, als der Baum, der in seiner Bütenpracht da steht. Vergebens durftet er ihm seine Wohlgerüche entgegen. Die Sagen alter Männer und Frauen, und ihre furchtbaren Erzählungen von dem, was sie einst erfuhren, sahen und hörten, gelten ihm mehr, als des Vernünftigen Belehrungen, und seine eigne Vernunft. Vergebens drängt diese sich unter den traurigen Ahndungsgedanken hervor, ihm, der Dinge Ursach zu zeigen; Er drückt sie nieder, und glaubt, was er immer glaubte, und was vor ihm andre (kluge Leute?) geglaubt haben. Auch der Anschein des Glücks, vermag die Trauer nicht zu verbannen, welche die Seele deckt. Das Freudengetümmel rührt ihn nicht. Hinter allem ist etwas verborgen, wofür man sich hüten muß. Freundschaft rührt ihn wenig! Wer könnte der Welt trauen: Ueberall umschweben ihn die scheußlichen Bilder, die der Aberglaube schuf. Er beklagt die Ungläubigen, die auf Vorbedeutungen nicht achten, daß sie ihrem Unglück entgegen laufen; er aber will sich hüten! Man muß ein wenig Mühe nicht achten, demselben auszuweichen. Wenn denn aber auch da List und Ränke ihm verkündigt werden: Nun da muß man sich fassen, und die Rathschläge des Schicksals abwarten.

Thörigtes Volk, das durch eigne Schuld unglücklich ist! Warum sucht ihr die Wege der Vorsehung zu entdecken, die vor euren Augen so tief im Dunkel liegen? Mitten in dem Freudengenuß erscheint dem Abergläubischen das schröcklichste, der Tod. Erinnern ihn etwa Alter und

Schwachheiten so kräftig an das unvermeidliche Geschick, daß ihm die Hand sinkt, da er den ersten Bissen zum hungrigen Munde führt? nein, er hatte die Personen am Tische gezählt, und zu seinem Entsetzen bemerkt, daß die Todtenzahl herauskomme. Unter der Gesellschaft sitzt ein ohnmächtiger Greis, der seines Lebens keinen Augenblick sicher ist, und den man mehrmals schon todt sagte. Aber die Alten müssen, die Jungen können sterben, wer weiß welchen der Tod zuerst würgt? Die Einbildung und die daher entstehende Erwartung des Uebels schwächt des Abergläubischen Kräfte nach und nach, er ist daher oft krank. Er untergräbt seine Gesundheit, und eilt dem Grabe früher zu. Er genießt das gegenwärtige Gute nicht, weil er das künftige, wiewohl ungewisse und eingebildete Uebel, im voraus fürchtet.

Aberglaube, welcher bei Kindbetterinnen herrscht, desgleichen vor und bey der Geburt eines Menschen

Diejenigen abergläubigen Weiber, welche mit Furcht und Angst die Zeit ihrer Schwangerschaft ausgehalten, und sich für Dingen gefürchtet haben, für welchen sie sich zu fürchten nicht nöthig hatten, werden nach ihrer Niederkunft mit neuer Angst geplagt; welches sie blos ihrer irrenden Phantasie und dem Hange zum Aberglauben zuzuschreiben haben. Sie pflegen daher auch oft nach der Geburt viel ängstlicher als vorher zu seyn, und ich glaube, daß viele Weiber die gebohren haben, die ersten 9 Tage nach ihrem Niederkommen nicht eine einzige Nacht, ohne Furcht und Zittern für Dingen die da geschehen mögten, einschlafen. Welche schädliche Folgen kann solches dahero nicht ihrer Gesundheit bringen! Der Schlaf soll sie erquicken, und ist auch keinem Menschen nöthiger als eben ihnen, und ihre Einbildungskraft, ihre Phantasie sind schuld, daß sie durch fürchterliche Träume erschreckt werden.

Der Schlaf bringt ihnen deswegen mehr Ermattung als Erquickung. Da zu der Zeit, bey dergleichen Weibern die Einbildungskraft ausserordentlich gespannt ist, und ihre Neven sehr reitzbar sind, so hätten sie um desto mehr nöthig, durch die Vernunft dergleichen Aberglauben aus ihrem Gemüthe zu verbannen, damit von dieser Seite ihrer und ihres Kindes Gesundheit gesichert werden.

Die Erstgebährenden sind besonders geneigt, alles für wahr zu halten, was ihnen von Mutter, Großmutter und andern dienstfertigen Freundinnen gesagt wird; denn sie glauben der Stand der Schwangerschaft und des Kindbetts, habe was ganz besonders auf sich, und in solchen könnten gute und böse Geister nach Wohlgefallen, entweder helfen oder schaden, und nach ihrer Absicht alles mit ihnen machen, was ihnen beliebte. Sind sie nun zwey, drey und mehrmal schwanger gewesen, und weder von einem guten noch bösen Geiste heimgesucht worden; so sollte man glauben, die Erfahrung hätte sie klug gemacht. Alleine die einmal vom Aberglauben eingenommene Weiber finden gleichsam eine gewisse Beruhigung darinn, wenn sie andere auf eine gleiche Art, so wie sie geängstiget worden sind, ängstigen können. Sie betheuern wohl gar, daß ihnen dies oder jenes vorgekommen wäre, welches doch vielleicht nur ein bloßer Traum gewesen ist; erdenken auch wohl etwas, um die junge Wöchnerinn desto eher dahin zu vermögen, daß sie glaubt und folgsam ist.

Es sind eine Menge abergläubische Possen bekannt, die den Menschen noch ehe sie gebohren werden, allerley Unannehmlichkeiten bereiten. Unter der Menge von diesen albernen Meynungen, die manche noch immer für eben so wahr als Gottes Wort ausgeben, sind folgende bemerkbar, die theils vor, theils nach der Geburt eines Menschen ausgekramt werden; ich setze sie untereinander her, wie sie mir beyfallen.

Eine Entbundene soll unter 9 Tagen nicht aus der Stube gehen und ihr Kind nicht allein lassen, weil sonst der Kobold oder ein anderes böses Ding käme, der das neugebohrne Kind austausche, und entweder ein anderes von schlechter Gemüthsart, oder wohl gar einen sogenannten Wechselbald davor hinlege; manchmal machte auch ein solcher böser Geist ein Kind krumm und lahm, oder nähme es gar mit, und hinterließe einen häßlichen Gestank. – Das muß in der That ein bitter böser Geist seyn!! – Man hat aber auch Gegenmittel gefunden, dem schlimmen Pursch von einenm Geist eine tüchtige Nase zu drehen, und ihm das Austauschen oder wegtragen der Kinder wenigstens zu erschweren. Eins davon soll dieses seyn, daß man des Mannes Hosen der angstvollen Wöchnerinn vor das Bett hängt, als wofür die kinderräuberischen Geister einen mächtig grossen Respekt tragen sollen. – Was es doch um eine Hose für ein wunderbares Ding ist! – Andere legen gewisse Kräuter, oder einen alten Besen auf die Thürschwelle, welche eben die Kraft, als die Hosen des Mannes haben sollen, und noch mehr, weil auch in Ansehung dessen, in dem ganzen Haus keine Hexerei haften könne. – Ei! ei! das wäre! –

Daß sich eine Kindbetterinn in den ersten Tagen von allen Geschäften enthält, vorzüglich solcher, die Kräfte erfordern, ist sehr gut; denn durch Anstrengung könnte ihr mancherly Schaden zuwachsen, und zwar vorzüglich Blutstürze, weil die Gebährmutter unter 14 bis 18 Tagen sich noch nicht hinlänglich zusammengezogen hat, die Gefäße derselben noch weit und lax sind, und also bey dem geringsten Zudrang des Bluts, sich noch mehr erweitern und einen Blutsturz verursachen können. Das aber in den ersten 9 Tagen die Wöchnerinnen ängstlich besorgt sind, und sich kaum wagen aus dem Bette zu gehen, ist eben so wenig rathsam; denn die beständige Bettwärme dehnt das Blut immer mehr aus, macht es zur Fäulniß geschickt, und kann zu dem bekannten Kindbettfieber, zu Frießeln und allerley gefährlichen Umständen Anlaß geben, wozu die Furcht auch das ihrige mit beyträgt. Eine Frau die in der Geburt nicht viel gelitten hat, kann, wenn es anders ihre Kräfte erlauben, den vierten bis fünften Tag nach derselben, einige Stunden des Tags sich gar wohl außer dem Bette aufhalten, und leichte Arbeiten verrichten. Hütet sie sich dabey für Aergerniß, Zorn, und besonders für Erkältung; und weis sie die lächerliche Furcht und Angst für Gespenstern, Hexen und dergleichen Possen mit Vernunft zu bezwingen und vernünftigen Vorstellungen Gehör zu geben; so wird sie sehr vergnügte und glückliche Wochen halten. Es ist auch nicht allemal nothwendig, daß sechs Wochen müßen ausgehalten werden, ehe eine solche Frau aus- oder zur Kirche gehe; es kann und darf gar wohl, nach Beschaffenheit der Gesundheitsumstände einer solchen Person, schon in der dritten oder vierten Woche geschehen. Es haben sich in diesem Fall unsere Weiber nicht nöthig nach dem alten jüdischen Gesetz zu richten, das genau 6 Wochen vorschreibt, sondern es hängt ihr Ausgang blos von den Umständen ab, ob sie wohl oder noch unpaß sind, auch muß die Witterung und Jahrszeit eine Ausnahme machen. Das man eine Wöchnerinn innerhalb der Wochenbettzeit für unrein oder unächt hält, ist eine äusserst lächerliche und ungereimte Meynung. Aller schweren Arbeit muß sich eine Kindbetterinnn in den ersten 6 Wochen enthalten, wenn sie sich auch gleich ganz gesund glaubt, weil sonsten die Gesundheit einer solchen Person, die dawider handelt, unvermerkt untergraben werden könnte.

Aus dem Aberglauben, daß die Kinder von einem sogenannten Kobold oder einer Unholdinn könnten ausgetauscht werden ist bey manchen die üble Gewohnheit entstanden, daß sie ihre Kinder mit sich zu Bette nehmen, um den Tausch oder Diebstahl eher zu verhindern; wodurch aber schon manches Kind im Schlaf erstickt, oder im Traum erdrosselt worden ist. Dieses kann auch um so leichter und daher geschehen: eine Frau ist um die Zeit ihrer Niederkunft mit einer sehr lebhaften Einbildungskraft begabt, die sich durch den Aberglauben noch mehr erhitzt, und jedes dadurch erregte Bild auf das lebhafteste vorstellt. Schläft nun eine solche Person, wie es gemeiniglich der Fall ist, mit Furcht und Angst ein, so kann sie schreckhafte Träume bekommen, sich im Schlaf ängstlich hin- und herwälzen, sich vergessen, und in der Phantasie ihr Kind erdrücken oder erdrosseln; man hat auch wirklich traurige Beyspiele daß dies wirklich geschehen ist, ob man dann gleich den im Schlaf unwissend vollbrachten Mord, dem Geist oder dem Gespenst das man im Traum sah, ohne anders zuschreibt. Um also dieses Unglück zu verhüten, soll man nie gestatten daß kleine Kinder von großen oder erwachsenen Personen mit zu Bette genommen werden.

Sogar an dem Tag, an welchem eine Frau ihren ersten Ausgang nach vollendetem Wochenbette in die Kirche macht, um da Gott für ihre und ihres Kindes Erhaltung zu danken, heckt der Aberglaube eine unsinnige und boshafte Meynung aus. Wenn eine solche Frau an diesem Tag nach vollbrachtem Gottesdienst in ein Haus geht, um da eine Freundinn zu besuchen, so soll es in diesem Haus noch selbiges Jahr eine Feuersbrunst geben. – Auf dem Heerd doch wohl nur? – Es ist wirklich unbegreiflich, wie es noch Menschen geben kann, die einer solchen, und mehrern dieses Gelichters, tollhausmässigen Meynung beypflichten; und doch giebt es leider solch unseelige Menschengeschöpfe genug. Eine Freundinn besuchen und Feuer auskommen, welche Verbindung und welche unzertrennliche Gefährden!! Dergleichen Dinge sollten in den Schulen, vorzüglich in den Mädchenschulen erzählet und den Kindern daselbst so viel als möglich, das Unmögliche und Ungereimte davon beygebracht werden, damit der schändliche Aberglaube gestürzt und nicht von Mutter auf Tochter fortgepflanzt würde; denn es ist bekannt, daß der mehrste Aberglaube ohnehin unter dem weiblichen Geschlecht herrscht.

Wenn eine Wöchnerinn über ein Feld- oder Gartenbeet gehet, soll in etlichen Jahren nichts darauf wachsen, und was schon gewachsen ist verderben. – Kann seyn, wenn man etliche Jahre nichts hinpflanzt, und das bereits gepflanzte nicht ordentlich wartet. Ein in D. wohnender Bauer hatte in seinem am Hause liegenden Garten guten Sallat- und Köhlsaaamen gesäet. Er war nicht zu Hause, als die Frau, deren Wochenzeit noch nicht um war, eine Ziege im Garten merkte. Gleich lief sie heraus, und jagte sie fort, und versetzte den andern Tag die Pflanzen. welche sehr wohl gedeiheten, ohnerachtet sie als Sechswöchnerinn über alle Beete gelaufen: Denn es trat fruchtbare Witterung ein.

Wenn eine Sechswöchnerinn einen schwarzen Latz vorlegt, so wird das Kind furchtsam. So würde durch die Farbe des Brustlatzes, welchen die Mutter trägt, auch jeder andere Character des Kindes bestimmt werden können: der rothe, z.B. würde muthige Krieger machen, u.s.w. Aber nein, es sind ganz andere Umstände, welche die Denkungsart des Menschen bestimmen. Erziehung, Unterricht und Beispiele thun zu dem Chraketer alles; ein schwarz, weiß oder anders gefärbter Latz nichts. Wenn eine Sechswöchnerinn zur Kirche geht, kann sie merken, ob sie ins künftige einen Sohn, eine Tochter oder gar kein Kind bekommen werde: Denn wenn der Kirchengängerinn eine Mannsperson zuerst begegnet, soll sie einen Sohn; wenn ihre eine Weibsperson – eine Tochter bekommen: Begegnet ihr aber niemand, so soll sie auch kein Kind mehr bekommen. Wenn ihr zwei Personen zugleich begegnen, soll sie Zwillinge kriegen. Die Erfahrung widerlegt diese und unsere Vorurtheile, und kann sie am besten widerlegen. Denn wie oft begegnen einer solchen zwei, drei und mehrer Personen, ein andermal gar keiner, und der Erfolg ist nie der erwartete. Trift es einmal zu, so wird solch ein Exempel als Beweis aufgestellt; die andern werden, wie es bei dergleichen Fällen gewöhnlich geschieht, vergessen. Ein schwangeres Weib, das Gevatter wird, soll ja nicht das Kind selbst aus der Taufe heben; denn sonst würde entweder das Kind, das getauft ist, oder ihr eignes bald sterben. Gründe könnten nicht angeführt werden, oder sie sind wenigstens sehr nichtig, z.B. man habe sein Lebtage gehört, daß es nicht gut sey u.s.w. Wie oft nehmen Schwangere die Kinder anderer Leute auf den Arm, und es schadet ihen nicht, wie sie selbst glauben: Nur bei der Taufe soll es lebensgefährlich für sie seyn. Endlich soll keine schwangere Frau unter einer Wagendeixel hinkriechen, weil sie sonst über die gewöhnliche Zeit schwanger gehen müsse. Durch Niederbücken und Durchkriechen unter einer Wagendeixel kann sie allerdings unter gewissen Umständen Schaden leiden; aber nicht das, worunter sie sich bückt, sonderb die Biegung und Drückung selbst kann den Schaden verursachen. Wen zwei Kinderstillende Weiber zugleich mit einander trinken, so trinkt eine der andern die Milch ab. Diese Meinung stimmt mit der überein, da man glaubt: Wenn zwei Personen, die zu gleicher Zeit mit einander anfiengen, und aufhörten zu trinken, einer dem andern die Farbe abtrinke. Wie mancher würde blaß von der Tafel aufstehen, wo oft zwanzig auf einmal, auf jemandes Gesundheit die Gläser leeren, wenn letzteres wahr seyn sollte: Und wenn jenes gegründet ist, so wird man vermuthlich bald die Regeln entdecken, mit welchen die eine trinken muß, um der andern den größten Tort zu thun. Ein neugebohrnes Kind darf nicht eher von der Brust trinken, bis es getauft ist; – aber hungern und dursten darf es? Ein Kind darf nicht von der Brust entwöhnt werden, wenn zur Saat geackert wird; sondern, wenn der Acker im Sommer voll Getraide steht, oder im Winter mit Schnee bedeckt ist. – Darauf braucht man also nicht zu sehen, ob die Mutter etwa krank ist, oder andere Umstände das Entwöhnen nöthig machen? Ueber die Wiege des Kindes, wenn es darinn liegt, darf man nichts herüber holen, es kriecht den Herzgespann. Bringt man ein Kind zum erstenmal zu dir, so schenke im 3, 6, oder 9 Schnattereier. Diese stoß dem Kind dreimal in den Mund und singe: Wenn die Henne anfängt zu gatzen, so fange du an zu schwatzen: Da lernt das Kind sobald sprechen – als es Zeit dazu ist. Ein neugebohrnes Kind soll man nicht auf die linke Seite zuerst legen; es wird und bleibt sonst sein Lebetag links – wenn man ihm das Linksseyn sich angewöhnen läßt. Ein Knabe, der gebohren wird, wenn Venus Morgenstern ist, bekommt ein viel jünger Weib als er ist; Ist aber Venus Abendstern, so bekommt er ein älter Weib als er ist. Bei einem Mädchen ist es ganz das Gegentheil. So sollte also der viele hundert tausend Meilen weit entfernte Stern, den man Venus zu nennen beliebt hat, auf Heirathsangelegenheiten Einfluß haben? Der siebente Sohn ist glücklich, etwas zu heilen und zu pflanzen – wenn er die dazu nöthigen Wissenschaften gut lernt. Kinder, am Sonntag geboren, können Gespenster sehen, und sind glücklich. – Welche Gegensätze; Gespenster sehen und glücklich seyn! Wenn ein Kind, nachdem man schon angefangen hat, es zu entwöhnen, wieder an die Brust gelegt wird, so kann es beschreien: – Wenigstens wird es verläumden können, wenn sein Herz böse ist, und man seine Denkungsart nicht bessert. Das am Himmel regierende Zeichen des Krebses, Löwens x. haben auf die Denkungsart und die Schicksale der Kinder Einfluß; aber wie in aller Welt sollte das möglich seyn? Wenn das Kind so zur Welt kommt, daß es das Gesicht oben hat, dann kommt es am Galgen – wenn es ihn verdient hat.

Aberglaube beim Gevatterstehen und bei dem Taufen

Wenn ein Junggesell und eine Jungfer mit einander ein Kind aus der Taufe heben, soll der Priester sich zwischen ihnen stellen; sonst würde, wenn sie sich heirathen, stets Uneinigkeit seyn. Es soll keiner seine Gevatterinn heirathen; denn so oft er sie liebkoßt so donnerts, oder es entsteht ein Gewitter – wenn sich just solche Dünste in der Luft gesammlet haben, aus welchen ein Gewitter entstehen kann. Wer Gevatter steht, muß dazu borgen; alsdann wird dem Pathen nichts versagt und findet überall Credit – wenn anders ein guter und ehrlicher Mensch aus ihm wird. Wenn ein Kind soll hundert Jahr alt werden, muß man aus drei Kirchspielen die Gevattern dazu bitten. Es kann lange leben, wenn es von Natur gesund ist, nicht verwahrlost wird, und ein mässiges Leben führt: Ob hundert Jahre, das hängt nicht von menschlichen Alfanzereien ab. Wenn die ersten Kinder der Eltern Namen bekommen; so sterben sie noch eher als die Eltern. Würden sie aber nicht auch gestorben seyn, wenn sie andere Namen bekommen hätten? Die Pathen sollen dem Kinde ein Löfferl kaufen, sonst lernt es geifern. Wer Gevatter stehen soll und sich schon angezogen hat, darf nichts abseitiges verrichten, sonst thuts der Path im Bett nach. Aber der Pathe wird sich an jenes Unterlassen nicht kehren, und wird thun, wozu die Natur ihn treibt. Wem es in der linken Hand juckt„ der wird bald Gevatter stehen; – wenigstens wird er bald Aderlassen müssen, um die Schärfe aus dem Blut zu bringen, wovon dieß herrühret. Wenn die Pathen in des Kindes Haus kommen, so müssen sie, ehe sie zur Taufe gehen, ihre Handschuhe auf die Wiege legen, wenn es ein Mädchen ist; ist es aber ein Knabe, den Hut: Dann steht dem Kinde der Staat gut – wenn es von natürlich gutem Ansehen ist. In dieser Absicht putzt man das Kind auch wohl drei Sonntage hinter einander sauber an. Auch müssen die Pathen vorher etwas Kuchen essen, damit das Kind Kuchen essen lerne; aber nicht ihren ersten eigenen Appetit zu stillen. Wenn während der Taufe die Uhr schlägt; so stirbt das Kind – das auch ohne den Seigerschlag gestorben seyn würde, weil es krank war. Wenn die Uhr vor der Taufe schlägt, und das Kind stirbt; so wird es ein feuriger Mann. Hiezu hat wohl die Bemerkung Veranlassung gegeben, da man die sogenannten feurigen oder Lichtmänner, besonders von Kirchhöfen herkommen sah. Sie sind verdickte, leuchtende Dünste, die an allen den Orten besonders häufig gesehen werden, wo verfaulende Körper liegen. Aber so werden alle Begrabene, nicht die nach jener Anzeige gestorbenen Kinder allein, feurige Männer; denn von allen steigen Dünste auf, aus welchen die hüpfenden Feuer gebildet werden. Ein Knabe, er in der Taufe Adam oder Erdmuthe genennt wird, sterben nicht; – Sollte es auch nicht in den ersten Tagen seyn. Wer keine zaghafte Kinder haben will, da soll der Vater gleich nach der Taufe dem Kinde ein Schwerdt in die Hand geben, dann sind sie immer beherzt und kühn. Sobald das Söhnchen oder Töchterchen getauft ist, soll man es mit den Füssen an des Vaters oder der Mutter Brust stossen, ihm gutes wünschen – und erwarten, ob es eintreffen wird.

Aberglaube beym Sterben und Begraben werden

Dem Menschen ist nichts gewisser als der Tod; aber ungewiß die Stunde, da die Seele den Leib verlassen wird. Weislich verbarg Gott uns dieß; wir aber wollen ergründen, was unerforschlich ist. Der Abergläubische kennt tausend Anzeigen, die den Tod verkündigen sollen, und eben so viele Mittel, um sich gegen die Wirkungen der abgeschiedenen Seelen zu sichern. Man hört bisweilen in der Wand, besonders in den Bekleidungen der Fenster einen Ton, der mit den Tiktaken oder Schlägen einer Taschenuhr viel Ähnlichkeit hat. Der Abergläubische nennt solches die Todtenuhr, und bildet sich ein, es sey dieß die Anzeige von dem bevorstehenden Tode eines Menschen in einem Hause. Liegt nun zu der Zeit jemand im Hause krank; so heißt es gleich: Er muß sterben, denn die Todtenuhr hat sich hören lassen, und es verkündigt. Ja, er ist wohl thörigt genug, das dem Kranken selbst zu sagen und macht ihn dadurch traurig, vermehrt seine Unruhe, und befördert seinen Tod. Aber diese eingebildete Todtenuhr ist weiter nichts, als die Stösse, welche ein kleines Insect mit seinem hervorragenden Rüssel, seiner Natur gemäs, gegen das Holz thut. In B. wurde mir ein Zimmer angewiesen, welches vorlängst ein Holzwurm in Besitz genommen, und die furchsamen Einwohner daraus vertrieben hatte. Ich bemerkte an der hölzernen Wand bald seine künstlichen Gänge, welche er in der Breite eines Fingers von unten schnurgerade herauf gemacht hatte. Wenn zwei Sachen auf einander folgen, woher weiß man denn, daß Gott durch das erste das folgende habe andeuten wollen? Es ist eine glückliche Unwissenheit, daß unsre Todesstunde uns unbekannt ist: Denn gesetzt, mancher wüste die Zeit, wenn er sich mit seinen Freunden, Gütern und Geschäften abfinden sollte, wie angstvoll würde er diesem Zeitpunkt entgegen sehen? wie würde das Andenken an denselben ihm jede Freude verbittern? Viele würden durch unaufhörliche Betrübnis ihrem Tode zuvorkommen; alle würden sich in die vorige Unwissenheit zurückwünschen. Dennoch wendet der Mensch so viel vergebliche Mittel an, die Zeit des Todes zu entdecken, dennoch wähnt er so viel Todesvorbothen. Hätten diese den Nutzen, daß der sicher lebende, der leichtsinnige dadurch an die Ewigkeit kräftig erinnert würde, so daß er anfieng, über sich und an die Ewigkeit ernsthaft zu denken; so möchte die Todtenuhr immerhin ihre heilsamen Schläge thun: Aber er hört sie, er erschrickt, und denkt und handelt nach wie vor. Vor ihr schwindelt es dem Krieger, der bei dem Donner der Kanonen einen eisernen Muth hat; und vor ihr zittert der wollüstige Höfling. Man trift sie in Hütten und Pallästen; nur daß der unschuldige Hans sie gelassen hört, seine Seele Gott empfiehlt, und unter dem Strohdach ruhig schläft, da der reiche Ludwig bei jedem Schlage mehr erblaßt, und die Nacht heulend hinbringt. Wer weiß nicht, daß viele, wenn sie den Kukuk rufen hören, ihn fragen: Wie lange sie noch leben sollen? und dann glauben, so vielmal er ruft, so viel Jahre würden sie noch leben. Mancher geht traurig davon, wenn der Kukuk ihm noch wenig Jahre zurufte, da sich der andere freut, daß er ihm ein langes Lebensziel verkündigte. Wer kennt den verrufenen Todtenvogel, die Eule, nicht? Das Käuzchen, oder der Todtenvogel ist eine Art von Eule, und wohnt in Kirchen und großen alten Gebäuden. Der alberne Bauer und der abergläubische Städter fürchten sich entsetzlich davor, weil sie dieselben für Abgesandten des Todes halten, und ängstlich glauben, daß in dem Hause, oder noch in der nahen Nachbarschaft jemand sterben müsse, wo eine Eule oder ein Käuzchen gesessen oder geschrieen habe. Sobald sie daher einen Kauz schreien hören, zittern sie schon am ganzen Leibe, setzt er sich aber auf ihr Haus, so muß nach ihrer Meinung ohnfehlbar jemand darin sterben: Solche, die das glauben, mögen nun aber auch mich hören!

Die Eulen haben ein so scharfes Gesicht, daß das Licht des Tages ihnen viel zu helle ist, so daß sie bei Tage eben so geblendet werden, und eben so wenig sehen können, als wenn wir eine Zeitlang gerade in die Sonne hineingesehen haben. Die Morgen- und Abenddämmerung, auch die Nacht giebt ihnen gerade so viel Licht, als sie zum Ausuchen und Erhaschen ihres Frases brauchen: Daher kommen sie nur des Nachts zum Vorschein, überfallen und fressen die schlafenden Vögel, und haschen Mäuse und andere Thiere. Da setzen sie sich denn nun, so wie es die andern Vögel bei Tage thun, bald hie hin, bald dahin, ohne dem den Tod zu verkündigen, auf dessen Haus sie sich gesetzt haben, und klugen Leuten sind sie willkommen, weil sie die Feld- und Gartenmäuse fangen und fressen, welche die Felder verheeren, und die Früchte wegfressen. – Aber die Eulen, wird man hier sagen, setzen sich doch gewöhnlich auf die Häuser hin, wo Kranke liegen, und man hat auch Beispiele, daß da Menschen gestorben sind, wo Eulen gesessen und geschrieen haben? Ganz richtig! Man muß aber nur die Natur der Eulen kennen, um sich dieß zu erklären, und um es, wie es denn auch wirklich ist, natürlich zu finden. – Die Eulen haben vor andern Raubvögeln einen besonders scharfen Geruch; jeder Kranke, vorzüglich der an einer auszehrenden Krankheit liegt, dünstet sehr aus; die Ausdünstungen aber verbreiten sich aus seiner Stube. Die Eule, die nach der Witterung (Geruch) ihren Flug bestimmt, riecht dieß, und nähert sich nun dem Orte, woher der Geruch kommt, setzt sich auf das Haus, und schreit. Und wenn es wahr ist, was einige behaupten, daß der Patient, der da sterben wird, mehrere Tage vor seinem Tode schon ganz unmerklich in Fäulniß übergeht; so müssen die Ausdünstungen von ihm jede hungrige Eule, die eben in die Nähe kommt, anlocken. Nun stirbt der Kranke – ja, heißt es denn , das haben wir gedacht, die Eulen schrieen so. Würde aber der Tode nicht auch gestorben seyn, wenn die Eulen nicht geschrieen hätten? und flogen sie nicht blos dem Geruche nach?

Wie ungereimt würde es seyn, zu glauben, daß unvernünftige Thiere vor dem Tode eines Menschen, Kenntniß haben könnten? Wie können diese wissen, was Gott aus weisen Ursachen uns nicht hat offenbaren wollen? Dieser Aberglaube rührt noch aus dem finstern Heidenthum her; und wer ihn beibehalten wollte, würde sich dadurch den Heiden gleich machen? So soll auch das langsame Schwirren der Grillen oder Heimiche, den Tod einer Person im Hause oder eines nahen Anverwandten anzeigen. Da aber dieses Insekt zur Zeit der Erndte mit dem Getraide oder Heu leicht in ein Haus gebracht werden kann, und das Zirpen ihm natürlich ist, wie könnte er den Tod eines Menschen bedeuten? Thörigt ist es auch, aus dem dumpfen Klang einer Glocke zu argwohnen, daß bald jemand sterben werde; denn man weiß, daß weiche Körper, z.B. Schnee und Wasser, den Schall verhindern, und die Ursach sind, daß die Glocken so dumpf klingen. Eben so thörigt ist der Wahn, daß der hohle Schall, den man beim Zuwerfen eines Grabes oft hört, ein abermaliges Sterben in der Familie bedeuten soll; denn ein solcher hohler Schall kann durch Erdklumpen, zumal wenn sie auf einen schlechten Sarg fallen, gar leicht verursacht werden. In Krankenstuben pflegt gemeiniglich das Licht schwach und matt zu brennen. Die Abergläubischen halten auch das für eine Anzeige, daß die kranke Person bald sterben werde; aber gewiß ist die Ursach davon keine andre, als die vielen Dünste, womit eine solche Stube angefüllt ist. Zur Nahrung des Feuers wird eine frische Luft erfodert, und die Dämpfe sind ihm hinderlich. Ein angezündetes Talg- oder Wachslicht verbrennt in einer reinen Luft merklich geschwinder, als in einer unreinen; und je unreiner die Luft ist, desto langsamer verbrennt das Licht. Sobald man aber frische Luft in die Krankenstube läßt, so daß sie von den darinn befindlichen Dünsten gereinigt wird, so brennt das Licht weit heller und besser. Hält die Krankheit bei einem Menschen viele Tage an, und die Wärter haben nicht für einen freien Zufluß der Luft gesorgt; so muß das Licht in den letzten Tagen der Krankheit schlechter und sparsamer brennen, als in den ersten, in welchen die Stube mit so vielen noch nicht angefüllt war. Da nun eine solche mit so vielen Ausdünstungen, verunreinigte Luft einem Kranken sehr schädlich ist, und seinen Tod leicht befördern kann; so haben unwissende und abergläubische Leute in dem schwachen Brennen des Lichts in einer Krankenstube die Anzeige von dem bevorstehenden Tod des Kranken gefunden. Wenn sich die Kinder auf den Gassen mit Kreuzen tragen; so ists eine Anzeige, daß Sterben darauf erfolgt. Was Kinder sehen, das äffen sie nach: Wenn daher Sterblichkeit einreißt, so werden sie Leichenzüge nachbilden: Können sie aber wohl dadurch den Tod gewisser Personen anzeigen? Wer ein Erdhuhn oder eine Hausotter beschädigt oder nur sieht, der muß selbiges Jahr sterben; wenigstens würde es geschehen können, wenn er dieß fest glaubte, und sich davor, als vor einem sichern Todesvorbothen entsetzte. Wenn ein Weib in den sechs Wochen stirbt; so muß man ein Mangholz oder ein Buch ins Wochenbett legen, auch alle Tage das Bett einreissen, und wieder machen, sonst kann sie nicht in der Erde ruhen. Vermuthlich eine Regel von gewinnsüchtigen Kindsamen oder Wartweibern, die dadurch nur Gelegenheit bekommen wollen, öfters in das Haus der Verstorbenen zu gehen:

Denn nur von ihnen soll dies Bett so recht gemacht werden können, daß die Verstorbene in der Erde Ruhe habe. Wenn das Feuer platzt und prasselt, die Kinder oder Hunde vor einem Hause scharren und heulen, Raben krächzen, Eulen und Elstern auf dem Hause schreien, die Katzen sich beissen, so stirbt jemand – sey es über kurz oder lang, hie oder da. Wenn einem die Haut schauert, so läuft ihm der Tod über das Grab – wer hat denn diesen Tod noch jemalen über ein Grab laufen sehen? Wenn die Leiche im Sarge auf die rechte Seite sich legt; so stirbt jemand männlichen Geschlechts: Wenn sie sich aber auf die linke Seite legt; so stirbt jemand weiblichen Geschlechts aus der Familie. Kann sich aber ein todter Körper willkührlich auf die rechte oder linke Seite legen? Sobald der Mensch todt ist, muß man die Fenster aufmachen, damit die Seele hinaus kann. Die Seele ist ein Geist und braucht kein Schlupfloch, um an ihren Bestimmungsort zu gelangen. Daß der Todte nicht wieder komme, muß man, sobald die Leiche fortgetragen wird, einen Eimer Wasser hinterher gießen, und die Hausthür zumachen. Wenn man vor alle Thüren drei Kreuze mahlt; so kann der Todte nicht herein. Wenn der Todte wieder kommen wollte oder könnte; so würde er sich weder an das ausgegossene Wasser kehren, noch durch die zugemachte Thür, oder durch die drei Kreuze abgehalten werden, in das Haus zu dringen. Wenn das Gesicht eines verstorbenen Ehegatten oder Freundes im Tode weich bleibt; so holt er einen aus dem Hause nach. Wenn das aber geschehen werde, weiß man nicht; und würde jene Folgerung nicht machen, wenn man die Ursach kennte, warum das Gesicht eines Todten zuweilen weich bleibt. Wer die erste Schaufel voll Erde in die Grube werfen kann, an dem hat der Todte keinen Theil; – eben so wenig als an andern. Wenn das Grabloch nachfällt; so stirbt einer aus der Freundschaft; wenn sie groß ist, könnte es bald geschehen, wenn sie es nicht ist, doch mit der Zeit. Liegt der Todte auf der linken Seite; so hat er keine Ruhe: Darum muß man ihn so legen, daß er auf die rechte Seite zu liegen kommt, wenn er sich im Sarge etwa umwälzt. Wenn der Todte sich auf den platten Leib legt; so sterben seine nächsten Anverwandten. Ein todter Körper kann sich nicht frei bewegen, sich nicht auf die rechte oder linke Seite legen; und er mag liegen, wie er will, so wird er immer fest liegen und seine Ruhe haben. Wenn die Freunde sich um den Verstorbenen nicht grämen wollen; so müssen sie ihm ein Stück Rasen auf die Brust legen; – besser aber, daß sie ihn alsdenn so bald als möglich vergessen. Man muß dem Todten das, was ihm am liebsten war, z.B. die Tabakspfeife, Geld x. mit ihns Grab geben, sonst hat er keine Ruhe. – Setzt denn der Todte im Grabe die Beschäftigungen fort, welche er im Leben trieb? Man giebt dem Todten den Kamm, mit dem er gekämmt worden, ins Grab; denn wer damit sich wieder kämmt, den gehen wie dem Todten die Haare aus, – wenn er alt genug ist; und die Familie kriegt Läuse – wenn sie sich nicht reinlich hält. Wer rückwärts eine Laus ins Grab wirft, dem vergehen sie alle. Rückwärts oder vorwärts ist einerlei, es wird in beiden Fällen nichts helfen, wenn er sich der Reinlichkeit nicht befleissigt. Wenn man dem todten Mann das Balbiermesser, und der todten Frau nicht Faden in den Sarg legt; so stirbt einer – richtig, seys auch wer das wolle. Wer krank ist, soll sich mit einem leinenen, ungebrauchten Lappen die Hände und das Gesicht reiben, und ihn rückwärts ins Grab werfen, dann wird die Krakheit mit begraben; – nachdem das Uebel, daher sie entstanden, aus dem Körper weggeschafft ist. Wer die Warzen auf der Hand mit einer Todtenhand bestreicht, dem vergehen sie; – wenn er dazu bewährte andre Mittel gebraucht. Wenn man einem Säufer Brandwein gibt, der durch einen Todtenlappen geseigt ist; so kann er keinen wieder trinken; wenigstens wenn ers weiß und ekelhaft ist. Wer im Gesicht Leberflecken hat, und sich mit dem Lappen wäscht, mit welchem der Todte abgewaschen worden, dem vergehen sie – vielleicht mit der Zeit. Wer die Rose oder das Rothlauf hat, der soll sie sich bevissen lassen, indem er einen Todtenlappen vor das Gesicht gehängt hat; – und erwarten, ob sie davon vergehen werde. Wenn man ein Stück Holz von einem aus der Erde gegrabenen Sarg in das Kraut steckt; so kommen keine Raupen hinein. – Wer daran glaubt, mag es probiren, und selbst erfahren, daß das nichts hilft. Wer von dem Todten hinterlassene Kleidungsstücke anzieht, den kneipt er nach vier Wochen und er stirbt. Große Einbildungskraft hat das schon zuwege gebracht. Wenn man mit dem Nagel aus einem Sarge in den Zähnen stöhrt; so vergehen die Zahnschmerzen, – so wie es gemeiniglich geschieht, wenn man mit jedem andern Holz darin stöhrt. Wenn man die Tauben aus einem

Todtenkopf saufen läßt, oder ein Brett von einem Sarg vor den Schlag nagelt; so bleiben sie; –
wenn sie gut gefüttert werden. Aus dem Hause, vor welchem die Leiche ruht, stirbt einer; –
sey es bald oder spät. Wenn man ein Papier verbrennt und jeder der Anwesenden sich einen
Punct ausersieht; so kann man ersehen, ob man die andern überleben werde. Sehr oft geschah
das Gegentheil! Wenn während dem Läuten der Glocken die Uhr schlägt; so stirbt jemand; –
in der Stadt oder auf dem Lande.

Aberglaube bei Trauungen

Wenn Rosenblätter im Bach, so Leute die sich verheurathen wollen hineinwerfen, sich nicht trennen; so kommt die Ehe zu stande; – wenn nicht Hindernisse von der einen oder der andern Seite in den Weg kommen. Wenn ein Bräutigam seiner Braut ein Buch schenkt; so wird dadurch die Liebe verblättert; – wenn die Braut beständig in dem Buche lesen, und darüber den Bräutigam vergessen wollte. Wenn er ihr vor der Verlobung ein Messer oder eine Scheere kauft; so wird dadurch die Liebe zerschnitten – diejenige die so wenig fest ist, daß ein kleiner Umstand sie vernichten kann. Wenn ganz unschuldige Personen sich heirathen; so wird das erste Kind ein Narr: – wenn Vater und Mutter es auch sind. Vor dem Altar müssen Braut und Bräutigam zugleich aufstehen; denn wer eher aufsteht, der stirbt eher. Der Bräutigam darf sich nicht nach der Braut umsehen; denn sonst sieht er sich nach der andern Frau um; – wenn er an dieser so üble Eigenschaften bemerkt, daß er sie nicht mehr lieben kann. Gegen den Vollmond soll man in die Ehe treten; – da ist es eben so gut, als wenn es im abnehmenden geschieht. Wenn die Brautleute af dem Wege zur Kirche sich umsehen; so kriegen ihre Kinder schiefe Hälse; – wenn sie damit gebohren, oder verwahrloßt werden. Die Braut muß etwas in die Tasche stecken, es den Bettelleuten auszutheilen; denn für jedes Allmosen entgeht sie einem Unglück; oder doch kommt um etwas von ihrem Gelde. Während der Copulation muß sie Geld in den Schuhen haben, alsdenn fehlt es ihr nie daran; – wenn sie dasselbe zu Rathe hält. Die Brautleute müssen bei der Zusammengebung vor dem Altar, dicht zusammen treten, sonst können sie sich nicht lieben; und wer zwischen ihnen durchsehen kann, der kann ihnen was anthun. Verlobte Personen sind bösen Leuten nicht so Preis gegeben, daß diese auch vor dem Altar, unter der feierlichsten Handlung und reinen Absichten, ihnen Schaden zufügen könnten. Sie vermögen nicht den Willen der Menschen zu lenken, und so zu verunstalten, daß von nun an, statt Liebe immerwährende Abneigung in ihre Herzen gepflanzt werde. Die meisten Uneinigkeiten in der Ehe kommen von bösen Leidenschaften her, denen man aber nicht freien Lauf lassen darf: Man muß sie vielmehr bändigen; denn wenn der andere Theil sieht, wie gesetzt und gelassen der eine bleibt, so wird er gerührt, und Mismuth, Feindschaft u. dgl. werden im ersten Entstehen gedämpft. Eheleute sollen durchaus nicht einer über den andern klagen; denn dadurch entstehen die meisten Ehemishelligkeiten. Vor der Copulation darf die Braut die Bänder an ihren Schuhen nicht zusammen binden, damit sie leicht gebären kann; oder doch, damit ihr das Gehen nicht sauer wird. Wenn die Braut aus der Kirche kommt; muß sie den blossen Leib mit eben so viel Fingern berühren, als sie Kinder haben will, und sie kann dann glauben, daß sie eben so viel Kinder kriegen werde. Wenn bei dem Ringwechsel der eine fällt, so stirbt einer von beiden; – der eine früher, der andre später. Wenn jemand während der Trauung dreimal um den Brunnen läuft, die Nahmen der Brautleute dreimal nennt, ein Schloß zuschnappt, und es in den Brunnen wirft, der macht dadurch, daß die Eheleute sich nicht vertragen; – oder doch das Wasser im Brunnen trübe. Man muß während der Trauung ein Schloß zuschnappen, oder Nesseln knüpfen, damit die jungen Eheleute sich vertragen. Wenn das Weib den Mann während der Trauung auf den Fuß tritt; oder wenn sie ihren Unterrock auf des Mannes Rock legt, so ist sie Herr. Die Braut muß trachten, bei ihrer Ankunft den Bräutigam eher zu sehen, als er sie zu sehen bekommt. Gelingt ihr dieß, so hat sie die Herrschaft über ihn. Wenn sie während der Trauung ihren Fuß etwas mehr als der Bräutigam vorsetzt; so erreicht sie eben diese Absicht; wenn dieser thörig genug ist, sich von ihr beherrschen zu lassen. Braut und Bräutigam müssen von einem Teller essen, damit sie einig bleiben; oder den Teller desto früher leeren. Wer von beiden in der ersten Nnacht zuerst einschläft, der stirbt auch zuerst; wenigstens kann es geschehen, wenn der frühere Schlaf eine Anzeige von Körperschwäche ist. Die Braut soll keinen Stich an des Bräutigams Hemde thun; sonst wird dieser ihr gram; – wenn sie üble Eigenschaften hat. Wenn die Brautleute in die Kirche fahren, darf der Wagen mit ihnen nicht umwenden, das ist nicht gut; denn wenn er gerade hingefahren wird; so kommen sie früher von der Sache.

Aberglaube beym Kirchengehen

Eine Mutter, die ein Kind hat, das gestillt wird, soll drei Sonntage nach einander aus der Kirchen gehen, und dem Kinde jedesmal ins Maul blasen; dann kommen ihm die Zähnchen bald aus; – wenn es Zeit dazu ist. Wer kauend in die Kirche geht, dem bleibt, wenn er stirbt, der Mund offen; – wenn er ihm nicht zugedrückt wird. Wenn die Uhr während dem Gebet des Herrn schlägt; so stirbt einer; – wenn gleich nicht aus dieser, doch aus irgend einer andern Gemeinde. Wenn die Leute aus der Kirche kommen, soll man der Henne Eier unterlegen; alsdann werden sie bald ausgebrütet – wo nicht, so ist es eine Anzeige, daß sie lauter geworden sind.

Von Propheten, Wahrsagern und Zigeunern

Die Welt ist voll von Menschen, die sich die Thorheiten, und der Leichtgläubigkeit anderer bedienen, um theils sich ein gewisses Ansehen zu verschaffen, theils sie zu betrügen. Ein Mensch der zukünftige Dinge vorhersagt, ist seines Beifalls desto gewisser je dreister er dabei zu Werke geht. Wer das Ende der Welt und den nahen jüngsten Tag verkündigt, den bewundert der Abergläubische, und glaubt die Erfüllung seiner Vorhersagungen gewiß. Noch nie sind dergleichen Prophezeihungen eingetroffen, wenn auch der prophetische Mann noch so zuversichtlich sprach. *Ziehen*, weiland Superintendent in Zellerfeld, berechnete aus dem Buch Chevilla, das aber niemand kennt, ein fürchterliches Erdbeben, das zwischen 1779 und Ostern 1780 Deutschland von allen angränzenden Reichen: Böhmen, Mähren, von den Alpen, von Frankreich und den Niederlanden abreißen sollte. Das wisse er, sagte er, untrüglich aus diesem göttlichen Buch, und aus dem nur von ihm beobachteten Sinken der Erdfläche, welches sich, durch das hervorgehen des Sterns Kapella offenbahre. Diese Entdeckung machte er der Regierung kund, bekräftigte die Wahrheit derselben mit einem Eide, und machte sie in Schriften öffentlich bekannt. Er entgieng der beßten Widerlegung durch den Tod, denn er starb im Mai 1780. Jetzt nun sieht jeder, daß diese obgleich eidlich bekräftigte Prophezeihung eine Thorheit war. Auch grosse Männer ergrif die Furcht, die sich bis nach den Niederlanden, England, Frankreich und Pohlen verbreitete; und halb Deutschland zitterte. Wer damals spottete, hieß ein Ungläubiger, ein Freigeist.

Jetzt freilich ists vergessen, aber zu unserer Demüthigung wollen wir zurück denken, daß Z. noch vor kurzem, wo man auch schon dachte, die Welt wäre erleuchteter als jemals, so ausgebreiteten Glauben finden konnte. Das Wahrsagen gewährt einen fast gewissen Verdienst. Man hat Beispiele, daß Leute davon reich geworden sind. Jeder Abergläubische und wie viel sind deren? trägt ihnen zu. Die Prophezeihungen mögen noch so unwahrscheinlich und widersinnig seyn; genug, man glaubt ihnen: Denn die Betrüger verstehen die Kunst, die, welchen sie etwas verkündigen sollen, unvermerkt auszufragen, nehmen dann diese Umstände zu Rathe und prophezeihen dem Rathfragenden, was ihnen wahrscheinlich ist. Wenn denn ihr Geschwätz mit dem erwarteten und geglaubten nur einigermassen zutrifft, so glaubt man und erwartet auch das unwahrscheinlichste desto gewisser. Der Glaube richtet sich oft nach den Wünschen; wenn daher der Betrüger diese erregt hat, so folgt darauf oft jener gewisse Glaube, der das Ansehen der Propheten und Wahrsager immer noch erhält. Wie viel Unglück ist durch diese Menschen schon angerichtet worden! häuslicher Unfriede, Mismuth, fehlgeschlagene Hoffnung und Verzweiflung – sind die gewöhnlichen Folgen ihrer unseligen Vorhersagungen. Oft schon vernachlässigte der, der bei dem Wahrsager rathfragte, seine Berufsgeschäfte, und wartete auf jene ihm verkündigten glücklichen Zeiten; denn nur selten wird etwas verkündigt, das unangenehm seyn könnte. Die Verfahrungsart bei dem Wahrsagen mag noch so abgeschmackt seyn, das thut zur Sache nichts, man glaubt fast wider seinen Willen; so geneigt ist der Mensch, Betrügern zu glauben; so begierig die Zukunft zu wissen. Ein geborner Türke *Erdmann Paul* hatte unter den Wahrsagern Berlins so ausgezeichnetes Glück, daß er sich von dem Erwerbe des Wahrsagens aus den Planeten ein eigenes, recht gutes Haus kaufen konnte. Sechs Groschen war das geringste, was er foderte, und man kann leicht denken, wie viel abergläubische Menschen, in einem Vierteljahrhundert ihr Scherflein ihm gebracht, und dagegen oft Wahnsinn im Kopf und Unmoralität im Herzen zurück getragen haben. Er gesteht selbst, aus den Planeten einigen Mädchen Unzucht, als ein einträgliches Erwerbungsmittel angerathen zu haben. Manchem Eheweib schwatzte er von Liebe eines vornehmen Mannes vor, den sie wohl noch einmal heirathen könnte; und veranlaßte dadurch häuslichen Unfrieden und Ehescheidungen. Manchen beschuldigte er schädlicher Dinge und stürzte ihn in Verzweiflung und Unglück. Manchem machte er grosse Hoffnungen von Glück, spannte dadurch seine Begierden aufs höchste, und wie es denn nicht anders seyn konnte – täuschte ihn. Das übelste hiebei war, daß so viele von ihm nur Hülfe erwarteten, auf ihn ihre alleinige Hofnung setzten, und dann statt Arbeitsamkeit und Sparsamkeit, statt Nachdenken und Vorsicht x. den bequemen Gang zu diesem Elenden wählten, um Kenntnisse des Zukünftigen und für ihr ganzes Leben Rath zu kaufen. Das ganze

Verfahren bestand darin, daß er sich das Datum der Geburt sagen ließ, dann im hundertjährigen Kalender, in abgeschmackten Planeten- und Cometenbüchern nachschlug, die Prophezeihungen daraus herlas; aus dem Kopfe noch hinzusetzte, was möglicher Weise dem, den er vor sich hatte, begegnen könnte; in einem Büchlein mit flachen, unkenntlichen Holzschnitten, die Gesichter von des fragenden künftigen Eltern und Liebschaften zeigte, endlich Karten legte, die er auf die bekannte abgeschmackte Art deutete: Der Knecht bedeutet einen Soldat, die Königinn eine Braut x. So wenig gehört dazu, die Menschen zu täuschen! Sie nehmen ihren Betrügern die Hälfte der Mühe ab; und solch ein Mensch konnte in Berlin durch eine plumpe Kunst reich werden. Er war ganz das Gegentheil von dem, was man in der Beschreibung eines Volksbetrügers vermuthet, gar kein feiner, gewandter angenehmer Mann; sondern der unwissendste, roheste, pöbelhafteste Kerl. Sein ganzes Aeussere war niedrig, sein Ausdruck gemein, und selbst seine Taschenspielerei höchst dumm. Demohnerachtet giengen oft Vornehmere zu ihm. Plumpe und unwissende Menschen, Vagabunden und Bettler dürfen sich nur aufs Wahrsagen legen, und sie können auf sichere Einnahme rechnen. Wie oft wurde nicht selbst Religion gebraucht die Bosheit zu verstecken; und hat man nicht Beispiele, daß solche Boshafte selbst biblische Prophezeihungen auf die ausgelassenste Art auf sich gedeutet haben. Ausschweifungen, und Liederlichkeiten, welche sich dergleichen Personen nicht selten erlauben, vermindern den Glauben an sie oft nicht, sondern ihre Absichten sind dadurch schon befördert worden. Die aufgeklärte Obrigkeit betrachtet und behandelt einen solchen, wie er es verdient, als einen Wahnwitzigen; aber der Glaube seiner Verehrer wird dadurch vielleicht noch vermehrt. Es ist fast nicht auszusprechen, zu was für Verirrungen der menschliche Verstand verleitet werden kann, und zu was für Thorheiten diese ihn hinreissen. Hier ist ein Beispiel; Rosenfeld fieng im Jahr 1762, da er 31 Jahr alt war, eine herumsteichende Lebensart an; Er hatte Wohlleben, Gemächlichkeit x. immer gelibt. Wo er nur hinkam, fieng er an, von Religionssachen zu sprechen; gab sich für einen Propheten, der in der Bibel verkündigt sey, endlich, für den Heiland der Welt, den wahren Messias – für Gott selbst aus. Er fand vielen Glauben, Beifall und Anhang, und trieb dieß Werk um sich füttern zu lassen, Geschenke zu bekommen, und Jungfrauen zur Erfüllung seines Wunsches zu bereden; und fand darinn grosse Bereitwilligkeit. Eltern selbst brachten ihm ihre Kinder, an ihnen seine Lust zu büssen, und junge verheirathete Männer liessen ihm das Recht der ersten Nacht. Wegen dieser seiner ausgelassenen Schwärmerei, wodurch er auch andere verrückt machte, kam er auf zwei Jahre von 1769 bis 1771 ins Irrenhaus in Berlin; aber seine Anhänger fuhren fort an ihn zu glauben, und ihm ergeben zu seyn. Eine Mutter brachte ihm ihre eben 15 Jahr altgewordene Tochter in Begleitung eines Mannes und einer andern Frau dahin. Unterwegs sagte man dem Mädchen, sie müsse alles glauben, was Rosenfeld ihr sage, und alles thun was er verlange. Rosenfeld sagte, er wolle jetzt das Mädchen zur Braut Christi machen, und that darauf in Gegenwart der Mutter und der übrigen an ihr, was er vorher an andern schon gethan hatte. Nach Verlauf jener 2 Jahre ward Rosenfeld wieder frei, streifte noch eine Zeitlang herum und kam 1775, 44 Jahr alt, wieder nach Berlin, sich da zur Ruhe zu setzen, und seine Lust gemächlicher zu büssen. Daher schrieb er einen Zirkelbrief an seine Anhänger, worinn er ihnen eröfnete: Er habe die Schlüssel des Paradieses, bei ihm liege das Buch des Lebens mit 7 Siegeln verschlossen; um es zu entsiegeln, brauche er 7 Jungfrauen. Wer ihm seine Tochter nicht gäbe, über den würden alle Seelen ach und weh schreien. Sogleich wurden ihm die Mädchen geschickt; aber der kaltherzige, heilige Wollüstling behandelte sie schlecht. Nur eine hatte seine Gunst ganz: Bei ihr brachte er ganze Nächte zu, und sie war schwanger. Die andern rief er auch zur Befriedigung seiner Lust; aber sie mußten vom frühsten Morgen bis in die späte Nacht Wolle spinnen, und ihn damit ernähren. Er prügelte diese sechs Mädchen, ließ sie hungern und behandelte sie wie Gefangne und Sclaven. Er ließ sie weder untereinander, noch mit ihren Eltern reden, quälte sie unaufhörlich mit Fragen, fluchte und drohete zuweilen schrecklich. Vorzüglich war die eine, die Schwester seiner Geliebten, ein Gegenstand des Hasses dieser letzern, und daher auch des Rosenfeld. Von Hunger und Verzweiflung überwältigt, entlief sie endlich zu ihrer Mutter; Aber auf des Heiligen Drohung, daß sie nicht zu den sieben glücklichen Jungfrauen gehören, und ewig verdammt werden solle, wenn sie nicht wiederkäme, kam sie, sagte aber zu einer ihrer Unglücksgenossen: »Meine Schwester und Rosenfeld haben mir schon das Mark aus den Knochen gesogen, jetzt gehts aufs Herz los, das wird bald auch abgefressen seyn.« Sie starb bald darauf bei Rosenfeld, und eine andre bald nach ihrer Zuhausekunft. Drei andre konnten es nicht aushalten, und entliefen, aber nichts empörte die Eltern.

In solchen Greueln, man kann es nicht oft genug wiederholen, verführt der unselige Aberglaube. Was für Ansehen haben nicht auch die Zigeuner bei dem Unwissenden! Sie, die unregelmässigsten und liederlichsten Menschen, lügen, und man glaubt es ihnen, daß sie wahrsagen können. Man giebt ihnen Fleisch, Speck, oder was sie sonst verlangen, und hält gläubig die Hand hin, von ihnen sein künftiges Schicksal zu erfahren. Unter andern geben sie auch vor, die Feuerwurzel zu besitzen, welche die Kraft haben soll, zu verhindern, daß etwas angezündet werde. Ihrem Vorgeben nach bekommen sie diese Wurzel in großer Menge alle Jahre aus Aegypten, wo sie auf einem hohen Berge wachse. Diese Zigeuner, deren Leben ein Zusammenhang von Betrügereien ist, wohnen meistens in Scheunen, wenn sie auf ihren Zügen in einem Dorf übernachten; und sind dann oft genöthigt, Feuer darin anzumachen, um ihre Speise zuzurichten, und sich vor Kälte zu schützen. Der Eigenthümer der Scheune würde ihnen dieß nicht gestatten, wenn sie ihn nicht beredeten, es könne wider ihren Willen weder die Scheune, noch sonst etwas in Brand gerathen. Wenn dieß nun nicht geschieht, so ist nicht die vorgegebene Wurzel, oder die braunen Kugeln, welche sie an den Hauptbalken des Gebäudes vernageln, die Ursache davon, sondern ihre Vorsichtigkeit und die Sorgfalt, womit sie das angemachte Feuer beobachten.

Die Begierde das Zukünftige zu wissen, die den Menschen so leichtgläubig, oft so abergläubisch macht, entsteht aus dem geheime'n Bewußtsein, daß das Künftige für ihn gehöret, daß er eine unsterbliche Seele habe. Es ensteht aber die Frage:

Ist es gut, sein künftiges Schicksal zu wissen?

Wir wollen immer, folglich auch in Zukunft glücklich seyn, daher entsteht der Wunsch, das Zukünftige zu wissen. Würden wir denn aber, wenn uns nun die Zukunft aufgedeckt würde, glücklicher seyn, als wir jetzt sind; und würde nicht dieses Vorherwissen, unser Glück auf mehr als eine Art hindern? Gesetzt, ein junger Mensch wüßte vorher, daß er zu einer gewissen Zeit, durch Erbschaft oder auf eine andre Art reich werden würde; würde er fortfahren so fleißig und tugendhaft zu seyn, als er bisher war, da er weiß, daß von diesen Bemühungen sein Glück nun nicht mehr abhängt? Wir erwarten von der Zukunft immer das Beste; dieß spornt unsern Fleiß und macht uns thätig: wüßten wir, daß unsre Bemühungen, wie es zuweilen wohl der Fall ist, vergebens seyn würden; so würden wir in dem Bestreben zu größerer Vollkommenheit lässig, folglich unglücklicher werden. Wir genießen jetzt ein Glück, und freuen uns; wüßten wir das zukünftige Misgeschick, so würden wir das gegenwärtige Gute darüber vergessen, und unsre Tage in ängstlicher Erwartung der Zukunft, in Trauer verbringen. Auf der andern Seite, wenn wir in dem gegenwärtigen Unglück, die künftigen glücklichen Zeiten sehen könnten, so würden wir die Mittel, durch deren weise Anwendung wir allein dazu gelangen können, ungebraucht lassen, und so unsern Zweck verfehlen. Selbst darin, daß uns die Zukunft verborgen ist, liegt ein Theil des menschlichen Glücks; darum verbarg Gott sie uns weislich. Eine längst erwartete glückliche Begebenheit, von welcher wir gewiß wissen, daß sie eintreffen wird, verliehrt einen großen Theil von ihrem Reiz, wenn wir sie nun wirklich genießen; Dahingegen das Unerwartete durch seine Neuheit uns mehr erfreut. Hätten wir keine Hofnung, und die würden wir nicht haben, wenn die Zukunft offen vor uns stünde; so würden wir ein einfaches, freudenleeres Leben führen. Welche Mutter würde sich die Erziehung ihrer Kinder angelegen seyn lassen, und wenn sie auch noch so liebenswürdig wären, Freude über sie haben, wenn sie vorher wüßte, daß sie dieselben zu einer bestimmten Zeit verlieren würde? Sie würde sie nie ohne Thränen ansehen, oder an die Brust drücken. Welcher Vater würde zum Wohl seiner Kinder Nächte hindurch arbeiten und sorgen, wenn er voraus sähe, daß trotz aller seiner Bemühungen, diese einst unglücklich würden? Würde nicht dadurch Gleichgiltigkeit und lässige Betreibung der Geschäfte in allen Ständen überhand nehmen, und dadurch das Wohl und die Glückseligkeit der menschlichen Gesellschaft gestört, vielleicht ganz zernichtet werden? Auch unser Standhaftigkeit, Entschlossenheit, Geduld, überhaupt unsre Tugend wird durch das Ungewisse geprüft, bewährt und vergrössert; wenigstens würden wir sie nicht in dem Grade ausüben können, wenn wir wüsten, wie unsre Sachen ablaufen würden. Keiner arbeitet gern vergebens; jeder sucht dadurch sein Glück. Wüsten wir unsre künftige Lage und Verbindung; so würden wir die gegenwärtigen Arbeiten liegen lassen, dahin lediglich unsre Bemühungen richten, und alles beyseit setzen, was nicht dahin einschlägt. Die Menschen würden sich nicht, wie jetzt bemühen, den möglichsten Grad von Vollkommenheit zu erreichen; und so würde die menschliche Gesellschaft die geschikten Männer entbehren, die eben dadurch, daß sie sich auf die ungewisse Zukunft vorberriten mußten, so vollkommen wurden. Dank sey es der Vorsehung, daß sie uns die Zukunft verbarg! aber das Bemühen der Menschen, sie zu ergründen, ist fast ungemessen. Die Sterne, die Züge im Gesicht und in den Händen u.s.w. sollen sie eröfnen.

Vom Wahrsagen aus den Sternen

Unter der Astrologie, welche ehedem so großes Ansehen hatte, und eifrig erlernt und getrieben wurde, versteht man die Kunst, aus den verschiedenen Stellungen der Gestirne zukünftige Begebenheiten, als: die Veränderungen des Wetters, die Fruchtbarkeit der Erde, die Schicksale ganzer Reiche und einzelner Menschen, und den Ausgang ihrer Unternehmungen vorher zu sagen. Der Ursprung derselben ist in dem Heidenthum zu suchen, da man glaubte, der Himmel habe Leben in sich, und beseele die Gestirne, welche daher sehr vollkommne Wesen wären. Man schrieb es ihrer innern, vortreflichen und göttlichen Natur zu, daß sie sich bewegen und glaubte, daß die vornehmsten Theile der Gottheit darin befindlich wären, durch welche denn auch die Schicksale der Menschen und die Begebenheiten auf dieser Unterwelt regiert würden, welche man daher durch fleisige Beobachtung der Gestirne und ihrer Stellung gegen einander voraus sehen könnte. Selbst gelehrte und fromme Männer waren ehedem von dieser Art des Aberglaubens angesteckt, und suchten durch Astrologie ihr Lebensende zu erfahren. Ein Mensch, der gewiß glaubt, daß er auf einen bestimmten Tag sterben werde, kann allerdings vor Einbildung sterben; denn je näher die Stunde kommt, desto lebhafter werden die Todesvorstellungen, alle Bewegungen des Körpers gerathen in Unordnung, verursachen den Tod, und der Abergläubische ist dahin. Der Aberglaube hat die Meinung gebracht, daß bei der Geburt eines Menschen ein neuer Stern an den Himmel gesetzt werde; je nachdem der Stern leuchte, sey das Schicksal des Menschen gut oder böse: Er werde reich, wenn dieser schön glänze; arm, wenn er nicht viel glänze; er sterbe, wenn sein Stern vom Himmel falle. Die Verbindung des Jupiters oder der Venus mit dem Mond sey bei der Geburt der Kinder glücklich; die des Saturns und des Mars unglücklich. Aber die Gestirne halten einmal wie das andre ihren Lauf; wie könnten sie dem neugebohrnen Kinde Glück oder Unglück verkündigen, oder die Begebenheiten der Welt und der Menschen anzeigen? Eben so wenig Einfluß können sie auf den Charakter der Menschen haben. Schon ein weiser Heide, *Cicero*, erklärt das Vorhersagen aus den Sternen für das, was es ist, für Aberglauben. »Es ist zu wenig, sagt er, es Thorheit zu nennen, wenn man ein Kind nach der Beschaffenheit des Himmels beurtheilt; es ist Unsinn. Woher kommt es denn, daß oft Zwillinge, die doch unter einerlei Gestirn gebohren sind, so verschiedene Schicksale haben? Wie weit sind die Planeten entfernt? Kann man sich ihren Einfluß als möglich vorstellen? Es wäre gewiß vernünftiger, wenn man sagte, die Veränderungen des Windes und des Wetters hätten Einfluß auf die Geburt des Menschen u.s.w.« Bestimmen die Gestirne der Menschen Denkungsart und Schicksal, wozu hätten sie den freien Willen? die, welche in einer Schlacht das Leben verlieren, sind gewiß nicht unter einerlei Gestirn gebohren. Die Wahrsagungen der Astrologen, wenn sie auch nach allen Regeln der Kunst gemacht worden wären, sind falsch und betrüglich, und können die Probe nicht halten. Unter hundert Personen, welche sich die Nativität stellen lassen (so nennt man es, wenn jemand sich von einem Sterndeuter aus dem Gestirn, unter welchem, wie er glaubt, gebohren ist, aus dem Tag seiner Geburt und dergleichen das Zukünftige vorhersagen läßt) wird immer nur bei sehr wenigen der Erfolg mit dem Vorhersagen übereinstimmen, und wenn es geschieht; so ist es zufällig. Man ist geneigt, die Begebenheiten des zukünftigen Lebens als solche zu betrachten, die der Sterndeuter vorhergesagt hat. Mir soll es gleichgiltig seyn, wenn man mir sagt, daß der Anblick des Gestirns in der Stunde meiner Geburt lächelnd oder drohend gewesen ist. Können die Himmelskörper, die sich ihres eigenen Daseyns nicht bewußt und mehrere Millionen Stunden weit von mir entfernt sind, und welche die ihnen vom Schöpfer angewiesene Laufbahn nach unwandelbaren Regeln fortgehen, mir von künftigen Dingen Nachricht ertheilen? Soll ich zu einer groben, unempfindsamen Materie, meine Zuflucht nehmen? Nein, öfters will ich mein Auge nach jenem Sternfeld hinrichten, und darin die Allweisheit und Allmacht des Schöpfers bewundern. Nie soll mich ihr Anblick zu dem thörigten Gedanken verleiten, von ihnen die Zukunft lernen zu wollen. Die Sternkunde (Astronomie), welche uns die Grösse der Himmelskörper, ihre Entfernungen und Bahnen lehrt, ist nicht nur erlaubt, sondern auch sehr nützlich. Sie beruht auf sichern Gründen und Erfahrungen. Aber nicht so ist es mit der Astrologie, durch welche freilich auch schon manche wichtige Begebenheit bewirkt worden ist. Die Engländer hatten bis auf eine Festung in Frankreich alles erobert, und Karl der siebente wollte schon in eine gebirgigte Landschaft fliehen, und sich da verbergen. Aber *Agnes Sorel*, Karls Maitresse, ließ einen Sterndeuter holen, der, nachdem sie das nöthige mit ihm verabredet hatte, ihr in Gegenwart des Königs sagte: Wenn ihn nicht alle Gestirne betrögen; so würde sie einen grossen König noch lange vergnügen. Sie stellte sich, als ob sie nun zum König von England gehen wollte. Karl bekam Muth, mit ihm das Volk, man spielte den bekannten Auftritt mit dem Mädchen von Orleans, die sich göttlicher Offenbahrungen rühmen mußte, und die Engländer wurden wieder aus Frankreich vertrieben.

Physyognomie

ist diejenige Wissenschaft, da man aus den Zügen des Gesichts jemandes Charakter zu errathen sucht. Man kann nicht in Abrede seyn, daß manchem Menschen die Falschheit, List, Dummheit, u.s.w. und einem andern Aufrichtigkeit, Ehrlichkeit, Aufgeklärtheit u.s.w. gleichsam aus dem Gesicht hervorsieht. Etwas von jemandes Sinnesart kann man aus seinem Gesicht allerdings lesen; aber dieß ist nicht untrüglich. Ein junger Mann hatte sehr schlechte Erziehung, musste ganz sich bilden; arbeitete Jahre, ehe er die üblen Eindrücke und Gewohnheiten, die ihm aus den Jugendjahren anklebten, wieder verlöschen konnte. Durch anhaltendes Bemühen, durch lange Uebung, und den manngifaltigen Umgang mit andern, bildete er sich endlich den guten geraden Charakter, mit dem man durch die Welt kommt und glücklich ist. Aber in seinem Gesicht hatte sich so etwas gesetzt, das fast jedem misfiel, andre gegen ihn mistrauisch machte, und ihm manche Unannehmlichkeit zuzog; und kein Physyognomist wollte mit ihm zu thun haben. Hier verkannte man in dem freilich etwas verzogenen Gesicht und der finstern Stirne den ehrlichen Mann: Dort glaubt man ihn in dem freundlichen Gesicht des Höflings zu finden, der von Jugend auf an lächelnde Mienen und an Geschmeidigkeit gewöhnt wurde. An Physyognomie ist etwas; aber das

Wahrsagen aus dem Gesicht

ist Betrug. Wenn ein äußerst boshaft aussehender Mensch mit diesem seinen Aussehen, ein äußerst schlechtes Leben verbindet; so kann man wohl vorher sagen, daß es mit ihm kein gutes Ende nehmen werde. Wenn ein äußerst freundlich aussehender Betrüger in seinen Betrügereien fortfährt; so kann man vorher sagen, daß sie endlich an den Tag kommen, und er den verdienten Lohn empfangen werde. Und wenn der gute Mann, dem Ehrlichkeit aus dem Gesicht hervorleuchtet, rechtschaffen denkt und handelt; so kann man ohne Wahrsagerkünste vorhersagen, daß sein Ende gut seyn werde. Lediglich nach den Zügen des Gesichts jemandes Schicksal vorhersagen wollen, ist Thorheit; Nur Handlungen ziehen Lohn oder Strafen nach sich; und es ist wahr, was das Sprichwort sagt, daß jeder seines Glücks Schmied ist.

Vom Wahrsagen aus den Händen

Der Trieb, das Zukünftige zu wissen, ist an sich sehr unschuldig, wenn er durch Vernunft regieret wird; aber die meisten Menschen folgen diesem Triebe blindlings, auf thörigte und lächerliche Weise, und sind zufrieden, wenn ihnen nur wahrgesagt wird. Die albernsten Prophezeihungen finden oft den mehresten Beifall, und man kann nicht leichter zu Ansehen gelangen, als wenn man recht viel thörigte Dinge vorhersagt, denen es jeder Vernünftige ansieht, daß sie niemals erfolgen werden. Eine alte Zigeunerinn wird dem Abergläubischen ehrwürdig, wenn sie den prophetischen Mund öffnet, und ein Verrückter wird bewundert, wenn er wahrsagt. Es ist immer noch wahr, daß den Menschen, ob sie gleich unzählig oft schon betrogen sind, doch der Trieb bleibt, das Zukünftige zu wissen, und sie wenden alle Mittel an, die sie kennen, ihn zu befriedigen. Kaum läßt sich ein schwarzbraunes Zigeuner-Gesicht in einer weissen Haube auf der Strasse sehen, so läßt jeder seine Geschäfte liegen, und läuft demselben nach, um etwas glückliches zu hören. Die Zigeuener sind dreust genug, mit ihren Wahrsagereien sich jedem aufzudringen, und unverschämt zu sagen, daß man es bedauern werde, wenn man sie nicht hören würde. Ungeheissen stehen sie still, und rufen: »Gott grüsse dich, mein lieber Bruder! Ach was hast du für ein gutes Herz, und hast doch so viele Feinde und Neider, die immer mit dir umgehen, und dir so freundlich begegnen. Du wirst sehr alt werden, grau wirst du werden, und du wirst auch selig werden. Vergebens bietet man ihnen ein Almosen an, um weiter zu gehen, oder legt ihnen Stillschweigen auf. Wir sind auch Christenleute, antworten sie, und glauben an den Herrn Jesum; aber höre uns an, wir haben bei Generals und Obersten Gehör gefunden. Es steht dir ein groß Unglück bevor; Hüte dich vor zwei paar Schuhen! Du kannst es aber vermeiden. Höre, mein blanker Bruder! es ist nicht gut, das alle Leute alles wissen; ich kann dir hier auf der Gasse nichts sagen; komm mit mir, so will ich dir die beschreiben, denen du so viel trauest, und die doch hinter dir her sind. – Ach du hast heimliche Feinde, und dein edles Herz macht, daß sie dich hassen. Hör mich an, ich will dir alles sagen, was sie vorhaben.«

Die Zigeuner richten ihre Prophezeihungen, wie bekannt, sehr allgemein ein, so daß jeder sie auf sich anwenden kann, wer sollte nicht Feinde haben; wer es wenigstens nicht glauben, wenn ihm dieß gesagt wird? Wer sollte nicht Ursach zu haben glauben, sich, wie der Zigeuener sagt, vor zwei paar Schuhen zu hüten? Wer nicht gern glauben, daß ihm Unglück oder Glück bevorstehen, wenn es ihm prophezeihet wird? Die Zigeunernachrichten, sagt man, können doch zur Warnung dienen, und unter diesem Vorwand hört man ihr Gespräch an, und glaubt am Ende, daß es wahr seyn könne. Man hängt den dadurch erzeugten Gedanken nach, und kann ihrer oft nicht los werden; daraus entsteht denn aber Mistrauen, und aus diesem Beleidigungen und Feindschaften. Fast bei jedem Menschen liegen abergläubische Neigungen verborgen; bei dem einen mehr, bei dem andern weniger, Sehr wenige sind ganz frei davon. Der Mensch ist allzugeneigt, sich selbst zu betrügen, weil er die Umstände der Sache nicht recht untersucht. Man besinnt sich, daß das Wahrsagen einer Zigeunerinn doch einmal eingetroffen sey; und daß doch wohl etwas an der Sache seyn müsse. Jene Anrede, die sie an einen wie an den andern halten, ist so allgemein, daß der gute Mensch die Wahrheit ihres Innhalts nicht bezweifelt, und auch der schlechteste sie auf sich anwendet. Denn wo lebt einer, der nicht glauben sollte, Feinde zu haben? Die Zigeunerinn beschreibt die Feinde als solche, mit denen man umgehe, welche man kenne. Natürlich müssen es solche seyn, denn die, mit welchen wir nicht Umgang haben, die wir nicht, und die uns nicht kennen, die können auch unsre Feinde nicht seyn. Langes Leben, graue Haare, Seeligkeit, sind Dinge, die jeder gern hört, von Herzen wünscht, und daher desto leichter glaubt. Die Sache der Zigeuener ist, durch das angenehme in den Prophezeihungen ihnen schnellen Beifall zu verschaffen; denn nur selten hängen sie etwas unangenehmes an, und wenn es geschieht; so suchen sie es bald durch etwas angenehmeres wieder gut zu machen. Man weiß, daß der Tod auf den Tag und die Stunde, welche die Zigeunerinn einem dazu festsetzte, wirklich erfolgt ist; aber woher kam dieß? *Klein*, der leichtgläubige, hat auf Zigeunerinnen grosses Vertrauen gesetzt, und läßt sich diesem zufolge fast von jeder in die Hand sehen. Einst verkündigte ihm eine mit vieler Zuversicht den Tod. Angst befällt ihn, er zählt die Tage, und endlich bricht der schreckliche Morgen an. Was soll er anders thun, als sich zu seinem Ende zubereiten? Die zunehmende Furcht vor dem Tode fängt an seine Seele zu beschäftigen, und sich seiner ganz zu bemächtigen. Immer grösser wird die Unordnung in der Bewegung des Bluts und der Säfte; wird grösser, je näher die Sterbestunde kommt; Sie schlägt – welch ein erschütternder Eindruck – Krämpfe, Konvusionen, der Tod folgen. *Klein* stirbt auf jene Prophezeihung; aber ganz natürlich.

Die Zigeunerinn biegt die Hand auf alle Art zusammen, wenn sie wahrsagen will, beobachtet den, den sie vor sich hat, sagt etwas und merkt darauf, wie es ihm gefällt. »Deine Lebenslinie hat eine Wittwe; deine Liebste ist beständig, und du wirst diese Nacht von ihr träumen. Du bist noch ein Junggesell; aber du wirst es nicht lange mehr bleiben. Du bist einer gewissen Person angenehmer als du wohl denkst. Ach Herr, deine muthwilligen Blicke verursachen dem Herzen einer schönen jungen Frau viel Pein; »du hast deinen lächelnden Mund nicht vergebens.«

Man muß das Gesindel beobachten, wenn sie im Hause sind, und sich in acht nehmen, daß sie die Taschen und Kammern nicht leeren; denn darinn sind sie ihrer Kunst gewisser, als in dem Prophezeihen.

Die vorgegebene Kunst, aus der Hand, den Erhebungen und Linien derselben, den Charakter, die Schicksale, die Art des Todes und dergleichen vorherzusagen, heißt *Chiromantie*. Die Richtung der Linien in den Händen hängt von der Behandlung der Kinder in der zartesten Jugend ab. Je zeitiger die Kinder zum freien Gebrauch ihrer Glieder gelassen werden; desto weniger und kleiner sind die Linien; Werden diese lange eingepreßt, so werden sie auch stark und lang, und werden ihrer viele; und nach dem die Hände so oder anders eingewickelt werden, nach dem richten sich die Linien. In spätern Jahren hängt die Richtung derselben von den verschiedenen Verrichtungen der Hände ab. Nach dem ein Mensch viele oder wenige, grobe oder leichte Arbeit verrichtet, nach dem werden die Linien lang oder kurz, stark oder schwach, oder ihre ganze Richtung wird verändert. Ein Grobschmidt sagt U., muß andere Linien in seine Hände bekommen, als ein Stadtschreiber. Es giebt Leute, deren Linien in den Händen ganz blaß und fast weiß aussehen, und die sind die gesundesten; und andere, deren Linien schön roth sind, sind die kränklichsten. Hieraus erhellt, daß die Kunst, aus den Händen etwas zu sagen, Thorheit ist; und die Worte Hiob am 37. v. 7 die man hieher gezogen hat, sagen nichts anders als daß die Menschen und alles ihr Thun von Gott abhängt. Der Chiromantist sagt, und der Abergläubische glaubt, daß man alles, was der Mensch je gethan und noch thue, aus seinen Händen lesen könne; Würde nicht die Chiromantie grossen Nutzen in Gerichten haben? Aber sie wird von allen Verständigen mit Recht als eine Kunst ohne Grund verworfen.

Vom Wahrsagen aus der Caffeetasse

Man trägt einer Wahrsagerinn (denn gewöhnlich geben Weiber sich damit ab) eine Frage vor, die man sich beantwortet wünscht, z.B. wer dieß oder das gestohlen; ob man es wieder bekommen werde? u.s.w. Es wird Caffee gekocht, und es versteht sich, daß man der Wahrsagerinn ein paar Schälchen geben werde. Kaum ist dieß geschehen, so kommt der Geist der Wahrsagung über sie. Sie schüttet in das Oberschälchen etwas dicken Caffeesatz, schwingt dasselbe dreimal in der Runde herum, haucht dreimal (nicht mehr und nicht weniger) hinein, setzt sie dann so lange, daß das Gebet des Herrn dreimal gebetet werden kann, auf die Untertasse umgekehrt hin, so daß die dünnen Feuchtigkeiten ablaufen; setzt dieses Oberschälchen an einen andern Ort; nimmt es, nachdem sie drei Kreuze darüber hingemacht hat, auf; sieht hinein, um aus den darinn hangen gebliebenen Theilchen des Caffees das Unbekannte bekannt zu machen. Die Wahrsagerinn redet in einem bestimmten Ton, z.B. »Der Dieb hat schwarze Haare u.s.w. aber er ist mit dem gestohlnen schon über fliessendes Wasser, und ich kann es nicht wieder schaffen. Man erstaunt; denn Kunz, den man für den Dieb hält, hat schwarzes Jaar, und ist jetzt nicht zu Hause. Aber man sieht leicht, daß solche Wahrsagereien Betrug sind. Die fragende Parthei kann gewöhnlich nicht schweigen, und entdeckt daher der listigen Wahrsagerinn alle Muthmassungen, wonach denn diese ihre Antworten einrichtet, die ohnehin so allgemein sind, daß sie auf hunderterlei Art ausgelegt werden können. Man lege ihr eine zweifelhafte Frage vor, und entdecke darüber nichts; und man wird sehen, daß sie so wenig zu deren Beantwortung weiß, als jeder andre. Die Erfahrung lehrt es ja, daß die Wahrsagungen der Caffeeprophetinnen nicht eintreffen, und daß sie es selbst gestanden haben, sie wüßten von dem, was sie entdecken sollen, nichts. Dennoch geschieht es oft, daß nicht nur gemeine Leute, sondern auch solche, die nicht zum Pöbel gerechnet seyn wollen, aus der Caffeetasse sich wahrsagen lassen. Eine Wahrsagerinn lockt nicht nur durch Lügen andern das Geld ab, sondern bringt oft auch unschuldige Leute in Verdacht und stiftet Mistrauen und Uneinigkeit. *Marie* ist eifersüchtig auf ihren Mann; sie fragte eine Wahrsagerinn, und diese versichert, daß ihr Mistrauen gegründet ist. Seitdem nahm der häusliche Unfriede überhand, und das Ende war Ehescheidung. In einem andern Hause war etwas gestohlen, man fragte dasselbe Weib, und vernimmt in ihrer Antowrt, daß der Dieb eine gewisse Person sey, welche in dem Hause aus- und eingehe. Man hatte dieß vermuthet. Dem ehrlichen Mann wird das Haus verboten, und sein guter Nahme ist befleckt.

Vom Wahrsagen aus dem Wasser

Die Hydromantie, oder die Kunst, aus einer mit Wasser angefüllten Bouteille zu weissagen, hat ihren Ursprung aus dem Heidenthum. Man nahm ein reines Glas, füllte es mit klarem Wasser und steckte rund umher brennende Fackeln an; worauf eine schwangere Frau, oder ein unschuldiges Kind vor dasselbe traten, und auf die vorgelegten Fragen Antworten fodern mußten. Dann soll sich die Gestalt desjenigen, den man dazu aufgefodert hat, darinn gezeigt, und auf das, darum man ihn befragt, geantwortet und geweissaget haben. Auch in neuern Zeiten hat man dieß probiret, und, natürlich, falsch befunden.

Vom Wahrsagen aus dem Klingen in den Ohren

Das Klingen in den Ohren hält der Abergläubische für eine Wirkung, die dadurch verursacht werden, wenn abwesende Leute von ihm reden. Schon in den ältesten Zeiten hielt man die rechte Seite für glücklich, und die linke für unglücklich; und man hat dies auch auf das Ohrenklingen angewendet. Wenn daher Gutes von einem Menschen gesprochen wird, soll sein rechtes Ohr klingen; und wenn Böses geredet wird, das linke. Aber das Ohrenklingen rührt weder von einer äussern, noch entfernten, als das Sprechen der Leute ist – sondern von einer Ursach in den Hörgängen des Ohrs her, die in der Vollblütigkeit und Erhitzung des Bluts zu suchen ist. Sobald es den Abergläubischen in dem Ohr klingt, so denkt er geschwind an alle die, von denen er glaubt, daß sie von ihm sprechen möchten. Der, bei welchem das Klingen aufhört, soll es nun gewesen seyn, der von ihm geredet hat. Das Klingen der Ohren ist etwas ungewöhnliches.

Es währt nicht lange, es entsteht plötzlich und hört plötzlich auf. Alles ungewöhnliche hat, besonders bei alten Mütterchen, seine Bedeutung. Weil sie sich nun zu der Zeit, da es in ihren Ohren klingt, sich wohlbefinden; so suchen sie die Ursach davon nicht in ihrem Kopfgehäuse, sondern außer sich, bei andern Menschen. Das Klingen in den Ohren macht einen widrigen Ton und ist beschwerlich; so muß es auch etwas widriges anzeigen, wenigstens wenn es auf der unglücklichen linken Seite ist: Auf der andern könnte es wohl etwas gutes bedeuten. Wie sollte es denn möglich seyn, daß die Worte eines Abwesenden, der aber so weit entfernt ist, daß ich sie nicht hören kann, in meinen Ohren ein Klingen erregen könnten; und zwar in dem rechten, wenn er vortheilhaft, und in dem linken, wenn er nachtheilig redet.

Vom Wahrsagerloose

Bei dem Loose wird die Entscheidung einer Sache dem Ohngefähr überlassen. Die Alten hielten vielerlei Arten des Looses für heilig, weil sie glaubten, daß sie von Göttern, oder gewissen Geistern regiert würden; daher waren sie meistens in den Tempeln angeordnet, und standen unter der Aufsicht der Priester. Der Gebrauch des Looses, dadurch etwas ungewisses zu erfahren, schlich sich aus dem Heidenthum in die christliche Kirche, nur, daß hier statt den Schriften des Homers und Virgils die heilige Schrift gebraucht wird, die gewiß nicht zu dieser Absicht gegeben ist. Ehedem schlug man jene Schriftsteller, den Homer oder den Virgil auf, las das erste, was in die Augen fiel, und glaubte, dieß zeige an, ob man glücklich oder unglücklich seyn werde, ob man die Sache unternehmen dürfe oder nicht? Die Christen brauchen dazu die heilige Schrift, die sie besonders des Morgens in der Absicht aufschlagen, daraus zu erfahren, was ihnen diesen Tag begegnen werde, ob ihr Unternehmen glücklich von statten gehen werde u.s.w. Durch solch thörigtes Forschen des Künftigen in dem heiligsten Buch spottet man Gott, und versündigt sich schwer. Auch bei den geringsten unbedeutendsten Geschäften wird der Abergläubische, entweder aus Mangel an Einsichten, oder aus Eitelkeit sich bereden, daß der Himmel um seinetwillen den gewöhnlichen Lauf der Dinge ändern, und ihm einen außerordentlichen Wink geben werde, diese oder jene Auswahl zu treffen. Er ist aber bei dieser Verfassung seiner Seele unglücklich, und schwebt immer zwischen Furcht und Hoffnung. Der aufgeschlagene Spruch verkündigt Noth, Elend und dergleichen. Nun, so mag der Abergläubische sich in einem Meer von Freude befinden; er wird immer traurig seyn, und furchtsam auf die Zukunft warten. Wozu hätte Gott uns Vernunft gegeben, wenn ein Ohngefähr unser Thun und Lassen und unsere Entschliessungen bestimmen sollte? Wenn wir Gründe und Gegengründe reiflich überlegt haben; so wählen wir das, was uns das beste scheint, wie könnte uns dieß aber ein Spruch, der uns in einem Schatz- oder Spruchkästlein vorfällt, wenn wir dasselbe aufschlagen, so untrüglich sagen, wie man gemeiniglich glaubt?

Von dem Kartenschlagen

Der Wahrsager mischt die Karte, läßt sie den, der sich will wahrsagen lassen, abheben, und ihn sich ein Blatt wählen, wonach der Wahrsager, wie er sagt, sich richten will. Dann legt er die Blätter, je achte nach der Reihe auf, betrachtet die Lage des von jenem erwählten Blatts, und die Lage der andern gegen dasselbe, und fängt nun an, vergangenes und zukünftiges zu sagen. Jedes Blatt in der Karte, jede Farbe hat ihre Bedeutung, aber ist ganz willkührlich, wie man sie deutet, und jeder kann sich selbst die Regeln entwerfen, wonach er aus der Karte wahrsagen will. Was für Verbindungen kann ein erwähltes, gezogenes oder geworfenes Blatt mit den Schicksalen der Menschen haben, und wie könnte man daraus vergangene und zukünftige Dinge sehen? Warum soll diese Farbe Glück, jene Unglück zeigen? könnte es nicht gerade umgekehrt seyn? Ist dabei ein Ohngefehr; so kann man auf die daher genommene Prophezeihung nicht bauen. Sollte Gott, wie man glaubt, einen guten Geist wirksam dabei seyn lassen, wie könnte er das Wahrsagen verboten haben? Auch durch Kartenschläger sind die Menschen oft unglücklich geworden. Jene Frau, die sich auch darauf legte, bekam zuletzt den Staupbesen: Warum hatte sie das nicht in der Karte gesehen?

Das Sieb- und Schlüssellaufen

ist eine alte Erfindung, wodurch man etwas unbekanntes erforschen will; z.B. wer etwas gestohlen hat x. Ein Sieb wird an eine Scheere (beide müssen geerbt seyn) festgemacht. Die beiden Enden der Scheere werden von zween Personen auf die Mittelfinger gesetzt, und so erst eine Zeitlang gehalten. Der Meister, der dabei steht, fängt nach allerhand Alfanzereien an, die Namen der im Hause befindlichen, in der Nachbarschaft wohnenden und verdächtigen Personen laut zu nennen, und man glaubt, daß wenn der Name des Schuldigen ausgesprochen wird, das Sieb sich unaufhaltsam drehe, und dadurch den Thäter entdecke. Oder man befestigt einen Erbschlüssel in einer Erbbibel, hält den Schlüssel auf den Mittelfingern, und verfährt dabei wie vorher: Der Erfolg soll derselbe seyn.

Die Ursach von den bedeutungsvollen Umdrehen des Siebes und der Bibel kann unmöglich in den ausgesprochenen Namen liegen; noch können diese Dinge, weil sie todte Körper sind, etwas unbekanntes entdecken. Der Trieb, das unbekannte zu erfahren, kann darzu auch nichts thun; denn so würde der gewinnsüchtige Spieler die Würfel oder die Karten zu seinem Vortheil können fallen lassen. Ein guter Geist kann dabei schon darum nicht wirken, weil man weis, daß dadurch Personen angezeigt worden sind, die man nachmals unschuldig fand. Der Teufel kann nicht dabei seyn, welches man doch gemeiniglich glaubt, theils weil er auf der Welt nicht wirken kann, theils weil er selbst die Zukunft nicht weis; denn diese kennt nur Gott der Allwissende. Es müssen also andere Ursachen seyn, die das Umdrehen jeder Dinge bewirken; und worinn könnte man sie anders suchen, als in den Personen selbst, die das Sieb oder die Bibel halten? Wenn der Name dessen von dem man vermuthet, daß er etwas gestohlen oder gethan habe, ausgesprochen wird, so erregt die gewisse Vermuthung und die Begierde, das Gewünschte zu erfahren, in den Händen der Haltenden ein Zittern, welches jene Umdrehung verursacht. Und da der Name des vermeintlichen Thäters gemeiniglich ganz zuletzt erst ausgesprochen wird, da die angestrengten Nerven nachlassen, so ersieht man leicht, woher das Umdrehen komme. Wer solche Gaukeleien vornimmt, der will sich nicht gern überzeugen, daß sie unzuverlässig sind, und so ersetzt ein Stoß, den man fast wider seinen Willen thut, was der Sache selbst abgeht. Diesen Stoß verursacht der geschickte Meister auf eine unmerkliche Art selbst, wenn er sieht, daß die fragenden Personen ehrlich zu Werke gehn; welches er um so leichter kann, da diese voller Erwartung da stehen. Es bedarf nur eines kleinen Anstoßes, den aber die Geschwindigkeit verbirgt, um das Sieb oder die Erbbibel zum Umdrehen zu bringen. Die Erfahrung hat diese Kunst mannigfaltig widerlegt, und den oft gerechtfertiget, der dadurch schuldig erkannt wurde.

Das Punktiren

oder die *Geomantie* ist die eitle Kunst, da man durch Punkte. welche man in den Staub, Sand, oder auf Papier macht, etwas unbekanntes erfahren will. Die Punkte, die aber, indem man sie zeichnet, nicht gezählt werden dürfen, werden, wenn sie gemacht sind, zusammen gezählt, und von der Zahl, die da heraus kommt, auf mannigfaltige Weise Gebrauch gemacht. Oder die Taufnahmen der rathfragenden Personen werden aufgeschrieben, und die einzelnen Buchstaben, mit der Summe der gezählten Punkte verglichen. Jeder Buchstabe bedeutet eine Zahl; a bedeutet 1. b 2; c – 3. u.s.w. Die Verfahrungsart ist ganz willkührlich, und sie ist daher verschieden; Schon hieraus kann man sehen, daß die Antworten, welche man auf die Fragen: Wird der Kranke wieder gesund? Kommt der Reisende wieder? u.s.w. erhält, unrichtig sind. Man kann sie auch ohne zu punktiren, wenigstens eben so richtig angeben; denn da mein Name von der Willkühr meiner Eltern abhängt; so kann eine gewisse Berechnung nach demselben mein Glück, meinen Tod x. nicht anzeigen. Vielleicht wurde dieß nur zum Spaß und Zeitvertreib erdacht; aber dieser Spaß artete in Aberglauben aus. Alle vorher schon angeführte Gründe gehören auch hieher. Die Kunst ist thörigt, eitel und unnütz; denn was hilft es mir, wenn ich den Dieb zu wissen glaube, ihn aber nicht gewiß weiß, und es ihm nicht sagen, ihn darüber nicht beklagen darf? Oft schon sind durch diese und dergleichen Künste, die besten Freunde und Eheleute veruneinigt worden, oft schon Unglück und Menschenelend daraus erfolgt. Aus einem Lohnkutscherstalle in H. wurden ein paar Uhren, und einige andre Sachen gestohlen. Die Kutscherknechte gehen zu einem Weibe, die in dem Ruf stand, daß sie wahrsagen könne, und fragen, ob sie nicht den Dieb jener Sachen anzuzeigen wisse? Sie sagt, der den folgenden Morgen zuerst in den Stall kommen würde, sey der Dieb. Zufälliger Weise kommt ein armer Schuhflicker, der in einer ganz entfernten Gegend der Stadt wohnte, frühmorgens vor Anbruch des Tages in den Stall, um einige Arbeit zu überbringen. Sogleich fallen ihn die Knechte an, richten ihn mit Mistgabeln unmenschlich zu, und werfen ihn denn in diesem hülflosen, dem Tode nahen Zustande, heimlich heraus, weil sie gewiß glauben, daß er bald sterben, und sie nicht würden verrathen werden. Der Unglückliche erholt sich, kriecht einige Gassen fort, und verbirgt sich, da ihn alle Kräfte verlassen, in ein Kellerloch; wo ihn die Stadtsoldaten fast todt finden, ihn nach Hause bringen, und Anzeige davon thun. Er hat noch so viel Kräfte, daß er abgehört werden und diejenigen anzeigen kann, die ihn so unmenschlich zugerichtet hatten. Die Bösewichter entflohen.

Von der Feuerprobe

Durch die Feuerprobe, wozu man alsdenn seine Zuflucht nahm, wenn bei einer gerichtlichen Untersuchung zweifelhafte Fälle vorkamen, die in Ermangelung eines gültigen Beweises nicht entschieden werden konnten, hat in den alten Zeiten mancher Unschuldige sein Leben verlohren. Durch Berührung des Feuers sollte der Angeklagte seine Unschuld beweisen, und man bat Gott in einem feierlichen Gebet, den Unschuldigen unverletzt zu erhalten, dem Schuldigen aber seine Hände und Füße verbrennen zu lassen, und dadurch die Unschuld oder das Verbrechen anzuzeigen. Weil man nun gewiß glaubte, daß Gott hier ein Wunder thue, so nennte man dies Verfahren, eine böse That zu entdecken, ein Gottesgericht; welches ehemals so allgemein war, daß Vornehme und Geringe, Gelehrte und Ungelehrte sich damit abgaben und es billigten. Wenn jemand der Zauberei beschuldigt ward; so mußte er unter der Aufsicht eines Priesters, mit dem er bisweilen in die Kirche gieng, 3 Tage fasten. Der Priester mit seinem Ornat bekleidet, legte, wenn nun die Probe vor sich gehen sollte, einen eisernen mit Weihwasser besprengten Polzen auf glühende Kolen, sang das Lied der 3 Männer im Feuerofen, auch wohl die Litanei oder einige Psalmen, hielt Messe und reichte dem Beklagten das Abendmahl. Ehe er ihm aber das glühende Eisen in die Hände gab; so rief er Gott um die Entdeckung der Schuld oder Unschuld noch einmal an, nach dessen Endigung der Angeklagte den glühenden Polzen 9 Schuh weit tragen mußte. Dann umband ihm der Prieser die Hand und versiegelte sie. Am 3. Tag ward darauf eine Untersuchung angestellt. War die Hand nicht so gesund wie die andere; so ward er in einer papiernen mit vielen Teufeln bemahlten Kleidung lebendig verbrannt. Man bediente sich zu dieser Absicht auch glühender Pflugscharren, legte 9 oder 12 derselben, in einer gewissen Weite von einander, und der Beschuldigte mußte barfuß darüber hingehen. Wurde er nicht beschädigt so hielt man ihn für unschuldig: Wurde er aber verletzt; so ward er zum Feuer verurtheilt. Bei dem allen muß man sich wundern, daß in den damaligen Zeiten einige Personen, besonders die von hoher Geburt, die Feuerprobe ohne Verletzung gemacht haben. Da man aber nicht glauben kann, daß Gott bei diesen Anlässen durch ein Wunderwerk dem Feuer seine natürliche Kraft genommen habe, um ihre Unschuld zu rechtfertigen; so müssen ihnen Mittel bekannt gewesen seyn, wodurch sie die Wirkungen des Feuers auf die Haut, und das Eindringen desselben auf einige Augenblicke haben verhindern, und die Probe aushalten können. Dergleichen Mittel kennt man jetzt mehrere. Man reibt die Hände oder was man sonst vor der Verletzung des Feuers sichern will, mit Schwefelgeist, oder vermischt diesen mit Salmiac und Zwiebelsaft zu einer Salbe. Oder man macht von Federweiß, ungelöschtem Kalk, Eierweiß, Eibischsaft, Bilsenkraut und dem Saamen des Flohkrauts und Seife – eine Salbe, die man sich zu diesem Behuf bedient. Auch von ungelöschtem Kalk, Eierweis, Quecksilber und der Altheewurzel wird eine solche Salbe gemacht, und damit die Theile bestrichen, welche von dem glühenden Eisen nicht sollen verletzt werden. Waren vielleicht diese oder ähnliche Mittel jenen Personen bekannt, die ohne Verletzung mit den Händen oder Füssen das glühende Eisen berührten? Als der Kaiser Karl der Dicke seine Gemahlinn *Richarda* in Verdacht hatte, daß sie mit einem Bischof einen verbotenen Umgang habe, und sie daher die Feuerprobe machen ließ, soll sie das glühende Eisen unverletzt ergrifen, und dadurch ihre Unschuld bewiesen haben. Von der *Kunigunda*, des Kaisers Heinrich des zweiten Gemahlinn, die sich wegen eines vertrauten Umgangs mit einem Hofmann verdächtig gemacht hatte, wird erzählt, daß sie über 11 glühende Pflugscharren weggegangen, auf der zwölften einige Augenblicke stehen geblieben sey, und ihre Unschuld gerühmt habe. Vemutlich hatten die Pflugscharren schon den größten Theil ihrer Hitze verlohren, ehe die vornehmen Personen darüber gegangen sind: Und da die Pflugscharren breit und dünn waren; so mußte der Verlust ihrer Feuertheile desto geschwinder und ihre Wirkung auf den Körper desto schwächer seyn. Unter den Füssen ist überdem wegen des vielen Gehens und Stehens gemeiniglich eine dicke starke Haut, die, mit einer feuerabhaltenden Salbe bestrichen, nicht leicht vom Feuer verletzt wird. Und da man bei dieser Probe gewiß nicht zauderte; so ist zu begreifen, warum Personen auf heissem Eisen einige Augenblicke barfuß haben gehen können. Mancher Unschuldige ist auf die Art durch das Feuer vom Leben zum Tode gebracht worden; wenn das Feuer ihn verletzt hatte; dahingegen der Bösewicht ruhig fortsündigte, wenn er die Mittel kannte, durch dessen Anwendung er gegen dasselbe gesichert war. Vermuthlich ist es nur wenigen bekannt gewesen, und gewiß sind die Meisten bei aller ihrer Unschuld traurige Opfer des Aberglaubens geworden. Auch bediente man sich ehedem zur Untersuchung solcher Händel, die vor Gericht nicht ausgemacht werden konnten; besonders zur Untersuchung der Hexereien; denn nicht etwa nur gemeine Leute, sondern auch, obrigkeitliche Personen bildeten sich ein, daß die Leiber der Hexen durch ihre Gemeinschaft mit dem Teufel andre Eigenschaften bekämen, unter welchen auch diese mit begriffen sey, daß sie leichter als das Wasser würden, und daher auf demselben schwämmen. Wenn daher ein alter Mann, oder ein altes Weib der rothen Augen wegen verdächtig waren, oder von andern der Hexerei beschuldigt wurden; so stellte man mit ihnen die Waserprobe an, um dadurch ihre Schuld oder Unschuld zu entdecken. Der Beschuldigte ward nehmlich in die Kirche geführt, wo man Messe hielt und das Wasser beschwor, daß es sich in der Offenbahrung der Schuld oder Unschuld des Beklagten kräftig erweisen möchte. Drauf wurde er an das Wasser gebracht, man band ihm die Daumen kreuzweis an die grossen Zehen, und warf ihn nackend hinein. Nur den Frauenspersonen ließ man zu ihrer Bedeckung einen kleinen Unterrock. Von demjenigen, der untergieng, glaubte man, daß er unschuldig sey; einen andern, der oben schwimmen blieb, hielt man für schuldig: Und dieser wurde sogleich verurtheilt, lebendig verbrannt zu werden. Damit nun die untergehenden Unschuldigen nicht ersaufen möchten; so ward jedem, mit dem man die Probe anstellen wollte, ein Strick um den Hals gebunden, woran man den zu Grunde gehenden sogleich wieder heraus zog. Geschah die Probe an einem Fluß; so hielten zwo Personen, die zu beiden Enden des Flusses stand, die Enden des Stricks in den Händen, und gaben auf den hineingeworfenen acht. Das Schwimmen und Untersinken solcher Personen rührte nun blos von zufälligen Ursachen her. Wir wissen, daß der menschliche Körper nicht viel schwerer ist als das Wasser, folglich durch einige Bewegungen leicht auf demselben erhalten werden kann. Sobald ein Mensch die Luft einathmet, so wird sein Leib ausgedehnt, er wird minder schwer, und schwimmt leichter auf dem Wasser. Jene Unglücklichen, die mit Furcht und Schrecken erfüllt waren, indem man sie ins Wasser warf, holten in der Angst tief Athem, und beförderten dadurch aus Unwissenheit ihr Schwimmen. Auch die Art des Bindens trug dazu nicht wenig bei; denn je mehr sie der Länge nach auf dem Wasser lagen, desto leichter schwammen sie. Der Unterrock war bei den Frauenspersonen ebenfalls ein Mittel, sie schwimmend zu erhalten. Die Leute welche das Seil hielten, durften es nur etwas anziehen, und es war unmöglich, daß die hineingeworfene untersinken konnte; dieß konnten sie theils aus Eifer, die Hexen ausrotten zu helfen, theils in der gewissen Ueberzeugung, daß die hineingeworfenen Hexen wären, theils aus Haß und Groll thun; und man kann glauben, daß sie es gethan haben. So sind viele Unschuldige durch den häßlichen Verdacht, daß sie hexen könnten, vom Leben zum Tode gebracht worden. Noch in dem Jahr 1777 begab sich davon eine traurige Geschichte. In *Tarenta*, einer Stadt in Dalmatien, brach ein Viehsterben aus, welches der dumme Pöbel für eine Wirkung der Hexerei hielt. Der Pfarrer selbst war schwach genug, dieß zu glauben, und klagte einem benachbarten Pfarrer dieses Unglück seiner Gemeinde. Nehmet, sagte dieser, alle Weiber, die im Verdacht der Hexerei stehen, und werfet sie ins Wasser, Diejenigen, die untergehen, sind unschuldig, und diese müßt ihr geschwinde wieder herausziehen: Die aber oben schwimmen, die erhält der Teufel über dem Wasser, und die züchtigt so, wie ihr es für gut findet. Der Pfarrer, froh über diese Entdeckung, ließ sogleich die Probe machen, die Untergesunkenen wieder heraus ziehen, die andern mit Schlägen fast umbringen. Man war schon im Begrif, zu noch grausamern Executionen zu schreiten, als der General-Proveditor von Dalmatien zu rechter Zeit Nachricht davon erhielt, einige Truppen dahin schickte, und dadurch der abergläubischen Wuth Einhalt that.

Dergleichen traurige Fälle liessen sich noch mehrere anführen, doch genug; Gott Lob, daß wir über die Zeiten weg sind, oder doch nicht unter Menschen leben, die so unrichtig denken, und so grausam handeln.

Müssen gewisse Wasser jährlich einen Todten haben, und darf derselbe vor dem dritten Tag nicht herausgezogen werden?

Auch das ist eine menschliche Thorheit, daß man von manchem Fluß oder Teich glaubt, er müsse jährlich einen Todten haben. Man denkt, so ein Wasser reisse den Menschen mit Gewalt an sich, und lasse ihn nicht wieder fahren; Es werde unruhig und mache ein Geräusch, wenn es lange keinen Todten gehabt habe. Dieser Aberglaube ist vermuthlich daher entstanden, weil man angemerkt hat, daß in einigen Flüssen und Teichen, mehr Leute ertrinken als in andern; oder daß dieß zu einer gewissen Jahrszeit geschieht. Allein dieß läßt sich leicht erklären. Ein Fluß hat bisweilen betrügliche Stellen, ungewöhnliche Tiefen, und kleine Sandbänke, die in einem andern nicht angetroffen werden; und wird daher dem Abergläubischen verdächtig. Oder er ist besonders fischreich, so daß viele sich auf demselben beschäftigen; er hat steile Ufer u.s.w. natürlich, daß dann mehr Menschn in demselben umkommen, als in einem andern, wo das nicht ist. Im Frühjahr, wo die Menschen anfangen, das Wasser zu befahren, aus den Teichen Wasser zum Blaichen u. dgl. zu holen, können allerdings mehr ums Leben kommen, als in einer andern Jahreszeit. Der Mensch kann auch deswegen im Wasser umkommen, weil er durch das frühere Erkalten der Füsse, und daraus entstehende starke Zusammenziehung der Gefässe einen Schlag oder doch den Schwindel bekommen kann. Wer sich vorher durch Gehen erhitzt hat, und plötzlich ins Wasser geht, dem können seine Nerven durch die plötzliche Abwechslung der Hitze und Kälte leicht erstarren; er bekommt alsdenn einen Krampf und muß ertrinken. In einem Fluß, wo viele zu baden pflegen, ertrinken mehr, als in einem andern wo das nicht ist. Mehr Vorsichtigkeit, und es werden in dem Fluß oder Teich nicht mehr ertrinken, als in dem andern. Das ein im Wasser ums Leben gekommener Mensch nach etlichen Tagen in die Höhe kommt, und auf dem Wasser schwimmt, ist eine bekannte Sache. Abergläubische sehen es als ein Wunder an, und schreiben dem Wasser, wer weiß was für eine geheime Kraft zu, einen Menschen nach etlichen Tagen wieder von sich zu stossen. Aber diese Erscheinung ist ganz natürlich, und läßt sich leicht erklären. Der menschliche Körper hat, wie schon gesagt, mit dem Wasser beinahe einerlei Schwere, weil das Wasser, welches er aus der Stelle treibt, nicht viel schwerer ist, als er selbst; daher er auch, wenn er im Wasser liegt, nur sehr wenig wiegt. Wenn nun der menschliche Körper einige Zeit im Wasser gelegen hat, so fängt er an in Fäulnis überzugehen, folglich zu schwellen, so daß er mehr Wasser aus der Stelle treibt als vorher, folglich leichter wird als das Wasser, in die Höhe kommt, und oben schwimmt, wenn er auch bisher auf dem Grund gelegen hatte. Dieß ist der Fall bei den Ertrunkenen; und man sieht daraus schon, wie sehr unrichtig die Meinung ist, da man denkt, der todte Körper dürfe vor dem dritten Tag nicht aus dem Wasser gezogen werden, und wer das thue, der ertrinke bald selbst; denn das Wasser räche sich an ihm. Mancher ist durch dieses Vorurtheil abgehalten worden, seinen in Todesnoth sich befindenden Nächsten zu retten, da er es wohl gekonnt und gethan haben würde, wenn er eben dadurch nicht wär abgehalten worden: Mancher, der es so sehr verdient hätte, gerettet zu werden, hat dadurch das Leben verlohren, das für viele schätzbar war. Kinder und Gatten klagten lange noch um den Geliebten, denn der Abergläubische aus jenem thörigten Vorurtheil dem Tode überließ, und müssen nun ihr Leben in Kummer und Elend verbringen. Ach, das Leben eines Menschen ist selbst in den Augen Gottes theuer geachtet; wie kann der, der es einem seiner Brüder nicht erhielt, ob er wohl gekonnt hätte, ein gutes Gewisssen behalten, und ohne Graus an die Ewigkeit denken, wo der von ihm im Tode verlassene mit ihm vor demselben Richter erscheint.

Von dem Bluten eines ermordeten Körpers

In den alten Zeiten glaubten selbst obrigkeitliche Personen, daß der Körper eines Erschlagenen zu bluten anfange, sobald der Mörder zu ihm gebracht würde; und es wurde dieß daher als ein Mittel gebraucht, den unbekannten Mörder zu entdecken. Wenn jemand entleibt war, und die Obrigkeit wußte den Thäter nicht sogleich; so ward auf Befehl derienige, den sie wegen der begangnen Mordthat im Verdacht hatte, zu dem todten Körper gebracht. Wenn nun der todte Leichnam zu bluten anfieng; so hielt man das für ein Zeichen, daß er der Mörder desselben sey. Läugnete er; so suchte man ihn wohl gar das Bekenntnis der That durch die Folter abzunöthigen. Diese Art zu verfahren, wurde bei den alten Deutschen das *Baarrecht* genennt. Des Julius Mallavacca, eines Corporals, Ehefrau, ward um die Mitte des vorigen Jahrhunderts bei schwangerm Leibe umgebracht. Nach 3 Tagen ward die That ruchbar, und ihr Körper wurde geöfnet, welches an eben dem Tage geschah, an welchem ihr Mann von einer Reise zurück kam. Kaum hörte er die erschreckliche That, so eilte er ganz ausser sich in die Stube, wo seine erschlagene Frau auf dem Tische lag. Aber welch ein Unglück für den armen Mann! Die Ermordete fieng bei seiner Gegenwart an, aus der Nase zu bluten, und jedermann glaubte nun, daß er der Mörder derselben sey. Vergebens betheuerte er seine Unschlud, läugnete, eine so schändliche That begangen zu haben, und suchte sich mit seiner Abwesenheit zu vertheidigen, und zu rechtfertigen. Er ward gefoltert, und da er die Qualen nicht aushalten konnte; so bekannte er eine That, die er nicht begangen hatte; und ward darauf, auf Befehl der Obrigkeit, seiner Unschuld ohnerachtet, gehangen. Gewiß ist mancher andre Unschuldige, durch diesen abergläubischen Gebrauch wie dieser zum Tode verdammt worden, weil man ihn durch die Folter nöthigte, etwas zu bekennen, wovon er nichts wußte. Wir können daher sehr froh seyn, daß die Obrigkeit jetzt von solchen Anzeigen nichts mehr hält; denn sonst könnte ja jeder Unschuldige in den Verdacht kommen, eine Mordthat begangen zu haben. Wenn ein Mensch ermordet ist; so befindet sich hin und wieder bei ihm geronnen Geblüt, welches sich vermöge seiner Schwere herunter senken kann, so daß der Entleibte zu bluten anfängt. Dieß geschieht aber ganz zufällig; denn die Gegenwart eines Menschen kann, wenn er auch der Mörder wäre, auf keine Weise das Nasenbluten bei dem Ermordeten verursachen; und die Erfahrung lehrt, daß ein Erschlagener zuweilen blutet, es mögen Menschen zugegen seyn oder nicht.

Vom Geistercitiren

Es hat von jeher Leute gegeben, welche die Geschicklichkeit zu besitzen vorgaben, durch allerhand Cirkel, künstliche und eingeweihte Lichter, Beschwörungen, Zaubergesänge und Töne, die Seelen der Verstorbenen herbeizufodern. Diese, wiewohl nur vorgegebne Kunst heißt *Necronmantie*, und der sich damit abgiebt, Necromantist. Man will dadurch zukünftige, oder verborgene Dinge überhaupt erfahren. Heyden und Juden (jetzt noch Christen!) hingen ehemals an dieser abscheulichen Gattung von Weissagen; und die Heyden hielten sie den Orakeln gleich, und sie waren bei ihnen sehr heilig. Es waren hin und her öffentliche Plätze zu dieser Art zu weissagen bestimmt, und man beobachtet viele Ceremonien, ehe man zum Werk schritt. – Man baute einen, auch wohl zween Altäre auf, welche man mit schwarzen oder himmelblauen Bändern, und mit Zipressenzweigen schmückte. Schwarze Thiere wurden geschlachtet, deren warmes Blut man mit Milch, Wein und Honig vermischt auf die Erde goß. Sobald das Feuer auf dem Altar angezündet war, trug man die Eingeweide dreimal um denselben, trank man aus Bechern, suchte dadurch die Geister zu versöhnen, und besprengte in dieser Absicht noch das Grab, nebst dem erblaßten Körper, mit umgewandter Hand mit Wein. Das geschah immer zur Nachtzeit, oder doch bei Sonnenuntergang, nie des Morgens, weil man dafür hielt, daß die Geister den Glanz der Sonne nicht vertragen könnten, sondern vor demselben flöhen. Dann wurden Zauberverse gesprochen, um die Seelen hervorzulocken, die man im Abgrund dachte: Man rief die unterirdischen Gottheiten (die aber nirgends sind) an, daß sie die unter ihrer Bothmässigkeit stehenden Seelen hervorschicken möchten; hieb mit dem Schwerdt, welches man in den Händen trug, immer einmal um sich, damit die Geister nicht zu nahe kommen oder Schaden thun möchten; goß warmes Wasser oder Blut in den Hals des Verstorbenen, welches, wie man glaubte, die Seele in den Körper zurückbringe. – Daß auch die Juden wider das Verbot Gottes sich auf Zaubereien gelegt haben, beweist die Geschichte Sauls bei dem Weibe zu Endor.

Unmöglich ists, daß die Seelen der Todten durch irgend etwas herbeigebracht werden können; denn der Zustand der abgeschiedenen Seelen ist nach dem Unterricht der heil. Schrift (nur hier finden wir über diese wichtige Angelegenheit etwas) von solcher Beschaffenheit, daß sie nie wieder erscheinen können. Der Teufel kann die Gestalt x. des Verstorbenen nicht annehmen; eben so wenig ein anderer böser Geist. Aber die Betrüger, welche sich für Geisterbeschwörer ausgeben, wissen durch Anwendung natürlicher Mittel, Gestalten hervorzubringen, wodurch die in Erstaunen gesetzt werden, welche jene Mittel nicht kennen. Diese Gestalten bewegen sich, reden x. welche Wunder! Eine sogenannte Zauberlaterne, eine spanische Wand, und ein Hohlspiegel sind die Dinge, durch welche dergleichen Erscheinungen hervorgebracht werden. Die Zauberlaterne, welche zusamt denen, die die Gaukeleien treiben, von der spanischen Wand verborgen werden, stellt die Figuren dar. Der Hohlspiegel macht, daß die Worte, die der Meister leise nach ihm hinspricht, laut schallen, so daß man glaubt, die erschienene für einen Geist gehaltene Gestalt rede: Oder es ist ein Bauchredner als Hülfsperson dabei; welches solche Leute sind, die die Kunst verstehen, Töne hervorzubringen und zu sprechen, ohne daß man an ihrem Munde Bewegungen merkt: Denn daß der erscheinende Schatten kein Geist sey, würde man, wenn man auch weiter nichts wüßte, schon hieraus abnehmen können. Wenn auch die abgeschiedenen Seelen Verlangen haben könnten, welches wir aber nicht wissen, in die Welt zurückzukehren, wenn sie dazu gerufen würden; so könnten sie das doch aus eigener Macht nicht. Menschen müßten einen Grad von Allmacht besitzen, müßten Wunder thun können, wenn sie die Geister der Verstorbenen zurückbringen wollten. Ist die Erscheinung nur ein Schatten; so kann sie nicht reden, wie es doch geschieht; Ist sie aber ein Körper, so kann sie nicht durch zugeschlossene Thüren und Wände kommen, oder in einem Hut verschwinden, wie es hier geschieht. *Schröpfer* und *Schwedenborg*, die berühmtesten Geisterbanner ihrer Zeit, machten grosses Aufsehen. *Schröpfer* hintergieng nicht nur Unwissende, sondern auch ansehnliche Gelehrte, die aus Mangel der dahin gehörenden Kenntnisse die Sache nicht beurtheilen konnten, oder aus Vorurtheil, und weil sie einmal dafür eingenommen waren, beurtheilen wollten. Damals bezweifelte man es nicht, daß S. die Verstorbenen beschwören und herausfodern könne; denn die Gestalten, welche er den Zuschauern darstellte, und für die beschwornen Seelen verstorbener Personen ausgab, haben geredet, sich bewegt, in der Luft geschwebt, und zum Theil ein jämmerliches Geheul gemacht. Aber als Schröpfer mit seinem Betrügereien nicht weiter konnte, erschoß er sich aus Verzweiflung selbst am 8 October 1774 in dem Rosenthal vor Leipzig, und zeigte dadurch aller Welt, daß er kein Geisterbezwinger gewesen.

Schwedenborg war 1688 den 9 Jänner gebohren; und starb 1772 den 29 März auf einer Reise in London. Er war ein Thor und ein Schwärmer; aber es fehlte ihm nicht am Verstande, auch war er ein ehrlicher Mann, und ließ sich zu heimlichen Absichten nicht leicht brauchen. Er selbst nennte sich einen Missionair (Gesendeten) des Herrn; sagte mehrmals, er rede blos wie der Herr ihm die Augen geöfnet und die Schrift erklärt habe; er habe Befehl und Sendung vom Herrn. Der Herr habe ihm den Himmel gezeigt, und er beschreibe ihn aus Gehorsam gegen den Herrn. Die Geister, sagte er, wohnen im Himmel; und da sind Rosenhaine, schöne Gefilde, Kornäcker, Häuser, Paläste usw. Schwedenborg fand bei seinen Verzückungen in den Himmel dort alles gerade so, wie hier auf Erden: Zimmer mit Fenstern, mit geheitzten Oefen, Männer mit Schlafröcken und Pelzmützen. Als er einst an einer wohlbesetzten Tafel in guter und lustiger Gesellschaft solche Visionen erzählte, fragte ihn einer: »Ob denn im Himmel gerade so wie hier, solche Tische, solche Speisen, solche Teller, Messer x. wären?« – Er bejahete es. »Nun wer weiß (setzte dieser hinzu) ob wir nicht jetzt schon im Himmel sind?«

Gottes Gestalt ist menschlich, sagte er, auch die Engel und Geister haben menschliche Gestalt. Das jüngste Gericht sey 1757 wirklich in der Geisterwelt gehalten worden, und er sey Augenzeuge davon gewesen. – Man sieht leicht, daß Schwedenborg es so wie andre wußte, daß man durch Dreustigkeit in gewissen Fällen gewinnt. Wirklich schien es, daß er so klug seyn wolle, als Gott; denn er wollte bekannt machen, was dieser weislich verbarg. Schwedenborg war zu seiner Zeit ein seltsamer, bewunderter und nicht zu enträthselnder Mann, und ist es zum Theil noch jetzt. Aber man hat auch in der Folgezeit über einige seiner Geistersehereien sehr deutliche Aufschlüsse bekommen. Zum Beispiel: Die verstorbene Königinn von Schweden, *Louise Ulrike* gab einst Schwedenborg auf, ihren damals schon verstorbenen Bruder, den Prinz von Preussen, zu fragen, warum er ihr auf einen gewissen Brief nicht geantwortet habe. Schwedenborg hinterbrachte hierauf, nach vier und zwanzigstündigem Zeitraum der Königinn in einer geheimen Audienz die Antwort des Prinzen solchergestalt, daß die Königinn, die völlig überzeugt war, Niemand kenne den Innhalt des Briefs, als sie und ihr verstorbener Bruder, in die größte Bestürzung gerieth, und des Mannes Wunterkraft anerkannte. Aber der Graf F. erklärte die Sache. Von der im Jahr 1756 beabsichteten Revolution in Schweden ward die Königinn als eine der Haupturheber angesehen; und es fehlte nicht viel, daß sie nicht dafür hätte leiden müssen. In dieser so bedenklichen Lage schrieb sie ihrem Burder, dem Prinz von Preussen, um sich Rath und Hülfe bei ihm zu erbitten. Die Königinn erhielt keine Antwort; und da der Prinz bald nachher starb, so erfuhr sie nie, warum er nicht geantwortet hatte; Daher trug sie Schwedenborg auf, seinen Geist zu fragen. Eben als Schwedenborg von der Königinn den Auftrag bekam, waren die Reichsräthe, Grafen T. und H. zugegen. Letzerer, der den Brief unterschlagen hatte, wußte sowohl als der erste, warum keine Antwort erfolgt war; denn beide hatten beschlossen, den Schwedenborg zu gebrauchen, der Königinn ihre Meinung über etwas zu sagen, was sie ihr fühlbar zu machen wünschten. Sie giengen daher des Nachts zu dem Geisterseher, und legten ihm die Worte in den Mund, die er sagen sollte. Schwedenborg, froh in Ermanglung übernatürlicher Einflössungen diese zu erhalten, eilte des andern Tags zur Königinn, und dort in der Stille des Cabinets sagte er ihr: Der Geist des Prinzen sey ihm erschienen (aber niemand außer dem Propheten hatte ihn gesehen) und habe ihm aufgetragen, ihr zu sagen; Er hätte darum nicht geantwortet, weil er das Betragen seiner Schwester zu sehr gemißbilliget, da sie vor Gott schuld an dem, ihrer unvorsichtigen Staatsklugheit und ihres Ehrgeizes wegen, vergoßnen Bluts wär, und dafür büssen müsse. Er bäte sie daher, sich nie wieder in Staatshändel zu mischen, die Regierung sich nicht anzumassen, und keine Unruhen zu stiften, wovon sie über kurz oder lang ein Opfer seyn würde. – Die Königinn, äußerst verwundert über diese Erklärung, und in der festen Ueberzeugung, niemand, als ihr verstorbener Bruder könne geheime Umstände und Briefe wissen, die sie nur ihm entdeckt hätte, glaubte von diesem Augenblick an Schwedenborg, und war seine Vertheidigerinn.

Jene beide Herren hüteten sich wohl, davon zu sprechen. Der Ritter *Beylon* sahe die beiden Staatsmänner aus Schwedenborgs Hause schleichen, und da er auch zugegen war, da die Königinn ihm den Auftrag gab, so errieth er bald den ganzen Plan, den er aber nicht verrieth, weil er der Königinn gern einige Ermahnungen gönnte. Nur sehr wenige in Schweden wußten, so lange die Königinn lebte, die Anecdote.

Man sieht hieraus, wie mißlich es mit der Glaubwürdigkeit der Wundergeschichten steht. Gewöhnlich pflegen solche Begebenheiten von den Wundermännern mit Fleiß hohen Personen beigelegt zu werden, bei welchen das Untersuchen und Befragen grössere Schwierigkeiten hat. Man sollte nichts, am wenigsten etwas unwahrscheinliches ohne Bestätigung fest glauben.

Man mag nun von obiger Erzählung annehmen, was man will; so steht Schwedenborg immer in armseliger Blöse da. Noch eine Geschichte von ihm, die das gesagte nur noch mehr beweist:

Die Wittwe des Grafen von Martefeld ward um eine ansehnliche Summe gemahnt, die ihr seliger Mann, wie sie wohl wußte, schon bezahlt hatte; doch konnte sie die von ihm verlegte Quittung nicht finden. Sie klagt Schwedenborg ihre Verlegenheit, und der sagt ihr den andern Tag, er habe mit ihrem verstorbenen Mann gesprochen, und dieser habe ihm den Ort, wo die Quittung liege, genennt. Man sahe nach, und fand sie. Es war in Schweden nicht ungewöhnlich, daß man ein kleines verborgenes Schränkchen zu Büchern hatte, welche man aus mancherlei Ursachen eben nicht wollte sehen lassen. Ein solches hatte auch Schwedenborg einst von dem Grafen von Martefeld geliehen gehabt, und darinn die (nachher vermißte) Quittung wahrscheinlich als ein hineingelegtes Zeichen gesehen; oder glücklich vermuthet, daß sie darinn liegen werde, wie es denn auch eintraf. Statt nun der Wittwe aus dem Gedächtnis zu sagen, der Zettel liege da oder da; stellt er sich, als ob er erst einen Geist bemühen müsse, der ihm diese Nachrichten hinterbringe. Durch auffallende Sätze und Behauptungen erregen Leute, wie Schwedenborg war, Aufmerksamkeit, und bleiben, da wo ein Bescheidener erröthen würde, unbeweglich. Es fehlt ihnen an Gegenwart des Geistes nicht, um sich aus den Verlegenheiten zu wickeln, in welche sie beim Betreiben ihrer Wundersachen oft gerathen. Bleiben sie unentdeckt; so folgt daraus nicht, daß sie so bewährt gewesen, als wofür sie sich ausgaben und von andern gehalten wurden: Oft geschieht dieß erst nach dem Tode: Die erzählte Geschichte des S. ist ein Beweis davon. Auch das regelmässigscheinende Verfahren bei dem Geistercitiren ist kein Beweis für dessen Aechtheit; denn was erdenkt der Betrüger nicht, um Kurzsichtige zu blenden?

Der Geistercitirer soll sich den Tag merken, darinn er gebohren ist, und das regierende Himmelszeichen; soll an diesem Tag eine Masse von verschiedenem Metall machen, daraus eine Glocke giessen, und an dem Schlägel *Adonai* (Gott) an die Dicke oder Runde der Glocke *Terragrammaron*, das heist ein vierbuchstabigtes Wort, und an die Handhabe Jesus schreiben. Neun Tage zuvor soll er sich durch Reinigkeit des Leibes, Enthaltung von Speisen und durch Beten vorbereiten; dann sich räuchern und neue Kleider anziehen, und diese Vorbereitungstage so einrichten, daß sie sich in einem Donnserstag endigen. Dann soll er in der Nacht an einen einsamen Ort, gegen Morgen gelegen, gehen, einen neuen Tisch mit einem Teppich überdecken, Stühle dabei und drei Wachskerzen auf neuen Leuchtern darauf setzen, und hierauf mit einer neuen, mit einem gleichfalls neuen Messer geschnittenen Pfauenfeder und einer besonders zubereiteten Dinte, die Namen der Geister aufschreiben, welche er haben wolle; und dann sprechen: «O Gott Tetragrammaron, Adonai; Ich N.N. dein Geschöpf, bitte durch Jesum, allda mein Begehren im Glück, durch deine Gnade mit diesen Geistern zu erfahren, ohne Uebel, mit Gewalt deiner Macht, Herr Zebaoth, ein Herr aller Herren, Amen.« Wenn solches Gebet geendigt, soll er mit jener Glocke zu läuten anfangen und sagen: »Du Geist (Engel) N. ich begehre durch mein Begehren, und diese und eure Namen, mir augenblicklich zu erscheinen.« Dreimal das gesagt, und dreimal drei Schläge geläutet, soll die Geister zwingen oder bewegen, zu kommen. Wenn sie kommen, soll er ihnen den Ort zu sitzen zeigen, und anfangen, jeden mit Namen zu nennen, und sagen: »Ich N. begehre von dir Geist N. daß du mir – sagest und vorzeichnest, so in deinem Vermögen ist; und du magst alles nennen, was du willst; Das begehre ich durch die heiligen

Namen Gottes: Tetragrammaton, Adonai und Jesus.« Wenn man ihnen denn eine besonders zubereitete Dinte, neue Feder und Papier gebe; so zeichneten sie alles auf, was man verlange. Man soll dann die Geisternamen mit Milch auslöschen und sagen; »Fahrt hin, ihr guten Geister, im Namen des Schöpfers; und so ich euch in seinem Namen durch dieses Werk foderte, daß ihr mir alle Tritte erscheinet, und gehorsam seyd; im Namen der heiligen Trinität; Amen.«

Aratron soll der Geist des Saturns heissen; *Bethor* des Jupiters; *Phaleg* des Mars; *Och* der Sonne; *Hagith* der Venus; *Ophriel* des Merkurs; *Phuel* des Monds. Die Zeit, da sie sollen gefordert werden können, sind der Donnerstag, Sonntag auch Mittwoch, bei zunehmenden Mond. Jene genannte Geister der Planeten sollen unter den andern die mächtigsten seyn: Wenn man sie zum Freunde habe, bedürfe man der andern Geister nicht. Durch sie könne man auch erfahren, wie, wenn und wo man die Engel selbst citiren könne, welche aber nicht viel Geschwätz vertragen können. Wenn man die Geister nicht allzulange aufhalte, und ihnen nicht beschwerlich sey, so sollen sie zu jeder Zeit wieder erscheinen.

Aber wer kann das glauben? Wem leuchtet nicht der Unsinn davon ein? Wer könnte den phantasirenden Thor in dieser Sprache verkennen? Ein Geisterbeschwörer führt die Gesellschaft in ein Zimmer, das gewöhnlich ganz schwarz ausgeschlagen ist; und in dessen Mitte ein schwarz behangener Altar steht, auf welchem zwei Lichter brennen, auch Todtenköpfe und Menschenknochen liegen. Durch diese unerwartete Gegenstände werden die Zuschauer gleich Anfangs in Furcht un Schrecken gesetzt. Dann macht er an der Ecke um den Altar einen Kreis, und bittet die Anwesenden, ja nicht zu sprechen, viel weniger über den Kreis zu kommen, weil ihnen sonst der Hals leicht gebrochen werden könne. Nun fängt er an, lauter kauderwelche Wörter zu sprechen, welches die Beschwörung seyn soll, und räuchert mit allerhand Specereien. Auf einmal verlöschen die Lichter von selbst, es entsteht ein heftiges Gepolter, und der Geist erscheint schwebend über dem Altar, in beständiger Bewegung. Der Beschwörer haut mit seinem Degen mitten durch den Geist, ohne ihn zu verletzen, der aber dabei ein jämmerliches Geheul anfängt. Nun legt der Beschwörer dem Geist allerlei Fragen vor, die er mit einer rauhen und fürchterlichen Stimme beantwortet. Auf einmal entsteht ein neues Gepolter, wodurch das Zimmer erschüttert wird, und der Geist verschwindet. Die ganze Zurüstung hiebei ist so künstlich und versteckt, daß auch der Scharfsinnigste und Entschlossenste darüber stutzig werden, und das Geheimnis nicht leicht entdecken kann. Die obengenannte Zauberlaterne, welche dabei gebraucht wird, heißt wegen ihrer wunderbaren Wirkungen so, und ist eben die, mit der die Schattenspiele an der Wand gemacht werden. In derselben befindet sich ein Spiegel, eine Lampe und eine Glasscheibe, auf welche man die Figuren, welche vorgestellt werden sollen, mit durchsichtigen Farben mahlt. Diese kleinen Figuren stellt sie an der Wand in einem dunkeln Zimmer vergrössert vor; oder zeigt sie schwebend in dem Rauche, der aus der obern Oeffnung derselben in die Höhe steigt, oder durch betäubende Räucherpulver von dem Geisterbeschwörer verursacht wird; auf welchen sodann das aus der Laterne herausgehende Licht hingerichtet wird. Ist nun auf das Glas ein Gespenst gemahlt, so erscheint es auf vorbeschriebene Art; und die Geisterbeschwörer haben einen reichen Vorrath davon, um alle mögliche Figuren darstellen zu können; oder mahlen selbst eine Gestalt, so wie sie jetzt gebraucht wird; Denn gewöhnlich lassen sie sich das Aeußere der Person, die sie jetzt hervorrufen sollen, beschreiben; außerdem, daß sie sich noch verschiedene andere Umstände, die zu ihrer Sache gehören, angeben lassen, oder künstlich zu erfragen wissen. Das ganze übrige Glas ist mit schwarzer undurchsichtiger Farbe bemahlt, damit nur die verlangten Figuren sichtbar werden. Gewöhnlich wird erst der Kopf, und so nach und nach die ganze scheußliche Gestalt sichtbar. Weil das Zimmer ganz schwarz ausgeschlagen ist; so kann man den aus der Laterne steigenden Rauch um so weniger bemerken. Die Auslöschung der Lichter und das Gepolter verursachen versteckte Hülfspersonen; und damit von alle dem nichts entdeckt werden, dürfen die Zuschauer nicht über den bezeichneten Kreis gehen. Folgende hier ganz kurz erzählte Geschichte widerfuhr dem Professor *Werdenkampf*: »Wir giengen, sagt er, des Abends nach der Wohnung des Necromantisten, weil sie ihre Kunst nirgends anders als in ihrem Hause spielen wollten: Sie versprachen unser Begehren zu erfüllen, wenn wir bis Mitternacht warten wollten. Unterdeß suchten sie uns den

Kopf mit Gespensterhistorien und dergleichen anzufüllen, und fragten endlich, ob wir furchtsam wären? Es schlug elfe, und man machte Anstalten, den Geist heraus zu fodern; uns wurden Stühle zum Sitzen gegeben. Der eine gieng in die gerade überstehende Kammer, worinn es ganz finster war, und warf die Thür sogleich hinter sich zu. Dann fragte mich der andere ganz leise, wen er jetzt herausfodern sollte, es müßte aber ein Todter seyn: Den Aristoteles, antwortete ich. Dann fodert er von meinem Freund den Degen, holte das Zaubergeräth, breitete ein Todtentuch auf die Erde, und setzte darauf einen mit schwarzem Tuch überzogenen Tisch, auf welchen er einen gräßlichen Todenkopf legte. Neben ihm standen zwei Lichter, von denen er nachgehends behauptete, daß sie aus Menschenfett gezogen worden. Zu seiner Rechten lagen zauberische mit wunderlichen Charakteren bezeichnete Bücher, darin er aufschlug, und uns winkte, daß keiner ein Wort reden sollte. Darauf ergrif er den entblösten Degen, haute dreimal um sich, und machte einen Kreis, der bis an die Thür der Kammer gieng. Endlich bildete er theils in der Luft, theils auf der Erde allerlei seltsame Figuren, verdrehte die Augen, schäumte mit dem Munde, wies die Zähne u.s.w. Dann wurde er ruhiger, und stieß im brüllenden Ton die Worte aus; »Satan, ich beschwöre dich im Namen Beelzebubs und der ganzen Hölle, daß du dich jetzo in einer lebendigen und sichtbaren Gestalt zeigest. – Dann verdrehete er wieder die Augen, ward blaß und schlug sich dreimal stark an die Brust. Hier sprang eine erschreckliche (aber abgerichtete; denn Schlangen lassen sich so abrichten, und man kann ihnen das Gift benehmen) Schlange aus dem Busen, wand sich um den Todenkopf, und wollte schon auf uns los, als sie der Zauberer ergrif; und bald war sie weg. Der Zauberer fluchte auf den Todtenkopf, als ob er die Schlange verschlungen hätte, und wir sahen Blutstropfen aus den Augenhöhlungen desselben fließen. Nun wendete der Zauberer sich wie rasend nach der Thür der verschlossenen Kammer, in welcher ein fürchterlich Geräusch entstund, schlug mit der Spitze des Degens einmal an, trat wieder zurück und hieb mit dem Degen um sich; trat abermals an die Thür, schlug stillschweigend siebenzehnmal an; sprang aber wieder in den Kreis, und fieng an zu zittern; hieb etlichemal wieder um sich, gieng wieder ganz leise an die Thür der Kammer, wo er neunmal anklopfte. Er nahm hierauf sein Zauberbuch, machte allerhand wunderliche Charaktere auf den Tisch, schlug achtzehnmal, dann vierzehnmal an, und rief; Satan, ich beschwöre dich, daß du mir den Todten heraufbringest. Dann sprang er eilends auf, und rief den Geist durch 19, 5, 11, 5 und endlich durch 18 Schläge. Nach Endigung dessen rief er mit fürchterlicher Simmte; Satan, ich beschwöre dich zum dritten und letztenmal, daß du mir den Todten heraufbringest. Darauf entstand ein heftiges Gepolter in der Kammer, aus welcher der andre Nekromatist hervorsprang, lang hin auf die Erde fiel, und ausrief, daß er den Geist des Aristoteles gesehen. Ich wollte selbst in die Kammer gehen; sie aber verweigerten es, weil ich mich zu sehr erschrecken möchte. Endlich liessen sie es geschehen. Himmel, was sah ich! Einen alten abgelebten Mann, mit einem grauen Bart, eingefallenen Gesicht, und einem langen Todtenhemd umkleidet, der die Augen zu bewegen schien, bald still stehen blieb, bald sich bewegte; als ob er auf mich zuwollte. Ich entsetzte mich, wich zurück, gab den Todtenbeschwörern, und wir giengen nach Hause. Es machte mich die ganze Nach hindurch unruhig; ich überdachte alles, und endlich fiel mir ein, daß ich an dem Gespenst eine Perüque gesehen hatte, die Aristoteles doch nicht kann getragen haben, weil die Erfindung noch nicht gar alt ist; und glaubte nun noch weniger, daß es der Geist des A. gewesen seyn könne. Um in meiner Ueberzeugung gewisser zu werden, ließ ich mir des andern Tags den Cicero fodern. Alle Ceremonien waren so wie am vorigen Tag; aber die Verschiedenheit der Schläge entdeckte mir das Räthsel. Erst schlug er drei, dann neunmal u.s.w. an die Thür, weil C der dritte, J der neunte Buchstabe x. des Alphabets ist. So hatte der Beschwörer auch vorher dem in der Kammer steckenden den Namen des Aristoteles gesagt; erst einmal, dann siebenzehnmal u.s.f. angeschlagen, weil A. der erste, R. der siebenzehnte Buchstabe des Alphabets ist. – Ich lief nach der Kammer; aber wie sehr mußte ich erschrecken, als ich ein Gespenst vor mir stehen sah, das den Kopf unterm Arm hatte; zum Glück entdeckte ich die magische Laterne, die hinter einem Schirm versteckt war. Nun grif ich auch nach dem Todtenkopf, und sahe eine Schweinsblase mit Blut darinn, welche es langsam aus den Augenhöhlungen herausträufelte. Die Necromantisten baten mir sehr, daß ich sie nicht verrathen möchte; und ich erfuhr nachher, daß sie verlaufene Balbiergesellen wären.«

Dieses Capitel würde zu weitläufig ausfallen, wenn die in Berlin entdeckten Gaukeleien des Philidor ganz erzählt werden sollten; daher es hier an dem genug seyn mag; Das Zimmer, darinn sich die Gesellschaft befand, war von allen Seiten verwahrt. Auf dem Fußboden sah man einen mit Kreide bezeichneten Kreis, in dessen Mitte ein länglich zusammengeschlagenes schwarzes Tuch lag. Auf dieses Tuch war ein kleiner schwarzer Zauberstab hingeworfen, und auf der Mitte desselben stand eine kleine Todtenlampe; neben dem Tuch aber ein viereckigtes Kohlenbecken mit fast ausgebrannten Kohlen. Philidor bemühte sich, die Gesellschaft, davon jeder einen Louisd'or hatte geben müssen, auf alle Art zu betäuben und in Erstaunen und Furcht zu setzen. Er räucherte, ließ (durch ein auf einem tiefen Reif ausgespanntes aber verstecktes Trommelfell) donnern; gebot, daß man still seyn möchte, und drohete; wollte einen electrischen Schlag beibringen; Aber vergebens, seine Betrügerei wurde entdeckt, und er in seiner Blöße dargestellt. Müssiggang und Liebe zur Bequemlichkeit sind die gewöhnlichen Ursachen, daß sich Leute auf die Necromantie legen. Sie entstellen ihre Körper und ihre Gesichtszüge auf die seltsamsten Arten, um ihren Possen einen Schein zu geben, und lassen den Abergläubischen dabei, wenn er glauben will, daß sie mit dem Teufel in enger Verbindung stünden. Die grossen Erwartungen und die Einbildungskraft thut auch hiebei sehr viel. Als einst ein junger Mann in einer Gesellschaft behauptete, daß er Geister citiren könne, auf Verlangen einiger, sein Hokus Pokus zu manchen anfieng, liefen alle, bis auf einen davon, als ein Gepolter entstand; und alle versicherten, da sie zurückkamen, daß sie den Geist gesehen, der ihnen ein schiefes Maul gemacht hätte.

Noch muß die bekannte Saulsgeschichte aus 1. B. Sam. 28 berührt werden, die man als einen Beweis angeführt hat, daß es doch möglich sey, die Geister der Verstorbenen herbeizuführen. Es gab damals listige Weiber, die nicht weit von ihren Wohnungen, etwa in einem kleinen Wald Höhlen hatten, darinn sie abgerichtete Leute versteckten, und diese mußten aus den Höhlen reden, was ihnen von diesen Weibern eingegeben war. Ein solches Handwerk trieb auch diese Frau. Daß es König Saul war, der zu ihr kam, und ihre Hülfe begehrte, konnte sie leicht wissen, weil sie im jüdischen Lande wohnte, und den König, der viel im Lande umher zog, oft gesehen hatte. Sie konnte es auch aus seiner Begleitung schliessen, denn er hatte zween Gefährten bei sich. Der König muthmaßte selbst, daß sie ihn kennen würde, daher wechselte er seine Kleider. Sie fiel auch bald darauf, daß es Saul seyn möchte, ob sie ihm gleich nicht sagt, daß sie ihn kenne; denn sie sagt V. 9: Siehe du weist wohl, was Saul gethan x. Saul schwur ihr hierauf bei dem Herrn, und dieser Schwur entdeckte ihr noch mehr! Sie konnte auch schon daraus wissen, daß Saul mit ihr rede, da sie den Samuel herauf bringen sollte, mit welchen Saul viel Umgang gehabt, und ihn in wichtigen Angelegenheiten um Rath gefragt hatte. Um gewiß zu erfahren, daß der, der mit ihr rede, der König sey, stellt sie sich erschrocken, da der Geist erscheinen soll, und sagt V. 12: Warum hast du mich betrogen, du bist Saul! Und er gesteht es. Samuel aber erschien gewiß nicht. Saul fragte das Weib: Was siehest du? er selbst sehe nichts. Das lügenhafte Weib antwortete V. 13: Ich sahe eine obrigkeitliche Person heraufsteigen aus der Erde. Sie beschreibt nun V. 14 das was sie sahe, so, wie sie den Samuel bei seinem Leben gesehen hatte. – Samuel war überdieß nicht hier, sondern zu Rama begraben, wie konnte er hier in der Höhle heraufkommen. Auch war es nicht Samuel, der aus der Höhle redete, sondern der in der Höhle versteckte Mensch, der von der Betrügerinn unterrichtet war; denn er redet wahres und falsches untereinander, welches der Geist des Propheten nicht gethan haben würde. Es traf z.B. nicht ein, was V. 19 steht; Morgen wird du und deine Söhne mit mir seyn; denn alle Söhne Sauls kamen nicht um, dazu starb Saul noch nicht den folgenden Tag. Das wahre, welches der in der Höhle versteckte Betrüger redet, hatte er aus dem, was Samuel bei seinem Leben geweissagt. 1 S. 15. V. 28. Wenn die ganze Beschaffenheit der Frau, der Ort, wo der Geist erschienen, die dabei ohne Zweifel gebrauchten Ceremonien, die Stellung des Königs x. ausführlicher beschrieben wär, so würde daraus die Art des Betrugs noch einleuchtender können dargestellt werden. So ist also die vorgespiegelte Kunst, Todte zu citiren eitel, und lauter Betrug.

Gott hat dem Menschen keine Macht über die Geister Verstorbener oder Lebender verliehen:
Denn so würde nichts mehr Geheimnis seyn; und wie unsicher wär das Leben der Könige, und
das Wohl ihrer Staaten. Wohl uns daher, daß es keine solche Kunst giebt!

Aberglaube aus der Christnacht

Diese Zeit, die den Christen in aller Absicht ehrwürdig und heilig seyn sollte, wird immer noch zur Betreibung des schändlichsten Aberglaubens, der schwärzesten Bosheit, oder wenigstens sehr kindischer Tändeleien gemisbraucht. Unverheurathete Mädchen und Bursche gießen flüssig gemachtes Blei in kaltes Wasser, und wollen aus den daraus entstehenden Figuren theils ihre künftigen Beschäftigungen, theils ihre Heirathspartie lernen. Es geht ganz natürlich zu, daß in solchem Fall das Blei mancherlei Figuren bekommt, und es geschieht dieß nicht etwa nur in der Christnacht, sondern zu jeder andern Zeit. Zwar die Nagelschmiedin S. goß auch Blei in ihrem ledigen Stande, und es erschienen lauter kleine Nägelchen; aber dieß ist das gemeinste, und man wird die Figuren, welche Nägeln gleichen, fast immer finden. Je aufmerksamer der Zukunftsforschende das Blei betrachtet, jemehr sieht er darinn, jemehr schmeicheln die Figuren den Erwartungen, Wünschen und Hoffnungen. Es giebt Weiber, die ein eigenes Geschäft daraus machen, das gegossene Blei zu besehen und zu deuten; Jede hat ihre eigne Art; dieß macht aber die ganze Sache verdächtig. H. wurde in der Jugend beredet, am heil. Abend um Mitternacht zwischen 11 und 12 Uhr stillschweigend Blei zu giessen; und er sahe die Figur eines Menschen, der ein Schießgewehr auf der Schulter und einen Hund neben sich hatte, Ja, Ja, H. wird ein Jäger; er ist nun erwachsen; aber seine Bestimmung ist eine ganz andere. Damit der junge Bursche oder das Mädgen die künftige Liebschaft kennen lerne, geht er oder sie in der Christmacht zwischen 11 und 12 Uhr stillschweigend an den Brunnen, sieht hinein, und glaubt das gewünschte darin zu sehen. Ruprecht hatte gehört, daß die reiche Franzl, die er gerne geheirathet hätte, dieß an einem gewissen Brunnen thun würde. Es kam ihm zu statten; daß bei diesem Brunnen ein Baum stand, desen Zweige darüber hinreichten. Da hinauf stieg er, so bald es halb elf geschlagen hatte; Franzl kam, und Ruprecht, der sich recht sichtbar machen wollte, biegte sich so sehr herüber, daß der Ast, auf welchem er sich befand, entzwei brach. Er fiel herunter, und zerbrach den Arm, und Franzl bekam vor Schreck das Fieber. Von dem Auffüllen des Weins in der Christnacht, schließt man, wie er im künftigen Jahr gerathen werde. In der Christnacht zwischen 11 und 12 Uhr glaubt man, ist das Wasser Wein. Der Weinhändler füllt die Fässer mit Wein auf, um von dem Steigen und Fallen, auf die Güte und Menge desselben im nächsten Jahr zu schließen. Der Kornhändler thut ein gleiches mit dem Korn. Er füllt Gefäße mit Korn an, und bestimmt aus dem Zu- oder Abnehmen des Maaßes in denselben den Fruchtpreis in jedem Monat. Wessen Schatten am Weihnachts heil. Abend bei eingebrachtem Licht keinen Kopf hat, der stirbt im selbigen Jahr. In der Christnacht müssen zwei Lichter die ganze Nacht über auf dem Tisch brennen: Löscht eins davon aus (welches doch sehr zufällig ist, oder leicht vernmieden werden kann) so bedeutet es, daß der Vater oder die Mutter sterben werde. Wenn in dieser Nacht ein Reif vom Gefäß springet, so soll das Jahr einer aus dem Hause sterben. Aber wenn man auf beiden Seiten eines Menschen ein Licht in gerader Stellung setzt, so erscheint er ohne Kopf; daß kann alle Tage durchs ganze Jahr geschehen. In den zwölf Nächten (von Weihnachten bis Dreikönigstag) soll man keine Erbsen, Hülsen oder andere Früchte essen, man bekommt sonst selbiges Jahr die Krätze, oder Schwären – wenn man viele üble Feuchtigkeiten bei sich hat, oder sich unreinlich hält.

Jungfern, die gern heirathen wollen, sollen in der Christnacht nackend beten; denn wird ihnen ihr Liebster im Schlaf erscheinen. Wenn sie ihn denn auch nicht kriegen; so haben sie's doch gedacht; vielleicht auch geträumt. Denn gewiß wird der im Schlaf erscheinen, den das Mädgen sich wünscht. Wenn eine Dienstmagd wissen will, ob sie länger bei ihrem Herrn in Diensten bleiben oder abziehen werde, soll sie auf den Weihnachts heil. Abend den Schuh werfen. Wenn der Schuh mit der Spitze nach der Thür steht, so glaubt sie, daß sie abziehen; steht er hereinwärts, daß sie dableiben werde. Sie setzt sich dabei mit dem Rücken nach der Thür. Man pflegt zu sagen, daß wie jemand glaubt, es ihm widerfährt; Dieß wird auch hiebei wahr. Denn wenn die Magd erst glaubt, daß es des Schicksals Rathschluß, und es nun nicht zu ändern sey, daß sie werde abziehen müssen; so wird sie ihre Dienste vernachlässigen; Im andern Fall wird sie fortfahren, sich so zu verhalten, wie bisher, und wird in Diensten behalten werden. –

Das Schuhwerfen wird also eintreffen; aber ganz natürlich! Wenn ein Mädchen wissen will, was für Haare ihr künftiger Liebster hat; so greife sie in der Christnacht rücklings zur Stubenthür hinaus, so bekommt sie solche Haare in die Hand. Und wenn sie wissen will, ob sie in diesem Jahr einen Mann kriegen werde, soll sie an das Hünerhaus klopfen und sagen:

> Gackert der Hahn: so krieg ich ein Mann;
> Gackert die Henn; so krieg ich kein.

Wenn sie wissen will, ob ihr Liebster gerade oder krumm seyn werde, soll sie aus einer geschichteten Klafter Holz ein Stück ziehen: Wie das Scheit ist, so ist auch der künftige Mann. Wenn sie wissen will, wie ihr künftiger Mann heißen werde; so soll sie den ersten Faden Garn, den sie am Weihnachts heil. Abend spinnt, vor ihre Hausthür spannen: Wie nun der erste vorbeigehende heißt, so wird auch ihr künftiger Mann heißen. Die Schäfer dürfen in den zwölf Nächten den Wolf nicht nennen: er zerreißt sonst die Schafe. Ein Hund, der in der Christnacht heult, wird selbiges Jahr toll. – Welche Thorheiten, welche Einbildungen, welche Lügen und Erfahrungswidrige Meinungen. Kaum sollte man es glauben, daß vernünftige Menschen auf Dinge verfallen könnten, die so ganz dem gesunden Menschenverstand entgegen sind, wenn leider es die Erfahrung nicht bestätigte! Aber sie sind noch nicht zu Ende, die Thorheiten, welche Christen glauben und handhaben, denen die Weihnachtszeit zur heiligen Feier bestimmt ist. Man beschwöret in dieser Nacht den Teufel zum Geldbringen, und sucht Schätze zu graben, weil man glaubt, den Geistern, unter deren Aufsicht diese stehen sollen, wären, so wie dem Teuefel selbst, die Hände gebunden. Man höhlt zwölf Zwiebeln aus, und streut in das Ausgehöhlte etwas Salz: In welcher Zwiebel nun Wasser ist, das soll anzeigen, daß der Monat, den diese bedeuten soll, nass seyn werde. Ist aber in der Zwiebel kein Wasser; so glaubt man, daß er werde trocken seyn. Das kommende Jahr ist nicht glücklich, wenn man nicht um diese Zeit, zwischen 11 und 12 Uhr des Nachts, ein Fußbad anstellt. Der Bauer umwindet dann seine Obstbäume mit nassen Strohseilen, ohne ein Wort zu reden, um sie zu dem folgenden Sommer fruchtbar zu machen. In dieser Nacht werden die Kaffeewahrsagereien vorgenommen. Helle Christnacht, finstre Scheunen; finstre Christnacht helle Scheunen, sagt man, und es soll so viel heißen: Wenn in der Christnacht der Mond scheint, und das Wetter helle ist, so soll das Jahr an Getraide fruchtbar seyn, so daß die Scheunen von dem Eingesammleten voll und finster werden: Wenn er aber nicht scheint, und das Wetter trübe ist, so soll das Jahr wenig in die Scheunen kommen, und sie licht und leer bleiben. Aber wer kennt die Thorheiten alle, wodurch Weihnachten entweiht wird?! Daß man den Kindern um diese Zeit Geschenke giebt, ist an sich eine unschädliche Gewohnheit; daß man ihnen aber sagt, der heil. Christ oder das Christkindlein gebe sie ihnen, daß man befielt, Tücher auszubreiten oder Bäume aufzustellen, damit es darauf bescheren könne, daß man das Zusehen verbietet, weil es ihnen die Augen ausblasen könne – wer kann das billigen? Ein vermummter Claus, St. Nicolaus, Knecht Ruprecht, oder wie er sonst heißen mag, tritt herein, mit einem weissen Hemd oder auf andere, Kindern fürchterliche Art gekleidet, hat in der Hand eine Ruthe, und ruft mit verstellter Stimme: betet, betet! und stäupt sie, wenn sie das nicht können; oder giebt ihnen Nüsse, Aepfel x. wenn sie recht viel zu beten wissen. Das arme, unwissende Kind betet den verkleideten Buben fast an, damit er es nicht in den Sack stecke: und glaubt, es sey der Herr Jesus selbst. Aber würde dieser so handeln, wenn er auf der Erde erschien? würde er Kinder erschrecken, und durch Schläge Gebete von ihnen erzwingen? Man würde erstaunen, wenn man die Menge der Kinder wissen sollte, die vor Schreck über solchen Anblick gestorben sind. Man durchschwärmt die Nacht, welche Vorbereitung auf die heiligsten Tage seyn sollte, und macht den Kindern weiß, daß es in dieser Nacht besonders sehr unsicher sey, und die Gespenster da häufiger erscheinen als sonst, und jedem sichtbar würden. Heilloses Gewäsch!

Kalenderaberglaube

Mein neuer Kalender sagt:
Weisheit, Klugheit und Verstand,
Welches sehr gut ist, wie aller Welt bekannt,
Wünscht der Kalender im neuen Jahr,
Der 1789 geschrieben war.

Wohl sind die Dinge sehr gut: Wenn sie nur der Kalender auch beförderte! Es ist aber so viel ungereimtes darin, daß Weisheit, Klugheit und Verstand verschwinden würden, wenn man ihm folgte. Gleich Anfangs heißt es unter der Ueberschrift:

Der zwölf Nächte Anmerkungen

Wenn die Sonne am heil. Christtage scheinet, so bedeutet es ein glücklich Jahr. Den 2ten, so bedeutet es Theurung. Den 3ten, Uneinigkeit. Den 4ten drohets den Kinder Masern und Blattern. Den 5ten geräth das Obst und Winterfrucht wohl. Den 6ten giebt es Ueberfluß an Baum- und Feldfrüchten. Den 7ten gute Viehweide; hingegen Theurung an Korn und Wein. Den 8ten viel Fische und wilde Vögel. Den 9ten den Kaufleuten glückliche Handelschaft. Den 10ten gefährliche Gewitter. Den 11ten große Nebel und Krankheiten. Den 12ten bedeutets Krieg und Blutvergießen.

Jeder weiß, wie viel und großer Aberglaube von und an den Tagen herrscht, die für Christen die heiligsten seyn sollten: Hier wird uns auch gesagt, daß die Sonne Glück, oder Unglück bedeute, wenn sie an den ersten zwölf Christtagen scheine. Aber laß sie nur scheinen, die wohlthätige Sonne, sie soll uns immer willkommen seyn, an den Christtagen, so wie durchs ganze Jahr. Wir wollen, wenn wir sie an diesem Tage sehen, weder Unglück ahnden, noch außerordentliches Glück erwarten; denn beides möchte unsere Erwartungen täuschen. Ist das Jahr glücklich, oder tritt in demselben, Theurung ein; so soll die Sonne uns das nicht prophezeihet haben. Masern, Blattern, Krankheiten, Uneinigkeit x. wilde Vögel werden in dem neuen Jahre nicht fehlen, werden aber gewiß auf diese Kalenderprophezeihungen nicht folgen. Geräth das Obst und die Winterfrucht wohl; giebt es Ueberfluß an Baum- und Feldfrüchten, an Fischen x. so wollen wir dem dafür danken, der es uns gab – ohne auf jene vorgeblich vorbedeutende Sonnenerscheinungen an heiligen Tagen geachtet zu haben. Krieg und Blutvergießen hängt von dem Willen de Weltregierers ab, wie könnte der Sonnenschein am zwölften Christtage es uns verkündigen? Denn

> Alles lenkt ein weiser Gott:
> Drum ists Dummheit oder Spott,
> Etwas glauben ohne Grund.

Wo ist es uns gesagt, daß Gott durch Sonnenerscheinungen zu gewissen Zeiten uns die Zukunft entdecken wolle, die er uns aus weisen Ursachen verborgen hat? Eben so wenig hat Gott in den Donner, der in den verschiedenen Monaten gehöret wird, etwas vorbedeutendes gelegt. Der Donner, welcher allemal auf den Blitz folgt, welches zusammen Gewitter heißt, hat seine sehr natürliche Ursachen! Wenn die Dünste, die aus der Erde beständig aufsteigen, in der Luft sich reiben, so werden sie entzündet; und das ist der Blitz: Der Blitz aber treibt die Luft aus einander, die denn mit Heftigkeit wieder zusammenfährt; und das ist der Donner. Unter gewissen Umständen muß ein Gewitter entstehen, und Regen und Wind sind natürlich und begreifliche Folgen desselben, die unter diesen Umständen nicht ausbleiben können. Sobald man aber von etwas weiß, daß es natürlich zugeht, und die Ursachen kennt, warum es geschieht; so hört man auf zu glauben, daß dadurch etwas prophezeihet werde. Unter den zwölf Nächten versteht man bekanntermassen diejenigen zwölf Tage und Nächte, die vom ersten Christtag anfangen, und sich am Abend vor dem Feste der Erscheinung Christi oder heil. drey Könige endigen. Die abergläubischen Thoren wollen von der Witterung, die in diesen Tagen einfällt, auf die Witterung des ganzen Jahrs schliessen. Der erste Christtag soll den März, der zweite den April, der dritte den Mai u.s.w. bedeuten. Und so wie die Witterung des Morgens, Vor- und Nachmittags und auf den Abend, an jedem Tage der Zwölfen beschaffen ist; so soll die Witterung in jeder Woche der zwölf Monate seyn. Man glaubt fälschlich, daß in den zwölf Nächten die Kalender gemacht werden, weil während derselben eine besondere Stellung der Gestirne am Himmel sey, und man an dem Laufe derselben sehen könne, was für Witterung das ganze Jahr seyn werde. Das ist alles grundfalsch, ist die Geburt eines schwachen Kopfs. Man hat sonst noch von den Zwölfen andre Vorurtheile, glaubt z.B. daß man krank werde, wenn man Hülsenfrüchte; Erben, Linsen, Bohnen u. dgl. genieße; daß das beste Vieh im Stalle sterbe, wenn man Fleisch esse. Es ist aber nichts gewöhnlicher, als daß der Landmann in den Feiertagen krank wird, weil er da mehr als sonst zu essen und zu trinken pflegt, und weniger arbeitet; Und da in solchen Tagen auch das

Gesinde nicht zu arbeiten pflegt, so ist es um so mehr eine gute Hausregel, wenn man wenig Fleisch zu essen giebt. Gleichfalls soll das Ausmisten der Viehställe, während den Zwölfen nicht gut seyn. Ein verständiger Hauswirth aber wird, wenn es erfoderlich und die Witterung bequem ist, sich durch dieses Vorgeben nicht davon abhalten lassen. Das Gesinde, welches mit Ende des Jahrs aus den Diensten geht, unterzieht sich in den letzten Tagen vielen Arbeiten so ungern, als das neue Gesinde in den erster Flitter- oder sogenannten Anzugstagen; und der Hausherr läßt es geschehen, zumal da man in den kürzesten Tagen, wenn die Kälte sehr groß ist, die Ställe ungern öfnet. Daher verfließen die zwölf Unternächte gemeiniglich ohne Säuberung der Ställe, und der Aberglaube hat es endlich für unrathsam ausgeschrieen. Im Kalender heißt es ferner:

Prognogsticon vom Christtage

Fällt der Christtag auf den Sonntag; so wird ein warmer Winter, der Frühling warm und naß, der Sommer heiß, trocken und schön, der Herbst feucht und winterisch. Korn und Wein geraten wohl, es giebt viel Honig, die Schaafe aber seyn dürftig, Saat und Gartenfrüchte gerathen wohl.

Fällt er Montags; so ist der Winter weder zu kalt noch zu warm, der Frühling gut, der Sommer windig, es giebt viel Wein, aber wenig Honig, denn die Bienen sterben gern.

Fällt er Dienstag; so wird ein kalter Winter mit viel Schnee, der Frühling gut und windig, ein nasser Sommer, und trockner Herbst, Wein und Korn mittelmässig, und sterben die Schweine gern.

Fällt er auf den Mittwoch; so wird der Winter hart, im Frühling viel Wetter: Sommer und Herbst werden gut; Heu, Wein Korn genug, aber sehr wenig Aepfel, auch wenig Zwiebeln.

Fällt er auf den Donnerstag; so hat es im Winter sehr viel Regen, der Frühling ist windig, ein guter Sommer, ein nasser Herbst, Korn und Früchte genug, Wein ziemlich, wenig Honig.

Fällt er auf den Freytag; so wird ein langer und harter Winter, aber ein guter Frühling, der Sommer unstät, Wein, Korn und Heu genug, aber Schaafe und Bienen sterben gern, auch wird viel Obst.

Fälllt er auf den Sonnabend; so wird der Winter nebligt mit grosser Kälte und Schnee, der Frühling windig, der Sommer gut, der Herbst trocken, giebt aber wenig Korn und andre Früchte, aber gute Weide, die Bienen sterben gern.

Grosser Gott! der Tag, an welchem wir das Andenken der Menschwerdung des Erlösers feiern, soll, wenn er auf den Montag fällt, anzeigen, daß es wenig Honig geben, und die Bienen gern sterben; wenn er auf den Dienstag fällt, sollen die Schweine gern sterben. Es soll sehr wenig Aepf lund Zwiebeln geben, wenn er auf den Mittwoch fällt; er soll Schaafsterben anzeigen, wenn er auf den Freitag fällt. Wie wenig können die den Namen der Christen verdienen, die solchen Unsinn verbreiten, oder die an demselben hangen? Welche die Absicht der Menschwerdung des Erlösers so sehr verkennen, daß sie die Tage, an welchen sie sich dieser göttlichen That feierlich erinnern sollen, zu abergläubischen Anzeigen misbrauchen. Christus hat seinen Geburtstag mit keiner prophetischen Kraft begabt, und man kann daher in den darauf folgenden Tagen um so weniger etwas außerordentliches suchen. Und da man den eigentlichen Tag der Geburt Christi nicht einmal mit völliger Gewißheit bestimmen kann; so sieht man wohl, daß alle daher genommene Prophezeihungen umgegründet sind.

Monatliche Witterung

Wenn es im Januar donnert; so bedeutet es grossen Wind. Der Donner im Februar, bedeutet Krankheit. Im März, Gußregen. Im April, Unfruchtbarkeit. Im May, Mangel an Früchten. Im Junio, folgen gemeiniglich Krankheiten. Im Julio, ist es ein Zeichen vieler Früchte. Im August, Mangel an Früchten. Im September, vielen Widerwillen, Im October, starke Winde. Im November, gute Früchte. Im December, Schaden am jungen Vieh.

Mancher, der an den Kalenderglauben einmal gewöhnt ist, lauert sorgfältig auf den Donner, und erwartet, wenn er ihn gehört hat, grosse Winde, Gußregen, Krankheiten und Widerwillen, den Mangel am jungen Vieh u.s.w. oder die vielen und guten Früchte – ohne daß vielleicht seine Erwartungen je erfüllt werden. Jenes prophezeihte Unglück kommt jährlich gewiß, mehr oder weniger: Daher läßt es sich gut vorher sagen! Wie aber, wenn es kommt, ohne daß es in den besagten Monaten gedonnert hat? Oder wie, wenn der Donner gehört worden ist, und das Unglück trifft nicht ein? Oder wie, wenn es im Juli oder November donnert, und die Früchte gerathen dennoch schlecht? Wo bleibt da die Kalenderweisheit, und wo der Glaube an seine Prophezeihungen? Weg also mit einem Glauben, der auf so schwachen Gründen ruht, der so ungewiß und unsicher ist! Wer wollte sich noch hintergehen lassen, wenn man schon oft betrogen ist? Wer wollte unaufhörlich erwarten, was man schon so oft vergebens erwartete? Dieß sind Dinge, denen durch die Erfahurng widersprochen wird. Man setzt dabei das Vertrauen, das man Gott schuldig ist, aus den Augen, und glaubt den Menschen (die sogar die Absicht haben zu hintergehen) mehr als ihm.

Merkwürdig sind auch die Nachrichten, welche man im Kalender vom Aderlassen hat; Wir sehen darinn ein

Aderlaßmännlein

Diese Verzerrung wird auch sonst noch die *Aderlaßtafel für den gemeinen Mann* genennet. Man erblickt darauf eine ganz nackte menschliche Figur stehend, welche die rechte Hand gebogen empor hebt und die linke vom Körper etwas abstreckt. Herum in einem länglichen Viereck, sieht man die 12 Zeichen des Thierkreises figürlich abgebildet, von welchen auf verschiedene Theile der nackten Menschenfigur Striche gehen.

Nun heißts: »Aderlassen soll nicht an dem Tag geschehen wenn der Mond neu oder voll, oder sein Viertel ist; auch nicht wenn er mit dem Saturn oder Mars in Conjuction stehet; auch nicht im Geviertenschein; noch weniger in der Opposition oder dem Gegenschein; am allerwenigsten aber, wenn der Mond in dem Zeichen läuft, welchem das Kranke Glied zugeeignet wird. Es beherrschet aber *der Widder* das Haupt, Angesicht und die Zähne; darinnen ist gut Aderlassen, nur an dem Haupt nicht – an den Zähnen wohl auch nicht? – *Der Stier* beherrscht den Hals, Kehle und Nacken, – vermuthlich darum, weil die Stiere einen starken Hals und Nacken und eine rauhe Kehle haben? – Darinnen ist bös Arzeneyen und Aderlassen. *Die Zwillinge* beherrschen die Arme, Schultern und Hände, darinnen ist bös Aderlassen. *Der Krebs* beherrscht die Lunge und ganze Brust, darinnen ist gut Arzneyen und mittelmässig Aderlassen. – Das ist doch recht sehr Schade, der Krebs giebt ja gute Aderlaßsuppen. – *Der Löw* beherrscht das Herz, Magen und Rücken, darinnen ist bös Aderlassen. – Wenn einem ein Löw zur Ader läßt, mags wohl bös seyn. – *Die Jungfrau* beherrscht das Eingeweid, Bauch und Nieren, darinnen ist mittelmäßig Aderlassen und bös Arzneyen. – Dies sollte man von einer Jungfrau kaum glauben, aber es steht im Kalender. – *Die Waage* beherrscht den Nabel und die Blase, darinnen ist gut Aderlassen und Arzneyen. – Richtig, weil man auf der Waage alles genau abwiegen kann. – *Der Skorpion* beherrscht die Scham, Nieren und Affter, Darm, darinn ist mittelmäsig Aderlassen und Arzneyen. Freylich, der Skorpion ist ein giftiges Thier und es sollte eigentlich bitterbös in diesem Zeichen zum Aderlassen und Arzneyen seyn. – *Der Schütz* beherrscht die Beine, darinn ist mittelmässig Aderlassen und Arzneyen. – Der Schütz sollt's aber doch recht zu treffen wissen. – *Der Steinbock* beherrscht die Knie und Schienbeine, darinnen ists bös Aderlassen und Arzneyen. – Freylich die Steinböcke stossen gerne. – *Der Wassermann* beherrscht die Schienbeine (also in Kompagnie mit dem Steinbock), darinnen ist gut Aderlassen und Arzneyen. – Welchen folgt man den nun, dem Steinbock oder Wassermann? – *Die Fische* beherrschen die Füße, darinnen ist gut Arzneyen und mittelmässig Aderlassen.

»Bravo« bravo! – »

Dies wäre nun der ganze Unsinn vom Aderlaßmännlein. Nicht zu gedenken, daß sich die auferbaulichen Sprüchelgen und ihre Voraussetzungen alle selbsten widersprechen, und man keinen Tag nach deren Angabe finden wird, worinnen eigentlich gut zum Aderlassen oder zum Arzney einnehmen wäre; so muß man hauptsächlich darüber lachen, daß es je so unverschämte Wichte von Kalendermachern hat geben können und zum Theil noch giebt, die so gar dummes und hirnloses Zeug ins Publikum schickten und noch schicken mögen. Die Sternbilder des Thierkreises, deren Name ganz willkührlich ist, und wo das Sternbild der Waage eben so gut das des Elefanten heisen könnte, stehen eine ganz ungeheure Zahl Millionen Meilen von einander und von uns ab, sind wahrscheinlich Körper wie unsere Sonne, und diese ungeheure Körper sollen der Menschen Gliedmassen auf der Erde, die kaum ein Punct gegen jene erstaunliche Massen ist, beherrschen. Wer mag seinen Verstand so sehr verläugnen und solch gar abgeschmacktes Zeug glauben.

Und doch stehen noch alle Jahre solche Dummheiten in dem den Bürger- und Bauersleuten so beliebten Buch, dem Kalender, zur Schande der Vernunft da. Man ließt eine abgeschmackte und unsinnige Vermuthung: Was vom Blut nach dem Aderlassen zu urtheilen sey; imgleichen findet man einen sehr genauen und eben so hirnlosen

Bericht vom Aderlassen

An welchem Tage durch das ganze Jahr gut oder bös Aderlassen ist. Der erste Tag ist bös, man verliehrt die Farbe. Der zweite ist bös, bringet leichtlich ein Fieber mit sich. Der 3 ist bös, verursachet gefährliche Krankheiten. Der 4 ist bös, kann einen schnellen Tod verursachen. Der 5 ist bös, es verschwindet das Geblüte. Der 6 ist gut, da geht Blut und Wasser. Der 7 ist bös, verderbet den Appetit zur Speise. Der 8 ist bös, kränkt und verderbt den Magen. Der 9 ist bös, machet den ganzen Leib krätzig. Der 10 ist bös, verursachet ein flüssig Angesicht. Der 11 ist gut, machet Lust zum Essen und Trinken. Der 12 ist gut, machet geschickt am ganzen Leibe. Der 13 ist bös, machet Unlust zum Essen und Trinken. Der 14 ist bös, verursacht gefährliche Krankheiten. Der 15 ist gut, machte Lust zu Speis und Trank. Der 16 ist bös und der allergefährlichste. Der 17 ist gut, und der allerbeste. Der 18 ist gut, und bringet Gesundheit. Der 19 ist bös, und gar besorglich. Der 20 ist bös, erwecket allerhand Krankheiten. Der 21 ist gut zu allen Dingen. Der 22 ist gut, und entfernt alle Krankheiten vom Menschen. Der 23 ist sehr gut, wehret allen Krankheiten, und stärket die Glieder des ganzen Leibes. Der 24 ist gut, und nimmt alle Dämpfe, starken Husten und Herzensangst hinweg. Der 25 ist gut für diejenigen, die Hauptbeschwerungen haben, befördert auch den Verstand. Der 26 ist gut, und bewahret das ganze Jahr vor Fieber, und wehret vornehmlich den Schlagflüssen. Der 27 ist bös, und geneigt zum jähen Tod. Der 28 ist gar herrlich und sehr gut. Der 29 ist bös. Der 30 ist sehr bös. Da haben wir also in jedem Monat vierzehn böse, einen gar herrlichen und guten, einen allerbesten, und einen allergefährlichsten, einen zu allen Dingen guten, und einen gar besorglichen Tag bei dem Aderlassen. Aber wer, wenn er nicht ein belachenswerther Narr ist, wird sich daran kehren, wenn er Bedürfnis fühlt, oder der Arzt ihm dazu räth, ob in dem Kalender bös oder gut steht? Laß zur Unzeit Ader, und du wirst die übeln Folgen davon wohl erfahren, wenn im Kalender gleich – recht sehr gut stand. Laß zu Ader, wenn es dir nöthig ist, oder ein Sachverständiger dazu räth; und es wird dir bekommen, wenn gleich der Tag, an welchem es geschah, im Kalender für gar besorglich angegeben wurde. Es ist allerdings wahr, daß man nach dem Aderlassen die Farbe verliehren, in ein Fieber oder andre Krankheit verfallen, oder sich gar den Tod zuziehen kann; aber immer nur in dem Fall, wenn es zu unrechter Zeit geschieht: Zu rechter Zeit gebraucht, hat es bekannt gute Wirkungen, ohne daß man aber im Stande wär, dazu einen Tag fest zu setzen. Der Kalenderaderlaßprophet hat es auch gar wohl gewußt, daß der Dumme (denn für Kluge wird so etwas nicht geschrieben) immer mehr Unglück als Glück erwartet; daher sind der unglücklichen Tage mehr, als der glücklichen. Er wußte es auch, daß diese Gläubigen nicht untersuchen, und hält sie daher für das, was sie sind, für Narren. Der 5te heißt es, ist bös, es verschwindet das Geblüte, der 6te ist gut, da geht das Blut und Wasser. Allerdings verliehrt man Geblüt, wenn man Ader läßt, und daß das Blut mit Wasser vermischt sey, ist ja jedem bekannt! Wie konnte er das als eine Prophezeihung aufstellen? Gewiß wird auch aus einem Lahmen kein Tanzmeister, wenn er Adergelassen hat. Man sollte dieß meinen, wenn man liest: Der 12te ist gut, machet geschickt am ganzen Leibe. Verschiebe das Aderlassen bis zum 26ten, und glaube, daß du denn das ganze Jahr vor Fiebern und Schlagflüssen werdest bewahrt bleiben; oder bis zum 15ten, um mehr Verstand zu bekommen; der Erfolg wird dich lehren, daß du in jedem Fall betrogen seyst.

Kaum kann man sich des Unmuths enthalten, wenn man Menschen, die doch ihre Schwäche kennen, über Sachen z.B. über Gesundheiten, und Krankheiten, so zuversichtlich urtheilen hört, als ob ihre Prophezeihungen ungezweifelt zutreffen müßten. Man höre hierüber den Kalender:

Von Gesundheiten und Krankheiten

Im Januario werden hitzige Krankheiten entstehen, und die Schwindsüchtigen werden ihre Noth haben. Der Februar wird manchem das Leben kosten. Der März drohet mit Kopf- und Zahnschmerzen. Der April soll gar gefährlich seyn. Im May kommen hitzige Fieber und Flüsse. Der Junius drohet mit Herzbeschwerungen und Ohnmachten. Im Julio fällt kein schädlicher Aspect ein. Im August wird man verschiedene Arten von Krankheiten bemerken. Im September sind mehr gute als böse Aspecten. Der October deutet auf Hauptweh, Schlagflüsse, Herzbeschwerung und Krätze. Der November zeigt auf Magenbeschwerden und Ohnmachten. Im December werden sich hitzige Krankheiten und Steckflüsse ereignen.

Ohne Zweifel werden alle die genannten Uebel in dem Jahre verspürt werden; aber gewiß nicht in der hier vorhergesagten Ordnung. Man trifft zu allen Zeiten alle Krankheiten unter den Menschen, ohne daß man sagen kann, diese Krankheiten gehören für diesen, und jene für jenen Monat. Die Schwindsüchtigen haben nicht nur im Januar, sondern zu allen Zeiten ihre Noth; und nicht nur der Februar kostet manchem das Leben, sondern die Menschen sterben durchs ganze Jahr. Wer zu Kopf- und Zahnschmerzen, zu Ohnmachten x. geneigt ist, der wird nicht nur in den hier damit begabten Monaten, sondern zu ungleichen Zeiten davon befallen. Freilich werden immer einige seyn, die ihre Krankheiten in den Monaten finden, und wenn man denn sagen wollte, der Kalender hat doch wahr geredt – so kann alles was darinn steht, zu verschiedenen Zeiten, und an gewissen Personen wahr werden; aber wie viele sind dagegen, die von eben der Krankheit, zu ganz andern Zeiten befallen werden? Weg also mit so ungegründeten, ungereimten und lächerlichen Meinungen.

Der Kalender ist ganz mit Zeichen angefüllt, die gut Aderlassen, sehr gut Aderlassen, zu baden und zu schröpfen, gut säen und pflanzen, gut Kinder entwöhnen. (Zusammenkunft ist mittelmässig. Gesechster Schein ist gut. Gevierter Schein ist böse. Gedritter Schein ist gut. Gegenschein ist böse. Glücklicher Tag ist roth). Gut Holzfällen. Gut Purgiren. Gut Haarabschneiden – bedeuten. Einfältige unterlassen nie, in den Kalender zu sehen, bevor sie etwas vornehmen. Sie baden und schröpfen, säen und pflanzen, purgiren zu der Zeit, welche der Kalender für die beste hält; sie entwöhnen die Kinder, an einem glücklichen Tag, schlagen kein Holz, und beschneiden sich ohne Kalenderrath ihr Haar nicht. Allein wenn das Kind lange genug gesäuget hat, so wird es sich zu allen Zeiten (freilich auch an einem im Kalender bezeichneten Tage) entwöhnen lassen. Die Arzneien werden ihre gewöhnliche Wirkungen haben, das Holz wird gleich gut wärmen, und das verschnittne Haar wieder wachsen, wenn der Kalender auch nein dazu sagt. Wenn die Krankheit ein Purgiermittel fodert; so muß man es zu allen Zeiten und Stunden nehmen, und die Meinung ist thörigt, wenn man glaubt, die Wirkung der Mittel hange von dem Zeichen ab, in welchem sich die Sonne befindet, oder von den Vierteln des Monds. Dieses Vorurtheil aber ist so tief eingewurzelt, daß man Leute hat sterben sehen, die auf das günstige Himmelszeichen oder Mondsviertel warteten, einem Mittel Kräfte zu geben, welches vier oder fünf Tage früher genommen, ihnen das Leben würde gerettet haben. So entscheidet ein unwissender Kalendermacher über das Leben der Menschen; und diejenigen Herrschaften, die dergleichen unsinnige und alberne Kalender dulden, privilegiren einen solchen Kalenderfabrikanten zu einem gesezlichen Mörder, oder geben zum mindesten Anlaß, daß manche ihrer leichgläubigen und schwachsinnigen Unterthanen in tödliche Krankheiten verfallen oder sieche Körper umherschleppen. Ueberhaupt genommen, so ist der Kalenderglaube einer der allerschädlichsten Zweige des falschen Wahns, und sollte man mit gesammter Hand in der ganzen Christenheit daran arbeiten gute und zweckgemäße Kalender allgemein einzuführen, und die bisher fast in allen Staaten vorhandene schlechte Gattungen dieser Volksbücher möglichst zu verdrängen suchen. Wenn der gemeine Mann nur sonst keine andere als gute zweckmässige Kalender bekommen kann, so verliehrt er allmählig den Glauben an die Unsinnigkeiten, und die Nachkommenschaft erhält gereinigte Begriffe, wird auch endlich ganz frey von dem alten schädlichen und falschen Kalenderwahn.

Man fürchtet sich, Arzeneien zu nehmen, so lange die Hundstage währen. Wenn diese Furcht sich auf die grosse Hitze gründete, so verdiente sie Nachsicht: Allein man glaubt, der Hundsstern, der viele hundert tausend Millionen Meilen von uns entfernt ist, und den man für unglücklich hält, regiere in diesen Tagen, habe während denselben auf den menschlichen Körper besondern Einfluß. Jeder weiß, um wie viel Tage die sogenannten Hundstage von der Erscheinung des Stern, welchen man den Hundsstern genennt hat, verschieden sind, und wie er daher um so weniger auf etwas nachtheiligen Einfluß haben kann, wenn sonst auch, wie es doch wirklich nicht ist, seine Wirkungen schädlich wären.

194

Vom Säen und Pflanzen

Die Kalendermacher sind hierinn nicht eins: Dieser bestimmt diese, und jener jene Tage; und wenn man darüber vergleicht, so findet man, daß sie alle Tage, theils für gut, theils für böse halten. So einfältig sind aber jetzt nur wenig Landleute mehr, daß sie in den Kalender sehen sollten, wenn sie den Acker bestellen oder den Garten bearbeiten wollen: Vernünftige nehmen dazu die Zeit, welche ihnen die beste zu seyn scheint, und sind, wenn sie das ihre gethan haben, unbekümmert, weil sie wohl wissen, daß sie nun nicht weiter zum Fortkommen des Gesäeten oder Gepflanzten beitragen können: sondern Seegen und Gedeihen von dem erwarten müssen, der dieß allein geben kann. Wie oft ist der Abergläubische betrogen worden, wenn er zu diesen Geschäften einen vermeintlich glücklichen Tag wählte; und wie oft hat die Erfahrung gelehrt, daß auf solche Tage nichts ankomme. Die Burkhardswoche, welche in den October fällt, soll eine unglückliche Saatwoche seyn. Burkhardus war aus England nach Deutschland berufen, wo er sich um die Ausbreitung der christlichen Religion verdient machte; daher er auch im Jahr 746 Bischof zu Würzburg wurde. Man nennte den 11ten October nach seinem Nahmen, um dadurch seine Verdienste im Andenken zu erhalten. – Wie könnte man nun glauben, daß dieser Tag auf die Saat nachtheiligen Einfluß habe? Könnte man die Tage bestimmen, die zum glücklichen Fortkommen des Gesäeten gewiß beitrügen; so wär folgende Prophezeihung auch gegründet: Das Sommergetraide: als Gerste und Hafer, sollen mittelmässig gerathen, wie auch Linsen Wicken, Erbsen, Hirsen; Heu dürfte mehr, aber weniger Grummet werden.

Das Wintergetraide, sonderlich Korn, kann im Herbste bei rechter Zeit gesäet werden. Das Obst soll an etlichen Orten gut, an andern aber wenig seyn: Die Eicheln verbleiben ganz klein. Der Hopfen geräth mittelmässig, und leidet gemeinniglich im Frühlinge Schaden durch Mehlthau. In diesem Jahr soll wenig Wein werden, und weil im Herbst kein gut Wetter ist; so soll man ihn bald lesen und die Weinberge zeitig decken. So kann man vorhersagen, daß es heute finster und morgen wieder helle werden wird, wie der Kalender versichert, daß in diesem Jahr mehr Heu als Grummet; an etlichen Orten mehr, an andern weniger Obst seyn werde. Daß der Hopfen gemeiniglich im Frühling durch Mehlthau Schaden leide; daß im Herbst kein gut Wetter seyn werde, und man daher bei Zeiten säen, und Wein lesen solle. Wenn denn aber jenes zuversichtliche Vorhersagen: Gerste und Hafer sollen mittelmässig gerathen. – In diesem Jahr soll wenig Wein werden x. nicht eintrifft, wer merkt darauf, oder wer macht dem, der es gesagt hat, Vorwürfe. Welcher Vernünftige kann so etwas glauben? Wer wird sich nicht gern von Meinungen losmachen, die so elend ausgedacht sind, die so gefährlich werden können, wenn man an denselben fest bleibt?!

So unzuverlässig, wie alles dieses, sind auch die Wetterprophezeihungen der Kalender: Wer aus dieser Ursach sich einen Kalender kauft, der betrügt sich gewiß. Man vergleiche nur die Kalendervorherverkündigungen mit der Witterung selbst, und man wird sich bald überzeugen, daß sie nichtig sind. Nachdem man sich zehnmal betrogen hat, so trifft es kaum einmal zu, was man im Kalender vom Wetter sucht. Wir wissen im allgemeinen die Ursachen davon, wenn das Wetter sich verändert hat; aber die Regeln, nach welchen dieß geschieht, kennen wir noch nicht, und werden sie schwerlich entdecken. Man hat Jahre lang das Wetter jedes einzelnen Tages bemerkt, und die Ursachen davon gesucht; hat alles das mit einander verglichen, und hierinn auf etwas gewisses zu kommen; aber vergebens! Und fast scheint es, daß alle künftige Versuche so fruchtlos als die bisherigen, seyn werden. Es ist auch bekannt, daß die Witterung an allen Orten nicht gleich ist. Hier regnet es, und eine Stunde weiter scheint die Sonne. Dort ist ein Gewitter, und hier bemerken wir es nicht. Wir haben Kalender, die in einer 15 und mehrere Meilen entfernten Stadt gemacht sind; wie wär es möglich, daß sie uns sagen könnten, es werde heute bei uns ein Gewitter, morgen Wind, übermorgen Regen u.s.w. seyn?

Heute fallen keine sonderliche Aspecten, sagt der Kalender, heute fallen gute, heute böse. Aspecten sind die Stellungen der Sonne und der Planeten, welche zu verschiedenen Zeiten, auch verschieden sind, weil diese Körper sich bewegen. Wenn sie mit einander auf- und untergehen, und zu gleicher Zeit im Mittage erscheinen; so sagt man, daß sie einerlei Länge habe. Wenn man von der Sonne bis zum Mond durch die Mittagslinie in Gedanken sich eine Linie denkt, und findet sie entweder in eben dem Grade, oder, doch nur wenige Grade der Länge, von einander unterschieden; so heißt dieß Zusammenkuft: Und diese soll mittelmässig glücklich seyn. Ist aber die Sonne von dem Planet, oder ein Planet von dem andern, 60 Grad (ein Grad hat 15 deutsche Meilen) der Länge nach entfernt; so heißt das Gesechsterschein der nach dem Kalender gut seyn soll. Wenn die Sonne von einem Planet, oder ein Planet von dem andern 90 Grade abstehen, so nennt man das Geviertenschein, der, wie der Kalender sagt, böse ist. Beim Getdrittenschein sind Sonne und Planeten 190 Grade der Länge nach von einander entfernt – er ist gut! Wenn zween Planeten gegen einander überstehen; so heißt es Gegenschein; und er ist böse! Erblickt man zwei oder mehrere an derselben Stelle des Himmels; so heißt dieser ihr Stand *conjuctio* oder Verbindung. Ich fühle es hier, daß ich, um diese Kalenderausdrücke zu erklären nicht ganz deutlich seyn kann; fühle aber auch, daß es ungereimt seyn würde, zu glauben, die verschiedenen Stellungen der Sonne und Planeten, die von Ewigkeit her nach den vom Schöpfer festgesetzten Regeln erfolgen, und zu bestimmten Zeiten gewiß eintreffen – könnten etwas böses oder gutes bedeuten. Warum wollte man sich bei Dingen, welche nicht in unsrer Macht stehen, mit Furcht oder Hofnung quälen? Würden wir dabei wohl als vernünftige Menschen handeln, oder würden wir nicht mit Recht Thoren genennt werden, die ohne Not sich die Freuden des Lebens verbittern? Der Aberglaube denkt z.B. Wenn der Mond bei dem Jupiter oder Venus gesehen werde; so zeige diese Verbindung bei der Geburt eines Kindes Glück an: Wenn aber Saturn oder Mars mit dem Mond in Verbindung stehe; so bedeutet es eine unglückliche Geburt. Allein, wer die ungeheuren Entfernungen bedenkt, in welchen die Planeten von einander, und von der Erde, (auch bei ihrer Zusammenkunft) abstehen, der wird nicht Kälte, Wärme, Hitze, Trocknis und Feuchtigkeit, noch weniger Schicksale einzelner Menschen oder gar Weltbegebenheiten ihren Einfluß zuschreiben.

Die Planeten sind aus dem, bei manchem so beliebten Kalenderbuch bekannt. Sie heissen eigentlich Uranus, Saturnus, Jupiter, Mars, Erde, Venus und Merkur; sind selbstständige Körper, haben jeder seinen eigenen Lauf um die Sonne, und hat keiner auf den andern auch nur den geringsten Einfluß. Einige haben ihre Trabanten oder Monde, die um sie, wie sie selbst mit den Monden um die Sonne laufen. Solcher Monde haben Uranus, Saturn und Jupiter mehrere, unsere Erde aber nur einen. In den meisten Kalendern, und sogar in einigen Hofkalendern, werden unwissender Weise Sonne und Mond auch unter die Planeten gezählet, und der neuentdeckte Planet Uranus ganz ausgelassen. Die Planeten sind Weltkörper, denen man diese Namen gegeben hat, um sie zu unterscheiden. Jedem Jahr wird von den Kalenderphantasten ein Planet zugeordnet, von den man alsdann sagt: Er regiert. Jedem Planet legt man Eigenschaften bei, die man auf die Witterung des Jahrs überträgt. Saturn ist trocken und kalt; Jupiter feucht und warm; Mars ist hitzig und trocken; Venus feucht und warm; Mercurius warm und trocken; Mond feucht und kalt. Der gute Uranus geht also leer aus? – Jedermann weiß aber wohl, daß die Witterung der Jahrszeiten unveränderlich eintritt, ohne daß der Planet, den man den regierenden nennt, Einfluß darauf hat. Hätten diese Planeten, oder ihre Stellung wie man dieß nach dem sogenannten hundertjährigen Kalender glaubt, auf die Denkungsarten und Schicksale der Menschen Einfluß; so müßten die Zwillinge, und alle diejenigen Kinder, die zu der Zeit geboren werden, da die Planeten dieselbe Stellung haben – auch einerlei Charakter und Schicksale haben: Aber lehrt nicht die Erfahrung daß ihre Gemüthsart und die Vorfälle ihres Lebens sehr verschieden sind? Wie sonderbar ist es daher, wenn man von einem Planet sagt; Er regiert. Kann ein todter Weltkörper, der sich seines Daseyns nicht bewußt ist, über vernünftige Geschöpfe das Regiment führen? Wenn das ein Planet könnte, warum sollte es nicht vielmehr die Erde können, auf der wir wohnen, und die daher auf uns einen weit grössern Einfluß haben könnte, als jene weit entfernte Welten? Ist es nicht schändlich, bei Betrachtung seiner Schicksale an eine leblose Materie zu denken, und derselben Wirkungen zuzuschreiben, die sie unmöglich haben kann? Als ob man es nicht wüßte daß ein Gott sey, der alles regiert, und für seine Geschöpfe mit Güte und Weisheit sorgt! Jener Aberglaube schändet die göttliche Vorsehung, und ist für die Tugend höchst gefährlich. Der Müller in G. glaubt, daß die sieben in dem 100jährigen

Kalender angezeigten Planeten die sieben Fürsten (Erzengel) im Himmel bedeuten, und daß man sich, je nachdem dieser oder jener Planet im Jahr regiert, an diesen oder jenen Himmelsfürst wenden müsse, um etwas zu erlangen: Und weil er, wie man sagt, sonst kein ungescheuter Mann ist, so glaubt es die ganze Gegend. Wenn aber nun der Müllermeister einmal hört, daß man den achten Planet (Uranus) entdeckt hat, wird er denn auch einen achten Himmelsfürst erwählen? Eben so wenig bestimmen die zwölf himmlischen Zeichen: Widder, Stier, Zwillinge, Krebs, Löwe, Jungfrau, Wage, Scorpion, Schütze, Steinbock, Wassermann, Fische – die monatliche Witterung; Sie zeigen in den Kalender weiter nichts an, als daß die Sonne scheinbarlich in dieses Zeichen trete; und man kann nicht sagen der Februar ist wässerig, der Julius feurig, weil in diesem der Löwe, in jenem die Fische – das Monatszeichen sind. Wenn der Mond oder die Sonne in dieses oder jenes himmlische Zeichen tritt; so glaubt man, dieß habe in die Dinge auf der Erde, in die Schicksale der Menschen, auf Seegen und Unseegen einen besondern Einfluß. So will mancher Zimmermann, wenn die Sonne im Zeichen des Krebses oder des Scorpions steht, kein Holz fällen, weil er glaubt, der Wurm komme in dasselbe. Wenn das Zeichen der Fische drei Tage hinter einander im Kalender steht; so soll es Regen bedeuten. Allein wer die ungeheure Entfernung bedenkt, in welcher die Fixsterne von der Erde abstehen, und daß sie blos willkührliche Namen haben, welche die alten Sternkündiger von den Dingen hernahmen, mit welchen sie sich in jedem Monat vorzüglich beschäftigten, der wird leicht einsehen, daß es Thorheit sey, ihnen solche Wirkungen beizumessen. Man bestimmt im Kalender auch die monatliche Witterung im allgemeinen, aber so, daß jeder andere eben das vorhersagen kann. Der Frühling, heißt es, ist feuchte, dabei warm, mit unterlaufendem Froste; der März ist kalt; der April hält Regen; der Mai ist anfangs schön, worauf Kälte folgen könnte. Der Sommer ist bisweilen warm, doch öfters kalt; der Junius ist zwar fein, hat aber öfters Regen. Der Herbst und Winter ist anfangs feucht, alsdenn mittelmässig kalt, danach ganz kalt und feuchte. Im December kommt Schnee, darauf etwas Regen; Zu Ende des Jahres wird es kalt, so bis ins folgende Jahr dauert. Wie bekannt ist es, daß im Frühling noch Fröste mit unterlaufen; daß es im April regnet, und noch etwas kalt, und der Winter am Ende ganz kalt ist, und die Kälte bis ins folgende Jahr dauert? Es würde daher mehr als Neugier nach der Zukunft seyn, wenn man nach diesem Maasstab die Witterung messen wollte. Wir können die künftige Witterung im allgemeinen mit ziemlicher Gewißheit vorhersagen; denn die Erfahrung hat uns ihre Verschiedenheit in den Jahrszeiten und ihre gewöhnlichen Abweichungen von der Regel gelehrt.

Auch darf man nicht glauben, als ob die Thiergestalten so am Himmel erscheinen, wie sie im Kalender stehen. Man hat die bei einander stehenden und bleibenden Sterne aber nur auf dem Papier, in Thiergestalten gezogen, und dadurch ihnen Namen gegeben, um sie zu unterscheiden, und sie im gemeinen Leben kurz nennen zu können. Die Sterne an sich, oder ihre Stellungen gegeneinander, haben nichts weniger als solche Gestalten.

Und damit es an nichts fehle, was ein Neugieriger oder Abergläubischer suchen könnte; so haben vielen Kalender auch

Welthändel

Januarius. Boshafte Gemüther richten viel Unheil an. Hüte dich vor bösen Mäulern. *Februarius*. Es wird mit gefährlichen Unternehmungen umgegangen. Alte Gebräuche wieder einzuführen, ist jetzo vergebens. *Martius*. Jetzt wird es offenbar werden, was in geheimen Cabinetten bisher tractiret worden ist. *Aprilis*. Gewisse Anschläge haben schlechten Fortgang. Wer wider Eid und Pflicht handelt, wird keinen guten Lohn empfahen. *Majus*. Die Kaufmannschaft ist glücklich. Grosser Reichthum kommt aus entfernten Ländern. *Junius*. Man sey vorsichtig; der Feind ist geschäftig, und der Betrug groß. Wer andre waschen will, muß selbst rein seyn. *Julius*. Mancher kann sich wieder erholen. Ungerechten Richtern geht es übel. *Augustus*. Die Trauerkleider werden zugeschnitten. Grosser Zwietracht wird entstehen. Die Kaufleute haben sich vor Schaden zu hüten. *September*. Böse Anschläge werden gemacht, werden aber nicht gelingen. Ein jeder stehe auf der Hut, daß er nicht in die Schlinge falle. *October*. Vielen Hohen und Niedern will die Welt zu enge werden: Ein jeder hüte sich. *November*. Hohe Potentaten spüren ihres Vorhabens glücklichen Fortgang. Böse Gemüther suchen Verwirrungen anzurichten. *December*. Gott regiere aller hohen Potentaten Herzen, daß ihre Anschläge ein gutes Ende nehmen.

Man glaubt in die Heidenzeiten versetzt zu seyn, da der Aberglaube dachte, Apoll sage seiner Priesterinn, was sie den Rathfragenden antworten sollte – wenn man in Zeiten, die man aufgeklärt nennt; wo man die Vorfahren dumm, und sich für weise hält, so etwas in einem Buche liest, das fast allgemein in den Händen der Christen ist! Mancher hängt seinen Kalender, den er in allen Nöthen zu fragen gewohnt ist, wie ein Heiligthum hin, und hält seine Aussprüche, wenn ihn gleich der Erfolg so oft das Gegentheil gelehrt hat, ferner für untrüglich. Schon das sollte die Nichtigkeit der Kalenderprophezeihungen verwerflich machen, daß sie ein Jahr wie das andere, fast immer gleich ausfallen. Boshafte Gemüther richten nicht nur im Januar oder November, sondern zu allen Zeiten Unheil an: Und soll man sich etwa nur in diesem Monat vor blöden Mäulern hüten; oder hat man durchs ganze Jahr Ursach dazu? Nicht nur im Februar oder October wird mit gefährlichen Unternehmungen umgegangen; nicht im Junius nur ist der Feind geschäftig, und ungerechten Richtern ist der Julmonat nicht allein gefährlich. Man sieht leicht daß der Kalender blos schrieb, um auch von Welthändeln etwas gesagt zu haben. Wer könnte so thörigt seyn, die Begebenheiten in der Welt hienach zu beurtheilen; oder glauben, daß das, was geschieht, darum geschehe, weil es im Kalender vorhergesagt ist? Freilich, wenn man geneigt ist, die Vorfälle, welche uns und andere treffen, hieher zu ziehen; so wird man immer Gelegenheit haben, sich in der Meinung zu beruhigen, daß der Kalender doch wahr geredt habe. Vielleicht sind die Prophezeihungen richtiger. »Wir mögen,« heißt es da, »die Ursachen des für Land und Leute so höchst schädlichen und gefährlichen Kriegs betrachten, wie wir wollen; so werden wir doch niemals dieselben recht erforschen, noch vielweniger werden wir sie an dem gestirnten Himmel finden.« Es ist also nichts thörigter, als dieses, daß man die Ursachen davon bei den Sternen zu suchen sich nicht abgewöhnen, und die Nichtigkeit dieses Prognostici nicht einsehen will. »Lasset uns andächtig und fleisig zu Gott beten, daß der die Herzen grosser Potentaten allezeit zum Frieden lenke, und alle verderblichen Kriege von uns gnädiglich abwende.« Es fehlt weiter nichts, als daß man im Kalender Truppen ins Feld rücken, dem Kaiser die Schlacht verlieren, und dem König sie gewinnen ließ, um alles Kalendervorhersagen lächerlich zu machen, und jeden zu überzeugen, wie weit er sich darauf zu verlassen habe. – Wenn man gestehen muß, daß man nichts wisse; so nimmt man zugleich einen so andächtigen Ton an, daß das prophetische Ansehen in den Augen des Einfältigen nichts verliehrt. Man gesteht hier, daß es thörigt sey, die Ursachen dazu bei den Sternen zu suchen: Warum entfernt man aber nicht auch alles das, was übrigens eben so thörigt ist? Warum sucht man nicht die Nichtigkeit aller Vorhersagungen zu zeigen, und warum befördert man den Glauben davon so ängstlich?

Dort sehe ich wieder ein Verzeichnis der Knaben- und Mägdlein-Charactere, durch alle Monate. Welch ein Mischmasch und lächerlicher Unsinn!

Januarius. Ein Knabe in diesem Monat geboren, ist schön, zornig, arbeitsam; ist dem wollüstigen Leben ergeben, – Ein Mägdlein ist schmeidigen Leibes, verliebt; hat ein Merkmal im Gesicht; Im Alter dürfte es Armuth leiden – wenn es nicht spahrt ist's möglich.

Februarius. Ein Knabe in diesem Monat geboren, ist schönen Gesichts, kalter Natur, ungeschickt; liebt das Weibsvolk sehr. Heirathet er; so bekommt er eine schlechte Ehe, und zeiget doch viele Kinder. – Ein Mägdlein ist kalter Natur, argwöhnisch, zornig, lügenhaft. In ihrer ersten Ehe leget sie wenig Ehre ein; in der andern aber wird sie in Glück leben, welches ihr Neid bringet – Allerdings!

Martius. Ein Knabe in diesem Monat geboren, ist kunstreich, liebt die Wahrheit, und kommt zu hohem Alter. – Ein Mägdlein aber wird schön: Höflichkeit ist ihr Schmuck, wodurch sie zu einer frühen Heirath gelanget. – Dies könnte wahr werden.

Aprilis. Ein Knabe in diesem Monat geboren, ist ansehnlich, glücklich im Heirathen, hat Beliebung im Krieg. – Ein Mägdlein ist schön, verliebt, mag ihr Kränzchen in Acht nehmen, und nicht lange im Heirathen wählen – Ei, ei, das wäre!

Majus. Ein Knabe in diesem Monat geboren, ist vernünftig, still; hat Glück im Handel, wenn er fromm lebet. – Ein Mägdlein ist scharfsinnig, treuherzig, wodurch sie oft betrogen wird, bekommt mehr als einen Mann – Nicht übel, wenn er braf ist.

Junius. Ein Knabe in diesem Monat geboren, ist kunstreich, lieber Gesellschaft, hat Glück zur Kaufmannschaft und geistlichen Gütern; bei grossen Herren aber viel Widerwärtigkeit. – Ein Mägdlein aber ist schön, und dabei sehr leichtsinnig, heirathet jung, hat gute Zeit in der Ehe – Das ist gut für sie.

Julius. Ein Knabe in diesem Monat geboren wird sehr geliebt, bekömmt drei Weiber, und hat gute Nahrung. – Ein Mägdlein aber ist schön, heirathet bald, und wird ihren Mann recht sehr lieben; kommt zu hohem Alter – Wenn sie nicht unter 90 Jahren stirbt.

Augustus. Ein Knabe in diesem Monat geboren wird künstlich, liebet das Frauenzimmer; bekommt ein hohes Alter. – Ein Mägdlein aber ist falsch, verliebt, und durch Aergerniß verkürzt sie ihr Leben, sonst würde sie alt – Könnte gar nicht richtiger gedacht werden.

September. Ein Knabe in diesem Monat geboren, isset und trinket gern etwas gutes, er wird gerne reisen, und zu einer gewünschten Heirath gelangen; den Armen viel Gutes thun, – Ein Mägdlein aber ist freundlich, kommt bald in Ehestand, ist gottesfürchtig, und liebet den Mann – Da thut sie wohl daran.

October. Ein Knabe in diesem Monat geboren, hat viel Glück, Lust zur Reise, und hat Glück in der Heirath. – Ein Mägdlein aber wird schöner Gestalt, durch ihre dritte Heirath wird sie glücklich werden – Das ist braf.

November. Ein Knabe in diesem Monat geboren, ist schöner Gestalt, erlanget Gunst bei Herren und Frauen. – Ein Mägdlein ist dumm von Gedächtnis, doch sehr höflich, heirathet aus ihrem Vaterlande, und wird Neider haben – Doch der Dummheit wegen nicht?

December. Ein Knabe in diesem Monat geboren, ist heroisch, dürfte einen tapfern Kriegsmann abgeben, und glücklich seyn. – Ein Mägdlein ist faul, lügenhaft, trotzig, hoffärtig, sie wird Seegen haben, wenn sie darnach lebet – Richtig, Herr Kalendermacher!

Man suche, ob die Mägdlein des Januars im Gesicht ein Merkmal haben. Gelangen die im März geborenen Knaben wirklich zu einem hohen Alter; und liefert der April nicht je zuweilen Krüppel? Daß die Mägdlein des Aprils ihr Kränzchen sollen in Acht nehmen, die Maimädchen treuherzig sind, steht wohl blos darum da, daß darüber in einer Schenke gelacht werde? Der Mann, im Julius geboren, heirathe, und glaube, er werden drei Weiber bekommen: Der Tod sieht nicht in den Kalender, und fragt nicht darnach, ob etwa der ein hohes Alter geweissagt habe. Verkürzen nur Augustmädchen durch Aerger sich das Leben; oder geniessen nur die Septemberknaben gern etwas gutes; oder ist das allen Erdenkindern gemein? Aber wir wollen über ernsthafte Dinge nicht weiter spassen! Der Dumme wird unvorsichtig heirathen, weil er in einem Monat geboren ist, der ihm dazu Glück verkündigt; oder er wird den Ehestand scheuen, weil der Kalender ihm Unglück prophezeihet: Und was für unselige Folgen können aus dem allen entstehen? Jener wird ein Wollüstling, vielleicht darum, weil, wie der Kalender sagt, und er glaubt, alle im Januar Geborne dazu geneigt sind: Jene ist lügenhaft und zornig, und bleibt es; denn der Februar hat es in ihre Natur gelegt, und sie kann, wie sie glaubt, nichts dafür. Der erwartet nach dem Kalender ein hohes Alter, und der Tod reißt ihn mitten unter Hoffnungen dahin; Und dieser fürchtet es, weil es ihm darinn trübe gehen soll. Diese fürchtet die erste Ehe, weil sie damit wenig Ehre einlegen soll, und verscherzt darüber ihr Glück; jene plagt die beiden ersten Männer zu Tode; denn erst die dritte Ehe soll glücklich seyn. Dieser – aber wer könnte den Unsinn, und alle das Unglück, das daraus entstehen kann, und wirklich entsteht, alles erzählen? Warum wollte man sich die Jahre der Freude verkümmern, das Glück des Lebens nur halb geniessen; oder unter Furcht und leeren Hoffnungen dahingehen? Und wie unweise würde man seyn, wenn man das aus dem nichtigen Grund thun wollte, weil es ein alberner Mann im Kalender sagt!

Man möchte ermüden alle die thörigten Meinungen zu nennen, von denen die Menschen geplagt werden. Dort sehe ich etwas

von den Stufenjahren

Selbige sind, heißt es im menschlichen Alter allemal das 7. und 9. Jahr. In diesen pfleget sich bei den Menschen mehrentheils etwas sonderliches zu ereignen, und er hat sich in solchem Jahr, vielmehr als zur andern Zeit des Todes zu befürchten. Von der Zahl 7 sind folgende Stufenjahre: Das 7, 14, 21, 28, 35, 42, 49, 56, 63, 70, 77, 84, 91, 98. Unter diesen wird sonderlich das 49 Jahr, weil es das 7mal 7te ist, gefährlich gehalten: Aber im 56. sterben gemeiniglich die grösten Helden. Von der Zahl 9 sind folgende, 9, 18, 27, 36, 45, 54, 63, 72, 81, 90, 99. Das 63. aber ist gemeiniglich der Alten Tod, weil es sowohl von 7 als auch 9 ein Stufenjahr ist.

Man geht bei Bestimmung der sogenannten Stufenjahre von den Zahlen 7 und 9 aus, verdoppelt sie erstlich, und setzt denn noch 7 oder 9 hinzu, um die Jahre zu bestimmen, da dem Menschen etwas ganz merkwürdiges begegnen soll. Im 63 Jahre sollen die Alten gemeiniglich sterben: Warum? weil 7mal 9 63 macht! Das 49 Jahr soll besonders gefährlich seyn, weil es das 7mal 7te ist. Warum nicht auch das 81ste? denn es ist das 9mal 9te! Aus weisen Ursachen verbarg Gott uns die Zukunft, und die Zeit unsers Todes; Wie könnten wir dies durch so leichte Berechnungen errathen? Greift man nicht durch solche elende Klügeleien den Schöpfer vor? Und wo ist der, der sagen könnte, daß die merkwürdigen Begebenheiten seines Lebens in die genannten Jahre wirklich gefallen wären? Die Vorsehung bestimmt der Menschen Schicksal, ohne sich nach den Jahren zu richten, die diese vorwitzig dazu festsetzten.

Fast ein jeder Kalender enthält andern Unsinn und tolles Zeug; ich würde daher das Buch unnütz vergrössern, wenn ich diese sich nicht selten selbst widersprechende Albernheiten nur zum meisten Theile hersetzen wollte, und die Geduld der Leser müßte eine zu harte Probe bey deren Durchlesung aushalten. In einigen Kalendern giebt es einen sogenannten Glücks- und Unglücksspiegel, der auch auf nächtliche Träume eingerichtet ist. Der Kalender räth an, man soll des Morgens frühe, wenn man aufgestanden ist, sogleich das Gebetbuch zur Hand nehmen und es aufschlagen, der erste Buchstabe der auf der ersten Zeile oben am Blatt steht, zeigt nun an was einem selbigen Tag zuständig seyn wird. Man hat davon ein ganzes Alphabeth, wo jeder Buchstabe seine Deutung hat, die sehr allgemein ist, und gedreht werden kann wie man will.

Wie viel Unheil kann durch Verbreitung solches Unsinns angerichtet werden! Heute soll ich mich vor meinen Nächsten hüten, weil, indem ich das Gebetbuch aufschlug, der Buchstabe T. mir zuerst in die Augen fiel: Er merkt mein Mistrauen, und hört auf, mein Freund zu seyn; denn er hatte nichts böses im Sinn. Heute soll ich Freude, Glück x. haben, freue mich darauf, und sehe mich zu meinem Misvergnügen getäuscht; Oder ich soll Verlust, Zank, Schaden x. haben, fürchte es vergebens, und verbittre mir die Zeit, die sonst vielleicht froh würde vorübergegangen seyn. Heute unterlasse ich, etwas zu thun, weil der Buchstabe es mir widerräth, und muß es nachmals bedauern; denn die Gelegenheit ist vorüber, und kommt wahrscheinlich sobald nicht wieder, da ich zu meinem, oder zu dem Glück eines andern etwas thun konnte: Oder der Buchstabe prophezeihet guten Fortgang; ich unternehme, und sehe mich abermals betrogen; denn ich fand gerade die unbequemste Zeit.

Durch den Kalender würde man unter allen Büchern am geschicktesten richtige Kenntnisse verbreiten, und Volksverbesserungen bewirken können. Jedes andere Buch legt man bald, wenigstens, wenn man es gelesen hat, weg: Den Kalender braucht man, vom Anfang des Jahres bis zum Ende. Aber was je der Aberglaube ausgedacht hat; das findet man in Kalendern. Dort steht ein Bild, wo jemand sich aus den Händen von einer Zigeunerinn wahrsagen läßt; da ein Bergmann mit der Wünschelruthe – und der Einfältige wird dadurch in den irrigen Meinungen, welche er von diesen Dingen schon hatte, noch mehr bestärkt. Schade, daß man ihn mit lügenhaften Wetterprophezeihungen und vielen andern albernen Dingen anfüllt. Schade, daß man ihn zur Verbreitung so vielen Unsinns und des Aberglaubens misbraucht! Frage: Aber warum wird den so etwas gedruckt? Anwort: Weil jetzt noch gilt, was weiland die Väter sangen: *Daß die Welt wolle betrogen seyn, man sie also betrügen müsse.* Mit nichten; die Obrigkeiten strafen jede andere Art von Betrug, warum den diesen ungemein schädlichen nicht? Wir haben z.B. in

Hessen, im Fuldaischen und sonst noch hie und da gute und zweckmässige Kalender, warum nicht überall? –